KB208898

# 마르크스의 『자본』
# 길라잡이

# Das Kapital

## 마르크스의 『자본』 길라잡이

김성구 지음

개정
증보판

나름북스

## 개정증보판에 부쳐

이 개정증보판에서는 우선 제1판을 부분적으로 수정하고 보완하였다. 이것을 통해 이 책은 더 완전하게 되었다. 그리고 개정증보판은 『자본』 제1권을 넘어 부록으로서 제2권과 제3권에 대한 길라잡이를 추가하였다. 이 부록 두 편이 이 책을 새롭게 만들었다. 각각 『현장과 광장』 제6호(2022)와 제8호(2023)에 동일한 제목으로 발표했던 글인데, 여기에 실으면서 부분적으로 수정, 보충하였다. 이것으로 불충분하나마 『자본』 전 3권에 대한 길라잡이를 마무리한 것이어서 나로서는 여간 의미가 있는 게 아니다. 그에 따라 책 제목도 『자본 제1권 길라잡이』에서 『마르크스의 『자본』 길라잡이』가 되었다. 우리나라에서 『자본』 전3권 길라잡이 책은 이제까지 사실상 없었다는 것, 그것도 정통파 마르크스주의의 관점에서 가장 올바르고 수준 높은 『자본』 해설이라는 것, 그럼에도 어렵지 않게 읽어나갈 수 있다는 것, 여기에 개정증보판의 의의를 두고 싶다. 아울러 이 책 곳곳에서는 『자본』에 근거하여 관련된 부르주아 경제학의 이론적 오류들, 가짜과학의 면면들을 반박의 여지 없이 비판하였는데, 이것 또한 개정증보판에서 결정적으로 보충되었다. 이 책이 부르주아 경제학의 개론, 이른바 경제원론 학습의 맹종과 그 이데올로기를 비판하는 계기가 되기를 기대한다.

2025년 2월 6일

김성구

저자 서문

　마르크스가 이론과 역사에서 이룩한 업적들은 가히 경이로운 수준이다. 어느 누구도 감당할 수 없을 정도로 그가 취급한 방대한 문헌들, 수기로만 집필하던 시대에 저술한 수많은 저작들, 그럼에도 노동자계급 운동에 헌신한 실천적 활동들, 그리고 누구도 따르기 어려운 과학적 분석의 엄밀함과 창조적인 성과들, 아무리 마르크스에 대해 적대적인 자라 하더라도 이런 사실에 누감지 않고서야 마르크스가 진정으로 인류 역사상 대가 중의 대가, 천재 중의 천재임은 부정할 수 없을 것이다. 마르크스 경제학의 대표 저작 『자본』은 자본주의 사회에 살고 있는 사람들을 위한 주옥같은 위대한 유산이다. 이런 점에서 마르크스주의가 소수파로 몰리고 신자유주의가 승리한 최근의 역사는 재벌과 자본가에게는 영광스러운 역사겠지만, 인류에게는 참으로 불행한 시대가 아닐 수 없다. 신자유주의가 지배하는 참담한 현실, 성장의 둔화와 고용의 위기, 부동산·증권 투기의 광풍과 금융공황, 양극화와 빈곤의 대물림, 이 절망적인 역사 속에서 아직도 우리가 미래에 희망을 가질 수 있을까? 나는 이 책을 통해『자본』과 마르크스 경제학이 한국에서도 세대를 이어가도록 이 시대의 작은 징검다리 역할을 하고 싶다.

1970년대 말은 돌이켜보면 현실사회주의의 끝자락 시기였다. 그것도 마르크스주의의 불모지인 이 나라에서 나는 처음으로 마르크스주의 이론을 접했다. 유신체제에 저항하던 학생운동 일각에서 점차 마르크스주의가 수용되던 상황이었다. 당연히 우리 세대에서는 마르크스 경제학을 가르쳐주는 선생도 없었고, 혼자 공부할 우리말 서적도 없었으며, 금지된 외국 문헌을 통해 어렵게 다가갈 수밖에 없었다. 물론 지금은 상황이 다르다. 국문으로도, 외국 언어로도 여러 종류의 마르크스주의 개론서,『자본』안내서를 자유롭게 접할 수 있다.『자본』자체도 이미 국역되어 있다. 그럼에도 불구하고 마르크스 경제학이나『자본』에 대한 제대로 된 우리말 길라잡이는 찾아보기 어려운 실정이다. 이는 선생의 문제, 다시 말해 국내 마르크스주의 전공자들의 이론적 문제가 크다는 것을 말해 준다. 이 책에서『자본』의 역자들을 비롯해 마르크스주의 논의와 관련된 9인의 인물이 거론되는데, 해당 개소의 맥락에서 간단하게나마 이들을 비판, 평가해 놓았다. 그것은 내가 이 책을 저술한 또 하나의 이유이기도 하다.『자본』의 독해를 위한 올바른 이론적 관점을 제공하자는 것이다. 이 책은 마르크스주의 이론사에서 보면 정통파 이론에 입각해 있다. 이 책에서 나는『자본』제1권만이 아니라『자본』전체와 마르크스 경제학을 가능한 한 쉽게, 그러면서도 격조 높은 수준에서 안내하고자 했다.『자본』제1권으로부터 절제되긴 했지만 많은 인용문을 통해 『자본』 제1권을 직접 읽는 것과 다름없는 느낌도 들게 했다.

이 책이 나올 수 있었던 것은 '현장실천·사회변혁 노동자전선'이 서울과 대구에서 조직한 두 번의 기획강좌 덕분이다. 이 책은 단행본 간행에 맞춰 기획강좌의 내 강의록을 수정, 보완한 것이다. 특히 강의시간의 제약으로 『자본』 제1권 중 강의에서 빠진 장들을 모두 보충했다. 서울(2019.5.29~6.26)에서 3회, 대구(2019.9.20~2020.2.14)에서 6회에 걸친 강의 중 대구의 마지막 6번째 강의가 코로나19 발발로 중단되어 강좌는 끝을 맺지 못했다. 코로나19와 함께 2020년 자본주의 세계에 다시 공황이 도래해 아직도 회복 국면으로 넘어가지 못한 상태다. 자본주의 공황과 불황이 왜 일어나는지, 왜 경기순환이 반복하는지, 어떻게 극복할 수 있는지 알고자 한다면, 이 책의 부록 제2장에서 다룬 마르크스 공황론의 개요가 크게 도움이 될 것이다. 아울러 부록의 제1장 마르크스(주의) 경제학과 제3장 국가독점자본주의(론)은 이 책 발간 전에 각각 『현장과 광장』 제1호(2019), 제2호(2020)에 게재됐음을 밝혀 둔다.

자본주의 사회에서 대부분 사람들은 노동자의 자식으로 태어난다. 평생 자본의 굴레에 시달리며 살아가다가 자식 세대를 다시 노동시장에 보낸다. 교수로서의 인생을 되돌아봐도 다르지 않다. 언젠가 이 굴레를 끊고 노동해방과 인간해방이 이뤄지길 꿈꾸는 모든 사람에게 이 책이 좋은 길라잡이가 되기를 기대한다. 위의 강좌를 기획한 '현장실천·사회변혁 노동자전선'의 김형계 대표와 조남수 선생에게는 특별히 감사의 뜻을 전한다. 강의에 참가한 모든 분과도 이 책 간행의 기쁨을 함께하고 싶다. 강의에서의 여러 질문과 토론이 나로 하여금 문제를 더 깊게 생각하고 명료하게 하는 데 도움이 되었고, 『자본』의 텍스트를 다시 한번 살펴보는 계기가 되었으며, 이런 성찰이 이 책에 반영되어 있다. 출판사의 빡빡한 출간 계획에도 불구하고 이 책의 간행을 위해 모든 노고를 마다하지 않은 나름북스와 조정민 편집자에게도 심심한 감사의 마음을 전한다.

2020년 9월 28일

김성구

# 차례

# 『자본』
## 제1권 강의

이번 강의는 『자본』 제1권 '자본의 생산과정'에 한정한다. 『자본』은 경제학 전공자도 이해하기 쉽지 않은 저작이고, 해설자 또는 역자를 자처하는 송태경, 강신준 등에서 보는 바처럼 '나 홀로 독해', 즉 독학이 가져올 자의적인 해석의 위험도 크기 때문에 어떤 저작보다도 훌륭한 길라잡이가 필요하다.[1] 『자본』 제1권을 다섯 번의 강의로 끝내는 것이기에 이 강의는 제1권의 핵심 내용을 개관하는 수준으로 할 수밖에 없다. 강의록을 본 뒤 혼자서라도 『자본』 제1권을 읽어나갈 수 있도록, 또는 강의록만으로도 『자본』 제1권의 개요를 파악할 수 있도록 이 강의가 가능한 한 최선의 길라잡이가 되면 좋겠다. 『자본』을 이미 읽어본 독자들에게는 이 강의의 관점

---

[1] 사회주의가 주식회사에 기반한다는 송태경의 주장, 『자본』이 자본주의의 혁명적 전복이 아닌 자본주의 개혁을 위해 저술한 저작이라는 강신준의 주장 등은 이 인물들이 왜 『자본』의 해설자인지 아연실색하게 만든다. 강신준과 필자와의 『자본』 논쟁은 김성구, 『신자유주의와 공모자들』, 나름북스, 2014에 부록('강신준-김성구 『자본』 논쟁')으로 실려 있다. 『자본』의 길라잡이로 이 논쟁도 함께 참조하면 좋겠다.

하에서 기존의 독해를 되돌아보고 제1권을 다시 정리하는 기회가
되기를 바란다.

# 『자본』 길라잡이

올바른 길라잡이라면 우선 마르크스주의 경제학이라는 이론사 전체 속에서 마르크스의 경제학과 『자본』의 위치를 살펴볼 필요가 있다.[2] 마르크스 시대 이후 자본주의가 역사적으로 크게 변모했는데, 현대자본주의 분석에서 마르크스의 경제학과 『자본』이 여전히 유효하고 충분한가의 문제가 제기되기 때문이다. 자본주의의 역사

---

2    마르크스의 경제학과 『자본』을 넘어 마르크스의 이론 전체와 일생을 보려 한다면, (구)소련공산당 중앙위원회 마르크스–레닌주의 연구소, 『칼 마르크스 전기』, 소나무, 1973(러시아어판)/1984(독역판)/1989(국역판)을 참조하라. 마르크스에 대한 어떤 전기보다도 방대하고 객관적인 문헌(마르크스와 엥겔스의 모든 저작들, 편지문, 언론 기사 등)에 입각해 마르크스주의 이론과 역사에 정통한 저자들에 의해 집단적으로 저술된 뛰어난 저작이다. 다만 이 책도 약간의 한계는 있다. 이 책 마지막 장인 제16장에서 서술되는 소련공산당 및 국제공산당의 역사와 관련한 짧은 분량의 부분이다. 그 역사는 무오류와 승리의 역사로 묘사되고, 모순과 오류는 존재하지 않는다. 현실사회주의가 붕괴한 오늘날 시점에서 보면 너무도 뼈아프고 실망스러운 부분이지만, 그렇다고 이 훌륭한 저작이 훼손되는 것은 아니다. [소련 사회주의의 위기와 붕괴에 관해서는 오카다 스스무岡田進, 「소련형 사회주의' 체제와 그 붕괴」, 『현장과 광장』 제11호, 2024와 이 글에 역자로서 내가 첨부한 '역자 해제'를 참조.]

적 변화와 관련해 마르크스 추종자들 사이에서는 이미 19세기 말에서 20세기 초에 수정주의 논쟁이 일어난 바 있다. 수정주의의 대표자 베른슈타인은 주식회사에 의한 이른바 자본의 집적과 집중의 둔화, 중소경영과 중간계층의 존속, 공황의 양상 변화 등을 근거로 『자본』의 주요 명제들을 수정하고자 했다. 반면 카우츠키 등 당대 정통 좌파는 『자본』을 교조적으로 변호했다. 이에 반해 레닌은 자본주의의 역사적 변화를 자본주의의 새로운 발전단계, 즉 독점자본주의와 제국주의 단계로의 이행으로 파악함으로써 일반이론으로서의 『자본』을 변호하고, 이 단계의 자본주의 분석을 위해 『자본주의 최고의 단계로서 제국주의』를 집필했다.[3]

레닌의 제국주의론을 계승하는 구 정통파 마르크스주의는 자본주의 분석의 일반이론으로서 『자본』의 이론적 유효성을 여전히 견지한다. 오늘날 자본주의도 자본주의인 한, 그 이론적 분석은 『자본』에 입각해야 한다. 하지만 독점과 국가독점으로 특징짓는 현대 자본주의 분석을 위해서는 『자본』에 기반하여 독점자본주의론과

---

3  레닌은 이 저작에서 힐퍼딩의 『금융자본』을 당대 자본주의에 대한 귀중한 이론적 분석이라 평가할 만큼 주요한 문헌으로 참조했다. 수정주의 논쟁에 대한 직접적 개입은 오히려 힐퍼딩의 저작이었고, 레닌은 힐퍼딩에 대한 비판을 통해 독점자본주의 단계이론을 발전시켰다. 이런 점에서 수정주의와의 논쟁에서 일반이론으로서 『자본』을 옹호하고, 이 시기 자본주의 변화를 독점자본주의의 문제로 분석한 논자는 힐퍼딩과 레닌이라 할 수 있다. 반면 룩셈부르크는 수정주의자들보다 더 나아가 마르크스의 『자본』이 20세기 자본주의의 새로운 변화는커녕 마르크스 시대의 자본주의를 분석하는 데도 타당치 않다는 입장이었다. 『자본』 제2권의 재생산표식에 대한 오독에서 비롯된 그녀의 과소소비론이 이런 비판의 근거였다.

국가독점자본주의론의 발전이 불가결하다고 주장한다. 그에 반해 오늘날에도『자본』을 교조적으로 설파하는 논자들이 있다. 네오마르크스주의 논자들은『자본』으로 현대자본주의 분석이 충분하다며 구 정통파의 독점자본주의론과 국가독점자본주의론을 비판한다. 하지만『자본』만으로는 독점과 국가개입을 분석할 수 없다.『자본』을 학습하는 것은 자본주의 일반의 구조와 발전법칙을 이해하기 위한 것이지, 그것으로 오늘날 자본주의의 변화 양상까지 직접 해명할 것을 기대하는 것은 경계해야 한다. 그러나 자본주의의 변화를 분석하기 위해서는 먼저 자본주의 일반 자체를 분석해야 하며, 여기에 오늘날에도 자본주의 분석을 위한『자본』의 변함없는 의의가 있다. 예컨대 오늘날의 독점가격과 독점이윤은 가치론과 잉여가치론 없이는 올바로 분석할 수 없다.

『자본』길라잡이로서 두 번째 중요한 문제는, 마르크스의 정치경제학 비판 체계에서의『자본』의 위치에 관한 문제다.『자본』은 정치경제학 비판 체계의 기본적이고 핵심적인 부분이긴 하지만, 그 자체로 완결된 저작이 아니라 그 체계의 상향 과정의 한 단계에서의 중간 결과물이다. 그 때문에 정치경제학 비판 체계와 그 방법에 대한 이해가 있어야『자본』의 추상 수준과 전체 체계에서의『자본』의 위치에 대한 올바른 이해가 가능하다.『자본』에 대한 통상적이고 중대한 오해는 전적으로 이에 대한 이해가 결여됐기 때문이다. 이를테면 정치경제학 비판 체계는 상향 과정에서 국가, 외국무역, 그리고 세계시장의 전개가 구상되어 있다. 그런데도 세계체제론 등 여러 논자들이 『자본』에서 세계경제론이 빠져 있다고 해서 마르크스의 이론이 일국적 자본주의론 또는 중심국 자본주의론이라며 세계경제 분석을 할 수 없다고 주장한다. 국가독점자본주의론으로부터 세계체제론 또는 역사적 자본주의론으로 전향한 윤소영이나 백승욱도 마찬가지다.[4] 이는 정치경제학 비판 체계에 대한 오해 또는 무지에서 비롯된 것이다.

구 정통파 마르크스주의 이론, 즉 국가독점자본주의론을 포괄하는 마르크스(주의) 경제학의 개관은 이 책 [부록3]의 제1장을 참조하도록 하고, 이제 『자본』 제1권 강의는 길라잡이의 두 번째 문제, 마르크스의 정치경제학 비판 체계에서의 『자본』의 위치, 즉 『자본』의 성립사에 관한 문제로부터 시작한다.[5] 마르크스는 원래 자신

---

4  다음 인용은 아리기(G. Arrighi)가 얼마나 마르크스 이론에 대해 무지한가를 여지없이 보여준다. 이런 아리기를 쫓아가는 것이 국가독점자본주의론의 발전적 계승이라는 윤소영의 궤변이 참으로 가증스럽다. "따라서 마르크스의 자본의 일반정식(M–C–M')은 개별자본가의 투자논리뿐 아니라 세계체제로서의 역사적 자본주의의 반복 양상 또한 묘사하는 것으로 해석될 수 있다. 이런 양상의 핵심 측면은 실물적 팽창시기(자본축적의 M–C 국면)와 금융적 재생과 팽창 국면(C–M' 국면)의 교대다. ⋯ 이것이 합쳐진 두 개의 시기 또는 두 개의 국면이 온전한 하나의 **체계적 축적 순환**을 구성한다(M–C–M')." 조반니 아리기, 『장기 20세기』, 그린비, 2008(영문판 1994), 38쪽. 마르크스 이론의 ABC도 모르는 어이없는 주장이다. 필자가 이미 지적했던 바처럼, 마르크스의 M–C–M'은 기본적으로 상업자본과 금융자본 등의 자본분파의 운동을 설명하는 것이 아니라 이런 자본분파의 운동을 추상하고 그 하에서 자본의 운동을 일반적으로 정식화한 것으로서, 이를 산업자본 중심의 축적과 금융자본 중심의 축적의 교대라는 역사적 자본주의의 운동을 설명하는 데 원용할 수는 없다. 또한 위 정식의 M–C(구매)나 C–M'(판매)은 모두 유통과정을 표현하는 것이고, 결코 아리기가 해석하는 바와 같이 전자는 실물적 팽창국면, 후자는 금융적 팽창국면이라고 해석할 수도 없다.(김성구 편, 『현대자본주의와 장기불황』, 그린비, 2011, 49쪽)

5  자세한 논의는 김성구, 「정치경제학 비판 플랜과 『자본』: 이른바 플랜 논쟁에 대하여」,

의 정치경제학 비판 저작을 6개의 부, 즉 제1부 자본, 제2부 토지소유, 제3부 임노동, 제4부 국가, 제5부 외국무역, 제6부 세계시장의 체계로 구상했다. 또한 제1부 자본은 제1편 자본일반, 제2편 자본들의 경쟁, 제3편 신용, 제4편 주식자본으로, 나아가 제1편 자본일반은 자본의 생산과정, 자본의 유통과정, 양자의 통일 또는 자본과 이윤이라는 세 부분으로 구성할 계획이었다. 이렇게 해서 대체로 1858년부터 1862년에 계획된 마르크스의 정치경제학 비판 플랜은 다음과 같은 6부작 구성이었다.(K. Marx, Theorien über den Mehrwert, MEW 26.1, VI)

**[표1] 정치경제학 비판 플랜 6부작**

제1부 자본
　　제1편 자본일반
　　　1) 상품
　　　2) 화폐
　　　3) 자본
　　　ㅣ자본의 생산과정 – (1) 화폐의 자본으로의 전화, (2) 절대적 잉여가치,
　　　　　　　　　　　　 (3) 상대적 잉여가치, (4) 양자의 결합,
　　　　　　　　　　　　 (5) 잉여가치에 관한 이론들

---

김성구, 『마르크스의 정치경제학 비판과 공황론』, 나름북스, 2018 참조. 한국에는 『자본』 초고 연구자가 한 명도 없는 실정이다. 또한 외국 문헌을 번역한 것 외에는 『자본』 성립사와 플랜 논쟁을 제대로 소개하는 국내 연구자의 글도 거의 없다. 필자의 이 논문이 아마도 거의 유일한 글이다. 그밖에는 곽노완의 글(「플랜논쟁의 21세기적 지평: 로스돌스키에 대한 하인리히의 비판을 중심으로」, 『마르크스주의연구』 제9호, 2008)이 있지만, 이는 문헌적으로 독일 논쟁에 한정되어 있을 뿐 아니라 독일 논쟁도 부분적으로만, 그것도 자의적으로 소개되고 있어 읽을 만한 게 못 된다.

하지만 마르크스는 위와 같은 6부작 계획을 실현할 수 없었다. 『자본』의 제1초고인 1857~58년 초고 후 1859년 간행된 『정치경제학 비판을 위하여』가 이 계획에 따른 마르크스의 첫 저작이었다. 그러나 제1부 제1편 자본일반의 집필과정에서 이 초고 외에 2개의 방대한 초고를 더 작성하면서 원래의 작업 계획이 변경됐고, 마르크스는 '정치경제학 비판'을 부제로 하는 『자본』만을 자신의 손으로 저술하고자 했다. 『자본』 이후의 나머지 6부작 작업은 국가에 관한 부분을 별도로 하면 자신을 뒤따르는 다른 사람들에 의해 쉽게 완성될 것이라는 게 마르크스의 기대였다. 그러나 마르크스는 1867년 『자본』 전 3권 중 제1권만을 자신의 손으로 간행할 수 있었다. 마르크스가 밝힌 『자본』의 구성은 다음처럼 전체 3권 4부로 되어 있다.

**[표2] 『자본』의 구성**

---

제1부 자본의 생산과정

제2부 자본의 유통과정

제3부 총 과정의 자태들

제4부 이론의 역사

---

제1권은 처음 2개 부를 포함하고, 제2권은 제3부, 제3권은 제4부로 간행할 예정이었다. 그러나 마르크스는 『자본』제1권의 간행 과정에서 제1권은 제1부, 제2권은 제2부와 제3부, 제3권은 제4부를 다루도록 변경했다.[MEW 23, 17/김수행 역, 『자본론』I(상), 제2개역판, 7] 마르크스 사후 엥겔스는 제2권(1885)은 제2부, 제3권(1894)은 제3부로 간행했으며, 제4부(잉여가치학설사)는 엥겔스의 손으로도 간행되지 못했고, 후에 카우츠키K. Kautsky에 의해 『자본』 제4권이 아닌 별개의 저작으로 간행됐다.[6]

이상에서 『자본』의 구성과 정치경제학 비판 플랜을 비교하면, 『자본』 전3권의 구성은 외견상 정치경제학 비판 플랜의 제1부 자본 제1편 자본일반에 상응하는 것으로 보인다. 그러나 그 포괄 내용을 살펴보면, 『자본』 전3권은 플랜의 제1부 제1편 자본일반의 범위를 크게 벗어나 『자본』의 집필 과정에서 원래 플랜으로부터 상

---

6　카우츠키판 『잉여가치학설사』(1905~1910)는 편집에서의 많은 문제로 인해 신랄한 비판을 받았다. 무엇보다 이 저작을 『자본』의 속권(제4권)으로 파악하지 않았고, 그 때문에 마르크스가 이 초고에 남긴 구성과 목차를 자의적으로 변경했으며, 임의로 가필과 삭제 등 수정을 가했다는 것이다. MEW 26.1, XIV-XVII 참조.

당한 변화가 있었음을 추론할 수 있다. 무엇보다 『자본』은 제1부 제1편 자본일반을 넘어 원래 제2편 자본들의 경쟁, 제3편 신용, 제4편 주식자본과 나아가 제2부 토지소유, 제3부 임노동에서 다룰 예정이었던 내용들 중에서 그 일반적 규정들을 '자본의 일반적 분석' 또는 '이념적 평균'이라는 수준에서 포괄했던 것이다. 이렇게 원래의 '자본일반'의 확대로 『자본』이 성립했지만, 제1부 제2, 3, 4편과 제2부 및 제3부의 남은 주제들, 그리고 후반 3부는 여전히 『자본』 이후의 후속 과제로 남게 되었다. 즉 원래의 플랜은 일정하게 변경됐으나, 6부작 플랜의 골격은 변하지 않았다[7]. 마르크스는 『자본』 집필 과정에서 3개의 초고, 즉 제1초고인 〈경제학 초고 1857~58〉(『그룬트리세』), 제2초고 〈정치경제학 비판을 위하여〉(경제학 초고 1861~63)[8], 제3초고 〈경제학 초고 1863~65〉를 작성했는데, 이러한 변경이 대체로 제2초고, 그중에서도 〈잉여가치학설사〉 집필 과정에서 일어난 것으로 추정된다(1863년 1월 'I. 자본의 생산과정' 및 'III. 자본과 이윤'의 새로운 플랜 초안에 그 변화가 반영되어 있다.

---

7    『자본』 이후에도 플랜의 과제가 남아 있다는 플랜불변설(플랜 부분변경설)의 가장 확실한 전거는 마르크스가 직접 간행한 『자본』 제1권(1867)에서의 후속 부·편에 대한 지시들이다. "**임금 자체는 다시 매우 다양한 형태**를 취한다. … 이 모든 [임금]형태에 대한 서술은 그러나 임노동에 관한 특수연구에 속하고, 따라서 이 저작에 속하지 않는다. 그에 반해 두 개의 지배적인 기본형태는 여기서 간략하게 전개될 수 있다."(MEGA II.5: 440) 또한 "경쟁의 분석은 여기에[이 책: 인용자] 속하지 않기 때문에, 우리는 다만 이 운동을 지적할 뿐이다."(MEGA II.5: 445)

8    이 초고는 1859년의 『정치경제학 비판을 위하여』 출간 이후 동일한 제목하에 이어질 후속 저작을 위한 초고이며, 그래서 마르크스가 초고에 같은 이름의 제목을 적어놓았다.

MEW 26.1, 389-391). 따라서 〈정치경제학 비판〉으로부터 〈자본〉으로의 표제 변경은 단순한 표제 변경이 아닌 포괄 내용과 구성의 변화를 내포하는 의미심장한 변화였던 것이다.

6부작 플랜은 1850년대 중반까지의 마르크스의 경제학 연구 결과이며, 자본주의 현실경제를 이론적으로 어떻게 영유해야 하는가를 반영한다.[9] 즉 마르크스는 현실의 구체적인 자본주의를 분석하기 위해서는 하향의 방법을 통해 현실의 경험적 세계로부터 추상적이고 일반적인 관계를 분석한 후에 이 추상적이고 일반적인 범주로부터 더 구체적이고 복잡한 세계시장으로 올라가는 상향의 방법이 필요하다고 했는데, 후자의 과학적 방법에 의해 규정된 체계가 다름 아닌 정치경제학 비판 플랜이었다. 이 체계는 자의적인 구성이 아니라 객관적인 자본주의 자체에 의해 규정된 것이다. 다소 길지만, 이 방법을 인용할 필요가 있다.

"내가 그래서 인구로써 시작한다면, 그것은 전체에 대한 하나의 혼란스러운 표상일 것이고, 더욱 상세하게 규정함으로써 나는 분석적으로 점점 더 단순한 개념에 다가갈 것이다. 구체

---

9  연구의 출발점에서 정치경제학 비판을 어떠한 방법으로 어떻게 수행해야 하는가를 이론적으로 고심하던 마르크스와 달리 우리는 마르크스가 이룩한 성과, 즉 정치경제학 비판의 핵심적인 성과물인 『자본』을 갖고 있어서 『자본』만 학습해도 되겠지만, 『자본』에 대한 올바른 이해를 위해서는 이렇게 마르크스의 정치경제학 비판 방법과 플랜의 문제를 살펴보는 것이 필요하다.

적인 것의 표상으로부터 점점 더 엷은 추상적인 것으로 다가가
내가 가장 단순한 규정들에 도달할 때까지. 거기서부터 이제,
내가 최종적으로 다시 인구에 도달할 때까지 반대 방향으로
여행을 가야 하는데, 그러나 이제는 전체에 대한 하나의 혼란
스러운 표상이 아닌 다수의 규정들과 관계들의 풍부한 총체성
으로서의 인구에 도달할 것이다. 전자의 길은 경제학이 그 성
립 시기에 역사적으로 취한 길이다. 예컨대 17세기 경제학자들
은 항상 살아 있는 전체, 즉 인구, 국민, 국가, 국가들 등등으
로써 시작했다. 그러나 그들은 언제나 분석을 통해 분업, 화폐,
가치 등 몇몇 규정적이고 추상적이며 일반적인 관계들을 찾아
냄으로써 끝을 맺는다. 이 개별적 계기들이 다소간 고정되고
추상되면, 곧 노동, 분업, 필요, 교환가치 같은 단순한 것으로
부터 국가, 국민 간의 교환, 그리고 세계시장으로 상향하는 경
제학 체계가 시작한다. 후자가 명백히 과학적으로 올바른 방
법이다. 구체적인 것은, 여러 규정들의 총괄이기 때문에, 즉 다
양한 것의 통일이기 때문에 구체적이다. 그래서 구체적인 것은,
그것이 현실의 출발점이며, 따라서 또 직관과 표상의 출발점임
에도 불구하고 사고에 있어서는 총괄의 과정으로서, 결과로서
나타나고 출발점으로서 나타나지는 않는다. 전자의 길에서는
풍부한 내용을 지닌 표상이 추상적 규정으로 휘발되어 버리는
반면, 후자의 길에서는 추상적 규정들이 사고 과정에서 구체적
인 것의 재생산으로 이어진다."(Grundrisse, MEW 42, 35)

『자본』은 이 체계의 상향 과정에서의 특정한 단계의 결과물이며, 이는 특정한 추상 수준('확대된 자본일반' = '자본의 일반적 분석')을 상정한다. 이에 대한 올바른 이해가 없으면 『자본』을 올바로 독해할 수 없다. 즉 『자본』은 현실의 자본주의 운동이 아닌 '자본의 일반적 분석' 또는 '자본의 이념적 평균'이라는 추상 위에서 서술됐고, 그 위에서 자본주의의 내적 구조와 경향적, 장기적 발전의 법칙을 다루는 저작이다. 『자본』의 법칙들은 모두 경향적, 장기적 법칙이고, 따라서 이로부터 현실의 구체적 자본주의 운동과 경기변동을 직접적, 무매개적으로 설명해서는 안 된다. 결국 『자본』은 경기순환과 공황을 동반하는 현실의 구체적인 자본주의 운동 속에서 관철되는 평균적인 관계를 머릿속에서 이념적으로 추상한 세계를 상정하는 것이다. 현실의 경쟁과 경기순환, 공황, 그리고 세계시장에서의 구체적인 공황 분석은 『자본』으로부터 후속 부·편으로 더욱 상향하는 과제 속에서 수행되어야 한다.

부연해서 설명하면, 자본의 이념적 평균이란 자본주의의 현실적인 운동 경로를 보여주는 것이 아니다. 자본주의 생산의 무정부적 성격 때문에 자본주의는 일상적 불균형 속에서 변동하며, 또 일상적 변동은 시간지평을 더 늘려서 보면 7~11년 주기의 경기순환을 따라간다. 이 순환적 변동을 관념적 평균에서 포착한 관계가 바로 자본의 이념적 평균이다. 따라서 이념적 평균은 추상적인 것이며, 『자본』에서 서술하는 운동법칙들은 이런 의미에서 추상적이다. 예컨대 제1권에서 보게 될 가치법칙, 잉여가치 법칙, 축적의 법칙, 그리고 제2권의 재생산의 법칙과 제3권의 이윤율의 경향적 저하법칙이 모두 그러하다. 『자본』의 운동법칙은 자본주의의 일상적 변동이나 경기순환의 실제적 운동을 설명하는 것이 아니라 그 변동의 평균적 관계, 또는 평균적 관계로 관철되는 장기적 경향을 표현한다. 가치법칙을 보면 '가치=가격'의 관계가 상정되어 있다. 그러나 일상의 현실에서는, 또 경기순환에서도 수요와 공급의 불균형으로 통상 가치와 가격은 일치하지 않는다. 경기순환에서는 양자가 순환적으로 괴리한다. 그럼에도 『자본』에서 이 법칙을 전제하는 것은 하나의 경기순환 전체를 보면 평균적으로 '가치=가격'의 관계가 관철되기 때문이다. 『자본』의 다른 법칙들도 마찬가지로 평균적인 관계를 전제하는 이 가치법칙 위에서 전개된다. 그 때문에 『자본』의 법칙들로부터 자본주의 경제의 현실적 운동과 주기적 공황을 직접 설명할 수는 없다. 이를 위해서는 상향의 과정에서 『자본』이후 남겨진 부·편들의 이론적 매개가 필요하다.

마르크스의 공황론을 둘러싼 오래된 논쟁은 바로 이 플랜 문제에 대한 이해 자체가 결여됐거나 오해에서 비롯된 것이다. 따라서 플랜 논쟁에 대한 올바른 이해 없이 공황 논쟁의 해결은 불가능하다. 정치경제학 비판 6부 체계의 플랜을 이해하지 못하고 『자본』을 완결된 체계로 이해하면, 『자본』이후 남겨진 부·편들의 이론적 매개 없이 『자본』으로부터 직접 공황을 설명하는 오류를 범하게 된다. 일본의 우노 고조宇野弘藏 학파처럼 『자본』 제1권의 자본축적의 일반적 법칙으로부터 임금상승으로 공황을 설명하거나, 제2권의 재생산표식의 균형 여하로 직접 주기적 공황을 설명하려는 오래된 시도들, 또는 제3권의 이윤율의 경향적 저하법칙으로부터 직접 공황을 설명하는 영미권 네오마르크스주의 논자들의 근본적 오류는 바로 이러한 마르크스의 정치경제학 비판의 방법과 『자본』의 추상수준을 잘못 파악한 데에서 비롯된 것이다. 이들 이론은 『자본』에서 이념적 평균이라는 추상수준에 조응해 과잉생산의 문제가 추상된 것을 이해하지 못하고, 현실경쟁의 수준에서 비로소 과잉생산과 주기적 공황을 논해야 함에도 불구하고 『자본』에서 직접 과잉생산공황을 논증하려 하거나, 반대로 과잉생산 자체를 아예 부정하고 공황론을 전개한다. 이론사적으로 보면 이른바 플랜 전면변경설, 즉 마르크스의 정치경제학 비판 6부 체계가 『자본』의 4부 체계로 대체 또는 변경됐다는 주장이 일본 우노 학파와 영미권 네오마르크스주의의 이윤율저하설의 이론적 원천이다.[10] 마르크스–엥겔스 연구자들과 신MEGA(마르크스–엥겔스 전집) 편집자들에 따르면, 플랜 전면변경설은 문헌적으로 뒷받침되지 않는 잘못된 주장이다.

---

10  플랜 전면변경설은 그로스만(H. Grossmann, "Die Änderung des ursprünglichen Aufbauplans des Marxschen Kapital und ihre Ursachen", Archiv für die Geschichte des Sozialismus und der Arbeiterbewegung 14, 1929)에 의해 처음으로 제기됐고, 로스돌스키(R. Rosdolsky, Zur Entstehungsgeschichte des Marxschen 'Kapital': Der Rohenhwurf des 'Kapital' 1857~58, 1968)에 의해 서방에서 크게 주목받았다. 일본에서는 우노 고조 학파가 플랜 전면변경설의 대변자다.

## 『자본』 제1권의 대상과 범위

『자본』 제1권의 대상은 '자본의 생산과정'이다. 그러나 제1권은 생산과정이 아닌 상품 분석으로부터 시작한다. 이는 자본주의 생산이 상품생산의 형태를 취하고 있어 생산과정에 앞서 상품을 먼저 해명하지 않으면 안 되기 때문이다. 논리적으로도 상품과 화폐는 자본에 선행하는 범주다. 따라서 제1권은 상품의 내적 모순으로부터 가치형태의 전개를 설명하고, 이로부터 화폐라는 형태를 도출하며, 그 위에서 화폐로부터 자본으로의 전화를 분석한 후에 비로소 자본의 생산과정 분석으로 들어간다. 자본의 재생산과정은 생산과정과 유통과정의 통일인데, 제1권은 유통과정의 원활한 매개를 전제하고 그 위에서 직접적 생산과정을 분석한다. 유통과정에서는 어떤 교란도 일어나지 않는다고 전제하는 것이다. 유통과정은 생산된 가치와 잉여가치가 실현되고 또 생산수단과 노동력이 구매되는 과정인데, 현실에서 이 과정은 자본주의 생산의 무정부적 성격 때문에 결코 조화롭게 진행되지 않는다. 불균형과 공황, 그리고 그 결과 생산의 감축 또는 중단도 발생한다. 그럼에도 유통과정의 교란을 추상하는 것은 『자본』이 '자본의 이념적 평균'이라는 분석 수준에서 서술되기 때문이다. 평균적인 관계에서는 유통과정의 교란들이 서로 상쇄되고 균형으로 추상된다. 이 점은 유통과정 자체를 분석하는 제2권과 총유통과정을 분석하는 제3권에서도 마찬가지다. 제2권, 제3권에서도 재생산의 균형과 조화로운 진행을 전제한 위에서 유통과정과 총유통과정에서의 자본의 운동법칙을 서술하고 있다. 이렇게 제1권은 유통과정의 정상적인 진행을 전제하고 그 매개운동을 추상한 위에서 자본의 생산과정과 잉여가치 생산, 그리고 자본의 축적을 분석한다. 그러면 자본의 축적은 '직접적 생산과정의 단순한 계기'로서 고찰되며, 이로부터 '한편의 극에서의 부의 축적과 반대 극에서의 빈곤의 축적'이라는 자본주의적 축적의 일반적 법칙을 해명한다. 직접적 생산과정은 자본주의 생산의 가장 근본적인 계기이며, 유통과정과 총유통과정도 기본적으로 그것에 의해 규정되지만, 그래도 직접적 생산과정은 자본 운동의 절반만 나타낸다. 그것은 유통과정과 총유통과정을 분석하는 제2권과 제3권에 의해 보완되어야 '이념적 평균 수준'에서의 자본 분석이 완결된다. '이념적 평균 수준'에서도 제1권 생산과정의 추상 수준이 가장 높고, 제2권과 제3권으로 점차 표층의 세계로 나가면서 더 구체적 형태들이 분석, 서술된다.

제1권

제1부

# 자본의 생산과정

# Das Kapital.

## Kritik der politischen Oekonomie.

Von

# Karl Marx.

Erster Band.

**Buch I: Der Produktionsprocess des Kapitals.**

Das Recht der Uebersetzung wird vorbehalten.

**Hamburg**

Verlag von Otto Meissner.

1867.

New-York: L. W. Schmidt. 24 Barclay-Street.

『자본』 제1권 제1판 표지(1867), MEGA II.5, p.3.

# 제1권의 서문들[11]

이제 이상의 길라잡이에 유의하면서 『자본』 제1권의 주요 내용을 개관하도록 한다.[12] 먼저 『자본』 제1권의 서문들에서 가져온 약간의 인용들로부터 시작하자.

마르크스는 『자본』은 어렵지 않다, 시작이 어려울 뿐이라고 한

---

11  이 서문들이 실린 『자본』 제1권의 판본과 번역본, 발행 연도는 다음과 같다. 독일어 제1판(1867), 독일어 제2판(1872), 프랑스어판(1872~1875), 독일어 제3판(엥겔스 편, 1883), 영어판(엥겔스 편, 1887), 독일어 제4판(엥겔스 편, 1890).

12  이 글이 일반 대중을 대상으로 한 『자본』 강의라는 점을 고려해 이하에서는 주로 미야카와 아키라宮川彰의 『자본』 대중강의록(宮川彰, 『『資本論』第1巻を学ぶ』, ほっとブックス新榮, 2006)을 참조했으나, 개관의 성격상 핵심 내용을 중심으로 살펴볼 수밖에 없다. 그가 『자본』의 각 편이나 장 또는 절의 개요 및 연관을 쉽게 이해할 수 있도록 정리하고 있어 『자본』을 학습하는 데 도움이 될 것이다. 특별한 개소 외에는 미야카와 아키라(2006)로부터의 인용이나 발췌를 표시하지 않았고, 나의 서술이나 메모가 길거나 독립적인 부분은 각주 또는 이중대괄호([[ ]])로 처리했다. 『자본』 제2권과 제3권에 대해서는 宮川彰, 『資本論』第2·3巻を読む』(上)(下), 学習の友社, 2001을 참조 바란다. 미야카와 아키라는 마르크스–엥겔스 연구자로, 신MEGA(마르크스–엥겔스 전집) 작업에 참여해 MEGA 제II부 『자본』의 일부 편집에 참여했다.

다. [[하지만 그건 마르크스 자신의 변호다. 『자본』은 일반 대중에게도 경제학 전공자에게도 어렵다! 그래서 어렵다고 느껴도 나만 그런 게 아니라고 스스로 위로하면 된다. 어렵더라도 인내하고 읽어 나가면 지금까지 모르고 살았던 이 부르주아 사회의 비밀에 다가설 수 있다.]]

"모든 시작이 어렵다는 것은 과학에도 해당된다. 따라서 제1장(Kapitel)[MEW판의 제1편: 인용자], 특히 상품의 분석을 담고 있는 [제1]절(Abschnitt)[MEW판의 제1장: 인용자]의 이해는 가장 어려울 것이다."[제1판 서문, MEW 23, 11/김수행 역, 『자본론』I(상), 3][13]

---

13  이하에서 쪽수 표시는 (11/3)으로 표시한다. 앞은 『자본』 제1권 독일어 제4판[MEW(마르크스–엥겔스 저작집) 제23권], 뒤는 김수행 역『자본론』(상)(하), 제2개역 판, 비봉출판사, 2001 쪽수다. 김수행판은 영어판 『자본』을 번역한 것이다. 이하의 인용은 모두 독일어판으로부터 필자가 직접 번역했다. (김수행판 번역본은 곳곳에서 독일판 원문과 많이 다르다. 이 차이가 영어판 자체 때문인지, 아니면 국문 번역의 문제인지는 일일이 확인하지 않았지만, 후자의 문제가 상당한 것으로 보인다.) 『자본』 제1권 제1판은 MEW 제23권의 7개 편(25개 장) 구성과 달리 7개 장으로만 구성됐다. MEW판 제1편 상품과 화폐의 3개 장 모두가 제1판에서는 제3장, 하나의 장으로 되어 있다. 그리고 4개의 절로 된 MEW판 제3장 상품은 제1판에서 제1장의 첫째 절, 하나의 절로 되어 있다. 즉 상당한 양의 분량이, 그것도 복잡하고 어려운 내용을 담고 있는데도 소절 구성도 없이 하나의 절에서 계속 서술되고 있다. 제1판 교정지를 본 엥겔스는 발행 전에 전체 7개 장으로 된 『자본』의 구성이 독해에 어려움을 가져오는 한 요인이라고 지적하고, 구성을 더욱 세분할 것을 조언했다. 또한 가치형태의 서술에 대한 보충이 필요하다는 쿠겔만 L. Kugelmann의 권고와 이에 대한 마르크스와 엥겔스의 의견교환이 있었다.[MEGA II. 5, 24*–25* 및 MEGA II. 6, 18* 참조] 그에 따라 마르크스는 제1판에서 가치형태를 가능한 한 평이하게 서술한 부록을 추가로 작성했으며, 나아가 제2판은 전체 7개 편 25개 장으로 대폭 구성이 변경됐다. [제1판의 가치형태에 관한 부록은 제2판에서 본문에

"가치형태에 관한 절(Abschnitt)을 제외하면, 이 책을 이해하기 어렵다고 비난할 수는 없다."(제1판 서문, 12/4)

"학문에 이르는 국도(Landstraße)[왕도(royal road): 인용자]는 없다…"(프랑스어판 서문, 31/21)[14]

그런데 어려운 경제학을 왜 배울까? 『자본』 제3권에서 답을 볼 수 있다. "… 만약 사물의 현상형태와 본질이 직접적으로 일치한다면, 모든 과학은 불필요하게 될 것이다."[MEW 25, 825/III(하), 제1개역판, 995] 눈에 보이는 현상의 사실과, 그 내부에서 눈에 보이지 않는 모습으로 관철하는 법칙, 이것들이 쉽게 연결되지 않기 때문에 과학이 필요하다.

다음은 『자본』의 연구 대상이다. [[여기서 '이념적 평균'에서의 자본주의, '자본의 일반적 분석'이라는 『자본』의 추상 수준에 주목해

---

편입됐고, 아울러 제1판 서문에서 마르크스가 변증법적 사고에 익숙하지 않은 독자들을 위해 부록을 참조하라고 했던 문장들(MEGA II. 5, 11–12)도 제2판에서는(제2판에 실려 있는 제1판 서문에서는) 삭제됐다. 이로써 제2판 후기(9/18)에서 마르크스가 언급한 바와 같이 제1판에서의 '이중적 서술', 즉 본문과 부록이라는 이중적 방식의 서술도 해소됐다.] 반면 영어판은 프랑스어판을 따라 8개 편 33개 장으로 되어 있다. 무엇보다 독일어판 제7편 제24장 이른바 본원적 축적과 그 보론의 성격인 제25장이 제8편으로 독립된 것이 프랑스어판 변경의 주요 부분이다.

14    프랑스어판 서문은 프랑스어판 출판사와의 서신 교환에서 마르크스가 쓴 서신 하나만으로 되어 있다. 프랑스어판 『자본』 제1권을 분권으로 간행하겠다는 출판사 제안을 수용하면서도, 마르크스는 제1권의 가장 어려운 부분이 분권 첫 권으로 출판되는 데 따른 부담과 우려를 느꼈고, 독자들에게 독해의 어려움을 감수하도록 미리 마음의 다짐을 당부한 것이다.

야 한다. 특별한 생각 없이 그냥 지나칠 수 있는 이 개념과 인용문의 중요한 의미를 앞의 길라잡이에서 이미 살펴봤다.]]

"내가 이 저작에서 연구해야 하는 것은, 자본주의적 생산양식과 그것에 조응하는 생산관계들과 교역관계들이다."(제1판 서문, 12/4)
"…그런데 근대 사회의 경제적 운동법칙을 폭로하는 것이 이 저작의 최종 목적이다…"(제1판 서문, 15~16/6)

[[그런데 『자본』에서 자본주의 생산양식의 경제적 운동법칙을 어떤 수준에서 폭로하고 있는가, 이것이 방법론적으로 중요한 문제다.

"자본주의 생산양식의 내적 편제를 이른바 이념적 평균에서 서술한다"는 것이 『자본』의 목적이고, "세계시장, 그 경기변동, 시장가격의 운동, 신용기간, 산업 및 상업의 순환, 번영과 공황의 교대" 등 경쟁의 현실적 운동 범위에 속하는 것들은 "우리의 계획 밖에 있다", 즉 『자본』의 범위 밖에 있다.[MEW 25, 839/III(하), 1011]
"이것[노동력 가치 이하로의 임금의 저하: 인용자]은 여기서 경험적인 사실로서만 언급될 뿐이다. 왜냐하면 이것은 여기서 거론해야 할 다른 많은 원인들과 마찬가지로 자본의 일반적 분석과는 상관이 없고, 이 저작에서는 다루지 않는 경쟁의 서술에 속하기 때문이다. 그러나 이것은 이윤율의 저하경향을 저지하는 가장 중요한 원인들 중 하나다."(MEW 25, 245/ III(상), 281)]]

그리고 『자본』의 서술방법에 대한 인용이다. 앞의 길라잡이에서 본 상향의 방법에 조응하는 서술 방식이다.

"물론 서술 방식은 형식적으로 연구 방식과 구별되어야 한다. 연구는 세세하게 소재(Stoff)를 파악하고, 소재의 상이한 발전 형태들을 분석하고, 이 형태들의 내적 연관을 규명해야 한다. 이 작업이 완수된 후에야 비로소 현실 운동이 상응하게 서술될 수 있다. 이게 잘되어 소재의 일생이 관념적으로 반영된다면, 우리가 마치 선험적 구성을 한 것처럼 보일 수 있다."(제2판 후기, 27/18)

혁명적인 변증법, 『자본』에는 변증법의 방법이 적용되어 있다. 정치경제학 비판의 상향 과정도 변증법적 논리가 전개된다.

"변증법은 그 합리적인 형태에서는 부르주아지와 이론적 대변자들에게 분노와 공포를 가져온다. 왜냐하면 변증법은 현존하는 것을 긍정적으로 이해하면서도 동시에 그것의 부정, 그것의 불가피한 파멸을 이해하고, 또 생성된 모든 형태를 운동의 흐름 속에서, 그러므로 또한 그것들의 일시적 측면에 따라 파악하며, 또한 어떤 것에 의해서도 경외감을 받지 않고, 본질상 비판적이고 혁명적이기 때문이다."(제2판 후기, 27–28/19)

『자본』은 노동자계급을 위한 경제과학이다.

"『자본』이 독일 노동자계급의 광범한 층에서 빠르게 이해된 것은 내 작업에 대한 최대의 보상이다."(제2판 후기, 19/10)
"그러한 비판[부르주아 경제학에 대한 비판; 인용자]이 하나의 계급을 대변하는 한, 그것은 단지 자본주의적 생산양식의 전복과 계급들의 최종적 철폐가 자신의 역사적 사명인 계급, 즉 프롤레타리아트만을 대변할 수 있다."(제2판 후기, 22/14)[15]
"유럽대륙에서는 『자본』을 종종 '노동자계급의 성경'이라 부른다."(엥겔스, 영어판 서문, 39/30)[16]

---

15  앞서 말한 바처럼 강신준은 이런 문장을 번역해 놓고도 마르크스가 자본주의의 전복과 혁명을 위해서가 아니라 자본주의의 개혁과 개조를 위해 『자본』을 집필한 것이라고 해석한다. 그의 『자본』 강의가 얼마나 황당한가를 보여주는 단편이다. 전반적으로 강신준은 독일어 『자본』을 번역하기는 했지만, 그냥 번역일 뿐이지 자신이 번역한 『자본』의 내용은 제대로 이해하지 못하고 있다.

16  유감스럽게도 『자본』에 대한 노동자들의 믿음과 충성도는 성경에 대한 기독교도들의 그것과 비교할 수 없게 취약하다. 기독교도들은 1주일에 한 번 함께 모여 성경의 한 구절이라도 늘 암송하고 학습한다. 평생을 그렇게 따라가면 그들은 모두 나름대로 성경의 전도사가 된다. 그러나 『자본』과 성경은 과학과 종교라는 차이가 있다. 과학으로의

길은 어렵고 인내가 필요한 길이고, 특히 『자본』은 일반 노동자가 접근하기 쉽지 않다. 반면 성경은 누구든 믿고 싶은 대로 믿으면 된다. 성경의 해석 차이도 마찬가지다. 또 가톨릭과 개신교로, 또 개신교 내에서 이른바 이단을 포함하는 여러 교단으로 갈라져 도 어느 게 맞는 건 없다. 그저 신앙의 문제이기 때문이다. 교리의 차이보다 아마도 세속의 이해관계가 더 중요하게 작용할지 모른다. 『자본』은 그렇지 않다. 여기는 과학의 영역이고, 『자본』의 해석을 둘러싼 마르크스주의자들의 논쟁은 시시비비를 가릴 마르크스의 방법과 경제학 체계가 객관적으로 존재한다.

제1편

# 상품과 화폐

# 제1장 상품

## 1. 상품의 두 가지 요소: 사용가치와 가치(가치의 실체, 가치의 크기)

『자본』은 상품의 분석으로부터 시작한다. 상품이 자본주의 사회의 부의 기본 요소이기 때문이다. "자본주의적 생산양식이 지배하는 사회의 부(Reichtum)는 '상품의 거대한 집적'으로 나타나며, 개개의 상품은 그 부의 기본 형태로 나타난다. 그 때문에 우리의 연구는 상품의 분석으로 시작한다."(49/43) [[이하에서 상품은 그 자체로 취급하고 있지만, 이 인용문에서도 보다시피 암묵적으로 이미 자본주의하에서의 상품을 상정하고 있다. 즉 상품의 분석으로부터 화폐의 발생, 나아가 제2편에서 화폐의 자본으로의 전화로 나아가는 과정은 단순 상품생산으로부터 자본주의적 상품생산으로의 역사적 전개가 아니라 어디까지나 자본주의 상품생산을 전제한 위에서의 범주들의 논리적 전개다.[17] 현실적으로 자본은 화폐 형태로 등장하므로 자본을 설명하기 위해서는 먼저 화폐를 해명해야 하고, 또 화폐는 특정한 상품이 전화한 것이어서 화폐에 앞서 상품을 해명해야 한다. 이런 점에서 상품은 자본주의 사회의 모든 범주들과 형태들, 그리고 모순들의 전개의 논리적 출발점이다.[18] 물론 순전한 논리적 전개만은 아니다. 화폐로부터 자본으로의 전화는 논리적 전개로부터 끌어내지 못하며, 여기에는 자본주의적 생산관계, 즉 이행의 역사를 전제하지 않으면 안 된다. 제2편 화폐의 자본으로의 전화는 이미 이 역사가 전제되어 있다.]]

상품은 교환을 위해 생산되는 노동생산물이다. 즉 직접생산자 자신의 소비가 아닌 타인의 소비를 위한 노동생산물이 상품이다. 상품은 사용가치와 교환가치, 두 가지 요소로 특징지어진다. 어떤 생산물이 교환을 위해서는, 즉 상품이 되기 위해서는 우선 사용가치를 가져야 한다. 사용가치는 사용할 때의 가치이며, 특정한 인간 욕구를 만족시킬 유용한 성질에 기인한다. 이 유용성은 특정한 상품의 속성이며, 그 상품 자체에 의해 규정된다. 따라서 상품체 자체가 사용가치다. "한 물건의 유용성은 그 물건을 사용가치로 만든다. 그러나 이 유용성은 공중에 떠 있는 것이 아니다. 그것은 상품체의 속성들에 의해 제약되어서 그 상품체 없이는 존재하지 않는다. 그 때문에 철, 소맥, 다이아몬드 등과 같은 상품체 자체가

---

17  자본주의 형성의 역사인 '이른바 본원적 축적'을 제1권 제7편 거의 마지막 장인 제24장에 배치한 것도 같은 맥락이다. 그 장의 마지막 절 '자본주의적 축적의 역사적 경향'에서 마르크스는 비로소 자본주의 전체 역사 즉 자본주의의 형성과 발전 그리고 붕괴를 다루고 있다.

18  정치경제학 비판의 방법과 관련해 말하면, 상품(과 상품의 두 가지 요소 및 노동의 이중성)은 하향의 종착점이자 상향의 출발점을 이룬다.

사용가치 또는 재화다."(50/44)

반면 교환가치는 교환할 때 발휘되는 가치를 말한다. "교환가치는 우선 양적인 관계, 즉 어떤 종류의 사용가치가 다른 종류의 사용가치와 교환되는 비율로서 나타난다."(50/45) 예컨대 1쿼터의 소맥이 0.5톤의 철과 교환되기도 하고 1벌의 상의와도 교환된다면, 1쿼터 소맥의 교환가치는 0.5톤의 철, 1벌의 상의가 된다. 물론 1쿼터의 소맥은 그밖에 다른 상품들과 다른 비율로 교환될 것이다. 어떤 특정한 상품의 교환가치는 이렇게 다른 상품의 사용가치의 일정량으로 나타난다. 그런데 1쿼터의 소맥이 다른 분량도 아니고 꼭 0.5톤의 철과 등치시키는 두 상품의 교환 등식을 보면, 어떤 요인 때문에 이런 등식이 성립할 수 있는가 하는 질문이 제기될 수밖에 없다. "동일한 크기의 하나의 공통물"이 배후에 있는 것이다. 교환가치는 "교환가치와 구별할 수 있는" 어떤 것의 "현상형태"일 뿐이다.(51/46) 그 하나의 공통물이 사용가치가 아님은 분명하다. 두 상품은 상이한 사용가치여서 사용가치로는 어떤 공통물도 지니고 있지 않다. 공통의 속성은 두 상품 모두 '노동생산물'이라는 점뿐이다. 그러면 두 상품을 등치시키는 공통의 척도는 인간노동, 즉 추상적 인간노동이다. "이제 상품체의 사용가치를 도외시하면, 상품체에는 아직 하나의 속성, 즉 노동의 생산물이라는 속성만이 남아 있다."(52/47) "… 노동생산물들은 더는 서로 구별되지 않고, 모두 동일한 인간노동, 즉 추상적 인간노동으로 환원됐다."(52/47) 그리고 상품에 대상화되어 있는 이 추상적 인간노동이 곧 가치다.

"모든 노동생산물은 그것들에 공통된, 이 사회적 실체의 결정체로서 가치, 즉 상품가치다."(52/47) "유동상태에서의 인간노동력, 즉 인간노동이 가치를 형성하나 그것이 가치는 아니다. 인간노동은 응고된 상태에서, 대상적 형태에서 가치로 된다."(65/65)

결국 교환가치를 결정하는 것은 상품의 가치, 추상적 인간노동이다. 가치의 실체는 추상적 인간노동이므로 가치의 크기는 인간노동의 분량, 즉 노동시간에 의해 결정된다.(53/48) 이 노동시간은 '사회적으로 필요한 노동시간'을 말한다. "사회적으로 필요한 노동시간은 주어진 사회적 표준적인 생산조건들과, 사회적 평균의 노동숙련 및 강도 하에서 어떤 사용가치를 생산하는 데 요구되는 노동시간이다."(53/48) 그러면 한 상품의 가치 크기는 노동생산력의 진보에 따라 하락할 것이다. 생산력이 높아지면 그 상품의 생산에 필요한 노동시간이 줄어들고, 그에 따라 그 상품의 가치도 저하된다. "그러므로 한 상품의 가치 크기는 그 상품에 체현된 노동량에 정비례하고, 그 노동의 생산력에 반비례해 변동한다."(55/50)

상품의 가치는 상품에 대상화되어 있고 체현되어 있는 추상적 인간노동이지만, 상품생산 사회에서 상품의 가치는 직접 노동시간으로 표현되지 못하고, 상품교환 속에서 다른 상품의 사용가치의 일정량, 즉 교환가치로 표현된다. 이런 점에서 가치는 상품의 내적 실체인 반면, 교환가치는 가치의 외적 현상형태다. 따라서 마르크스도 뒤에서 상품의 두 요소가 이제 사용가치와 가치라고 다시 정의한다.(75/77) [[사용가치, 가치, 교환가치는 당대 고전학파 내에서 상식처럼 사용되던 용어이며, 마르크스가 처음 사용한 것이 아니다. 그러나 상품을 가치와 사용가치, 두 대립물의 통일로 파악하고, 그 모순으로부터 가치형태를 전개하고 가치형태로서 교환가치를 파악한 것은 마르크스의 독창적인 기여다. 마르크스에 의하면, 고전학파는 교환가치라는 '가치의 형태'를 결코 이해하지 못했고, 그 때문에 화폐라는 형태도 이해할 수 없었다는 것이다.]]

이상에서 상품의 개념과 상품의 두 가지 요소를 살펴봤는데, 이 절의 마지막에 마르크스는 가치가 아니면서도 사용가치인 물건도 있다고 덧붙인다. 예컨대 처녀지나 야생의 수목처럼 인간노동에 의해 매개되지 않았거나, 인간노동의 생산물이지만 타인의 소비를 위해 교환으로 나가지 않고 생산자 자신이 소비하는 경우가 그러하다. 반면 사용대상이 아닌 물건은 가치일 수 없다고 한다.(55/51) [[차제에 미야카와 아키라를 따라 재화의 분류법을 정리해 보자.(宮川彰, 67) 우선 재화와 상품은 개념부터 다르다. 재화는 영어로 goods, 독일어로 Güter, 유용물을 말하며, 상품은 영어로 commodity, 독일어로 Ware, 그 개념은 앞에서 정의한 바와 같다. 모든 재화가 상품인 것은 아니다. 재화는 유용물인데, 재화에는 노동생산물도 있고, 비노동생산물도 있다. 상품은 노동생산물인 재화 중에서 타인의 소비를 위해 교환에 들어가는 부분만을 말한다. 그런데 비노동생산물이면서, 따라서 원래 가치도 상품도 아닌데, 그럼에도 교환의 대상이 되고 상품형태를 취해 가격을 갖는 경우도 있다. 예컨대 초상권이라든가 매관매직, 매매춘, 오늘날의 탄

소배출권 등이 그러하다. 상품생산과 교환이 일반화되면, 비노동생산물조차 가격으로 평가하는 것이 특별히 이상하게 보이지 않게 된다. 아래에서 마르크스도 이런 경우를 가격형태의 '질적 모순'이라 지적하고 양심, 명예 등을 예로 들고 있다.(117/131) 다음 [그림1]이 이러한 분류법을 이해하는 데 도움이 될 것이다.]]

**[그림1] 재화의 분류법**

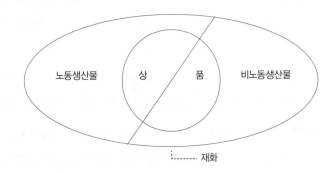

[[고전학파와 마르크스의 가치론이 노동가치론인데 반해, 속류 부르주아 경제학에서는 주관적 가치론, 즉 가치를 결정하는 것은 상품의 소비로부터 얻는 만족 또는 효용이라고 주장한다. 고전학파 정치경제학은 리카도 이후 혹은 이미 리카도와 동시대에 세이 J. B. Say, 바스티아F. Bastiat, 맥컬록J. R. MacCulloch 등으로 대표되는 속류화의 과정을 겪기 시작한다. 경제학의 속류화란 가격의 객관적 본질을 규명하는 노동가치론을 폐기하고 가치의 현상형태인 가격의 운동만 쫓아감으로써 과학이 세속화되는 것을 말한다. 가치

와 함께 잉여가치도 폐기된다. 그러면 경제학은 자본주의 질서의 변호 이데올로기로 전락한다. 주관적 가치론이 그 하나의 귀결이다. 이들이 사용하는 효용이란 개념은 마르크스가 말하는 사용가치와는 다르다. 마르크스의 사용가치 개념은 반드시 객관적인 것, 앞서 말한 바처럼 상품체 자체에 구비된 성질이라는 점에 입각해 있다. 상품체 자체가 사용가치인 것이다. 반면 효용은 어떤 재화가 그것을 사용하는 사람에게 주는 만족도, 욕구를 충족하는 정도로 그 크기가 정의되기 때문에 주관적인 평가가 될 수밖에 없다. 그것은 본질적으로 주관적인 것이다. 그러나 효용은 하나의 재화에서도 측정 단위가 없고, 또 각양각색의 재화에서 얻는 상이한 질의 효용을 비교할 수 있는 척도도 없기 때문에 기본적으로 측정할 수 있는 것이 아니다. 당연히 효용이 가치를 결정한다는 것은 있을 수 없다. 속류 부르주아 경제학에는 가격의 토대인 가치론 자체가 없어졌고, 수요와 공급에 의해 결정되는 가격론만 남아 있다. 효용이 아닌 한계효용(수요측면)이 한계생산비(공급측면)와 함께 가격을 결정한다고 한다. 이런 이론이 가능한 것은 황당하게도 개별 소비자들 각자가 효용과 한계효용을 정확하게 측정할 수 있는 효용함수란 것을 가지고 있다고 전제하기 때문이다. 효용함수는 $u=f(x, y)$로 나타낸다. 즉 두 개 상품만 가정한다면, 개별 소비자가 $x$, $y$ 상품의 특정량을 소비할 때 효용($u$)의 특정값이 나온다는 함수다. 함수의 값을 측정하는 유틸리티라는 효용단위도 상정하고 있다. 조금만 정상적인 사고를 가진 사람이라면, 이렇게 질문할 것이다. "세상에! 나도 모르는 그런 함수를 내가 갖고 있다고?" 현대의 경제학자들은 비정상의 사고를 하는 달나라 사람들이다. 그런 인물들이 정상적인 사람들에게 경제학을 가르치겠다고 나서는 상황이고, 세계의 석학이라고 존경받고 있다. 일찍이 엥겔스가 '무한하게 무용한 이론'이라고 한계효용이론을 경멸적으로 비판한 바 있다.]]

## 2. 상품에 표현된 노동의 이중성

상품에 표현된 노동의 이중적 성격은 상품의 두 개 요인을 이번에는 그 생산에 투입된 노동의 관점에서 보는 것이다. 마르크스는 자신이 처음으로 노동의 이중성을 비판적으로 입증했다고 스스로 밝히고 있다.(56/52)[19] 하나는 유용노동이라는 성질, 그것이 사용가치로 결실을 가져온다. 다른 하나는 추상적 인간노동이라는 성질, 그것이 가치라는 결정체를 가져온다. 구체적 유용노동은 특정한 형태로 지출되며, 다른 노동으로부터 질적으로 구별되는 노동이다. "우리는 그것의 유용성이 그 생산물의 사용가치로 표현되거나, 또는 그것의 생산물이 하나의 사용가치인 그런 노동을 간단하게 유용노동이라고 부른다."(56/52) 사용가치를 생산하는 구체적 유용노동, 예컨대 소맥을 생산하는 노동, 철을 생산하는 노동, 상의를

---

19   상품의 물신성에 관한 제4절의 하나의 각주(94-95/102-103)에서 마르크스가 이와 관련한 고전학파의 한계를 더 자세히 서술하고 있으니 참조하면 좋다.

생산하는 노동 등등은 사회의 재생산과 관련된 여러 가지 유용한 생산물을 생산하고, 그 전체로 보면 사회적 분업을 이룬다. "다양한 사용가치 또는 상품체들의 총체에서 유·종·과·아종·변종[생물 집단 분류상의 단위들: 인용자]에 따라 똑같이 다양한 유용노동들의 총체, 즉 사회적 분업이 나타난다. 사회적 분업은 상품생산이 실존하기 위한 조건이다. 그러나 역으로 상품생산은 사회적 분업이 실존하기 위한 조건이 아니다."(56/52-53) 이런 점에서 유용노동은 어떤 사회형태에서나 사회의 재생산과 인간의 실존을 위한 절대적 조건이 된다. "그렇기 때문에 노동은 사용가치 형성자로서, 유용노동으로서 모든 사회형태로부터 독립된, 인간의 하나의 실존조건이며, 인간과 자연과의 물질대사를 매개하기 위한, 따라서 인간생활을 매개하기 위한 영원한 자연필연성이다."(57/53)

이들 노동에서 유용적 성격을 추상하면, 남는 건 인간노동 그 자체, 즉 '추상적 인간노동'이라는 성질뿐이다. 유용노동의 구체적 형태상의 차이에도 불구하고, 그것들은 동일한 인간노동력의 지출이라는 생리학적 기초를 갖는다. "생산적 활동의 규정성, 따라서 노동의 유용적 성격을 도외시한다면, 노동에 남는 것은 인간노동력의 지출이라는 것이다. 재봉과 직포는 비록 질적으로 다른 생산활동이기는 하지만, 둘 다 인간의 두뇌, 근육, 신경, 손 등의 생산적 소비이며, 이러한 의미에서 둘 다 인간적 노동이다. 그것들은 인간노동력을 지출하는 두 개의 다른 형태에 지나지 않는다."(58-59/55) 여기서 인간노동이란 "특별하게 발달하지 않은 보통의 인간이 자신의 육체 속에 평균적으로 가지고 있는 단순한 노동력의 지출"을 말한다.(59/55) 물론 단순한 평균노동과 복잡노동의 문제도 있지만, 복잡노동은 단순노동으로 환원될 수 있다. "더 복잡한 노동은 단지 **역능이 강화된** 또는 오히려 **배가된** 단순노동으로 간주될 뿐이다. 그래서 더 적은 양의 복잡노동은 더 많은 양의 단순노동과 동등하다."(59/56)

질적으로 다양한 유용노동들이 추상적 인간노동으로 환원되는 것은 상품교환을 통해 이들 노동의 생산물들이 가치로서 동등화되기 때문이다. 따라서 상품생산이 없으면 가치도 없고, 가치가 없으면 추상적 노동도 없다. 이 점은 유의할 필요가 있다. 다시 말해 추상적 노동은 상품생산의 특수한 범주이고, 상품생산이라는 특정한 생산관계를 표현하는 것이다. 고전학파는 가치를 형성하는 노동의 특성을 모든 노동의 영원하고 자연적인 특성으로 보았다. 왜 노동생산물이 상품형태를 취하는지, 왜 노동이 가치로, 교환가치로 표현되는지, 가치형태의 역사적 성격을 고전학파는 전혀 이해하지 못했다. [[추상적 노동과 관련해서는 이론사적으로 잘못 알려진 부분이 있다. 구 정통파 마르크스주의가 마르크스의 가치론을 투하노동가치론으로 이해하고, 네오마르크스주의는 추상노동가치론으로 파악한다며 구 정통파의 가치론을 비판하는 네오마르크스주의의 상투적 이분법은 이론사를 왜곡한 것이다. 이런 비판에 따르면 마르크스 가치론의 고유한 측면은 가치형태의 분석에 있고, 이 점에서 고전학파의 투하노동가치론의 전통으로부터 단절해서 추상노동가치론을 확립한 것인데, 정통파 마르크스주의는 이 단절을 인식하지 못하고 투하노동가치론을 마르크스의 가치론으로 파악한다는 것이다. 한국에서도 가치론 전공자 사이에 근거 없이 만연해 있는 주장이다. 그러나 구 정통파에 있어서도 가치의 형태, 가치의 실체, 그리고 추상노동에 대한 설명은 위와 같은 마르크스의 개념 규정에 따라 정형화되어 있다. 이는 구소련과 구동독에서 간행된 정치경제학 교과서들만 들춰 봐도 확인할 수 있다.]]

그런데 앞서 언급했던 노동의 생산력이란 구체적 유용노동, 사용가치와 관련된 것임에 유의해야 한다. 즉 "생산력은 물론 언제나 구체적인 유용노동의 생산력이며, 실제로 단지 주어진 시간 내에서의 합목적적인 생산활동의 효율(Wirkungsgrad)만을 규정한다. 따라서 유용노동은 그 생산력이 상승하거나 하락함에 정비례해서 더 많거나 더 적은 생산물의 원천이 된다. 그에 반해 생산력의 변동은 가치에 표현된 노동 자체에는 전혀 영향을 미치지 않는다. … 따라서 생산력이 어떻게 변동해도 동일한 노동은 동일한 시간 내에 언제나 동일한 가치 크기를 만들어 낸다. 그러나 동일한 노동은 동일한 시간 내에 상이한 분량의 사용가치를 제공한다. 즉 생산력이 상승하면 더 커다란 분량의 생산물을, 생산력이 하락하면 더 적은 분량의 생산물을 제공한다."(60–61/58) 따라서 생산력의 발전에 따라 사용가치 한 단위당 가치의 크기는 감소하게 된다. 마지막으로 노동의 이중성에 대한 요약 및 결론이다. "모든 노동은 한편에서 생리학적 의미에서의 인간노동력의 지출이며, 동등한 인간노동 또는 추상적 인간노동이라는 이 속성에서 그것은 상품 가치를 형성한다. 다른 한편 모든 노동은 특수한 목적규정적인 형태에서의 인간노동력의 지출이며, 구체적 유용노동이라는 이 속성에서 그것은 사용가치를 생산한다."(61/58)[20]

## 3. 가치형태, 즉 교환가치

제3절 가치형태는 마르크스 자신도 언급하다시피 『자본』에서 가장 어려운 부분이다. 절 제목의 의미부터 보도록 하자. 가치가 현상하는 형태, 그것이 곧 교환가치다. 교환가치는 앞에서 상품의 두 가지 요인에서 살펴봤던 것으로 여기서 다시 등장하지만, 단순한 반복은 아니다. 앞에서는 교환가치로부터 그 본질인 가치를 규명하고, 여기서는 가치라는 본질이 어떻게 현상하는지 그 형태를 다룬다. 그렇게 다시 교환가치로 오는 것이다.(62/60) 상품의 두 요인, 사용가치와 가치가 구체적으로 어떻게 나타나는가의 문제에서 사용가치의 문제는 없다. 왜냐하면 눈에 보이는 대로 상품의 자연적 모습, 상품체 자체가 그 사용가치이기 때문이다. 이에 대해서는 분석이 필요 없다. 문제는 가치라는 요인이다. 가치는 상품체 안에 있

---

20  이 문장에 대한 마르크스의 각주에 엥겔스가 추가한 부분이 있다. 영어의 장점이라며 영어에는 노동의 이 두 측면을 표현하는 두 개의 다른 단어가 있다는 것이다. 사용가치를 생산하는 질적으로 규정된 노동은 work, 가치를 창조하는 양적 규정에서 노동은 labour라고 한다.

지만(추상적 노동이 상품에 대상화되어 있는 것이 가치다), 눈에 보이지는 않는다. 사용가치인 상품체 자체로는, 즉 자기 혼자로는 가치가 표현될 수 없다. 그러므로 가치는 교환을 통해 다른 상품의 사용가치의 일정량으로 표현된다. 사회적 분업과 상품교환에 입각한 상품생산사회에서는 기본적으로 상품의 가치가 상품교환의 형태를 통해, 교환가치를 통해 표현된다. 가치형태의 완성형태는 다름 아닌 화폐다. 가치형태를 이해하지 못하면 화폐를 이해할 수 없다. 이 절이 어렵지만 중요한 이유는 바로 화폐형태의 발생을 증명함으로써 화폐의 신비를 벗기는 데 있다. "그것으로써 동시에 화폐의 수수께끼도 사라진다."(62/60)

[[부르주아 경제학에서 그러는 것처럼 화폐는 흔히들 화폐의 여러 기능으로부터 정의를 내리지만, 모두 화폐의 본질을 이해하지는 못한다. 그러면 화폐가 왜 이런 기능을 수행하는지 신비로운 존재가 된다. 더구나 오늘날의 화폐는 『자본』에서처럼 금이나 태환지폐가 아닌 불환지폐이며, 화폐의 발생사적 흔적이 아주 희미해진 상태라(화폐 자체가 이미 발생사의 흔적이 사라진 것이지만) 화폐를 더더욱 이해하기 힘들다. 불환지폐와 함께 오늘날 중요한 경제현상인 인플레이션이나 디플레이션 등을 이해하기 위해서는 화폐의 발생사를 추적해 화폐의 본질을 파악하는 것이 필수적이다. 오늘날 세계화폐 달러의 불안정성과 위기도 궁극적으로는 금과의 연계가 끊어진 불환지폐의 문제이며, 상품화폐인 세계화폐 금의 의의를 간과하고서는 이해할 수 없다.]]

가치형태의 발전은 다음의 형태들을 거친다.


[형태I]   단순한 가치형태
          20엘레의 아마포  = 1벌의 상의[21]


[형태II]  전개된 가치형태
          20엘레의 아마포 = 1벌의 상의
          또는              = 1쿼터의 소맥
          또는              = 2온스의 금
          또는              = 0.5톤의 철 등등


[형태III] 일반적 가치형태
          1벌의 상의      =
          1쿼터의 소맥    =
          2온스의 금      =        } 20엘레의 아마포
          0.5톤의 철      =


[형태IV] 화폐형태
          20엘레의 아마포 =
          1벌의 상의      =
          1쿼터의 소맥    =        } 2온스의 금
          0.5톤의 철      =


---

가격형태

20엘레의 아마포 ＝ 2온스의 금(2파운드 스털링)[22]

(1파운드 스털링＝1온스의 금)

## 1) 단순한, 개별적인 또는 우연한 가치형태

형태I로 표현되는 단순한 가치형태는 출발점에 있는 형태다. "모든 가치형태의 비밀은 이 간단한 가치형태에 숨어 있다. 그 때문에 이 가치형태의 분석이 본래의 어려움을 가져온다."(63/61) '20엘레의 아마포＝1벌의 상의', 여기서는 종류가 다른 두 개의 상품, 아마포와 상의가 명확히 두 개의 다른 역할을 하고 있다. 즉 아마포는 능동적으로 자신의 가치를 상의로 표현하고, 상의는 수동적으로 이 가치표현의 소재로서 역할한다. 아마포의 가치는 상대적 가치로 표현된다. "첫 번째 상품의 가치는 상대적 가치로 표현되고, 그 상품은 상대적 가치형태에 있다. 두 번째 상품은 등가물로서 기능

---

22 　김수행판에서는 사례로 사용되는 화폐단위를 모두 원화로 바꾸어 번역해서 여기서도 1원=1온스의 금, 1벌의 상의=2원으로 되어 있다. 이러한 번역은 사실 원전을 훼손한 것이다. 『자본』은 한국어로 번역하더라도 한국인 저작도, 한국에 관한 저작도 아니기 때문이다. 그뿐만 아니라 이 사례에서 보다시피 원화 표시 상품가격의 현실성도 크게 떨어진다. 우리는 이하에서도 『자본』으로부터 인용이나 발췌를 할 때 마르크스가 사용한 화폐단위를 그대로 가져오도록 한다. [말이 나온 김에 김수행판 번역의 화폐단위 문제를 조금만 더 언급하도록 하자. 사례로 사용되는 화폐단위와 달리 역사적인 실제 수치는 그대로 파운드 스털링으로 번역할 수밖에 없는데, 이번에는 그 표현방식이 우리말이 아니라 영어를 그대로 옮겨놓았다. 예컨대 300,000파운드 스털링 또는 30만 파운드 스털링이라고 해야 할 것을 '£300,000'이나 심지어 '£300천'이라 번역하고, 또 1파운드권, 10파운드권은 '£1권', '£10권'이라고 번역해 놓았다. 이런 것은 우리말 번역이 아니다.]

하고 등가형태에 있다. 상대적 가치형태와 등가형태는 동일한 가치표현의, 서로 의존하고 서로 제약하는 불가분의 계기이지만, 동시에 서로 배제하고 서로 대립하는 양 극단(Extreme), 즉 양극이다."(63/61)[23]

상품에 내재된 가치는 직접적으로 나타날 수 없고, 눈에 보이는 모습으로 나타나기 위해서는 간접적으로 다른 상품과의 등가관계를 매개로 하지 않으면 안 된다. 가치형태에 있어서는 먼저 위의 등식관계를 통해 상이한 두 개의 상품, 여기에 들어 있는 두 개의 상이한 노동이 공통의 추상적 인간노동으로 환원되고 있음을 파악해야 한다. 앞에서 상품가치의 분석에서 보았던 것이 여기서는 가치형태를 통해 드러나는 것이다. 이 관계의 질적 측면을 명확히 한 다음에야 양적 규정성을 논할 수 있다. 20엘레의 아마포가 1벌의 상의와 가치가 같다는 이 등식(가치등식)은 20엘레의 아마포와 1벌의 상의에는 동일한 양의 노동이 대상화되어 있음을 나타낸다. 따라서 생산력의 변화에 따라 아마포나 상의 또는 두 상품 모두 생산에 필요한 노동시간이 변동하면, 이 등식이 표현하는 양적

---

23  상대적 가치형태와 등가형태가 상호 배제하고 대립하는 양 극단이라는 말은 약간 이상하게 들릴지 모른다. 이 문장에 이어서 마르크스가 부연설명을 하기는 하지만, 『자본』 제1판 부록에서의 서술이 더 명확하게 그 의미를 전달하고 있다.(MEGA II. 5, 627) 한 상품이 상대적 가치형태에 있으면, 그 상품은 동일한 등식에서 등가형태에 있을 수 없고, 또 역으로 그 상품이 등가형태에 있으면, 다른 편의 상대적 가치형태에 있을 수 없다는 것이다. 요컨대 한 상품은 그 상품 자체로 자신의 가치를 표현할 수 없다. 여기서 두 형태는 서로 배제하고 대립한다.

관계가 변하게 된다. 다만 이와 같은 상대적 표현에서는 두 상품의 가치량의 절대적인 변동은 파악하기 어렵다.(64~69/62~70)

이 등식관계에서 등치되는 상품의 사용가치는 등가물, 즉 '가치의 거울'이 된다. 등가형태에서는 텍스트를 잘 읽지 않으면 쉽게 이해되지 않는 세 가지 특징이 나온다.(70~73/72~75) 가능한 한 쉽게 요약하고 넘어가도록 하자. (1) 가치의 거울 역할을 하는 것은 상의인데, 상의라는 사용가치가 그 상품체 자체로 아마포 상품의 상대적 가치를 표현하는 가치의 현상형태가 된다. (2) 상의는 등가물이기에 언제나 아마포와 교환될 수 있는 가치, 추상적인 인간노동의 체현물로 나타나므로 상의를 만드는 구체적 노동이 추상적 인간노동을 표현하는 현상형태가 된다. (3) 마찬가지 이유로 상의를 만드는 사적 노동이 직접적으로 사회적 노동이 된다. 물론 이러한 특징들은 이 가치관계 내에서만 그러하다. 바로 여기에 등가형태의 신비한 성격의 비밀, 뒤에서 보게 되는 화폐 수수께끼의 비밀이 있다. 한마디로, 언제나 무엇과도 직접적으로 교환가능한 등가물, 화폐로서의 성격이다.

가치형태와 관련해 마르크스가 아리스토텔레스의 높은 통찰력과 시대적 한계를 지적하는 부분은 많이들 인용하고 있고, 그만큼 흥미롭다. 아리스토텔레스가 말한다. "'5개의 침대=한 채의 가옥'은 '5개의 침대=이만큼의 화폐'와 '구별되지 않는다.'"(73/75~76) 또한 "그는 이렇게 말한다. '교환은 동일성 없이는 있을 수 없고, 동일성은 그러나 공통의 측정표준 없이는 있을 수 없다.'"(73~74/76)

아리스토텔레스는 처음으로 가치형태와 화폐형태를 분석하고 교환에서의 동일성도 인식했지만, 그러나 상이한 물건들에 대한 공통의 측정표준은 사실상 불가능하다며 더 이상의 분석을 포기했다. 아리스토텔레스가 규명하지 못한 공통의 측정표준, 그것은 곧 가치의 실체인 동등한 인간노동인데, 노예노동에 기반한 당시의 그리스 사회에서 아리스토텔레스도 이러한 개념에 도달할 수는 없던 것이다. 이것은 상품생산과 교환이 전면화되는 사회에서나 비로소 가능해진다.

단순한 가치형태를 이제 총괄해 보자. "상품 B에 대한 가치관계에 포함된 상품 A의 가치표현을 더 상세히 고찰하면, 이 관계 안에서 상품 A의 현물형태는 단지 사용가치의 모습으로 간주되고, 상품 B의 현물형태는 단지 가치형태 또는 가치의 모습으로 간주된다는 것이었다. 따라서 상품 속에 싸여 있는 사용가치와 가치의 내적 대립은 외적 대립을 통해, 즉 **그** 가치가 표현되어야 할 한 쪽 상품은 직접적으로 단지 사용가치로 간주되고, 그에 반해 **그것에서** [전자의: 인용자] 가치가 표현되는 다른 쪽 상품은 직접적으로 단지 교환가치로 간주되는 그런 관계를 통해 표현된다. 따라서 한 상품의 단순한 가치형태는 그 상품에 내포된 사용가치와 가치의 대립의 단순한 현상형태다."(75~76/78~79) 그러나 단순한 가치형태는 불충분한 것이고, 일련의 형태변화를 거쳐 화폐형태, 가격형태로까지 발전한다.

## 2) 전체적인 또는 전개된 가치형태

"어떤 상품, 예컨대 아마포의 가치는 이제 상품세계의 무수한 다른 요소들로 표현된다. 다른 모든 상품체는 아마포 가치의 거울로 된다. 그래서 이 가치 자체가 비로소 진정하게 무차별적인 인간노동의 응고물로 나타난다."(77/80-81) 단순한 가치형태에서는 20엘레의 아마포가 1벌의 상의라는 형태로밖에 표현되지 않는다. 반면 이 전개된 가치형태에서는 어떤 사용가치에도 한정되지 않고 그러한 노동에 공통된, 추상적 노동의 성질 때문에 여러 가지 상품이 가치의 표현이 될 수 있고 등가물로 기능할 수 있다. 동등한 추상적 인간노동의 결정체라는 성질이 이 가치형태에서 더 어울리는 형태로 표현되고 있다. 여기서는 "두 개인적인 상품소유자 사이의 우연적 관계는 떨어져 나간다."(78/81) 이때 아마포는 '전개된 상대적 가치형태'에 있고, 다른 상품들은 각각 '특수한 등가형태'에 있다. [반면 형태I에서는 아마포가 '단순한 상대적 가치형태', 상의는 '개별적인 등가형태'에 있다고 한다.(76/79)] 그러나 이 형태에는 모든 상품이 각각 자신을 다른 모든 상품으로 표현하고자 하기 때문에, 결국 어떤 상품도 자신을 다른 상품으로 표현하기 어렵다는 모순이 존재한다. 상대적 가치형태의 모순은 등가형태에도 반영된다. 이 모순은 일반적 가치형태에서 해결된다.

## 3) 일반적 가치형태

이 형태에서 "상품들의 가치형태는 단순하고 공통적이며, 따라서 일반적이다."(79/84) 여기에는 비약이 있다. 질적으로 결정적으로 완성단계에 가까운 형태로 도약한다. 형태만 보면 형태II의 좌우변이 뒤바뀐 것이다. 하나의 상품만이 가치의 공통의 거울('일반적 등가물')이 되고 나머지 상품들은 이 거울로 그 가치가 표현된다.('일반적 상대적 가치형태') 이로써 모든 상품은 통일적인 가치표현형태를 갖는다. "상품세계의 일반적인 상대적 가치형태는 상품세계로부터 배제된 등가상품인 아마포에 일반적 등가물이라는 성격을 부여한다."(81/86) 일반적 가치형태에서 비로소 모든 노동생산물은 무차별적인 인간노동의 단순한 응고물로 표현된다.

### 4) 화폐형태

일반적 가치형태로부터 화폐형태로의 이행은 간단하다. 일반적 가치형태에서는 어떤 상품도 일반적 등가물이 될 수 있다. 반면 특정한 상품이 일반적 등가물로 고정되면 화폐상품이 된다. 아마포나 다른 어떤 상품 대신에 금이 화폐상품이 된 것이다. 화폐형태는 일반적 등가물로 기능하는 특수한 상품이 금이라는 점에서만 일반적 등가형태와 구별된다. 상품교환의 실천 속에서 금이 일반적 등가물로 선택되어 왕좌의 지위를 획득하는 것이다. 이것이 최후의 완성단계를 표현한다. 가치형태의 전개에서 화폐형태는 상품들의 가치가 모두 특정한 일반적 등가물인 금에 의해 표현되는 것을 나타내며, 따라서 개별상품의 가치를 금으로 표현할 수 있는데, 이것이 가격형태다. "이미 화폐상품으로 기능하는 상품 예컨대 금에 의한, 한 상품 예컨대 아마포의 단순한 상대적 가치표현이 가격 형태다."(84/90) 그러면 아마포의 가격형태는 '20엘레의 아마포=2 온스의 금'이 된다. 만약 '금 1온스=1파운드 스털링'이라는 식으로 화폐의 도량기준을 정하면, 가격형태는 '20엘레의 아마포=2파운 드 스털링'이 된다. 뒤에서 보면, 마르크스는 화폐형태와 가격형태 를 그저 같은 개념으로 사용하곤 한다. 이를테면 "한 상품의 가치 를 금으로 표현한 것이 … 상품의 화폐형태, 즉 상품의 가격이다." (110/120-121) 이제 이 절을 끝내도록 하자. "화폐형태의 개념에서 어려운 것은 일반적 등가형태, 따라서 일반적 가치형태 자체, 즉 형 태III을 파악하는 데 한정된다." 거꾸로 가면 형태II와 형태I로 해 소된다. "그 때문에 단순한 가치형태, 제I형태는 화폐형태의 맹아 다."(85/90-91)

## 4. 상품의 물신적 성격과 그 비밀

상품으로 성립되는 경제사회 구조의 기본 특질, 상품사회의 독특 한 거꾸로 된 관계, 인간과 인간의 관계가 사물과 사물의 관계로 나 타나고 사물과 사물의 관계에 의해 지배된다는 점, 이것이 상품 물 신성의 문제다. 상품생산 사회에서 물신성은 상품 자체에 그 뿌리 가 있다. 상품의 본성과 불가분한, 상품 자체에 들러붙어 있는 전 도된 구조가 가로놓여 있다. 상품을 둘러싸고 발생하는 근대사회 의 특유한 전도된 관계, 물신적 성격은 화폐에서 더욱, 자본에서는 더더욱 두드러지게 나타난다. 화폐를 둘러싼 전도된 관계는 화폐숭배, 배금주의라는 말 등에서 우리가 익히 아는 현상이다.

"상품을 분석하면, 그것이 형이상학적인 궤변과 신학적인 변덕으로 가득 찬 비상하게 기이한 물건이라는 것이 드러난다."(85/91) 그 신비한 성격은 그 소재나 사용가치와는 아무 관계가 없다. "그러나 책상이 상품으로 나타나자마자 초감각적인 것으로 되어 버린다."(85/91) 그러나 그것은 또한 "가치규정들의 내용"으로부터 나오는 것도 아니다. 가치가 인간노동력의 지출이라는 것, 노동량은 가치의 양적 토대라는 것이 명백하기 때문이다. 그것은 상품형태 그 자체로부터 나오는 것이다. "노동생산물이 상품형태를 취하자마자 생겨나는 노동생산물의 수수께끼 같은 성격은 어디로부터 발생할까? 상품형태 그 자체로부터다."(86/92) 이에 대한 부연설명이 이어진다. "그러므로 상품형태의 신비성은, 상품형태가 인간 자신의 노동의 사회적 성격을 노동생산물 자체의 대상적 성격, 즉 이것들의 사회적인 자연적 속성으로 보이게 하며, 따라서 총노동에 대한 생산자들의 사회적 관계를 그들 외부에 존재하는 대상들의 사회적 관계로 보이게 한다는 사실에 있을 뿐이다."(86/93)

마르크스는 이를 종교세계와 비교한다. 인간이 자기 두뇌의 산물을 신으로 숭배하고, 이것이 인간을 지배하는 종교와의 유비를 통해 물신숭배를 말하고 있는 것이다. "상품세계에서는 인간의 손이 만든 생산물이 그러하다. 그것을 나는 물신숭배라고 부른다. 그것은 노동생산물이 상품으로 생산되자마자 노동생산물에 부착되고,

그 때문에 상품생산과 불가분의 것이다."(86-87/93) 이 상품물신은 상품을 생산하는 노동의 특수한 사회적 성격에서 비롯된다. "생산자들은 자신들의 노동생산물을 교환함으로써 비로소 사회적 접촉에 들어가기 때문에 그들의 사적 노동의 독특한 사회적 성격도 이 교환 내에서 비로소 나타난다. … 그래서 생산자들에게는 자신들의 사적 노동들의 사회적 관계가 … 개인들의 물적인 관계로, 사물들의 사회적 관계로 나타난다."(87/94)

물신성에 대한 이상의 설명은 사실 조금 어렵게 들린다. 마르크스는 상품생산 사회와 다른 사회들을 예로 들면서 물신성의 의미를 보충 설명하는데, 이게 그 이해를 위해 도움이 될 것이다.(90-/98-) 이들 사회에서는 사람들 간의 사회적 관계가 상품에 매개되지 않고, 있는 그대로 투명하게 보인다. 마르크스가 로빈슨 크루소의 외딴 섬으로부터 공산주의 사회의 '자유로운 연합체'까지 거론하지만, 여기서는 중세사회만 들어 보자. 이 사회에서는 인격적 예속관계가 사회적 토대를 이루고 노동과 노동생산물은 부역노동이나 현물납부이기 때문에 이것들은 상품세계에서처럼 다른 환상적 모습을 취하지 않는다. "여기서는 상품생산의 토대에서처럼 노동의 일반성[추상성: 인용자]이 아닌 노동의 자연적인 형태, 그 특수성이 노동의 직접적인 사회적 형태다. … 개인들의 노동에서의 사회적 관계는 어떤 경우에도 그들 자신의 인격적 관계로 나타나며, 사물들, 즉 노동생산물들 사이의 사회적 관계로 분장하지 않는다."(91-92/99)

이 절 마지막에서는 가치형태에 대한 고전학파의 몰인식을 지적한다. 즉 고전학파 경제학이 불완전하게나마 가치와 가치량을 분석하고 그 실체를 발견했지만, 가치형태에 대해서는 한 번도 고찰한 적이 없다는 것이다. 이에 대한 마르크스의 각주가 이러한 이론적 사정을 잘 정리하고 있다. 길지만 이 각주의 일부를 인용해 놓자. "고전학파 정치경제학의 근본적인 결함의 하나는 가치를 교환가치로 만드는 가치형태를 상품, 특별히 상품가치의 분석으로부터 찾아내는 데 성공하지 못했다는 점에 있다. … 그 이유는 단지 고전학파가 가치의 크기에 대한 분석에 모든 주의를 기울였기 때문만은 아니다. 좀 더 깊은 곳에 이유가 있다. 노동생산물의 가치형태는 부르주아적 생산양식의 가장 추상적이고 또한 가장 일반적인 형태이며, 이 형태에 의해 부르주아적 생산양식은 하나의 특별한 종류의 사회적 생산으로서, 또 그럼으로써 동시에 역사적으로 특징지어진다. 그러므로 그것을 사회적 생산의 영원한 자연적 형태라고 잘못 보면, 필연적으로 가치형태, 따라서 상품형태, 그리고 더욱 발전된 화폐형태나 자본형태 등의 특수성 또한 간과하게 된다. 그러므로 우리는 노동시간이 가치 크기의 척도라는 것에 완전히 동의하는 경제학자들에게서 화폐, 즉 일반적 등가물의 완성된 형상에 관한 매우 혼란스럽고 모순된 관념들을 발견하는 것이다."(95/103-104)

# 제2장 교환과정

　이 장은 제1장의 추상도가 높은 상품 분석을 현실적, 구체적 연관하에서 뒷받침함과 아울러 다음 장 화폐의 여러 가지 형태와 기능을 해명하기 위한 가교 같은 장이다. 교환과정에 들어가면 상품은 거기서 당장 자신의 특징, 즉 가치와 사용가치라는 두 개의 요인으로부터 모순에 부딪힌다. 상품은 사용가치로 실현되기 전에 가치로 실현되지 않으면 안 되며, 다른 한편 가치로 실현되기 전에 사용가치임을 실증하지 않으면 안 된다. 결국 이 모순은 화폐에 의해 해결된다. 어떻게 해결하는가 하면, 교환의 과정을 판매와 구매의 두 개 국면으로 분리하고, 분리된 국면을 화폐로 통일시키고 완결한다. 이어서 교환이라는 실천을 통해 가치의 표현, 즉 가치형태가 점차 발전하면서 왜 화폐가 역사상 귀금속, 특히 금으로 정착되는지가 밝혀진다. 나아가 화폐물신이란 무엇인가도 해명된다.

　구체적인 교환과정의 분석으로 나가면 우선 상품의 인격화, 상품소유자가 등장한다. "개인들은 여기서 단지 서로 상품의 대표자로서만, 따라서 또 상품소유자로서만 실존한다. 우리는 앞으로 전개가 더욱 진전됨에 따라 [즉 『자본』 전체에서 상품소유자, 화폐소유자, 자본가, 임금노동자 등: 인용자] 개인들의 경제적 분장들은 단지 경제적 관계들의 인격화일 뿐이고, 그들은 이 경제적 관계의 담지자로서 서로 대항한다는 것을 보게 될 것이다."(99-100/109) 그런데 상품소유자는 다음의 딜레마에 직면한다. "모든 상품은 그 소유자에게는 비사용가치이고, 그것의 비소유자에게는 사용가치다. 따라서 상품들은 모두 그 소유자를 바꿔야 한다. 그러나 소유자를 바꾸는 것은 상품들의 교환이고, 그 교환은 상품들을 가치로서 서로 관련시키며 상품들을 가치로 실현한다. 그러므로 상품들은 사용가치로 실현될 수 있기 전에 가치로 실현되어야 한다. 반면 상품들은 가치로 실현될 수 있기 전에 사용가치임이 입증되어야 한다."(100/110) 이런 모순은 다른 방식으로도 표현된다. 사용가치의 실현을 위한 교환은 특정한 욕구에 따른 개인적 과정인 반면, 교환에 제공된 상품가치의 실현은 사회적 과정이다. 개인적 과정이면서 동시에 사회적 과정, 이런 것이 어떻게 가능한가다. 마르크스는 계속 같은 문제를 제기한다. "조금 더 자세히 고찰하면, 모든 상품소유자에게 다른 모든 상품은 자기 상품의 특수한 등가물로 간주되며, 따라서 자신의 상품은 다른 모든 상품의 일반적 등가물로 간주된다. 그러나 모든 상품소유자가 똑같이 그렇게 하기 때문에 어떤 상품도 일반적 등가물로 되지 못하며, 따라서 상품들도 가치로서 등치되고 가치 크기로서 비교되는 그런 일반적 상대적 가치형태를 갖지 못한다."(101/111)

사실 이는 앞에서 형태II(전개된 가치형태)에서 보았던 모순이다. 그러나 이 모순은 실제 교환과정에서 시행착오를 거치면서 비로소 해결된다. 사회적 공동행위의 결과로서 특정한 상품이 일반적 등가물이 되며, 이 상품이 화폐가 되는 것이다. 상품교환의 역사적 발전과 화폐의 역사적 생성과정을 고찰하면, 일반적 등가물 또는 화폐형태는 공동체 외부에서 들어오는 가장 중요한 교역품 또는 양도 가능한 토착자산의 주요 요소(가축)로부터 상품교환의 확대에 따라 결국에는 금, 은으로 정착하게 된다. 화폐로서의 적격성을 위해서는 균질성, 분할과 합성 가능성이 있어야 하며(104/115), 그밖에 불후성, 소지와 운반 간편성 등도 필요하다. 이런 점에서 화폐의 최선의 소재는 금, 은이 된다. "금과 은은 원래부터 화폐는 아니지만, 화폐는 원래부터 금과 은이다"라는 말은 이를 나타내는 것이다.(104/114-115) 다음은 화폐상품의 사용가치와 가치에 대한 것이다. "화폐상품의 사용가치는 이중으로 된다. 화폐상품은 … 상품으로서의 특수한 사용가치 외에 그것의 특수한 사회적 기능들[화폐로서의 기능들: 인용자]로부터 나오는 형식상의 사용가치를 갖는다."(104/115) 반면 "화폐의 가치는" 다른 모든 상품과 마찬가지로 "그것의 생산을 위해 요구되는 노동시간에 의해 규정되며, 동일한 양의 노동시간이 응고되어 있는 다른 모든 상품의 양으로 표현된다."(106/118) 화폐라 해도 그 가치가 얼마인지는 상대적으로만 표현할 수 있다.

　　화폐는 금, 은이라는 특정한 상품이 일반적 등가물로 고착된 것이다. 가치형태의 전개를 이해하지 못하면 화폐를 이해할 수 없다. 화폐를 이해하는 데 있어 어려움은 바로 여기에 있다. 상품이 화폐가 된다는 것, 가치표현 관계에서 등가형태의 역할을 담당하는 상품이 화폐로 발전한다는 것, 이를 이해하는 것이야말로 어렵다는 것이다. "곤란은 화폐가 상품이라는 것을 이해하는 데 있는 것이 아니라, 어떻게 해서, 왜, 무엇에 의해 상품이 화폐인가를 이해하는 데 있다."(107/118) 우리는 이제 화폐를 이해할 수 있다. 등가형태가 발전해서 화폐가 되는데, 화폐의 물신성은 여기에 모두 응축되어 있다. 화폐로 발전하는 사회적 관련으로부터 절단해서 외관상으로 화폐를 보면, 금, 은이 일반적 등가물이라는 성질, 화폐라는 마법적 물건이라는 성질을 태어나면서부터 몸에 지닌 것처럼 보인다. 그래서 화폐는 금, 은의 자연적 속성인 것처럼 생각된다. 가치형태의 전개를 통해 금, 은이 화폐로 등극하게 되면, 그 전개 과정이 화폐에 나타나지 않고, 어떤 흔적도 남지 않기 때문이다. 그러면 화폐가 단지 마법의 물건 같은 성격을 지니고, 만능의 힘을 갖고 화폐물신으로서 우뚝 서서 군림하게 된다. "그래서 화폐의 마법이다. … 그러므로 화폐물신의 수수께끼는 단지 눈에 보이게 된, 눈을 현혹시키는 상품물신의 수수께끼일 뿐이다."(107-108/119)

# 제3장 화폐 또는 상품유통

 

이제 시작이 어렵다는 처음 두 개 장이 지나갔다. 제3장도 여전하긴 하지만, 그래도 앞의 장들보다는 읽어나갈 만하다. 이 장에서는 화폐와 상품이 상호 운동을 전개하는 속에서 새로 전개되는 여러 관계 또는 거기서 생겨나는 새로운 형태 및 기능이 해명된다. 제1장과 제2장에서는 화폐의 본질이 무엇인가라는 논의, 즉 일반적 등가물에 관한 논의였다. 이제는 그 본질을 더욱 현실적이고 구체적으로, 또 실천적으로 파악하기 위해 화폐의 여러 구체적 형태 및 기능을 살펴본다. 화폐의 주요한 형태 또는 기능은 다음 다섯 가지다. 가치의 척도, 유통수단, 그리고 금은의 모습으로만 담당할 수 있는 다음 세 가지 기능, 즉 축장화폐, 지불수단, 세계화폐다. 화폐의 기능이 다섯 가지나 나와서 이 장은 내용이 좀 복잡하다. 그래서 그 체계를 파악할 필요가 있다. 기능들의 순서는 전체적으로 보면 대체로 화폐의 발전사이며, 병렬적인 의미가 아니다. 화폐의 여러 기능이 순차적으로 전개되면, 그것은 상품교환의 매개를 원활하게 진전시키게 된다. 그래서 상품교환의 발전을 해명하는 것은 화폐의 발전을 보는 것이기도 하다.

## 1. 가치의 척도

이는 화폐의 본질이 일반적 등가물이라는 성질로부터 직접 나오는 기능이다. "금[화폐상품: 인용자]의 첫째 기능은 상품세계에 그 가치표현의 재료를 제공한다는 점, 또는 상품들의 가치를 동일한 명칭의 크기, 즉 질적으로 동일하며 양적으로 비교 가능한 크기로 표현한다는 점에 있다. 그래서 금은 **가치의 일반적 척도**로 기능하며, 오직 이 기능에 의해서만 금이라는 특수한 등가상품이 화폐가 된다."(109/120) 앞서 본 바처럼 화폐이기 때문에 다른 상품들의 가치를 측정하는 것은 아니다. "그 반대다. 모든 상품이 가치로서 대상화된 인간노동이고, 따라서 그 자체가 측정될 수 있기 때문에 모든 상품은 그 가치를 동일한 특수한 상품으로 공동으로 측정할 수 있으며, 또 그렇게 함으로써 이 특수한 상품을 자신들의 공동의 가치척도, 즉 화폐로 전환할 수 있다. 가치척도로서의 화폐는 상품들의 내재적인 가치척도인 노동시간의 필연적인 현상형태다."(109/120)[24]

---

24  마르크스가 이에 대해 각주를 달고, 화폐가 왜 노동시간 그 자체를 직접 표현하지 못하는가의 문제는 곧 상품생산 사회에서 노동생산물이 왜 상품의 형태를 취해야 하는가, 또 사적 노동이 왜 직접적으로 사회적 노동이 될 수 없는가와 같은 문제라면서 프루동에서 보이는 바와 같은 상품생산 사회에서의 '노동화폐'라는 '천박한 이상주의'를 비판하고 있다.(109–110/121)

상품의 가치를 금으로 어떻게 측정하는가? 상품의 가치는 금의 일정한 양으로 표현하는데, 그것이 곧 상품의 화폐형태, 그 가격이다.(110/120-121) 예컨대 1벌의 상의는 2온스의 금 또는 2파운드 스털링이다. 화폐, 화폐로서의 금은 가격을 갖지 않는다. 동어반복의 표현이 되기 때문이다. 그런데 가격은 단지 '관념적'이고 '상상적'인 것이다. "금에 의한 상품가치의 표현은 관념적이므로, 이 기능의 실행을 위해서는 또한 단지 상상적인 또는 관념적인 금이 사용될 수 있다. … 그러므로 화폐는 가치척도의 기능에서 다만 상상적인 또는 관념적인 화폐로서만 역할한다. … 그러나 단지 상상적인 화폐가 가치척도의 기능을 수행한다 할지라도 가격은 전적으로 실제의 화폐재료에 달려 있다."(110-111/122-123) 따라서 금, 은, 동, 어느 것이 가치척도로 사용되는가에 따라 상품들의 화폐표현, 즉 가격이 달라진다. 화폐상품 자체의 가치가 다르므로 상품들의 화폐 표현이 달라지기 때문이다. 그러나 화폐가 관념적인 가치척도로 기능할 수 있는 것은, 화폐가 교환과정에서 실제로 유통수단으로서 기능하기 때문이다. "그러므로 관념적인 가치척도에는 경화(das harte Geld)가 숨어 있다."(118/132)

화폐형태에서 상품들의 가치는 금량으로 표현되는데, 이 금량을 나타내기 위해 특정한 도량단위(Maßeinheit)가 필요하다. 도량단위 자체가 또 세부단위로 분할되어 도량기준(Maßstab)이 된다. 금, 은은 화폐로 되기 전에 이미 중량의 도량단위, 도량기준을 가지고 있었다. 예컨대 도량단위는 1파운드, 이것이 다시 분할되면 도량기준으로서 온스 등이다. 그래서 화폐의 도량단위 또는 도량기준은 자연스럽게 중량의 도량단위, 도량기준의 명칭들을 그대로 사용하게 된다.(112/124-125) 국가에 따라 법령에 의해 금의 일정한 중량을 도량단위로 고정시키고, 여기에 특정한 화폐명칭을 부여함으로서 화폐 또는 가격의 도량단위로 삼는다. 나아가 이 화폐단위는 필요에 따라 더욱 세분된다. (예컨대 영국에서는 파운드 스털링, 실링, 펜스) 그러면 '1쿼터의 소맥=1온스의 금'이라는 화폐표현은 이제 '1쿼터의 소맥=3파운드 스털링 17실링 10$_{1/2}$펜스'로 바뀐다.[25] 그렇지만 여전히 금의 일정한 중량이 화폐의 도량단위, 도량기준이며, 화폐의 분할방식과 명칭만 바뀌었을 뿐이다.(115/128) 이처럼 화폐의 도량단위, 도량기준은 중량의 도량단위, 도량기준에서 유래한 것이다. 원래는 중량의 도량단위와 가격의 도량단위가 일치했지만, 여러 이유로 양자가 분리하게 되었다. 예컨대 영국에서 파운드는 원래 은 1파운드의 중량을 표시하는 화폐명칭이었는데, 은 대신 금이 가치척도로 자리 잡자 1파운드 화폐명이 금 1/15파운드를 나타내게 되었다. 또한 외국화폐 수입에 따른 외국화폐명과 국내 중량단위의 상위라든가 군주들에 의한 화폐 변조 등도 그 분리의 원인들이다.(114-115/127)

가치의 척도로서 화폐는 추상적 인간노동의 체현물이며, 가격의

---

25  1온스 금=3파운드 스털링 17실링 10$_{1/2}$펜스. 이건 도량단위 파운드 스털링이 당시 실제로 나타내는 금의 양인 것 같다.

도량기준으로서 화폐는 고정된 양의 금이다. 따라서 가치의 척도와 가격의 도량기준은 구별해야 한다. "화폐는 가치의 척도로서 그리고 가격의 도량기준으로서 전혀 다른 두 가지 기능을 수행한다. … 가치척도로서의 화폐는 다양한 상품의 가치를 가격, 즉 상상적인 금량으로 전환시키는 데 기여하며, 가격의 도량기준으로서 화폐는 이러한 금량을 측정한다. … 가격의 도량기준을 위해서는 금의 일정한 무게가 도량단위로 고정되어야 한다."(113/125) 화폐 금의 가치는 다른 상품처럼 그 생산에 사회적으로 필요한 노동시간이 변함에 따라 변동하며, 따라서 불변의 가치척도는 없다. 그러나 가격의 도량기준으로서의 기능은 어떤 영향도 받지 않는다. 가격의 도량기준은 금량을 측정하는 단위이기 때문에 금 1온스의 가치가 어떻게 바뀌더라도 금 1온스는 여전히 금 1온스이며, 1파운드 스털링이다. 그러나 금의 가치가 변동되기 때문에 다른 상품들 가치의 화폐형태는 금량의 변동으로 나타나고, 그에 따라 상품 가격이 변동한다. 예컨대 금의 가치가 1/2로 감소했다면, '상의 1벌=2온스의 금'에서 '상의 1벌=4온스의 금'으로, '상의 1벌=2파운드 스털링'에서 '상의 1벌=4파운드 스털링'으로 가격이 변한다.

가격은 상품에 대상화되어 있는 노동, 즉 가치의 화폐명이지만, 가격이 꼭 가치와 일치하지는 않는다. 가치와 가격의 양적 불일치의 문제가 있는 것이다. 무정부적 상품생산에서는 오히려 수요와 공급의 일치, 가치와 가격의 일치가 우연이라도 달성되기 어렵다. "따라서 가격과 가치의 크기 사이의 양적 불일치 또는 가치 크기로부터 가격의 괴리 가능성은 가격형태 그 자체에 있다. 이것은 가격형태의 결함이 아니고, 오히려 역으로 이 가격형태를, 맹목적으로 작용하는 무규칙성의 평균법칙으로서만 규칙이 관철될 수 있는 하나의 생산양식에 적합한 형태로 만든다."(117/130-131) 말하자면 양자의 불일치 가능성은 무정부적 시장에 필요한 조정 메커니즘이다. 가격이 가치보다 오르면 공급보다 수요가 많다는 것이고, 가격의 등귀는 이 상품의 생산을 증대시켜 공급 부족을 감소시킨다. 또 가격이 가치보다 내리면 수요보다 공급이 많다는 것이고, 가격의 하락은 이 상품의 생산을 감소시켜 공급과잉을 해소하게 한다. 그 조정과정 속에서 수요와 공급의 균형, 가치와 가격의 일치가 이뤄지는 것이다.[26] 결국 가치란 이 시장운동의 끊임없는 불균형 속에서 평균적으로 형성되는 중심가격이라고 상정할 수 있다. 맹목적으로 작용하는 무규칙성의 평균법칙으로서만 관철되는 경제규칙이란 곧 가치법칙을 말한다.

[[가치법칙의 관철은 그러나 가격의 가치로의 끊임없는 수렴이라는 가격기구의 균형화 메커니즘이 아니라 가치로부터 가격의 누적적 괴리와 주기적인 공황을 통한 폭력적 조정이라는 불균형화 메커니즘 속에서 관철한다. 『자본』에서 가치법칙이 마치 가격기구를 통

---

26  가치와 가격은 표현 단위가 다른데, 그 크기가 일치한다는 것이 좀 이상하게 들릴지 모른다. 가치는 노동시간, 가치의 화폐표현인 가격은 금량 또는 화폐명으로 표현한 것이다. 다시 말해 1벌의 상의 가치는 10 노동시간, 그 가격은 금 2온스, 그리고 '금 1온스 =1파운드 스털링'이라면, 그 가격은 2파운드 스털링이다. 10 노동시간과 금 2온스 또는 2파운드 스털링, 이 세 가지는 단위가 다르지만, 가격이 표현하는 내용을 보면 결국 모두 같은 것이다. "가격은 상품에 대상화되어 있는 노동의 화폐 명칭이다."(116/129)

한 균형화 메커니즘 속에서 작용하는 것처럼 보이는 것은 '자본의 일반적 분석' 또는 '이념적 평균'이라는 『자본』의 추상 수준 때문이다. 거기서는 경기순환과 주기적 공황에 따른 가치와 가격의 불균형의 누적과 공황을 통한 폭력적인 조정 과정은 서술의 대상이 아니다. 이 문제는 『자본』의 후속 과제로 경쟁론과 신용론에 속한다. 여기서 『자본』의 분석 수준인 '자본의 일반적 분석' 또는 '이념적 평균'의 의미를 다시 한번 유의하도록 한다.]]

가격형태는 가치와 가격의 양적 불일치 가능성만이 아니라 가치를 갖지 않는데도 가격을 갖는 질적 모순도 내포한다. 제1장 제1절 재화의 분류법과 관련한 보충 설명에서 미리 언급했던 문제다. "그런데 가격형태는 가치의 크기와 가격의 양적 불일치 … 가능성을 허용할 뿐 아니라 하나의 질적 모순, 즉 화폐가 단지 상품들의 가치형태임에도 불구하고 가격이 가치표현이기를 전혀 그만두는 모순도 지닐 수 있다. 예컨대 양심, 명예 등 그 자체 상품이 아닌 것들을 그 소유자들이 화폐를 받고 팔 수 있고, 그 가격에 의해 그것들은 상품형태를 취할 수 있다. 어떤 물건은 그래서 가치를 갖지 않고도 형식적으로 가격을 가질 수 있다."(117/131)[27]

---

27    『자본』 제3권에서의 인용도 함께 보자. "…토지처럼 그 자체로는 가치를 갖지 않는, 즉 노동의 생산물이 아닌 물건들, 또는 골동품, 특정한 거장의 예술품처럼 적어도 노동에 의해 재생산될 수 없는 물건들의 가격은 매우 우연한 결합들에 의해 결정될 수 있음을 명심해야 한다. 어떤 물건을 판매하기 위해서는 그것이 독점될 수 있고 양도 가능하다는 점 외에는 어떤 것도 필요하지 않다."(MEW 25, 646/Ⅲ(하), 780)

## 2. 유통수단

화폐는 가치척도의 기능에서는 관념적인 화폐로서 역할한다. 그것으로 충분하다. 그러나 유통수단의 경우는 그것과 다르다. 실제의 화폐가 상품과 교환되는 상황인 것이다. 화폐가 가치척도 기능에서 관념적 화폐로 기능할 수 있는 것은 유통과정에서 화폐가 실제로 유통수단으로서 기능하기 때문이다. 반면 화폐가 일반적인 가치척도의 기능을 하기 때문에 화폐는 유통수단으로서 기능할 수 있다.

### 1) 상품의 변태(Metamorphose)

"교환과정은 상품을 상품과 화폐로 분화시킨다. 상품과 화폐는 상품의 사용가치와 가치 사이의 내적 대립을 표현하는 외적 대립이다."(119/134) 화폐를 매개로 한 상품의 교환과정은 다음과 같은 형태변환(Formwechsel)을 통해 이뤄진다. 즉 $W_1-G-W_2$(상품1-화폐-상품2), 예컨대 아마포-화폐-성경책이다.(120/135) "그러므로 상품의 교환과정은 대립적이면서 동시에 상호 보완적인 두 개의 변태, 즉 상품의 화폐로의 전화와, 화폐로부터 상품으로의 재전화를 통해 이뤄진다."(120/135) 그것은 상품형태에서 시작해 화폐형태로 전화하고, 나아가 상품형태로 돌아온다. 이 교환, 유통운동은 형태적으로는 '상품의 변태(형태변환)'이고, 내용적으로는 상품과 상품의 교환, 즉 '사회적 노동의 물질대사'다. 마르크스에 있어 형태적이라는 것은 가치, 소재적 또는 내용적이라는 것은 사용가치와 관련된 것이다. 이 교환은 소재적으로 보면 사회의 물질적 재생산에 관한 문제이며, 형태적으로 보면 상품이 가치로서의 실현과 사용가치로서의 실현을 완수하는 과정이다. 각 상품소유자는 사회적 분업의 일부로서 특정 생산물만을 생산하고 다른 생산물들과의 교환을 통해 자신의 욕망과 필요를 충족시킨다. 상품교환의 형태를 취하지만, 내용적으로는 사회적 물질대사인 것이다. 반면 상품교환의 형태 속에서 각 상품은 가치로서 실현되고 동시에 사용가치로서 실현된다. 마르크스는 종래의 관점에서는 형태변환의 이해가 완전히 불충분했다고 지적한다.

$W_1-G$는 상품의 제1의 변태, 즉 판매이고, $G-W_2$는 상품의 제2의 변태, 즉 구매다. 상품을 양도하고 등가의 화폐를 받는 것이 판매, 화폐를 양도하고 등가의 상품을 받는 것이 구매다. 여기서 처음으로 그 정의가 주어진다.(120-/135-) 화폐를 매개로 한 판매와 구매의 두 국면으로 분리된 운동이 처음으로 나타난 것이다. 판매와 구매는 각각 상대편이 있어서 메달의 앞뒤와 같은 대응관계가 있다는 점에 유의해야 한다. 제1의 변태인 판매에 대해 반대편의 구매가, 제2의 변태인 구매에 대해 반대편의 판매가 있다. 판매를 보면, "이 하나의 과정은 양면적인 과정이며, 상품소유자의 극으로부터는 판매이고, 반대의 극인 화폐소유자로부터는 구매다. 즉 판매는 구매이며, $W-G$는 동시에 $G-W$이다."(123/139) 상품을 판매하고 화폐로 실현한 소유자는 이 화폐로 다른 상품을 구매한다.

그것으로 이 상품의 형태변환은 끝나고 유통과정을 떠나 소비과정으로 들어간다. 구매에서도 마찬가지다. "G-W, 즉 구매는 동시에 판매, 즉 W-G다. 따라서 한 상품의 마지막 변태는 동시에 다른 상품의 최초 변태다."(124/141) 그러면 하나의 교환과정 $W_1-G-W_2$에서 제1의 변태(판매)와 제2의 변태(구매)를 경과할 때 등장인물 3인과 4개의 극이 나온다는 것을 알 수 있다.(125/142-143, 아래 [그림2] 참조) "따라서 각 상품의 변태계열이 그리는 순환은 다른 상품들의 순환들과 풀릴 수 없게 뒤엉켜 있다. 이 전체 과정은 상품유통으로 표현된다."(126/143-144)

판매가 동시에 구매라는 것은 판매가 되면 동시에 구매가 있다는 말이지, 언제나 구매가 있어 판매할 수 있다는 것은 아니다. 판매는 언제나 구매이기 때문에 수요와 공급이 언제나 균형을 취한다는 세이의 법칙 같은 주장은 황당무계한 도그마다. 그런 주장은 물물교환이라는 직접교환에서만 타당하다. 교환의 쌍방이 각각 판매자인 동시에 구매자이기 때문이다. 화폐가 매개되는 상품교환에서는 판매와 구매가 분열되고, 그에 따라 판매와 구매의 장소적, 시간적 분리, 그리고 개인적 욕망의 불일치로 인해 상품유통이 중단될 가능성, 즉 공황의 가능성이 존재한다. 물론 이 형태들은 다만 '공황의 가능성'을 나타낼 뿐이다. 이 가능성이 현실성으로 발전하기 위해서는 여기서의 분석을 넘어가는 여러 조건들, 계기들이 필요하다.(127-128/145-146) 세이의 법칙은 상품유통을 물물교환으로 환원하는 오류를 범하고 화폐의 매개로부터 발생하는 공황의 가능성을 부정한다.

### 2) 화폐의 유통

상품의 교환과정은 상품으로 시작해 다시 상품으로 돌아온다. 즉 이 운동 형태는 순환인 반면, 화폐는 그 출발점으로부터 끊임없이 떨어져 나가고 출발점으로 돌아오지 않는다. 아래의 [그림2]에서 보는 바와 같이 한 상품의 순환은 위아래로 연관된 다른 두 개의 상품의 순환과 얽혀 있으며, 이것들도 마찬가지로 또 다른 상품들의 순환과 얽혀 있다. 끝없이 얽힌 순환들의 과정 전체가 상품유통이다. 각 상품은 생산영역에서 유통영역으로 들어와 교환을 마친 뒤 유통영역을 떠나 소비영역으로 들어간다. 그러나 화폐는 유통영역에 남아 끊임없이 유통하면서 상품교환을 매개한다. "그러므로 화폐의 운동은 단지 상품유통의 표현일 뿐이지만, 거꾸로 상품유통이 단지 화폐운동의 결과인 것처럼 보인다."(130/148) 그리고 이 유통을 매개하는 화폐에 유통수단의 기능이 주어진다. "따라서 유통수단으로서의 화폐의 운동은 사실 상품들 자신의 형태변환 운동일 뿐이다."(130/149)

[그림2] 상품유통(宮川彰, 149)

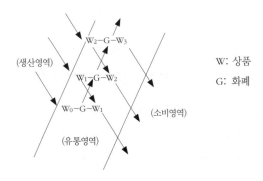

$$W_2 - G - W_3$$

$$W_1 - G - W_2$$

$$W_0 - G - W_1$$

(생산영역)

(소비영역)

(유통영역)

W: 상품
G: 화폐

그러면 상품유통에 필요한 화폐량이 얼마나 되는가 하는 문제가 제기된다. 상품유통에 필요한 화폐량은 당연히 실현되어야 할 상품들의 가격총액에 의해 규정된다. 다른 한편 필요화폐량은 동일한 명칭의 화폐들이 일정한 기간 동안 얼마나 회전하는가에 달려 있다. 이로부터 화폐유통의 법칙이 나온다(후에 지불수단으로서의 화폐기능도 고려하면 이 법칙은 수정된다). "주어진 기간에 대해 유통수단으로 기능하는 화폐량＝상품가격 총액/동일한 명칭의 화폐(Geldstücke)[예컨대 1파운드 스틸링 주화들: 인용자]의 유통회수"(133/153) 이 법칙은 일반적으로 유효하며, 자본주의하에서도 유효하다.

[[통화량이 증가하면 물가가 등귀한다는 화폐수량설은 위 식의 인과관계를 거꾸로 본 잘못된 주장이다. 화폐수량설의 근본적 약

점은 가치론이 없다는 것, 가치란 원래 무엇인가라는 문제에 대한 이해 없이 물가를 결정한다는 것이다. 화폐가 과잉으로 발행되면 화폐 한 개당 가치가 하락하고 인플레가 일어난다고 본다. 오늘날 법정화폐로 유통되는 불환지폐의 경우에는 불환지폐가 남발되면 (통화량이 증가하면) 물가가 상승해서 화폐수량설이 맞는 것처럼 보인다. 그러나 금속화폐의 유통에서는 뒤에서 보는 바처럼 상품유통에 필요한 화폐량이 축장화폐를 통해 과부족이 조절되기 때문에 금속화폐의 과잉에 따른 물가상승이라는 현상이 나타나지 않는다. 그러면 화폐수량설은 오류인 것이다. 따라서 화폐수량설 비판에 있어서는 화폐유통의 일반적 법칙을 이해하고, 그 위에서 지폐유통의 특수한 법칙을 통일적으로 파악하는 마르크스의 관점이 무엇보다 중요하다.]]

### 3) 주화, 가치의 상징

마지막으로 화폐의 유통수단으로서의 기능으로부터 더 편리한 형태 및 기능이 파생해 발전한다. 즉 주화와 지폐다. "유통수단으로서의 화폐의 기능에 의해 화폐의 주화형태가 나온다."(138/159) 지금까지 논의에서 화폐(G)는 지금(금괴) 같은 것을 상정한 것이다. 지금과 달리 주화는 금의 품위와 분량, 그리고 액면가치를 확정해 코인으로 만든 것이다. 그러면 상품거래 때마다 품위를 확인하고 분량을 조정하는 불편함이 제거된다. "가격의 도량기준 확정처럼 주화제조 업무는 국가에 속한다."(138/159) 그런데 금 주화는 유통과정에서 마모되기 때문에 '금화의 명칭'과 '금화의 실체', 즉 액면가치와 실제가치가 괴리된다. 그럼에도 주화는 액면가치로 유통된다. 실제가치가 액면가치 이하인 주화는 그만큼 가치상징이 된다. 이 때문에 그 극단에서는 아예 실제가치를 갖지 않는 완전한 가치상징, 즉 지폐가 금속화폐의 대용물로 유통할 수 있게 된다. 국가에 의해 강제적으로 통용력이 부여된 불환지폐가 그것이다. "금 주화는 금의 가치실체로부터 완전히 분리된다. 그러므로 상대적으로 무가치한 것들, 예컨대 종이쪽지가 금 대신에 주화로 기능할 수 있다. 금속토큰들(Geldmarken)에서는 [주화의; 인용자] 순전히 상징적인 성격이 아직 어느 정도 감추어져 있다. 지폐에서는 그 상징적 성격이 뚜렷하게 나타난다."(140–141/162)

지폐의 유통과 관련해서는 인플레의 문제가 있다. 오늘날 자본주의가 겪는 커다란 문제 중 하나다. 마르크스는 간단명료하게 이 문제를 정리한다. "지폐유통의 특수한 법칙은 오직 금에 대해 지폐가 대표하는 관계로부터 생길 수 있다. 그리고 이 법칙은 간단하게 다음과 같다. 즉 [불환: 인용자]지폐의 발행은 그것에 의해 상징적으로 표현된 금(과 은)이 실제로 유통되어야 하는 양으로 제한되어야 한다는 것이다."(141/163) 유통에 필요한 화폐량의 법칙에서 결정되는 분량의 지폐가 유통되면, 지폐는 명실상부하게 화폐를 대표하고 대용화폐가 될 수 있다는 것이다. 즉 간접적이지만 그것에 상응하는 실질적 가치에 의해 뒷받침되는 형태로 그 지폐의 화폐가치가 유지된다. 그러나 이것을 초과해 과잉발행되면, 지폐는 그 자체가 하등 가치를 갖지 않는 종이화폐이고 실질적으로 뒷받침되는 가치밖에 대표할 수 없기 때문에 지폐의 실질적인 화폐가치가 명목적인 액면가치로부터 괴리해 감소한다. 그러면 전반적인 물가상승을 야기하고 인플레가 된다.

[[인플레이션의 정의는 화폐가치 하락에 의한 물가등귀다. 반면 디플레이션은 화폐가치가 상승해 물가가 하락하는 것을 말한다. 통상으로는 물가가 상승하면 인플레, 물가가 하락하면 디플레라고 하지만, 물가상승이나 하락의 요인을 엄밀하게 규명할 필요가 있다. 물가상승이나 하락의 요인은 여러 가지다. 화폐가치가 변하지 않는데 상품들 가치의 등락으로 물가의 상승이나 하락이 올 수도 있다. 이는 가치관계에 조응해서 가격이 변동하는 경우다. 또는 이와 달리 경기순환에 따른 수요와 공급의 변화에 의해 가치관계로부터 가격이 괴리해 물가의 상승이나 하락이 올 수도 있다. 또 초순환적 구조위기에 의해서도 물가는 둔화될 수 있다. 이런 것들은 정확하게 말하면 인플레나 디플레가 아니다. 오히려 물가가 변동해서 화폐의 상대가치가 변동하는 것으로 이해해야 한다. 하지만 마르크스도 경기순환상 공황에 선행하는 호황국면에서의 "가격들의 전반적 인플레이션"을 말하기도 한다.(MEW 26.2, 506) 반면 오늘날 특히 문제가 되는 정부의 지폐 남발로 인한 물가상승은 전형적인 인플레의 문제다. 지폐의 과잉발행에 따른 화폐가치 저하로 물가가 상승하기 때문이다. 이와 관련해서는 지폐유통의 법칙에 대한 이해가 필요하며, 그에 앞서 금속화폐의 유통법칙을 이해

해야 하고, 또 이보다 더 먼저 일반적 등가물인 화폐 자체를 이해해야 한다.]]

## 3. 화폐

 상품의 일반적 등가물로서의 화폐의 본질은 가치척도와 유통수단 두 가지 기능 속에서 나타난다. 그래서 화폐를 이렇게 정의한다. "가치척도로 기능하고 그 자신이나 대리물을 통해 유통수단으로 기능하는 상품이 화폐다. 그러므로 금(과 은)은 화폐다." (143/165) 이하에서 살펴보는 화폐의 기능들은 이 두 가지 기능으로부터 생겨난다. 그런데 이 기능들에서 금은 가치척도처럼 관념적인 계산화폐도 아니고 유통수단처럼 대용 가능한 것도 아닌 독립된 화폐상품으로 나타난다. 몸체 그대로의 금으로만 수행하는 화폐의 기능들이다.(143-144/165-166)

### 1) 축장화폐(Schatzbildung)
 상품유통에서 형태변환이 중단되어 판매가 됐지만 구매가 이뤄지지 않으며, 화폐는 유통이 정지되고 유통영역으로부터 빠져 나와 축장하게 된다. 유통의 중단에 의한 화폐의 부동화이며, 화폐는 유통수단으로부터 축장화폐로 전환한다. 유통수단의 기능과 축장화폐의 기능은 이렇게 상반된다. 그러나 유통 전체로서는 양자가 서로 없으면 안 되는 상호 보완적인 것이다. 유통수단으로서의 운동이 전제되지 않으면, 축장화폐 자체가 형성될 수 없다. 그리고 축장화폐가 있어서 유통이 원활하게 된다. 왜냐하면 축장화폐가 유통에 필요한 화폐량이 끊임없이 조정되도록 역할하기 때문이다.(148/171)

근대사회에서 부는 가치, 교환가치를 말하는 것이기에 교환가치의 결정체인 화폐를 축적한다는 것은 부를 축적하는 것이다. 언제 어디서나 무엇과도 교환될 수 있어서 사회의 부를 화폐형태로 응축시켜 축적할 수 있다. 이로부터 금에 대한 갈망이 일어난다. "축장화폐를 형성하려는 충동은 그 본성상 한도가 없다. … 그러나 동시에 현실의 모든 화폐액은 양적으로 제한되어 있으며, … 화폐의 양적 제한과 질적 무제한성 사이의 이 모순은 화폐축장자를 끊임없이 축적의 시시포스Sisyphus 노동으로 되돌아가게 몰아간다." (147/170) 축장을 위해서는 상품을 판매하고 구매하지 않아야 하는데, 사회 전체적으로 보면 이는 모순일 수밖에 없다. 그러나 금과 은의 생산지에서는 금과 은의 소유자에 의해 판매가 없는 구매가 행해지므로 이 모순은 해결될 수 있다. 금이나 은과 생산물의 직접적 교환을 통해 생산지로부터 금과 은이 끊임없이 유통영역으로 흘러들어온다. 이로부터 상품유통의 곳곳에서 구매 없는 판매, 즉 화폐축장이 이루어질 수 있다.(145/167-168)

이 축장기능은 실제의 금에 의해 수행된다. 축장화폐의 두 기능, 즉 유통에 필요한 화폐량의 증감을 조정하는 유통수단의 저수지 기능과 부의 축장수단을 확인해 두자(그러나 불환지폐의 유통에서는 화폐축장이 유통 속에 존재하는 화폐량의 자발적인 조정자가 되지 못한다).

## 2) 지불수단

지불수단으로서의 화폐의 기능은 상품유통의 발전에 따라 상품의 양도와 가격의 실현이 시간적으로 분리되는 사정에서 비롯된다. 채무증서라든지 어음 같은 신용에 기반한 상품판매가 이뤄지면, 상품은 판매됐지만 구매자는 '장래 화폐의 대표자'로 구매하고 채권과 채무의 관계가 발생한다. 화폐는 여기서 유통수단이 아닌 지불수단이 된다. 채권과 채무 관계는 약정된 만기일에 비로소 화폐 금으로 결제되어 해소된다. "이제 화폐는 첫째, 판매되는 상품의 가격결정에서 가치척도로서 기능한다. 계약에 의해 확정된 그 상품의 가격은 구매자의 채무, 즉 정해진 기한에 그가 지불해야 할 화폐액을 측정한다. 둘째, 화폐는 관념적인 구매수단으로서 기능한다. 화폐는 단지 구매자의 화폐약속으로만 존재하지만, 상품의 소유자를 바꾸는 결과를 가져온다. 지불 만기일에 비로소 지불수단이 실제로 유통에 들어간다. 즉 구매자의 손에서 판매자의 손으로 넘어간다."(150/173-174)

지불수단으로서의 화폐 기능은 그 자체로서도 그렇지만 지불수단을 상쇄하는 방법을 통해 더욱 유통화폐량을 절약하고 유통비용을 감축한다. 그러나 다른 한편에서는 만기일에 특정한 채무자들이 지불약속을 이행하지 못하면, 일련의 연쇄적인 지불불능으로 인해 공황이 발생할 수 있다. 지불수단으로서 화폐의 기능에 내포된 공황의 가능성이다. 현실적으로 '화폐공황'이 발생하면, "화폐는 계산화폐라는 단지 관념적인 형상으로부터 갑자기 그리고 직접적으로 경화로 변해 버린다."(152/176) 화폐로 지불해야 하기 때문에 모두가 화폐를 구하는 상황이 된다. "사슴이 신선한 물을 찾아 울부짖듯이 부르주아의 영혼은 화폐, 즉 유일한 부를 찾아 절규한다."(152/176)

지불수단으로서의 화폐 기능을 고려하면, 유통에 필요한 화폐량은 다음처럼 수정된다. "이제 일정한 기간에 유통하는 화폐의 총액을 보면, 유통수단과 지불수단의 유통속도가 주어진 경우, 그것은 (실현되어야 할 상품가격 총액+만기가 된 지불총액−상쇄되는 지불[총액: 인용자]−동일한 화폐(Geldstück)가 번갈아 유통수단과 지불수단으로 기능하는 회수[에 해당되는 만큼의 금액: 인용자])과 같다." (153/177) 이 화폐총액을 동일한 명칭의 화폐의 유통회수로 나누면 필요유통화폐량이 된다.

지불수단으로서의 화폐 기능으로부터 채무증서, 어음, 수표 같은 신용화폐가 발전한다. "본래의 지폐가 유통수단으로서의 화폐 기능으로부터 나오는 것처럼, 신용화폐는 지불수단으로서의 화폐 기능에 그 자연발생적 토대를 갖고 있다는 것"이다.(141/162) 그리고 상업어음의 유통 위에서 더 발전되고 완성된 신용화폐가 은행권이다. 은행권은 상업은행이 발행하는 어음으로, 현금에 대한 요구 시에 상환되는 은행의 지불약속이다. 대규모 상거래에서는 주로 신용화폐가 사용되며, 금과 은의 주화는 소매상업 분야로 밀려난다. 마르크스는 하나의 각주에서 당시 런던의 최대 상사 중한 기업에서의 1년간 화폐수입과 지불 명세표를 통해 상업거래에서 사용되는 신용화폐의 압도적인 비율을 보여주고 있다.(154/178-179) 수입에서 금화, 은화, 동화 등 경화가 차지하는 비율이 3%, 지출에서는 1% 정도고, 나머지는 모두 신용화폐인 것이다. 마지막으로 지불수단으로서의 화폐가 발전함에 따라 지불에 대비하기위한 축장화폐도 증가하게 된다.(156/180-181)

[[상업은행의 은행권과 달리 정부지폐나 중앙은행권처럼 국가에의해 강제통용력이 부여된 오늘날의 불환지폐는 신용화폐가 아니다. 그것은 법정화폐로, 금을 대신해 가치척도, 유통수단, 지불수단 등 화폐의 역할을 수행하지만, 앞에서 지폐유통의 법칙에서 본바처럼 금 화폐의 규정성으로부터 벗어나지는 못한다. 또한 그것은 축장화폐로서의 기능도 제한적이고, 세계화폐로서는 결코 금을대신할 수도 없다. 오늘날 세계화폐 위기의 근본적인 원인이 바로이 점에 있다.]]

### 3) 세계화폐

"화폐는 국내의 유통영역을 넘어서면 거기서 발전하고 있는 국내적 형태들, 즉 가격의 도량기준, 주화, 소액주화, 가치상징을 다시 벗어 버리고, 귀금속의 원래 지금(금괴) 형태로 되돌아간다."(156/181) 다시 말해 세계상업에서 화폐는 지금형태에서 세계화폐로 기능한다. 세계화폐의 기능에서 화폐의 있는 그대로 가장 본원적인 성격이 다시 전면에 발휘하게 된다. 세계화폐는 일반적 지불수단, 일반적 구매수단, 부 일반의 절대적으로 사회적인 체현물로, 국제수지의 결제를 위한 지불수단으로, 그리고 축장수단으로 기능한다.(157-/182-)

이것으로 어렵다고 정평이 나 있는 제1편이 끝난다. 제1편의 범위와 내용이 상당히 넓고 복잡한 편이어서 제2편으로 넘어가기 전에 전체를 요약, 정리할 필요가 있다.

**[[요약 정리]]**

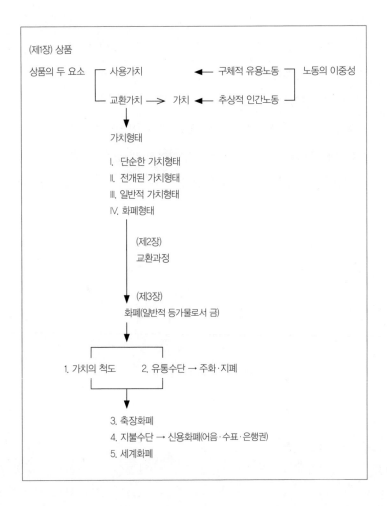

(제1장) 상품

상품의 두 요소 ┌ 사용가치 ◄───── 구체적 유용노동 ┐ 노동의 이중성
              └ 교환가치 ──► 가치 ◄───── 추상적 인간노동 ┘

가치형태

    I.  단순한 가치형태
    II. 전개된 가치형태
    III. 일반적 가치형태
    IV. 화폐형태

(제2장)
교환과정

(제3장)
화폐(일반적 등가물로서 금)

1. 가치의 척도    2. 유통수단 → 주화·지폐

3. 축장화폐
4. 지불수단 → 신용화폐(어음·수표·은행권)
5. 세계화폐

제2편

# 화폐의 자본으로의 전화

# 제4장 화폐의 자본으로의 전화

　상품과 화폐의 토대 위에서 이를 기반으로 근대사회의 진정한 주역인 자본이 등장한다. 자본의 등장을 매개하는 가교 같은 장이 제2편 제4장이다. MEW판 『자본』 제1권 제2편은 제4장 한 개 장으로 구성된다. 이제부터는 앞의 장들보다 비교적 어렵지 않게 읽어나갈 수 있다. 일단 큰 고비를 넘긴 셈이다. 제1편에서 해명한 상품과 화폐 그리고 상품·화폐관계를 기초로 자본이라는 새로운 범주가 등장한다. 그 탄생의 무대, 자본의 출발점을 이루는 것은 역사적으로도 이론적으로도 상품유통이다. 그래서 자본이 상품유통의 영역에서 나타나는 운동 형태 G–W–G′의 분석으로부터 시작한다. 여기서 자본은 당장 일정량의 가치 G(화폐)가 더 큰 가치 G′를 창조하는 가치증식 능력을 띠고 나타난다. 지금까지의 상품·화폐관계에서는 없었던 불가사의한 능력이다. 이렇게 '자기증식하는 가치'가 자본이다.

## 1. 자본의 일반적 정식

"상품유통은 자본의 출발점이다. 상품생산과 발달한 상품유통, 즉 상업은 자본이 성립하는 역사적 전제들을 이룬다. … 상품유통의 이 최후의 산물[화폐: 인용자]은 자본의 최초 현상형태다." (161/189) 화폐로서의 화폐와 자본으로서의 화폐는 그 유통형태가 서로 다르다. 상품유통의 형태는 $W_1-G-W_2$, 자본의 유통형태는 $G-W-G'$이다. 단순한 상품유통과 자본의 유통은 단지 운동의 순서가 뒤바뀌어 있다. 그 외에는 판매와 구매라는 상품과 화폐의 교환이 있을 뿐이다. 전자에서는 판매가 선행하고 다음에 구매가 오는데, 후자에서는 구매가 선행하고 다음에 판매가 온다. 순서만 뒤바뀌었을 뿐인데, 양자는 운동의 성격이나 목적이 전혀 다르다. 그 차이를 다음과 같이 정리할 수 있다.

| 운동의 순서 | 화폐의 성격 | 목적 |
|---|---|---|
| $W_1-G-W_2$(판매·구매)<br>(W가 출발점·종착점) | 화폐로서의 화폐(지출) | 상이한 질의 사용가치 $W_2$<br>: 욕망의 충족 |
| $G-W-G'$(구매·판매)<br>(G가 출발점·종착점) | 자본으로서의 화폐(투자*) | 상이한 양의 교환가치 $G'$<br>: 무제한 가치증식 |

* 독일어로는 vorschießen/anlegen,. 국어로는 자본투하 또는 투자로 쓴다. vorschießen은 종종 전대前貸라고 번역하지만, 이는 일본어이고 국어사전에는 없는 말이다.

자본으로서 투하된 화폐는 회수된다. 그 출발점으로 환류하는 것이다. 반면 화폐로서의 화폐로 지출된 화폐는 환류하지 않는다.

그냥 지출된 것이다. G–W–G′(=G+ΔG)의 운동은 더 큰 교환가치를 가져온다. 이 초과분이 잉여가치다. 이 운동으로부터 '자기증식하는 가치'라는 자본의 정의가 나온다. "이 증가분, 즉 원래 가치의 초과분을 나는 잉여가치라 부른다. 그러므로 원래 투하된 가치는 유통 속에서 자신을 유지할 뿐 아니라 유통 속에서 자신의 가치의 크기를 변화시키고 잉여가치를 부가한다. 즉 자기증식한다. 그리고 이 운동이 원래 투하된 가치를 자본으로 전화시킨다."(165/195) 그리고 "이 운동의 의식적인 담지자로서 화폐소유자"가 "자본가"로 되며, "그 유통의 객관적 내용, 즉 가치증식"은 "그의 주관적 목적"이다.(167/197) 자본가의 '끊임없는 이윤추구', '절대적인 치부충동', '정열적인 가치추구'는 화폐축장자와 공통된 것이지만, 화폐축장자는 유통으로부터 화폐를 끌어냄으로써 끊임없이 가치증식을 추구하는 반면, 자본가는 끊임없이 화폐를 유통에 투입함으로써 가치를 증식한다.(168/198)

자본은 이 운동에서 하나의 형태로부터 다른 형태로, 즉 화폐로부터 상품으로 그리고 다시 화폐로 끊임없이 모습을 바꿔가면서 자신의 가치를 증식한다. 상품과 화폐가 자본이 가치증식과정에서 번갈아 취하는 형태라는 점에 특별히 주목해야 한다. "만약 자기증식하는 가치가 자신의 생명 순환에서 번갈아가며 취하는 특별한 현상형태들을 고정시켜 본다면, 우리는 자본은 화폐, 자본은 상품이라는 설명을 듣게 된다. 그러나 사실은 가치가 여기서 하나의 과정의 주체가 되는데, 이 과정에서 가치가 끊임없이 화폐와 상품의 형태를 바꿔가면서 자신의 크기 자체를 변화시키고, 원래의 가치로서의 자기 자신으로부터 잉여가치로서의 자신을 뽑아내며, 자기 자신을 증식한다."(169/199) "따라서 가치는 과정 중에 있는 가치, 과정 중에 있는 화폐가 되며, 그러한 것으로서 자본이 된다."(170/200) G-W-G′는 유통부문에서 기능하는 상인자본만이 아니라 산업자본을 포함하는 '자본의 일반적 정식'이다.(170/201) 산업자본의 운동은 유통과정 사이에 생산과정이 매개하는 반면, 이자 낳는 자본은 상품의 매개 자체가 없다. 전자의 운동정식은 G-W(Pm, A)———P——W′-G′이며, 후자는 G-G′이다.(Pm: 생산수단, A: 노동력, P: 생산과정)

[[부르주아 경제학에서 자본에 대한 정의를 제대로 못하는 것은 바로 가치증식 운동 중에 취하는 자본의 형태변화를 이해하지 못하기 때문이다. 또한 일상에서 흔히 사용하는 자본이라는 용어를 정의하자고 하면, 누구도 쉽게 답변하지 못하고 단편적인 현상이나 말하는 것 또한 이 때문이다. 제1편에서 상품의 분석으로부터 시작해 화폐의 발생과 발전을 살펴봤는데, 이제 화폐로부터 전화된 자본이라는 범주가 여전히 상품의 형태와 화폐의 형태를 번갈아가며 취하고 있다는 것 때문에 자본이 상품인지 화폐인지의 혼란이 생기는 것이다. 나아가 상품과 화폐가 각각 상품과 화폐로 유통하기도 하고 자본의 형태로 유통하기도 하기 때문에, 혼란은 더 커질 수밖에 없다. 예컨대 노동자가 판매하는 노동력이라는 상품 또는 노동자들이 소비를 위해 자신의 임금으로 구매하는 소비

재 상품의 거래를 생각해 보라. 자본가는 화폐를 투하해 노동력을 구매하고 노동자는 노동력을 판매하고 화폐를 받는다. 이 화폐는 자본가든 노동자든 한편에서 상품의 매매를 매개하는 단순한 화폐, 즉 유통수단(또는 지불수단)이다. 그러나 다른 한편에서 동일한 이 화폐는 자본가에 있어서는 자본(자본으로 투하한 화폐)이고, 노동자에 있어서는 단순한 화폐다. 또한 노동자는 이 화폐를 가지고 소비재 상품을 구매하고 소비재 상품을 판매하는 자본가에게 화폐를 양도한다. 이 매매거래에서도 화폐는 마찬가지로 유통수단으로 기능한다. 그러나 이 동일한 화폐도 노동자에게는 단순한 화폐이고, 자본가에 있어서는 투하된 자본이 증가된 잉여가치와 함께 회수되는 자본이다. 그리고 소비재 상품도 노동자에 있어서만 단순한 상품이고, 자본가에 있어서는 생산된 잉여가치가 포함된, 자본의 변화된 형태인 것이다. 요컨대 노동자의 재생산을 매개하는 W(노동력)−G−W′(필수소비재)은 단순한 상품유통이고 화폐는 단순한 유통수단이지만, 이 동일한 매매거래의 다른 편 당사자인 두 명의 자본가에 있어서는 판매와 구매가 자본유통의 과정이고, 화폐와 상품은 모두 자본의 변화하는 형태들이다. 마르크스의 자본 개념을 이해하지 못하면 현실에서 무엇이 자본인지 이해할 수 없는 게 너무도 당연하다.]]

## 2. 일반적 정식의 모순

화폐가 자본으로 전화되는 위의 유통형태는 판매와 구매의 순서가 단순한 상품유통에서의 순서와 반대이기는 하지만, 여전히 단순한 상품유통의 영역을 벗어나는 것은 아니다. 그런데 어떻게 판매와 구매라는 단순한 형태변환을 통해 상품유통으로부터 잉여가치가 발생하는가가 문제다. 단순한 상품유통에서 상품들의 교환은 등가교환이다. 등가물이 교환되는 경우를 보면, 사용가치에 관한 한 그 교환은 양 교환 당사자에 만족의 증대라는 이익을 줄지 모르지만, 교환가치에서의 가치증가라는 것은 있을 수 없다. 등가물의 교환이기 때문이다. "만약 동일한 교환가치를 가진 상품들, 또는 상품과 화폐가, 따라서 등가물들이 교환된다면, 분명히 누구도 자기가 유통에 투입하는 것보다 더 큰 가치를 유통으로부터 끌어내지 못한다. 그러면 잉여가치 형성은 일어나지 않는다."(174/208)

그러면 부등가교환 때문에 잉여가치가 발생하는가? 상품유통의 세계는 등가교환에 입각해 있지만, 현실에서는 순수한 형태로 진행되는 것은 아니어서 부등가교환도 있다. 그러나 판매나 구매에서 가치 이상으로 판매하거나 가치 이하로 구매한다고 해도 구매자와 판매자로 번갈아 등장하는 상품유통의 세계에서는 어느 누구도 일방적으로 구매자의 특권이나 판매자의 특권을 지킬 수가 없다. 결국은 등가교환과 마찬가지가 된다. 또한 생산자가 소비자에게 가치 이상의 높은 가격으로 판매해 잉여가치가 발생하는 것도 아니다. 상품세계에서 생산자와 소비자는 판매자와 구매자로 대립해서 이 경우는 앞의 부등가교환으로 잉여가치가 발생한다는 주장과 마찬가지로 잘못된 것이다. "일국의 자본가계급 전체가 스스로를 속여 이익을 챙길 수는 없다. 따라서 하고 싶은 대로 돌아보고 돌려봐도 결과는 마찬가지다. 등가물들이 교환된다면 어떤 잉여가치도 발생하지 않는다. 또 비등가물들이 교환돼도 잉여가치는 발생하지 않는다. 유통, 즉 상품교환은 어떤 가치도 창조하지 않는다."(177–178/212–213)

그래서 역사적으로 자본의 최초 형태로 등장하는 상인자본에서는 잉여가치 형성을 끌어낼 수 없다. 그러면 잉여가치는 상품소유자가 유통영역이 아니라 생산영역에서 생산한 것인가? 상품소유자는 생산과정에서 더 많은 노동으로 더 큰 가치를 창조할 수는 있지만, 더 큰 가치는 그 가치대로 유통에 들어와 등가로 교환될 것이기에, 역시 잉여가치를 창조하는 것은 아니다. 그러면 우리는 이제 자본의 운동 정식의 모순에 직면한다. "따라서 자본은 유통으로부터 발생할 수 없고, 또 마찬가지로 유통으로부터 발생하지 않을 수도 없다. 자본은 유통에서 발생해야 하는 동시에 유통에서 발생하지 않아야 한다."(180/216) 이것이 무슨 뜻인지 제5장에서 다시 보게 될 것이다. "이것이 문제의 조건들이다. 여기가 로도스 섬이다. 여기서 뛰어라!"(181/217)[28]

---

28  이솝 우화에서 나온 말로, 로도스 섬에서 높게 뛰었다고 주장하는 한 허풍쟁이에게 이렇게 응수했다.

## 3. 노동력의 판매와 구매

"자본으로 전화해야 할 화폐의 가치변화는 화폐 그 자체에서는 일어날 수 없다."(181/218) 왜냐하면 화폐는 구매수단이든 지불수단이든 그것이 구매하거나 지불하는 상품의 가격을 실현할 뿐이기 때문이다. 또 화폐가 상품으로 형태변화를 하지 않고 화폐로 그냥 남아 있으면, 화폐에 내재된 가치는 변함이 없을 것이다. 그러면 가치가 어디서 증식하는가, 마법의 비밀은 어디에 있는가? 이제 마르크스가 그 비밀을 풀어 줄 특별한 상품을 알려준다. '노동력'이란 상품이다. 즉 가치증식을 위해 화폐소유자는 시장에서 "그 사용가치 자체가 가치의 원천이라는 고유한 성질을 가진 상품, 따라서 그것의 실제적인 소비 자체가 노동의 대상화, 즉 가치의 창조인 상품"(181/218-219), 노동력을 구해야만 한다. 노동력은 다음과 같이 정의된다. "우리는 노동력 또는 노동능력을 인간의 신체, 살아 있는 사람 속에 존재하고, 그가 어떤 종류의 사용가치를 생산할 때마다 운동시키는, 육체적·정신적 능력의 총체라고 이해한다." (181/219)

노동력이 상품으로 등장하기 위해서는, 즉 노동력의 상품화를 위해서는 두 가지 조건이 필요하다. 첫째, 노동자가 전근대적 봉건적 신분예속 관계로부터 해방되어 자신의 노동력의 독립된 소유자로서 자유롭게 노동력을 처분할 수 있어야 한다. 둘째, 생산수단으로부터의 자유, 즉 생산수단의 박탈과 비소유로 인해 자신의 노동력으로는 생산을 영위할 수 없어서 자신의 생활을 위해 노동력을 판매하지 않으면 안 된다. '이중의 의미에서 자유로운' 근대적 임금노동자가 전제된다.(183/221) [[한편에서 생산수단을 박탈당한 무산계급이 창출되고, 다른 한편에서는 자본가에 의한 생산수단의 독점이 형성되는 역사적 과정이 '이른바 자본의 본원적 축적'이다. 제24장에서 이 문제를 살펴볼 것이다.]]

노동력도 상품으로서 가치와 사용가치를 갖고 있다. "노동력의 가치는 모든 다른 상품과 똑같이 이 특수한 상품의 생산에, 따라서 재생산에 필요한 노동시간에 의해 규정된다."(184/223) 노동력은 살아 있는 개인의 능력으로 존재하므로 노동력의 생산, 재생산은 개인의 생존을 전제한다. 그래서 "…노동력의 가치는 노동력 소유자의 유지에 필요한 생활수단의 가치다."(185/223) 더 구체적으로 보면, 노동자의 생활비는 세 개의 기본요소로 구성된다.(185-186/223-225) (1) 노동력의 재생산비용, 이는 생물학적 재생산만이 아닌 문화의 발전단계에 조응하는 역사적, 도덕적 요소를 포함한다. (2) 가계의 부양비용, 이는 세대 간에 노동력 재생산이 계속 이뤄져야 하기 때문이다. (3) 노동력의 교육과 훈련비용, 특정한 부문에서 기능과 숙련을 갖춘 특수한 노동력이 되기 위한 비용이다. 반면 노동력의 사용가치는 노동력의 소비, 즉 노동을 통해 새로운 상품과 가치를 창출하는 데 있다. 노동력과 노동은 서로 다른 개념임에 유의해야 한다. 노동력은 노동할 수 있는 능력이며, 노동은 노동력의 지출, 즉 노동력을 지출하는 행위다. 소화능력을 말하는 것이 소화를 말하는 것이 아닌 것과 마찬가지로 노동능력을 말하는 것은 노동을 말하는 것이 아니다.(187/226) 노동력의 소비, 지출 과정에서 가치뿐만 아니라 잉여가치도 창출된다.

"화폐소유자는 상품시장에서 원료 등 노동력의 소비과정에 필요한 모든 물품을 구매하고, 그것들을 가격대로 지불한다. 노동력의 소비과정은 동시에 상품과 잉여가치의 생산과정이다. 노동력의 소비는 다른 모든 상품의 소비와 똑같이 시장 즉 유통영역 밖에서 수행된다. 그러므로 우리는 소란스럽고 표면에서 행동하며 누구 눈에도 들어오는 이 유통영역을 화폐소유자 및 노동력 소유자와 함께 떠나서 이들을 뒤따라 문턱에 '업무관계 외 출입금지'라고 쓰인 은밀한 생산의 장소로 들어가 보자. 자본이 어떻게 생산하고 있는가를 비롯해 어떻게 자본 그 자체를 생산하는가도 이곳에서 드러난다. 부정한 돈벌이의 비밀이 마침내 틀림없이 폭로될 것이다."(189/230) 화폐소유자와 노동력 소유자가 떠난 유통영역은 "천부인권의 진정한 낙원"이고 "자유, 평등, 소유, 벤담[공리주의: 인용자]"이 지배하는 세계다.(189/230) 노동자나 자본가나 모두 상품소유자로서, 차별 없는 시민으로서 자유롭고 평등하며 자신의 사익만 추구하면 그들 전체의 이익이 조화롭게 달성된다. 이 낙원을 떠나면서 두 당사자의 면모가 달라진다. 화폐소유자는 "자본가로서" "의미심장하게 웃으며 사업에 열의를 갖고" 앞장서서 걸어가며, 노동력 소유자는 "노동자로서" "자신의 가죽을 시장에 가져가 버렸고, 이제는 무두질밖에 기대할 것이 없는 사람처럼" "겁에 질려 마지못해" 자본가의 뒤를 따라간다.(191/231) 생산의 장소로!

[[자본가와 노동자에 대해 독일 경제학자들은 이상하게 정의한다. 임금을 주고 타인의 노동을 구매하는 자(자본가 또는 기업가)는 노동제공자(Arbeitgeber), 임금을 받고 자신의 노동을 양도하는 자(노동자)는 노동수취자(Arbeitnehmer)라는 것이다. 이들을 따라 독일 사회에서는 지금도 이런 용어가 통용된다. 독일인 엥겔스가 이런 용어법을 받아들일 수 없는 헛소리라고 일축한 바 있다.(34/24) 또한 제6편에서 볼 것이지만, 상품으로 교환되는 것은 노동력이지 노동이 아니며, 임금은 노동력의 가격이지 노동의 가격이 아니다.]]

강의 중 휴식시간. 김석현 선생, 노준엽 학생의 질의와 답변하는 저자(2019년 10월 25일).

제3편

# 절대적 잉여가치의 생산

# 제5장 노동과정과 가치증식과정

이제 자본주의 생산의 가장 중요하고 심오한 비밀의 분석에 들어간다. 잉여가치 생산과 착취 구조를 해명하는 첫발이다. 먼저 전체적인 맥락에서 이 편의 위치 및 의의를 살펴본다. 제3편의 주제는 자본이 도대체 어떻게 잉여가치 또는 그 현상형태인 이윤을 생산하는가의 문제다. 노동일, 즉 노동시간을 연장해 생산하는 잉여가치를 절대적 잉여가치라고 부른다. '절대적'이란 말은 다른 것과의 비교 없이 그 자체로 규정하는, 본래적인 잉여가치라는 의미다. 제3편의 제목, 절대적 잉여가치의 생산은 잉여가치의 '절대적 생산'이 아닌 '절대적 잉여가치'의 생산을 말한다. 그것은 제4편에서 보는 상대적 잉여가치의 생산과 함께 잉여가치 생산의 두 가지 타입의 하나다. 절대적 잉여가치의 생산은 노동시간을 연장해 잉여노동을 추출하는 것이고, 상대적 잉여가치의 생산은 주어진 노동시간 중 노동자에게 지불된 임금을 보전하는 부분, 즉 노동력의 재생산을 유지하는 필요노동을 가능한 한 축소시킴으로써 잉여노동, 즉 잉여가치를 증대하는 것이다. 제5장은 노동과정과 가치증식과정인데, 이는 상품분석에서 살펴본 사용가치와 가치, 두 개의 요소에 조응한다. 앞 장에서 본 바처럼 화폐에 대한 분석이 선행하지 않으면 자본을 올바로 분석할 수 없는 것과 마찬가지로, 상품분석이 선행하지 않으면 자본주의 생산과정이 제대로 분석될 수 없는 이유도 여기서 분명해진다.

## 1. 노동과정

자본주의 생산과정은 사용가치의 생산이라는 점에서는 노동과정이며, 가치의 생산이라는 점에서는 가치의 형성 및 증식과정이다. 물론 생산과정이 두 과정으로 분리된 것은 아니고 하나의 과정의 두 측면이다. 노동과정에서는 특정한 욕망을 충족시켜 주는 사용가치를 생산한다. 여기서는 인간이 자신의 노동행위를 통해 '인간과 자연의 물질대사'를 매개하고 규제하고 제어한다. 그것은 생산의 사회적 형태와 관계없이 어떤 사회도 재생산을 유지하기 위해서는 영위하지 않으면 안 된다. "사용가치 또는 재화의 생산은 자본가를 위해, 자본가의 통제하에 행해진다고 해서 그 일반적 본성을 바꾸지는 않는다. 그 때문에 노동과정은 당장은 모든 특정한 사회적 형태와 관계없이 고찰되어야 한다."(192/235)

마르크스는 인간노동의 자본주의적 형태, 즉 임금노동과 결합된 착취와 소외 등 여러 부정적 현상에도 불구하고 물질대사로서 인간노동의 본래적 의의, 그 긍정적·적극적 측면에 주목하며, 이 인간노동이 자연을 변화시키고 또 자연의 일부로서 인간 자신의 잠재된 능력도 발전시킨다고 강조한다. 그럼으로써 임금노동을 극복한 후 노동자가 주체가 되는 미래사회의 참된 노동상을 그리고자 한다. 마르크스는 인간노동의 가장 본질적이고 중요한 특징을 다음과 같은 측면에서 묘사한다.(192-193/235-236) 즉 인간노동은 인간과 자연과의 물질대사를 매개한다는 것, 인간노동은 자연과 인간의 변화와 발전에 기여한다는 것, 그리고 인간노동은 목적의식적으로 행해진다는 것이다.

노동과정은 어떤 사회에서나 세 개의 기본 요소들로 구성된다. 즉 노동, 노동수단, 노동대상이다.(193/236-237) 생산의 결실, 즉 산출된 생산물이라는 관점에서 보면, 노동은 생산적 노동, 노동수단과 노동대상은 묶어서 생산수단이 된다고 할 수 있다.(196/240) 노동대상은 일괄해서 말하면 재료와 원료인데, 이미 노동을 통해 변화된 노동대상은 원료, 그렇지 않은 노동대상은 그냥 재료다. 노동수단은 다음처럼 정의한다. "노동수단은 노동자가 자신과 노동대상 사이에 들여놓고 이 노동대상에 대한 자기 활동의 전도체로 사용하는 하나의 물건 또는 물건들의 복합체다."(194/237) 말하자면 노동수단은 손과 발을 연장한 것과 같다. 노동수단의 창조와 사용은 인간을 다른 노동과 구별 짓게 하는, 인간적 노동과정의 독자적인 특징을 이룬다. 이 노동수단의 발전 정도가 인류사회의 발전단계를 가늠하는 중요한 지표로 역할한다. "무엇이 생산되는가가 아니라 어떻게, 어떤 노동수단으로 생산되는가가 경제적 시대를 구별한다. 노동수단은 단지 인간적 노동력의 발달 척도일 뿐 아니라 노동이 행해지는 사회적 관계의 지표이기도 하다."(194-195/238-239) 노동수단, 즉 생산력이 경제적 시대와 그에 상응하는 사회적 관계를 구별하는 지표라는 것은 실은 마르크스의 유물론적 역사관의 기본 명제에 속한다. 생산력이 생산관계를 규정하고 그 위에 법적, 정치적, 정신문화적 상부구조가 세워진다는 것을 여기서 다시 확인시키고 있다.

자본가에 의한 노동력의 소비, 즉 노동과정은 두 가지 독특한 현상을 보인다는 점에 유의하자.(199-200/245-246) 첫째는 노동자가 자본의 통제하에서 노동한다는 점, 둘째는 생산물이 직접 생산자인 노동자의 소유물이 아닌 자본가의 소유물이라는 점이다. 이런 현상들은 유통과정에서 자본가와 노동자 간 노동력의 판매와 구매의 결과 노동력이라는 상품이 자본가의 소유가 되었기 때문이다. 어떤 다른 상품과 마찬가지로 노동력 상품의 소비는 구매자인 자본가의 권리에 속한다. 노동력의 소비, 즉 노동, 이것이 노동력의 사용가치인데, 자본가가 자기 소유물인 생산수단에 자기 소유물의 소비, 즉 노동자의 노동을 결합시켜 생산물을 생산하면, 그것은 자연스럽게 자본가의 소유가 된다.

## 2. 가치증식과정

상품이 사용가치와 가치의 통일체인 것처럼 상품의 생산과정은 구체적 유용노동의 지출로서의 노동과정과 추상적 인간노동의 지출로서의 가치형성 과정의 통일이다. 이 가치형성과정이 노동력의 가치를 보상하는 것 이상으로 연장되면 가치증식과정으로 발전하고 잉여가치가 생산된다. 그럼으로써 화폐가 자본으로 전화된다. 여기서 생산수단과 노동력은 상이한 방식으로 작용한다. 원료 및 노동수단은 잇달아 계기적으로 진행되는 여러 국면을 거쳐 최종생산물로 변형되기 때문에, 그 가치는 최종생산물 가치의 일부분으로서 최종생산물에 이전되고 보존된다. 반면 노동력의 사용, 즉 노동의 지출은 추상적 노동으로서 가치를 창출하고 최종생산물의 이전된 가치에 새로운 가치를 부가한다.

마르크스의 사례이며 당대 자본주의적 기계제 대공업을 대표하는 방적공장에서 잉여가치가 생산되는 메커니즘을 다음 [도해1]을 통해 살펴보자.(宮川彰, 210-211)

**[도해1] 가치증식과정**

① [1/2노동일 동안 이전되는 생산수단의 가치]

| 생산수단(면화 및 방추*) |
| --- |

= 12실링(2노동일)

* 마르크스의 사례에서는 면화와 방추가 생산수단을 대표한다.

② [1/2노동일의 결과]

| 생산수단(면화 및 방추) | 노동력 가치 |
| --- | --- |

6노동시간(1/2노동일)

= 3실링

면사 10파운드, 15실링($2_{1/2}$노동일)[205/252]

③ [1노동일의 결과]

| 생산수단(면화 및 방추) | 노동력 가치 |
| --- | --- |
| 생산수단(면화 및 방추) | 연장노동(잉여노동) |

24실링(4노동일)          12노동시간(1노동일)

= 6실링

면사 20파운드, 30실링(5노동일)[208–209/257–258]

④ 최종 결과: 모든 상품은 등가물로 교환되고 상품교환 법칙은 훼손되지 않았다. 이 과정에 투입된 상품들의 가치는 27실링이었고, 생산된 새로운 생산물 면사의 가치는 30실링이다. 잉여가치 3실링이 생산되었다. 그것은 부불노동, 즉 잉여노동 6시간의 결과다. "마침내 요술은 성공했다. 화폐는 자본으로 전화했다."(209/258)

이 과정을 이해하는 핵심은 노동력의 가치(노동력 상품에 대상화되어 있는, 즉 노동력의 재생산에 필요한 소비재 상품들에 대상화되어 있는 과거 노동, 죽은 노동)와 노동력의 사용가치(노동력의 지출인 현재의 노동, 산 노동)를 구별하는 것이다. 양자는 완전히 다르다. "전자[죽은 노동: 인용자]는 노동력의 교환가치를 규정하고, 후자[산 노동: 인용자]는 노동력의 사용가치를 형성한다. 24시간 동안 노동자의 생존을 유지하기 위해 1/2노동일이 필요하다는 것은 노동자가 1일 내내 노동하는 것을 결코 방해하지 않는다. 따라서 노동력의 가치와 노동과정에서 노동력의 가치증식은 두 개의 상이한 크기다."(208/256) 그리고 등가교환의 법칙을 다시 확인하자. 앞 장에서 언급한 자본의 운동정식의 모순의 의미가 무엇인지, 그 모순이 어떻게 해결되는지 이제 여기서 명확해진다. "이 전체 과정, 즉 화폐의 자본으로의 전화는 유통영역에서 행해지고, 또 유통영역에서 행해지지 않는다. 유통의 매개를 통해 행해진다. 왜냐하면 상품시장에서 노동력 구매에 의해 조건 지어지기 때문이다. 유통과정에서 행해지는 것은 아니다. 왜냐하면 유통과정은 단지 생산과정에서 일어나는 가치증식과정을 인도할 뿐이기 때문이다."(209/258)

이 절을 끝내기 전에 잉여가치와 이윤에 대한 속류경제학과 자본가의 변호에 대한 마르크스의 비판도 잠깐 소개하자. 이른바 자본가의 절제, 자본 서비스, 감독노동에 대한 대가로 이윤이 필요하다는 주장이다. 우리가 오늘날에도 많이 접하는 변호론들이다. 마르크스는 이들 주장에서 공통적으로 이런 요인들이 교환가치의 변화, 즉 가치증식을 어떻게 가져오는지 완전히 불명확하다고 비판한다. 유익하다는 것, 서비스(Dienst)라는 것은 기본적으로 교환가치의 문제가 아니라는 것이다. "여기서의 문제는 서비스가 아니다. 서비스란 상품이든 노동이든 어떤 사용가치의 유용한 작용 이외의 어떤 것도 아니다. 그러나 여기서는 교환가치가 문제다."(207/255) [[제7장에서 이런 변호론의 대표자 중 하나인 시니어의 주장을 검토하면서 왜 교환가치의 문제가 제기되는지 되돌아볼 것이다.]]

# 제6장 불변자본과 가변자본

앞 장에서 본 잉여가치의 생산과 착취 구조를 이 장에서 마무리한다. 이 장에서는 가치형성과 가치증식과정에서 노동과정의 요소들이 작용하는 상이한 방식에 따라 자본의 새로운 구분과 명칭이 주어진다. 즉 자본은 불변자본과 가변자본으로 구분된다.

| 노동과정의 요소들 | 노동과정의 관점에 따른 구별 | 가치증식과정의 관점에 따른 구별 |
|---|---|---|
| 기계, 원료, 보조재료 | 객체적 요인: 생산수단 | 불변자본c |
| 노동 | 주체적 요인: 노동력 | 가변자본v(+잉여가치m) |

"이렇게 생산수단, 즉 원료, 보조재료, 노동수단으로 전환되는 자본부분은 생산과정에서 그 가치 크기가 변동하지 않는다. 그러므로 나는 이것을 불변의 자본부분 또는 간단하게 불변자본이라고 부른다. 그에 반해 노동력으로 전환되는 자본부분은 생산과정에서 [잉여가치가 생산되는 정도에 따라: 인용자] 그 가치가 변동한다. … 자본의 이 부분은 불변의 크기로부터 끊임없이 가변의 크기로

전환한다. 그러므로 나는 이것을 가변적 자본부분 또는 간단하게 가변자본이라고 부른다."(223-224/276-277)

노동과정과 가치증식과정은 동일한 하나의 생산과정의 두 측면이다. 노동이 특정한 사용가치를 생산하며 또 가치를 형성하고 가치증식을 하는 것은 구체적 유용노동과 추상적 인간노동이라는 노동의 이중적 성격에서 비롯된다. 면화로부터 새로운 생산물 면사를 생산하는 노동과정에서 노동자는 유용노동이라는 속성에서 면화를 면사로 변화시키며, 그렇게 함으로써 면화의 가치, 방추 등 마모된 노동수단의 가치, 즉 생산수단의 가치를 면사로 이전하고 보존한다. 반면 가치증식과정으로서 노동자는 추상노동이라는 특성에서 노동대상에 새로운 가치를 부가한다. "노동자는 동일한 시간에 이중으로 노동하지는 않는다. … 그는 새로운 가치를 단순히 부가하는 것에 의해 종전의 가치를 보존한다. 그러나 노동대상에 새로운 가치를 부가하는 것과 종전의 가치를 보존하는 것은, 노동자가 동일한 시간에 단지 한 번만 노동해도 가져온 전혀 다른 두 개의 결과이므로, 이 결과의 이중성은 분명 그의 노동의 이중성에 의해 설명될 수 있을 뿐이다. 동일한 시점에 그의 노동은 하나의 속성에서 가치를 창조하고, 다른 속성에서 가치를 보존 또는 이전해야 한다."(214/264-265)

노동자는 새로운 가치(v+m)를 부가하면서 동시에 사용된 생산수단의 가치(c)를 새로운 생산물에 이전, 보전하는 것이다. 그래서 새로운 생산물의 가치는 c+v+m이 된다. 생산물 가치의 구성부분이다. 그런데 노동자가 생산수단의 가치를 새로운 생산물에 이전해 보전하는 것은 노동자가 자본가에게 무상으로 주는 선물과 같다. 그 선물의 의미는 공황이나 노동자 파업으로 조업이 중단될 경우 생산수단의 방치에 따른 마모나 유지비용 등을 통해 비로소 자본가가 절감하게 된다.(221/273-274)

생산수단은 노동대상과 노동수단에 따라 상이한 방식으로 그 가치가 새로운 생산물로 이전된다. 기계 같은 노동수단은 한 번에 구매해 예컨대 10년의 내구연한 동안 노동과정에서 계속 사용된다. 따라서 노동수단은 10년간 조금씩 그 가치가 새로운 생산물에 이전된다. 10년이 지나야 기계에 투하한 자본이 회수된다. 그 마모되고 이전되는 부분을 감가상각이라 한다. 마모되고 이전되는 가치를 제외한 나머지 자본가치는 10년 동안 계속 생산과정에 고정되어 있기 때문에 노동수단에 투하되는 자본은 따로 고정자본이라는 명칭이 부여된다. 이에 반해 고정자본을 제외한 다른 모든 자본, 즉 노동대상이나 노동력에 투하되는 자본은 유동자본이라 한다. 이 자본은 새로운 생산물을 생산하는 노동과정에서 그 가치가 한 번에 모두 이전되고 회수된다. 이와 관련된 논의는 자본의 회전 문제를 다루는 『자본』 제2권의 대상이므로 여기서 다루지는 않는다.

[[다시 정리하면, 가치증식의 관점에서 자본은 불변자본과 가변자본으로 구별된다. 생산수단(노동수단과 노동대상) 구매에 투하된 자본은 불변자본, 노동력 구매에 투하된 자본은 가변자본이다. 반

면 투하자본 가치의 회수라는 자본의 회전 관점에서 보면, 자본은 고정자본과 유동자본으로 구별된다. 노동수단 구매에 투하된 자본은 고정자본, 노동대상과 노동력 구매에 투하된 자본은 유동자본이다. 고정자본, 유동자본과 달리 불변자본, 가변자본은 마르크스에 의해 처음으로 사용된 범주 및 개념이다. 스미스 이래 정치경제학은 이 범주들에 들어 있는 규정들과, 유통과정에서 나오는 자본의 형태상 차이, 즉 고정자본 및 유동자본을 뒤섞어 혼동했다.(638/834)]]

# 제7장 잉여가치율

## 1. 노동력의 착취도

투하자본(c+v)은 생산과정에서 잉여가치(m)를 생산하고 생산물의 가치(Produktenwert)는 c+v+m이 된다. 이 중 c는 생산수단의 이전된 가치이고, v+m은 새로 창출된 가치, 즉 '가치생산물(Wertprodukt)'이다. 생산물의 가치와 가치생산물은 이렇게 서로 다르다. v+m은 추상적 인간노동에 의해 창출된 것이다. 노동일 중 노동력 가치(v)를 재생산하는 부분은 필요노동이며, 이를 초과하면 잉여노동이 된다. 잉여노동이 잉여가치를 생산한다. 노동력의 착취도, 즉 잉여가치율은 필요노동에 대한 잉여노동의 비율이다. 또는 가변자본에 대한 잉여가치의 비율이다. 잉여가치율=m/v=잉여노동시간/필요노동시간=잉여노동/필요노동. "따라서 잉여가치율은 자본에 의한 노동력의 착취, 또는 자본가에 의한 노동자의 착취도의 정확한 표현이다."(232/287)

[[우리가 일상에서 알고 있는 이윤율은 잉여가치율과 다른 것이

다. 이윤율은 총투하자본(c+v)에 대한 잉여가치(m)의 비율이다. 양자의 차이에 유의해야 한다. 잉여가치는 이윤으로 실현되고, 총자본에 대비한 이윤의 비율이라는 이윤율은 이윤의 원천이 노동력 착취에서 비롯되는 잉여가치라는 것을 은폐하는 개념이다. 잉여가치율과 달리 이윤율은 이윤을 총자본에 대비해 계산하기 때문에 불변자본과 가변자본이 모두 이윤을 창출한 것으로 보인다. 현상의 외관 속에서 본질이 전도되어 나타나는 것이다. 이와 관련된 논의는 자본의 총유통과정을 다루는 『자본』 제3권 제1편에서 볼 것이다.]]

마르크스는 당시 자료에 기초해 실제 잉여가치율을 산출했는데, 1871년 맨체스터의 한 방적공장의 잉여가치율은 153%였다. 또 하나의 예로, 1815년 산업혁명 시기 밀을 생산하는 차지농업가에서의 잉여가치율은 102%였다. 마르크스는 『자본』에서 잉여가치율을 100%로 상정하는데, 이 수치는 단순히 가정한 수치가 아님을 여기서 엿볼 수 있다. 또한 19세기 초반과 후반 사이에 잉여가치율이 증가했다는 점도 유의해야 한다. 오늘날 잉여가치율은 더욱 증가했다. 착취가 강화됐다는 것이다.

## 2. 생산물의 비례적 부분들에서의 생산물 가치의 표현

앞의 [도해1]에서 잉여가치율은 잉여노동 6시간/필요노동 6시간=100%이다. 생산된 20파운드의 면사 가치는 5노동일이고, 그 가치구성은 생산수단의 가치c(4노동일)+노동력 가치v(1/2노동일)+잉여가치m(1/2노동일)=5노동일과 같다. 그러면 1노동일(12시간)의 가치는 4파운드의 면사에 표현되어 있다. 따라서 면사의 가치구성은 다음처럼 면사의 비례적 배분으로 표시할 수 있다. 20파운드 면사의 가치=생산수단의 가치c(16파운드 면사)+노동력 가치v(2파운드 면사)+잉여가치m(2파운드 면사).

## 3. 시니어의 '최후의 1시간'

시니어N. W. Senior는 당시 공장법과 노동시간 단축에 반대하는 공장주들의 이해를 이데올로기적으로 대변하면서 자신의 한 책자에서 자본가의 순이익이 노동자의 마지막 1시간 노동으로부터 생긴다고 주장했다. 무슨 말일까? 먼저 자칭 '분석'이라고 하는 그의 계산법을 보자. 당시 공장법의 (18세 미만 노동자의) 1일 노동시간 한도는 $11_{1/2}$시간이다. 어떤 공장주가 공장건물과 기계에 8만 파운드 스털링, 원료와 노동임금에 2만 파운드 스털링, 도합 10만 파운드 스털링을 투자하고, 자본의 회전은 연 1회, 총이윤을 15%(순이윤10%+감가상각 5%)라고 가정하면, 1년간 상품 판매액은 11만 5000파운드 스털링이 된다. 1노동일은 $11_{1/2}$시간이므로 매 1/2노동시간은 11만5000파운드 스털링의 1/23, 즉 5000파운드 스털링을 생산한다. 그러면 $11_{1/2}$노동시간 중 10시간은 자본(10만 파운드 스털링)을 보전하고 1/2시간은 기계의 마모 부분(5000파운드 스털링)을 보전하며, 이렇게 원가 차감 후 나머지 1시간이 자본가의 순익(1만 파운드 스털링)이 된다는 것이다. 따라서 노동 1시간을 더 늘리면 자본가의 순익은 두 배로 증가하고, 노동 1시간을 줄이면 순익이 완전히 없어진다면서 노동시간 단축을 비판한 것이다.(238/295-296) [[명색이 대학교수인 이 얼빠진 인물의 계산법은 우선 1노동일 $11_{1/2}$시간이 11만5000파운드 스털링을 생산한 게 아니라는 것부터 지적해야 한다. 이 판매액이 연간 판매액이므로, 마르크스도 지적하는 바처럼 이는 연간 노동시간($11_{1/2}$시간×연간 노동일수)의 산물이다. 시니어의 계산을 그냥 좋게 해석하면, 그가 말하려는 것은 1일 1/2시간씩 1년 내내 노동하면 그 생산액이 5000파운드 스털링이라는 것이다.]]

마르크스는 시니어의 이 왜곡된 수법을 터무니없는 소리라고 반박했다. 지금까지의 강의로 우리도 이제 그의 논의에서 무엇이 잘못됐는지 말할 수 있다. 시니어의 오류는 노동자의 1노동일의 성과인 생산물의 가치(c+v+m)와 노동자 1일분의 부가노동 성과인 가치생산물(v+m)을 혼동해 $11_{1/2}$의 노동시간이 (v+m)이 아니라 (c+v+m)의 가치를 생산한 것으로 고찰한 데 있다. 유용노동의 성과(생산수단의 이전된 가치 c)를 추상적 노동의 성과인 것처럼 잘못 파악한 것이다.[29] 시니어는 그 전에 리카도의 노동가치설을 비판하

---

29  우리가 제5장에서 본 사례 [도해1]로 설명하면, 시니어의 계산법 오류를 더 쉽게 볼 수 있다. [도해1] ③에서 1노동일의 결과는 면사 20파운드, 30실링(5노동일)이고, 여기에는

면서 이윤이 자본가의 노동에 대한 보수며, 이자는 자본가의 금욕 또는 절제에서 비롯된 것이라고 주장한 인물이다. 앞에서도 보았던 자본주의 변호론의 하나다. 그런데 여기서는 '최후의 1시간'을 논하면서 자기 입으로 자본가의 이윤이 노동자의 산 노동에서 나온다고 실토하고 있는 것이다. 이에 마르크스는 그래도 시니어가 이 논쟁에서 소득을 챙겼다고 비꼬고 있다.(243/302) [[아마도 시니어는 이것이 자신의 이전 주장을 뒤엎는 것인지도 모르고 떠벌렸을 것이다. 시니어 역시 여기서 등가교환의 법칙을 상정하고 있다. 공황이나 유통과정의 교란 때문에 상품가치가 제대로 실현되지 못해 자본가의 이윤이 없어진 게 아니기 때문이다. 그러면 노동자가 노동시간을 줄여도 자본가는 여전히 노동하고 절제하는데, 왜 자본가의 이윤과 이자가 없어질까? 시니어는 이런 문제를 생각할 줄 모른다.]]

---

생산수단의 이전된 가치 24실링(4노동일)과 부가된 산 노동(1노동일) 6실링이 들어 있다. 노동자의 1노동일은 단지 6실링의 가치를 생산한 것이지만, 시니어는 1노동일 12시간이 30실링 가치(5노동일)를 생산한 것으로 계산한 것이다. 그러면 1노동시간은 $2_{1/2}$실링을 생산하는 것이므로, $9_{3/5}$시간은 생산수단에 투하된 가치 24실링을 보상하고, $1_{1/5}$시간은 노동자의 임금 3실링을 보상하며, 나머지 $1_{1/5}$시간은 이윤 3실링을 가져오게 된다. 그래서 1일 12시간 노동 중 $1_{1/5}$시간(이 사례에서는 '최후의 $1_{1/5}$시간'이다)을 줄이면 자본가의 이윤이 없어진다고 주장하는 것이다. $1_{1/5}$시간을 줄여도 잉여노동, 이윤은 보다시피 $4_{4/5}$시간이나 되는데도 말이다.

## 4. 잉여생산물

앞의 제2절에서 본 바처럼 잉여가치는 2파운드의 면사라는 식으로 생산물로 표현할 수 있는데, 이를 잉여생산물이라 한다. 그리고 다음 장에 앞서 노동일의 정의가 주어진다. "필요노동과 잉여노동의 합계, 즉 노동자가 자신의 노동력 가치를 대체하는 만큼의 가치를 생산하는 시간과 잉여가치를 생산하는 시간의 합계가 노동자의 노동시간의 절대적 크기, 즉 노동일을 이룬다."(244/303)

# 제8장 노동일

1일 노동시간을 둘러싼 자본가와 노동자의 밀고 당기기, 이것이야말로 계급투쟁의 구체적인 모습과 실상이라는 것, 이러한 분석이 여기서 나온다. 착취의 원천이 잉여가치, 잉여노동에 있고, 따라서 1일의 노동시간을 얼마나 연장해서 잉여가치를 증대시키느냐의 문제가 1일 노동시간의 결정에 달린 문제이므로, 이것이 계급투쟁의 직접적 문제가 될 수밖에 없다(아울러 이후에 보는 바처럼 노동력의 가치 또는 가격, 즉 임금을 둘러싼 대립은 계급투쟁의 또 다른 직접적 문제다. 그에 따라 필요노동이 결정되고 잉여노동이 확정되기 때문이다). 역사유물론의 계급투쟁 명제가 이것만큼 극명하게 그려지는 장소는 없을 것이다. [[마르크스는 제1권 중에서 노동일을 다루는 이 장에 상당한 분량(독일어판의 76쪽)을 할애하고 있다. 제1권에서 가장 많은 분량을 차지하는 장은 기계장치와 대공업을 다루는 제13장(서문을 포함해 독일어판 전체 802쪽 중 무려 140쪽의 분량)이다. 이 두 개 장이 제1권의 1/4이 넘는 분량을 차지하고 있다. 제8장은 절대적 잉여가치 생산의 역사적 분석이고, 제13장은 상대적 잉여가치 생산의 역사적 분석이다. 이 방대한 장들을 보면, 특히 공장에서의 노동과 기계장치에 관한 세세한 서술들을 보면, 마르크스의 사고가 얼마나 구체적이고 세밀한지, 마르크스의 추상적인 개념과 이론이 자본주의 현실과 역사에 대한 얼마나 구체적인 분석에 입각한 것인지 놀라지 않을 수 없다.]] 노동일을 둘러싼 구체적인 역사과정을 다루는 이 장을 통해 우리는 오늘날의 노동시간 단축투쟁의 의미를 되돌아볼 수 있다. 그러면 노동일이란 무엇인가? 노동력의 1일 가치를 지불하고 입수한 노동력을 자본가가 소비해도 좋은 시간의 길이는 도대체 어느 정도인가? 다시 말해 노동력의 재생산에 필요한 시간을 넘어 어느만큼 노동시간이 연장될 수 있는가? 이것이 여기서의 문제다.

## 1. 노동일의 한계

그래도 이 첫 절은 먼저 이론적인 문제를 다룬다. 노동일의 최소한은 노동력의 가치를 자본가에 보상하는 필요노동 시간일 것이다. 여기에 노동시간이 미치지 못하면 자본가는 자신이 지불한 임금을 회수하지 못한다. 반면 노동시간의 최대한은 물리적 시간인 24시간이다. 그러나 여기에는 생리적, 육체적 제한에 따른 시간과 일정수준의 정신적, 문화적 생활을 영위하는 데 따른 시간도 감안해야 한다. 이 시간은 빼야 하는 것이다. "그러므로 노동일의 변동은 육체적 및 사회적 한계 내에서 움직인다. 그러나 두 개의 한계는 매우 탄력적인 성질을 갖고 있어 커다란 변동폭을 허용한다."(246-247/306) 문제는 이 사회적 한계라는 것이 누구한테도 자명하지 않다는 점이다. 자본가는 인격화된 자본이다. 임금을 지불하고 노동력을 구매한 이상 모든 상품의 구매자처럼 그 노동력의 사용은 자신의 권리이며, 노동자의 노동을 통해 최대한의 잉여가치 생산을 추구한다. "자본은 죽은 노동이다. 이 죽은 노동은 흡혈귀처럼 오직 산 노동을 흡입함으로써만 자신에게 생명을 불어넣고, 또 그것을 많이 흡입하면 할수록 더욱더 활동하게 된다."(247/307)

자본가가 이렇게 상품교환의 법칙을 들먹이며 자신의 권리를 주장할 때 노동자도 이 법칙에 근거해 자신의 권리를 내세운다.(247-/307-) 노동자가 판매한 노동력은 다른 상품과 달리 자본가에게 더 큰 가치를 창조한다는 것이다. 그것은 노동력의 초과지출이다. 노동력을 사용할 권리는 자본가에 있지만, 노동자로서는 매일매일 자신의 노동력을 판매할 수 있기 위해서는 노동력을 정상적으로 유지해야 하며, 이를 위해 자본가의 무제한한 연장노동을 억제해야 한다는 것이다. 노동자가 3일 걸려 회복할 수 있는 노동력을 1일에 모두 지출하고도 1일의 노동력 가치만큼만 임금을 받는다면, 이는 노동력의 강탈이고 노동수명의 단축이며, 상품교환 법칙에 위배된다고 주장한다.

마르크스는 이와 같은 노동자의 항변을 대변하면서 1859~60년 런던 건설노동자들이 파업 시에 발표한 성명서에서도 그것을 확인하고 있다.(249/309) 결국 노동일을 둘러싼 논쟁의 결론은 다음과 같다. "완전히 탄력적인 제한들을 도외시하면, 상품교환 그 자체의 본성으로부터는 노동일의 어떤 한계도, 따라서 잉여노동의 어떤 한계도 생기지 않음을 보게 된다. 자본가가 노동일을 가능한 한 길게, 그리고 가능하다면 1노동일을 2노동일로 만들려 한다면, 그는 구매자로서 자신의 권리를 주장하는 것이다. 다른 한편 판매된 상품의 특수한 본성은 구매자에 의한 이 상품의 소비에 어떤 한계를 내포하고 있다. 노동자가 노동일을 일정한 표준적 길이로 제한하려 한다면, 그는 판매자로서의 자기 권리를 주장하는 것이다. 따라서 여기에는 권리 대 권리라는, 즉 쌍방이 모두 동등하게 상품교환 법칙에 의해 확정되는 권리라는 하나의 이율배반이 일어난다. 동등한 권리들 사이에서는 폭력이 사안을 결정한다. 그래서 자본주의 생산의 역사에서 노동일의 표준화는 노동일의 제한을 둘러싼 투쟁으로, 다시 말해 총자본가, 즉 자본가계급과 총노동자, 즉 노동자계급 사이의 투쟁으로 나타난다."(249/309-310)

## 2. 잉여노동에 대한 갈망. 공장주와 보야르

이하에서는 이 장 마지막 절까지 표준노동일을 둘러싼 계급투쟁의 역사과정이 전개된다. 먼저 잉여노동에 대한 갈망이라는 주제에서 근대의 자본가·공장주와, 전근대 발칸반도의 보야르Bojar라는 전제군주적인 영주가 대비되고 있다. "자본이 잉여가치를 발명했던 것은 아니다. 사회의 일부가 생산수단을 독점하는 곳 어디서

나 노동자는, 자유롭든 아니든, 생산수단의 소유자, 아테네의 귀족이든, 에트루리아의 신정관이든, 로마 시민이든, 노르망디의 남작이든, 아메리카의 노예소유주든, 왈라키아[루마니아: 인용자]의 보야르든, 근대의 지주 또는 자본가든, 이 소유자를 위한 생활수단을 생산하기 위해 자기 자신의 유지에 필요한 노동시간에 여분의 노동시간을 첨가해야만 한다."(249-250/310) 이는 유물론적 역사관의 기본명제에 속한다. 고대 노예제 사회에서도, 중세 봉건사회에서도 근대 자본주의 사회와 마찬가지로 잉여노동의 생산이 강요됐다. 노예제에서는 노예, 봉건제에서는 농노가 근대의 임금노동자와 마찬가지로 사회의 통치자, 지배계급을 위해 잉여노동을 강제로 제공하지 않을 수 없었다. 그것은 지배계급에 의한 생산수단의 독점적 소유에 근거한 것이었다.

그러나 전근대와 근대 사회 간에는 '경제적 사회구성체'의 차이, 즉 경제의 구조와 운영에서의 기본적인 차이가 있다는 점에 주목해야 한다. 위 문장에 이어서 다음처럼 쓰고 있다. "그렇지만 어떤 경제적 사회구성체에 있어 생산물의 교환가치가 아니라 그 사용가치가 우위를 점하는 경우에는 잉여노동은 욕구들의 한정된 범위에 의해 제한되며, 생산 그 자체의 성격으로부터는 그러나 잉여노동에 대한 무제한적인 욕구가 발생하지 않는다는 것은 분명하다." (250/310-311) 근대 이전의 고대, 중세에서는 물질적 생산활동의 목적이 돈벌이가 아닌 물질적 생존수단 획득에 있기 때문에, 이를 초과하는 무제한적인 생산확대 추구라는 것은 없었다. 반면 근대

자본주의 사회에서는 교환가치 증대가 생산의 목적이고, 사용가치는 단지 그 수단일 뿐이다. 여기서는 생산을 위한 생산, 축적을 위한 축적이라는 형태로 교환가치의 증대가 자기목적이 된다. 잉여노동에 대한 자본가의 열망은 이러한 사정으로부터 기인한다.

『자본』 제1권은 1867년에 간행됐고, 이 시점에 유효한 공장법은 1일 평균 10시간 노동을 규정한 1850년의 공장법이다(이 법은 성년 노동자의 노동시간을 규제하지는 않는다). 미성년자와 여성노동자에 대해 작업시간은 평일에는 아침 6시~저녁 6시, 이 중에서 아침식사 1/2시간과 점심식사 1시간을 빼면, 노동시간은 $10_{1/2}$시간, 그리고 토요일에는 아침 6시~오후 2시, 이 중에서 아침식사 1/2시간을 빼면 노동시간은 $7_{1/2}$시간, 따라서 노동시간은 평일 $10_{1/2}$시간, 토요일 $7_{1/2}$시간, 합계 주당 60시간, 1일 평균 10시간이 된다.(254/316) 이 10시간 법을 둘러싸고 자본가와 노동자 사이에 격렬한 공방이 벌어졌다. 마르크스는 법망을 피해 노동시간을 연장하려는 자본가들의 각종 탈법적인 행태를 공장감독관들의 의회보고서들에 의거해 폭로한다. 그것은 곧 부르주아 국가기관의 공식 자료를 통해 『자본』의 과학적인 분석을 실증적으로 입증하는 것이다. 공장감독관은 의회로부터 임명의뢰를 받아 의사가 임무를 담당했는데, 성실하고 객관적인 업무태도로 호너L. Horner, 사이먼J. Simon처럼 역사에 이름을 남긴 훌륭한 감독관, 의무관들이 있었다. 공장감독관들의 말을 들어보자.

"사기성이 강한 공장주는 아침 6시보다 15분 전에 … 작업을 시작해 저녁 6시보다 15분 늦게 … 끝마친다. 그는 명목상 아침식사를 위해 할당된 반시간의 처음과 끝에서 5분씩을, 점심시간에 할당된 1시간의 처음과 끝에서 거의 10분씩을 떼어 낸다. 토요일에는 오후 2시보다 15분 늦게까지 … 작업한다. 그의 이득은 다음과 같다. [평일에는: 인용자] … 60분, 토요일에는 … 40분, … 1주간 총계 340분. 즉 1주일에 5시간 40분인데, 이것에 공휴일이나 임시휴업의 2주간을 공제한 50노동주간으로 곱하면 27노동일이 된다." (255/317-318) "때로는 여기서 때로는 저기서 조금씩 시간을 빼 챙김으로써 매일 1시간씩 추가로 얻으면, 1년 12개월로부터 13개월을 만들게 된다."(255/318) 과잉생산으로 공황이 발발해 생산이 중단되는 경우에도 초과노동이 행해진다. 모순처럼 보이지만 현실은 그러하다. 마르크스가 그 이유를 이렇게 설명한다. "생산이 중단되고 단지 '단축된 시간' 동안만, 즉 1주일에 며칠만 작업하게 되는 공황도 노동일을 연장하려는 충동에 어떤 것도 변화시키지 못한다. 사업이 축소되면 될수록 그 사업에서 나오는 이득은 더 커야 한다. 작업시간이 적어지면 적어질수록 그만큼 잉여노동시간은 더 길어져야 한다."(255/318) 그리고 이것도 1857년 공황기에 공장감독관들의 보고서를 통해 확인된다.

　노동자들의 식사시간과 휴식시간을 훔쳐가는 이 '좀도둑질'을 공장감독관들은 '분分 도둑질'이라 하고, 또는 노동자들 말로 '식사시간 야금야금 뜯어 먹기'라고도 한다.(257/320) 공장감독관들에 따르면, 법정 노동시간 이상의 초과노동에서 얻는 초과이윤은 공장주들이 물리칠 수 없는 너무나 큰 유혹이고, 설령 그게 적발되더라도 벌금과 재판비용이 얼마 되지 않아서 이익이 될 거라고 계산한다는 것이다.(256–257/320) 요컨대 마르크스가 과학적으로 규명한 자본주의의 비밀, 즉 잉여가치의 원천은 잉여노동에 있다는 것이 공장주들에게는 하등 비밀이 아닌 것이다. 공장감독관들의 보고서에는 이렇게 쓰여 있다.(257/321) "만약 당신[공장감독관: 인용자]이 나[공장주: 인용자]에게 매일 단 10분씩의 초과노동을 시키는 것을 허락해 준다면, 당신은 매년 1000파운드 스털링을 내 호주머니에 집어넣어 주는 것이라고 아주 존경받는 어느 공장주가 말했다.""매 순간이 이득의 요소다." 이렇게 이 절에서 절대적 잉여가치 생산이 공장에서 적나라하게 추구되고 있다는 것이 여지없이 드러나 있다.

## 3. 착취의 법적 제한이 없는 영국의 산업부문들

제3절에서도 초과노동에 대한 폭로와 고발이 계속된다. 공장법이 적용되던 직물산업 이외의 일반 산업부문들의 경우다. 한 언론매체의 보도를 마르크스가 다음처럼 인용하고 있다. "1860년 1월 14일 노팅엄 시청에서 열린 한 미팅의 의장으로서 주(county) 치안판사 브로튼Broughton 씨가 이 도시 인구 중 레이스lace 제조에 종사하는 사람들에서는 여타의 문명화된 세계에는 알려지지 않은 정도의 고통과 궁핍이 지배하고 있다고 밝혔다. … 9~10세의 아이들

이 새벽 2, 3, 4시에 그들의 불결한 잠자리에서 끌려 나와 겨우 생존하기 위해 밤 10, 11, 12시까지 노동하도록 강요당하는 반면, 그들의 팔다리가 야위어지고 몸은 왜소해지며 용모는 무감각하고 인간성은 완전히 돌처럼 굳어져 버려서 단지 보기만 해도 소름이 끼친다. … 성인남자의 노동시간이 1일 18시간으로 제한되어야 한다고 청원하기 위해 공식적인 미팅을 개최하는 이 도시에 대해 [도대체: 인용자] 어떻게 생각해야 할 것인가!"(258/322)

물론 이 부문만의 상황은 아니다. 도자기산업에서 일하는 12살 소년은 이렇게 말한다. "… 나는 아침 6시에 일하러 옵니다. 새벽 4시에도 자주 옵니다. 나는 어젯밤부터 오늘 아침 6시까지 일했습니다. 나는 어젯밤부터 자지 못했습니다. 나 외에 8~9명의 다른 소년들도 밤새 일했습니다. 한 명을 제외하고는 모두 오늘 아침에 다시 왔습니다. …"(259/323-324) 지나간 역사지만 누구라도 분개하지 않을 수 없는 상황이다. 계속해서 성냥제조업, 벽지공장, 제빵업, 농업노동자, 철도노동자, 재봉노동자 등의 비슷한 사례가 이어진다. 그런데 제빵업의 경우는 특별히 주목할 만하다. 여기서는 비정상적인 노동시간 연장 외에도 불순물의 혼합 등 자본의 돈벌이만을 위해 인간의 건강은 안중에도 없는 반사회적인 제조과정이 횡행하고 있다.(263-/329-) 도자기산업, 성냥제조업에서의 직업병과 조기사망, 재봉공, 대장장이의 과로사와 조기사망도 마찬가지로 주목할 만한 사안이다.[30]

## 4. 주간노동과 야간노동, 교대제

생산수단(불변자본)은 노동을 흡수해 잉여노동을 증대시키기 위해서만 존재의 이유가 있다. 생산수단이 사용되지 않는 것은 자본가에게 곧 손실을 의미한다. "따라서 1일 24시간 전체에 걸쳐 노동을 영유하는 것이 자본주의적 생산의 내재적 충동이다." (271/342) 마르크스는 이를 "노동이라는 살아 있는 피에 대한 흡혈귀의 갈증"(271/342)으로 비유한다. 그러나 동일한 노동력을 밤낮으로 사용할 수는 없으므로 여기서 주간, 야간에 노동력을 교대해 24시간 생산수단을 사용함으로써 이 충동을 관철하게 된다. 주간노동과 야간노동의 교대제는 절대적 잉여가치 생산의 전형적인 패턴의 하나다. 공장법이 적용된 직물산업에서는 교대제가 불가능해졌지만, 여타 산업부문에서는 교대제가 관행과 제도로 여전히 존재하고 있었다. 1일 노동일 12시간이라 하더라도 교대제는 표준노동일의 한계를 넘어 노동시간을 연장할 기회를 제공했고, '아동노동 조사위원회' 보고서에는 미성년노동자에 대한 무제한적인 노동시간 연장이 교대제하에서 횡행했음이 드러나 있다.(272-/343-)

---

30  세계적인 동화작가 안데르센H. C. Andersen이나 소설가 디킨스C. J. H. Dickens도 어린 시절 불우한 가정환경 때문에 당시의 혹독한 공장노동을 하지 않을 수 없었다고 한다. 『성냥팔이 소녀』, 『크리스마스 캐럴』 등 이 시기의 비참한 생활과 공장 경험이 문학작품으로 승화되어 이들 작품세계의 일부로 남아 있다.

## 5. 표준노동일을 위한 투쟁.
### 14세기 중반~17세기 말의 노동일 연장을 위한 강제법

　제5절과 제6절에서는 표준노동일을 위한 투쟁을 다룬다. 이 역사적 투쟁에는 명백히 상이한 두 가지 경향이 있다. 부제에서 보는 바처럼 제5절에서는 국가의 법률을 통해 표준노동일이 점점 연장되어 온 역사를 보며, 제6절에서는 반대로 19세기 초 이래 1860년 대까지 영국의 공장입법과 그것의 거듭된 개정으로 표준노동일을 제한, 단축하는 역사를 보게 된다.

　이 장 제1절에서 본 바처럼 역사적으로 노동시간을 결정하는 것은 결국에는 자본가와 노동자 사이의 힘 관계다. 이 수 세기에 걸친 노동시간 확정을 둘러싼 역사도 자본가계급과 노동자계급 간의 격렬한 계급투쟁과 양자 사이의 힘 관계의 변화를 반영한다. 14세기 중반부터 17세기 말까지는 자본주의가 아직 홀로 서지 못했던 시기, 즉 중세로부터 근대로의 과도기였다. 자본주의 성립기까지의 이 초기에는 농민층 분해가 진행되는 중에 임금노동자의 수도 적어서 노동력 시장에서 수요와 공급 관계는 압도적으로 노동자계급의 편이 강하고 유리했으며, 자본가계급은 취약했다. 노동자들은 임금을 받고 자본가들이 기대하는 만큼 노동하지 않았다. 이 때문에 자본가계급은 국가를 동원해 법률로써 노동시간을 연장하는 강제수단에 의존하지 않을 수 없었다.

　그러나 시대가 바뀌어 19세기 초가 되면 본격적으로 근대적인 기계제 대공업이 들어서게 되었다. 제4편에서 다룰 것이지만, 기계 도입은 노동자계급의 저항을 분쇄하는 것이다. 자본은 기계 도입으로 가치증식 목적을 달성하기 위한 더할 나위없는 강력한 수단을 얻게 되었다. 그래서 기계제 대공업이 자기 발로 서게 된 이래 자본가계급과 노동자계급의 힘 관계는 압도적으로 자본에 유리하게 완전히 역전됐다. 기계제 생산하에서 노동시간은 무제한적으로 연장됐고, 이에 대한 노동자계급의 강력한 저항과 노동쟁의를 통해 노동시간 단축이 쟁취됐다.

마르크스는 두 시기의 노동시간을 다음처럼 비교한다. "그래서 14세기 중반에서 17세기 말까지 자본이 국가권력으로 성인노동자들에게 강요하려 했던 노동일의 연장이, 19세기 후반 도처에서 아동들의 피를 자본으로 전화시키는 것에 대해 국가가 설정한 노동시간의 한계와 대체로 일치하는 것은 당연하다."(287/362-363) 요컨대 전자의 시기에 법령으로 연장한 성인노동자의 노동시간이 기껏해야 후자의 시기에 법령으로 제한한 아동들의 노동시간 정도밖에 아니었다는 말이다.

노동일의 연장에 대한 자본의 집요한 추구는 자본의 본성과 관련된 것이고, 자본이 스스로 자제할 수 있는 것이 아니다. "자유경쟁은 자본주의적 생산의 내재적 법칙들이 개별자본가에 대해 외적인 강제법칙으로 작용하도록 한다."(286/361) 자본이 절제해서, 예컨대 노동자의 건강을 생각해 노동시간을 단축한다거나 노동자계급과 공존할 수 있다고 자본에 기대하는 것은 완전히 무리라는 게 이 문장에 나타나 있다. "자본은 노동력의 수명을 문제 삼지 않는다. 자본이 관심을 갖는 것은 오직 하나, 1노동일에 유동시킬 수 있는 노동력의 최대치일 뿐이다. 자본은 노동력의 수명을 단축시킴으로써 이 목표를 달성한다. 마치 탐욕스러운 농업 경작자가 토지의 비옥도를 약탈함으로써 토지 수확량 증대를 달성하는 것처럼."(281/354-355)

그런데 이렇게 되면 노동자계급의 계급으로서의 재생산이 위협받지 않을까 하는 우려도 부각되지만, 개개의 자본가는 아랑곳하지 않는다. 자신이 고용하는 노동자가 망가지면 다른 노동자로 대체하면 된다는 것이다. "대홍수여, 우리가 죽은 후에 오라! 이것이 모든 자본가와 모든 자본주의 국가의 슬로건이다. 그래서 자본은 사회에 의해 강제되지 않는 곳에서는 노동자의 건강과 수명에 대해 하등 고려하지 않는다."(285/361) "대홍수여, 우리가 죽은 후에 오라!" 아무래도 좋다, 상관하지 않는다는 뜻의 이 말은 프랑스 루이 15세의 정부情婦 퐁파두르Pompadour 후작부인이 지껄인 말로 전해 오지만, 정말로 자본의 특성, 그 대변인인 자본가계급과 자본주의 국가 전체를 관철하는 특징을 집약적으로 나타내는 말이라 할 것이다. 위 인용문의 조금 앞에는 인류가 멸망한다 해도, 또 지구가 태양으로 떨어질지 모른다 해도 자본은 개의치 않는다는 비유도 있다. 이것을 저지하고 극복할 역할은 누가 하는가 하면, 노동자계급밖에 없는 것이다. 왜냐하면 제1절에서 본 바처럼 노동자계급은 유일한 생계수단인 노동력, 다시 말해 자신의 신체를 혹사해 일찍 폐기처분하는 것에 저항하지 않을 수 없기 때문이다.

1349년 최초의 노동법규, 1496년의 법률, 그리고 1562년 법령에서의 노동시간의 한계 및 연장에도 불구하고 자본가들은 대공업의 시대 전까지는 만족스럽게 노동자들을 착취하지 못했다. "대공업 시대에 이르기까지 18세기 대부분 동안에도, 영국의 자본은, 농업노동자들을 예외로 하면, 노동력의 1주일 가치를 지불함으로써 노동자의 1주일 전체를 자기 것으로 만드는 데 성공하지 못했다. 노동자들에게는 자신들이 4일분의 임금으로 1주일 내내 살아갈 수 있다는 사정이 자본가를 위해 나머지 2일도 노동해야 할 충분한 이유로 보이지 않았다."(290/366) 이어서 노동시간에 대한 찬반 논쟁이 언급되는데, 마르크스가 한 익명의 저자로부터의 말 같지 않은 반론을 길게 인용한다. 일부만 여기에 옮겨 놓는다. "만약 1주의 제7일을 안식일로 하는 것을 신성한 제도라고 간주한다면, 이것은 나머지 6일이 노동'(… 그는 이것으로 자본을 의미하고 있다)'에 속한다는 것을 내포하며, 신의 이 명령을 강행하는 것을 잔인하다고 욕할 수는 없다. … 일반적으로 인간은 원래 안일함과 나태에 빠지는 경향이 있음을 우리는 불운하게도 매뉴팩처 노동자의 행동에서 경험한다. 그는 생활수단의 가격이 등귀하는 경우 외에는 1주일에 평균 4일 이상 노동하지 않는다."(291/368-369)

## 6. 표준노동일을 위한 투쟁. 강제법에 의한 노동시간의 제한. 1833~1864년의 영국 공장입법

"자본이 노동일을 그 정상적인 최대한도까지 연장하고, 이를 넘어 낮 12시간이라는 자연적 한계까지 연장하는 데 수 세기가 걸린 후에 18세기 마지막 1/3 기간 동안의 대공업 탄생 이래 이제 눈사태 같이 폭발적이고 무절제한 노동일 연장이 일어났다. 도덕과 자연, 연령과 성별, 낮과 밤의 모든 한계가 분쇄됐다."(294/372) 이번에는 국가가 자본가들의 반대와 선동에도 불구하고 전체 자본가계급의 관점에서 착취의 원천인 노동력 재생산을 유지하기 위해 노동시간을 제한하는 강제입법에 나서지 않을 수 없었다. 그것은 물론 무제한적 착취에 대한 노동자들의 저항, 19세기 전반의 기계 파괴 운동, 차티스트 운동 등 노자 간의 계급투쟁 속에서 이뤄진 것이었다.

1802~1833년간 강제적 실행수단을 갖추지 못한 허울뿐인 5개의 노동관계법 제정 후에 직물산업(면직, 모직, 아마, 견직)을 포괄하는 1833년의 공장법에서 비로소 표준노동일에 대한 규제가 실행됐다. 직물산업은 산업혁명과 기계도입이 가장 먼저 이뤄진 당대 첨단산업이었다. 1833년의 법률은 다음과 같다. 공장의 노동일은 아침 5시 반부터 저녁 8시 반이며, 이 15시간의 범위 내에서 어떤 시간이든 미성년자(13~18세)를 고용할 수 있다. 특별히 규정한 경우 외에는 동일한 미성년자를 하루에 12시간 이상 노동시켜선 안 된

다. 그리고 1일 중 적어도 1시간 반의 식사시간을 허용해야 한다. 9세 미만의 아동고용은 원칙적으로 금지됐고, 9~13세 아동의 노동은 1일 8시간으로 제한됐다. 9~18세 미성년자의 야간노동(저녁 8시 반부터 아침 5시 반까지의 노동)은 금지됐다. 그러나 성인노동자를 착취할 자본의 자유는 제한되지 않았다.(295/373-374)

이 법은 1일 노동시간을 12시간으로 제한했으나 15시간의 노동일을 허용했기 때문에 자본가들은 새로운 릴레이제도(Relaissystem)를 고안했고, 공장감독관들은 이 제도하에서 공장법을 집행하기 어렵다는 고충을 털어놓았다. 1844년의 공장법은 18세 이상의 여성노동자들을 미성년 노동자와 동등한 수준으로 법률의 보호하에 두었다. 이들의 노동시간은 12시간으로 제한됐고, 야간노동도 금지됐다. 1847년의 신공장법은 13~18세 소년노동자와 여성노동자 전체에 대해 노동시간을 10시간으로까지 제한하도록 했다. 마르크스는 이들 공장법의 한계를 다음처럼 환기시킨다.(302/383-384) 즉 1833년, 1844년, 1847년의 공장법은, 다른 법에 대한 개정 사항이 없는 한 각각 유효한 것이었고, 18세 이상의 성인 남성노동자에 대해서는 노동일 제한이 없으며, 1833년 이래 법정 노동일은 여전히 15시간(아침 5시 반~저녁 8시 반)이고, 그 안에서 미성년 노동자와 여성노동자의 노동시간을 12시간(후에는 10시간)으로 제한한 것이었다.

이들 법의 허점을 이용한 편법적이고 불법적인 노동력 착취는 제2절에서 본 1850년의 공장법(과 1853년의 보충 조항)을 통해 비로소 규제될 수 있었다. 이 법에서 미성년자와 여성노동자의 법정 노동일은 아침 6시부터 저녁 6시까지 12시간으로 규정됐다. "이때[1853년:인용자]부터 1850년의 공장법은, 약간의 예외를 제외하면, 이 법이 적용되는 산업부문들에서 모든 노동자들의 노동일을 규제했다. 최초의 공장법이 공포된 이래 이제 반세기가 지나가 버렸다."(311-312/396-397) 그리고 1860년 이래 공장법은 염색공장, 표백공장, 레이스공장, 양말공장, 토기, 성냥, 뇌관, 탄약, 카펫, 능직포 커팅, 야외표백업, 제빵업 등으로 급속하게 확산하기에 이르렀다.

공장입법과 관련해 오늘날에도 눈여겨 볼 텍스트가 있어 주목된다. 우선 공장제도의 발전과 공장법 성립에 따라 공장노동자의 노동양식도 정비되어 갔다는 점이다. 철의 규율인 시간의 지배도 공장법을 통해 확립됐다. 1844년 공장법 세칙에는 다음처럼 규정되어 있다. "노동일의 개시는 공적인 시계, 예컨대 근처의 철도시계에 의해 공고되어야 하며, 공장의 시계는 이것에 맞춰야 한다. 공장주는 공장 내에 노동일의 개시, 종료, 휴식을 표시한, 커다랗게 인쇄된 공고문을 게시하지 않으면 안 된다."(299/378-379) 이 세세한 규정들은 의회가 고안한 것이 아니라 "근대적 생산양식의 자연법칙으로서" 이 생산양식의 관계들로부터 점차적으로 발전한 것이고, "그것들의 명문화, 공식적 인정, 국가적 선포는 장기간 계급투쟁의 결과였다."(299/379)

노동시간 단축과 임금인하 문제도 있다. 공장법에 반대하던 자본가들이 법률에 의해 어쩔 수 없이 노동시간이 단축됐다 해서 여기에 그대로 순응하지는 않는다. 1847년의 공장법으로 노동시간을 11시간으로, 이어서 10시간으로 단축하게 되자 자본가들은 임금인하를 통해 노동시간 단축을 무력화하고자 했다. 먼저 1847년의 공황을 배경으로 10%의 전반적인 임금인하 공세로 나섰고, 이어서 노동시간이 11시간으로 단축되자 $8_{1/3}$%의 인금인하가 행해졌으며, 10시간으로 단축됐을 때는 그 두 배($16_{2/3}$%)로 임금이 인하됐다. 요컨대 12시간 노동으로부터 10시간 노동으로 노동시간이 16.7%만큼 단축된 반면, 임금은 25%만큼 인하됐으므로 임금단가가 하락한 것이다.(300/381) 이는 노동시간 단축에 대해 오늘날도 볼 수 있는 자본가들의 전형적인 수법인데, 이런 방식으로 한편에서 노동시간 단축에 따른 이윤감소를 상쇄하고, 다른 한편에서 임금하락으로 고난에 빠진 노동자들을 초과노동에 나서도록 압박했다.

## 7. 표준노동일을 위한 투쟁. 영국의 공장입법이 타국에 미친 반작용

영국에서의 공장법과 표준노동일의 보급은 세계 각국 노동자들의 자각과 반응을 가져왔고, 마르크스가 이 마지막 절에서 국제적 시각으로부터 이를 총괄한다. 프랑스에서는 1848년 2월혁명 이후에 12시간 노동법이 탄생했는데, 이 법은 영국의 그것에 비해 허점투성이였지만, 영국과 달리 모든 공장에 일괄적으로 무차별하게 적용한 혁명적인 것이었고, 또 미성년 노동자와 여성노동자에게만 적용한 영국 공장법과 달리 12시간 노동을 노동자들의 일반적 권리로서 원칙적으로 선언한 것이었다.(317-318/403-404)

미국에서는 남북전쟁(1861년)과 노예제 폐지 이후에나 노동시간 단축을 위한 운동이 전개될 수 있었다.(318/404) 흑인 노예가 존재하는 한 이들과 경쟁해야 하는 백인 노동자의 운동은 가능한 게 아니었기 때문이다. 미국 노동자들은 8시간 노동일을 요구하고 나섰다. 이 급진적인 노동시간 단축 요구의 배경을 생각해 보면, 여기서는 마치 영국의 14세기 중반~17세기 말처럼 젊은 자본주의로 인해 자본가계급에 비해 노동자계급의 힘이 더 강한 상황이었기 때문이다. 1866년 8월 볼티모어Baltimore에서 열린 전미노동자대회는 다음처럼 선언했다. "이 나라의 노동을 자본주의적 노예제로부터 해방시키기 위한 제1의 대大요구는 아메리카 연방 모든 주에서 8시간으로 표준노동일을 만드는 법률의 공포다."(318/405) 얼마 전까지 노예제가 존재했던 이 국가에서 근대적 임금제도를 자본주의적 노예제로, 임금노동자를 임금노예로 묘사하는 것은 너무도 적절하고 당연한 것처럼 보인다. 자본주의하에서 노예제 시대로부터 일보도 전진하지 못하는 건 있을 수 없다는 것이다. 근대에 어울리는 전진을 위해서는 노동시간이 8시간으로 단축되어야 한다는 취지다. 같은 시기에 제네바에서 열린 국제노동자협회(제1인터내셔널)의 대회에서는 런던 총무위원회의 제안에 따라 마르크스가 기초한 다음과 같은 결의가 이뤄졌다. "우리는 노동일의 제한을, 그것 없이는 해방을 위한 모든 다른 노력들이 좌절하게 될 잠정적인

조건이라고 선언한다. … 우리는 8노동시간을 노동일의 법정한도로 제안한다."(319/405)

제8장은 이 절의 마지막 각주에서 노동시간 단축의 의의를 언급하면서 끝난다. 흥미롭게도 마르크스는 자기 자신의 말이 아닌 공장감독관들의 보고서에 기대어 노동시간 단축의 근본적이고 본질적인 의의를 전한다. 마르크스가 왜 공장감독관들을 그렇게 존중했는지 여기서도 그 면모가 드러나 있다. 이들의 통찰력과 높은 식견을 보도록 하자.(320/407) "노동자 자신에 속하는 시간과 그의 고용주에 속하는 시간이 드디어 명백하게 구별된다는 점은 더 큰 이익을 의미한다. 노동자는 이제 자신이 판매하는 시간이 언제 끝나고 자기 자신의 시간이 언제 시작하는지를 알고 있으며, 그리고 이것을 미리 정확히 알기 때문에 자기 자신의 목적을 위해 자기 자신의 시간을 미리 처분할 수 있다.""그것들'(공장법)'은 노동자들을 자기 자신의 시간의 주인으로 만듦으로써 아마도 정치적 권력 장악으로 인도하는 정신적 에너지를 그들에게 부여했다." 전에는 "기업가는 화폐 이외 다른 어떤 것을 위한 시간도 갖지 않았고, 노동자는 노동 이외 다른 어떤 것을 위한 시간도 갖지 않았다." 노동자들이 자본주의 사회의 모순들을 토론하고 인식해서 이를 극복할 방법과 미래사회의 상을 만들어갈 수 있기 위해서는 표준노동일 제정을 통해 시간의 주인이 되어야 하며, 자신의 시간 속에서 정신적으로, 문화적으로 교양과 도덕을 높여 나가지 않으면 안 된다. 마르크스주의에서 설명하는 이와 같은 노동시간

단축의 역사적 의의를 놀랍게도 공장감독관들이 말하고 있는 것이다.

# 제9장 잉여가치의 율과 총량

이제 여기서 제3편의 총정리가 다음과 같은 법칙들로 나타난다.(322-324/409-412)

제1법칙: 생산된 잉여가치의 양(M)은 가변자본의 크기에 잉여가치율을 곱한 것과 같다.

즉 $M = V \times m/v = k \times n \times a'/a$

[V: 가변자본 총액, m: 개별 노동자로부터 1일간 생산된 잉여가치, v: 1인 노동력의 1일 고용을 위해 투하된 가변자본, k=1인 노동력의 가치, n: 노동자 수, a'(잉여노동)/a(필요노동): 착취율]

제2법칙: 잉여가치 생산에서 여러 요인들이 서로 벌충할 수 있다. 즉 한 요인이 잉여가치 생산을 감소시킨다 하더라도 다른 요인에 의해 생산된 잉여가치는 그대로이거나 또는 증가할 수 있다.

제3법칙: m/v이 주어져 있으면, M은 V에 정비례한다.

오늘날 미국, 일본, 유럽 등 선진자본주의 국가들의 잉여가치율은 대체로 300% 안팎이다. 그것이 의미하는 바는 1일 8시간 노동 중 2시간 노동은 자본가에게 노동력의 가치를 보상하고, 나머지 6

시간은 잉여가치로서 자본가에게 무상으로 돌아간다는 것이다. 앞서 보았던 19세기의 잉여가치율에 비해 오늘날의 잉여가치율은 비교할 수 없게 높아진 셈이다. 이는 역사적으로 표준노동일이 상당히 단축됐음에도 불구하고 생산력의 엄청난 발전으로 인해 뒤에서 보게 될 상대적 잉여가치 생산이 크게 증대했기 때문이다. 이렇게 높은 잉여가치율 덕분에 자본주의는 이 잉여가치로 오늘날 대세가 되고 있는 서비스산업과 비생산적 노동자들을 부양하고, 또 그러면서도 아직도 기술개발과 자본축적에 잉여가치를 사용할 수 있는 여력이 있는 것이다.(宮川彰, 278)

　　[[인지노동이 잉여가치를 생산한다는 황당한 주장(조정환)이 횡횡하는 요즘, 하기는 이진경처럼 자동화된 기계가 잉여가치를 생산한다는 더 황당한 주장도 있지만(이런 주장들은 한마디로 말해서 이론의 외양만 취한 쓰레기에 지나지 않는다), 기본적으로 서비스 산업이 잉여가치를 생산하는 게 아니라는 점, 서비스 산업 확장의 토대에 물질적 생산부문의 높은 잉여가치율이 자리 잡고 있다는 점, 이 점에 특별히 유의할 필요가 있다(물론 후에 보는 바처럼 서비스 자본의 일부에서는 생산적 노동을 수행하는 노동도 있고, 또 IT산업의 발전과 정보화로 유통비용과 거래비용이 감축되기도 하며, 유통시간 단축으로 잉여가치 생산을 촉진하는 효과도 있다). 그런데 앞에서 본 바처럼 잉여가치율과 이윤율은 다른 것이다. 이렇게 잉여가치율은 높아졌지만, 사회의 평균이윤율은 경향적으로 저하됐다.『자본』제3권에서의 자본축적론인 제3편 이윤율의 경향적 저하 법칙에서 보게 될

주제다. 이윤율의 경향적 저하는 오늘날 장기불황의 근본적 원인이다. 평균이윤율의 저하는 무엇보다 우선 생산력의 고도의 발전으로 자본의 유기적 구성이 높아졌다는 것, 즉 투하자본 중 점점 더 커다란 부분이 잉여가치를 생산하지 않는 불변자본으로 돌려지는 반면 잉여가치를 창출하는 가변자본은 상대적으로 줄어드는 것에 기인한다. 가변자본의 상대적 저하, 즉 노동인구의 상대적 저하로 인한, 또한 1일 노동일의 절대적 감축으로 인한 이윤율의 저하를 잉여가치율의 증대로써 상쇄하는 데는 한계가 있다는 말이다. 또한 평균이윤율의 저하는 잉여가치를 생산하지 않는 서비스자본의 확장으로 인해 이 부문의 자본가치를 물질적 생산부문에서 생산된 사회 전체의 잉여가치로부터 공제를 통해 유지해 주기 때문이기도 하다. 그리고 국가독점자본주의하에서 비대해진 국가부문도 상품생산에 관계하는 국영기업·공기업 외에는 기본적으로는 비생산적 부문이어서 궁극적으로는 국가부문으로의 잉여가치 공제도 평균이윤율이 저하하는 일 요인이 될 것이다.[31]]

---

31  인지노동이나 자동화된 기계가 잉여가치를 생산한다고 주장하는 논자들은 오늘날의 자본주의가 겪고 있는 위기, 즉 이윤율의 경향적 저하와 장기불황의 근원에 대해 하나도 아는 게 없다고 실토하는 것이나 마찬가지다. 인지노동이나 자동화 기계가 잉여가치를 생산한다면, 오늘날 거대한 노동수단과 서비스 부문으로 인해 잉여가치가 홍수처럼 쏟아져 나올 텐데, 자본주의가 무슨 위기에 처하겠는가?

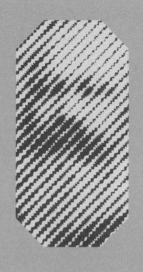

# 제4편

# 상대적 잉여가치의 생산

절대적 잉여가치 생산에 이어 이제 자본에 의한 착취의 강화인 상대적 잉여가치의 생산으로 들어간다. 물론 노동일의 연장을 통한 잉여가치 증대라는 절대적 잉여가치의 생산도 착취를 강화하는 것이다. 하지만 필요노동을 초과하는 잉여노동이 잉여가치의 원천이라는 점에서 그것은 착취의 기본적 방법이다. 반면 상대적 잉여가치의 생산에서는 이 기본적 방법을 전제하고, 나아가 한층 더 착취 강화를 추구하는, 자본주의에 특유한 방법을 다루고 있다. 상대적 잉여가치 생산은 필요노동의 상대적 비율을 줄여 잉여가치를 증대하는 방식이다. "노동일의 연장에 의해 생산되는 잉여가치를 나는 절대적 잉여가치라고 부른다. 이에 반해 필요노동시간 단축과, 그에 상응하는 노동일의 두 구성부분의 길이 변화로부터 생기는 잉여가치는 상대적 잉여가치라고 부른다."(334/427) 상대적 잉여가치 생산은 자본주의의 생산력 발전과 관련된 중대한 문제다. 먼저 제10장에서는 상대적 잉여가치 생산에 관한 이론적 문제를 검토하고, 이어지는 3개 장에서 협업, 분업과 매뉴팩처, 기계장치와 대공업 등 생산력 발전의 역사적 단계에 따른 상대적 잉여가치 생산의 구체적 내용을 살펴본다.

절대적 잉여가치 생산과 상대적 잉여가치 생산은 다음 [그림3]을 통해 비교할 수 있다. 그 차이를 간단하게 이해할 수 있다.

**[그림3] 절대적 잉여가치 생산과 상대적 잉여가치 생산**

필요노동(a-b) 불변
a———b———c——)c′
절대적 잉여가치 생산(c-c′)

노동일(a-c) 불변
 a——b′〈—b———c
상대적 잉여가치 생산(b-b′)

절대적 잉여가치 생산에서는 노동력의 가치, 즉 필요노동시간이 주어져 있다고 전제하고 1노동일의 시간을 얼마로 정하느냐의 문제였다. 역사적으로 보면 자본주의로 이행하는 근대사회 여명의 시기에는 노동자와 자본가 간의 정치적 힘 관계가 자본가에 압도적으로 유리했고, 토지에서 축출된 농민들이 노동자가 되는 것에 저항하고 노동자들도 적었기 때문에, 법률로써 노동자들의 저항을 억압하고 노동시간을 연장했던 것이다. 그러나 자본주의와 함께 기계의 사용으로 노동자들의 저항을 물리치고 노동시간 연장과 노동강도 증대가 점점 더 가능해짐에 따라 이번에는 노동시간 단축 문제가 제기됐다. 왜냐하면 노동력의 과도한 착취에 의해 노동력 재생산을 유지하는 것이 위협받기 때문이었다. 이와 관련된 표준노동일 제정의 문제들은 제3편에서 살펴본 것이다. 이제는 표준노동일 제정으로 점차 1일 노동시간의 상한이 결정됨에 따라 1일 노동시간 연장에 의한 절대적 잉여가치 생산이 제한되자 1일 노동시간 중 필요노동시간을 감축해서 잉여가치 생산을 증대시키는 방법이 추구된다. 이게 제4편의 대상이다.

임금을 노동력 가치 이하로 삭감해 필요노동시간을 줄이는 방법(초과착취)은 여기서의 문제가 아니다. 상대적 잉여가치의 생산은 가치법칙에 따른 교환, 노동력 상품의 등가교환에 입각해 생산력의 발전이 노동력의 가치를 저렴화해서 필요노동시간을 감축하고 잉여가치를 증대시키는 문제를 다루는 것이다. 제3편 절대적 잉여가치의 생산에서는 생산력의 발전에 대해 언급하지 않았다. 주어진 생산력의 수준에서 절대적 잉여가치의 생산을 보았을 뿐이다. 제4편에서 이제 생산력의 발전이 문제가 된다. 여기서 자본주의적 생산관계가 생산력 발전의 결과일 뿐 아니라 나아가 생산력의 발전을 촉진하고 변혁하는 것임을 분석하게 된다. 이것이야말로 자본주의적 생산방법의 진수가 나타나는 메커니즘이다. 자본관계에 의해 추동되는 생산력 발전, 자본주의하에서의 생산력 발전은 언제나 잉여가치 증대, 착취 강화를 목적으로 한다는 점을 잊지 말아야 한다.

# 제10장 상대적 잉여가치의 개념

노동생산력의 향상이란 일정시간에 더 많은 분량의 사용가치를 생산하는 것을 말한다. 이는 유용적 노동과 관련된 것이고, 그 사용가치 분량에 대상화된 노동, 즉 가치 크기는 변하지 않기 때문에 생산력이 발전하면 사용가치 1개당 가치는 하락한다. 제1장에서 살펴본 내용이다. 따라서 생산력의 발전으로 직접 노동력의 재생산비를 구성하는 필수소비재들의 가치가 하락하면, 또는 간접적이지만 이 소비재들을 생산하는 생산수단의 가치가 하락하면(그러면 결국 필수소비재들의 가치가 하락한다), 노동력의 재생산비, 즉 노동력의 가치가 하락하고, 그럼으로써 필요노동을 감축해 잉여노동을 증대할 수 있다. 반면 사치재 부문에서 노동생산력이 상승하면 사치재의 가치가 하락하지만, 이는 노동력 가치에 영향을 미치지 않고, 따라서 상대적 잉여가치 생산과 어떤 관계도 없게 된다. 사치재 상품의 가치 저하는 다만 자본가들의 사치를 풍요롭게 할 뿐이다.

절대적 잉여가치의 생산과 달리 상대적 잉여가치의 생산은 눈에 보이지 않게 무대 아래에서 잠재적으로 진행된다. 다종다양한 필수소비재들, 그리고 이 소비재들을 생산하는 각양각색의 생산수단들, 이들 상품에서 광범위하고 전반적으로 노동생산성이 높아져서 결국에는 필수소비재의 가치와 노동력의 재생산비가 감소하고, 그에 따라 임금이 하락하는 압박을 받기 때문이다. 현상 속에서 쉽게 그 연관을 눈으로 보기에는 어려울 수밖에 없다. 그런데 잠재적으로 진행되는 상대적 잉여가치의 생산을 매개하는, 확연히 눈에 띄는 고리가 있다. 특별잉여가치라는 개념이다.

[[우리가 지금까지 보았던 상품가치와 잉여가치는 사회의 평균적 관계 속에서 파악한 가치와 잉여가치다. 제1장에서 가치의 크기는 사회적 필요노동시간에 의해 결정된다고 했다. 즉 사회의 표준적인 조건들하에서 평균적 노동자가 어떤 상품을 생산하는 데 필요한 노동시간이 그 상품의 가치를 결정한다. 그런데 여기서는 그 평균이 구체적으로 고찰된다. 어떤 상품의 사회적 평균가치는 어떤 특정 부문의 수많은 자본가들이 생산한 상품들의 개별가치들을 평균한 것으로 성립한다. 이것을 그 상품의 사회적 가치라 부르고, 개별자본가들이 생산한 상품들 각각의 개별가치와 구별한다. 시장가격은 일물일가의 법칙에 따라 하나의 단일한 가격으로 형성되는데, 바로 이 사회적 가치가 시장가격을 결정한다. 사회적 가치보다 낮은 개별가치로 상품을 생산하는 자본가는 그럼에도 사회적 가치로 그 상품을 판매하게 됨으로써 평균적인 잉여가치보다 더 큰 잉여가치를 얻게 되는데, 이처럼 평균적인 잉여가치를 초과하는 부

분을 특별잉여가치라고 부른다. 그리고 특별잉여가치가 실현된 것이 초과이윤이다. 따라서 특별잉여가치는 단순노동·복잡노동의 관계와는 다르다. 단순노동·복잡노동은 교육, 훈련, 직종 등에 따른 평균적인 두 노동 간의 차이를 지칭하고, 특별잉여가치는 사회적 평균노동(=사회적 가치)과 이 평균을 형성하는 개별노동(=개별가치) 간의 차이에서 발생하는 것이다.

나아가 『자본』 제3권에서는 시장가치라는 개념을 보게 되는데, 이것이 다름 아닌 사회적 가치의 구체적 표현이다. 제1권에서는 사회적 가치가 실제적이 아니라 아직 추상적으로만 포착된다. 제3권에서는 한 부문에서 개별자본들의 현실적 경쟁을 통해 실제로 형성되는 사회적 가치를 다룬다. 그것이 시장가치다. 반면 이 시장가치도 한 부문 내에서의 경쟁만을 상정하는 잠정적인 단계에서의 (사회적) 가치의 표현이다. 자본가들의 경쟁은 해당 부문을 넘어 부문 간 경쟁으로 확장된다. 이 부문 간 경쟁에서 형성되는, (시장)가치의 전화된 형태가 다름 아닌 생산가격이다. 부문 간 경쟁에서 개별부문의 '특수한 이윤율'은 '일반적 이윤율'로 균등화 또는 평균화되는데, 생산가격이란 바로 비용가격에 평균이윤을 가산한 가격이다. 이에 따라 상품의 가치가 아니라 생산가격이 현실에서 보는 시장가격의 운동 중심이 된다. 그러면 초과이윤도 이 생산가격과 개별적 생산가격 간의 차이로서 나타난다. 생산가격은 질적으로도 가치의 전화형태이며, 양적으로도 가치와 괴리한다. 현실경쟁으로 나아갈수록, 여기서도 현상의 외관(가격)은 그 본질(가치)을 그대로 보여주지 않고 왜곡해서 나타난다. 각각의 자본가가 획득하는 평균이윤이 각각의 자신들의 부문에서 생산된 잉여가치와 괴리하는 것처럼 말이다. 그래서 이 강의 처음에 경제과학을 공부해야 하는 이유가 현상에서의 본질의 전도라는 문제 때문이라고 했던 것이다.

가치·사회적 가치·시장가치·비용가격·생산가격·시장가격·개별가치·특별잉여가치·초과이윤·단순노동·복잡노동, 혼란스럽고 복잡하기는 하지만, 가치라는 본질과 현실에서의 현상 및 그 운동을 포착하기 위한 마르크스 이론의 개념체계가 얼마나 엄밀하고 촘촘한지 그 과학적인 성격을 단적으로 보여준다고 할 수 있다. 이 개념들의 정의와 그 연관에 대해 익숙해지는 게 필요하다. 마르크스는 특별잉여가치가 '역능을 강화한 노동'에서 비롯된다고 한다. "예외적으로 높은 생산력의 노동은 역능을 강화한 노동(potenzierte Arbeit)으로서 작용한다. 또는 이 노동은 동일한 시간에 동일한 종류의 사회적 평균노동보다 더 많은 가치를 창조한다."(337/431) 그럼에도 특별잉여가치의 원천에 대해서는 마르크스주의 내에서 두 가지 견해가 대립된다. 하나는 생산과정에서 특별잉여가치가 생산된 것이라는 견해, 그리고 다른 하나는 사회적 가치의 형성과정에서 개별자본들 사이에 잉여가치가 재분배된 것이라는 견해가 그것이다. 구 정통파 내 논쟁에서 다수파는 오히려 후자의 견해인 것 같다. 왜냐하면 이 높은 생산력은 기본적으로 새로운 생산방법의 도입에 따른 것이기 때문이다. 새로운 생산방법으로 동일한 노동시간에 더 많은 생산물이 생산된 것이며, 동일한 노동시간은 동일한 가치를 생산할 뿐이다. 따라서 이 생산방법을 도입한 기업의 생산물 단위당 가치 즉 개별가치가 사회적 가치보다 낮아지고 그럼에도 그 생산물이 사회적 가치로 판매됨으로써 특별잉여가치가 취득되는 것이다. 물론 새로운 생산방법의 도입에 따라 노동강도도 높아지겠지만, 노동강도의 증가는 개별가치에 영향을 미치지 않는다. 노동강도의 증가는 동일한 시간에 더 많은 노동을 지출하는 것이고 더 많은 노동으로 더 많은 생산물을 생산하기 때문에, 이 경우 생산물의 개별가치는 변하지 않는다. 결국 특별잉여가치는 생산된 것이라기보다는 사회적 가치가 형성되는 과정에서 개별자본 간에 잉여가치가 재분배된 것이다.]]

　마르크스의 예를 통해 특별잉여가치가 어떻게 형성되는지 살펴보자.(335-336/428-430) 어떤 상품 생산에서 1노동일 12시간에 72펜스의 신가치를 생산하고, 72펜스의 생산수단 가치가 이전됐으며, 이 상품 12개가 생산됐다. 그러면 이 상품 1개의 가치는 12펜스다. 그 구성은 다음과 같다. 잉여가치율은 100%다.

---

개별적 가치(=사회적 가치) 12펜스 = 생산수단의 이전된 가치 6펜스
　　　　　　　　　　　　　　　+ 가변자본 보상하는 3펜스 + 잉여가치 3펜스

---

　이 자본가는 평균적인 생산방법을 사용하고 있었는데(그래서 그 상품의 개별적 가치가 곧 사회적 가치다), 이제 새로운 생산방법으로 12시간의 1노동일에 이 상품 24개가 생산된다고 하면, 또 상품 1

개당 생산수단의 가치가 변하지 않았다고 하면(그러면 이전된 생산 수단 가치는 144펜스가 된다), 이 상품 1개의 개별가치는 9펜스가 된다. 그러나 시장에서 사회적 가치는 여전히 12펜스이므로, 이 자본가는 상품 1개당 3펜스의 특별잉여가치를 취하게 된다. 이 상품 1개의 가치구성은 다음과 같다.

---

사회적 가치 12펜스 = 개별적 가치 9펜스 + 특별잉여가치 3펜스
= 생산수단의 이전된 가치 6펜스 + 가변자본 보상하는 $1_{1/2}$펜스
+ 잉여가치 $1_{1/2}$펜스 + 특별잉여가치 3펜스

---

그러면 이 자본가의 개별적 잉여가치율은 잉여가치/가변자본 $=4_{1/2}$펜스/$1_{1/2}$펜스=300%. 필요노동 부분은 3펜스로부터 $1_{1/2}$펜스로 줄었고, 잉여노동 부분은 3펜스로부터 $4_{1/2}$펜스로 증대했으며, 잉여가치율은 100%로부터 300%로 증가했다. 자본가가 개별적인 차원에서 마치 상대적 잉여가치를 생산한 것과 같은 결과다. 만약 이 자본가가 사회적 가치 이하로 상품을 판매하더라도(이것이 현실적이다) 그것이 개별적 가치 이상인 한 특별잉여가치가 줄어들 뿐 결과는 마찬가지다.(336/430) "자본이 상대적 잉여가치의 생산에서 일반적으로 행하는 것을 이 자본가는 개별적으로 행한다." (337/431)

[[그러나 특별잉여가치와 상대적 잉여가치 생산은 그 자체로 별개의 것이다. 하지만 특별잉여가치 획득을 위한 자본가들의 경쟁이 상대적 잉여가치 생산을 매개한다. 선도적 자본가가 새로운 생

산방법을 도입해 초과이윤을 획득하면, 나머지 자본가들도 경쟁에서 도태되지 않기 위해 이 생산방법을 도입하지 않을 수 없고, 그렇게 보급되면 이 신 생산방법이 그 산업부문의 새로운 표준과 평균이 되며, 이 생산방법을 적용하는 자본가는 더 이상 특별잉여가치를 획득할 수 없다. 그 자본가의 상품의 개별가치가 새로운 사회적 가치가 되었기 때문이다. "그러나 다른 한편 새로운 생산방법이 일반화되고, 그럼으로써 더 저렴하게 생산된 상품의 개별적 가치와 그 사회적 가치 사이의 차이가 사라지자마자, 특별잉여가치는 소멸된다."(337/431) 하지만 이 새로운 사회적 가치는 이전의 그것보다 하락했고, 이런 메커니즘이 전체 산업에서 작동하면 결국 필수소비재의 가치와 노동력의 재생산비가 하락함으로써 상대적 잉여가치가 생산되는 것이다. "상품들의 가치는 노동생산력과 반비례 관계에 있다. 노동력의 가치도 상품들의 가치에 규정되기 때문에 마찬가지다. 그와 달리 상대적 잉여가치는 노동생산력과 정비례 관계에 있다."(338/432) 이렇게 자본가들이 필요노동을 줄이기 위해, 즉 상대적 잉여가치를 생산하기 위해 새로운 생산방법을 도입하는 것이 아니다. 자본가들은 특별잉여가치, 초과이윤을 획득하기 위한 경쟁 속에서 이 생산방법을 도입하는데, 이 경쟁이 결과적으로 상대적 잉여가치 생산으로 이어지게 되므로, 특별잉여가치 획득을 위한 자본가들의 경쟁이 상대적 잉여가치 생산을 매개한다고 하는 것이다. 무대 위에서 진행되는 초과이윤을 둘러싼 자본들의 경쟁만 눈에 보일 뿐이고, 무대 아래에서 진행되는 상대적 잉여가치의

생산은 보이지 않는다.]]

자본주의하에서 생산력 발전의 의의를 다시 환기하자. "상품을 저렴하게 하기 위해, 그리고 상품을 저렴하게 함으로써 노동자 자체를 저렴하게 하기 위해 노동생산력을 향상시키는 것은 자본의 내재적인 충동이며 끊임없는 경향이다."(338/432) 이로써 높은 교환가치, 높은 가격으로 커다란 이윤을 획득하는 것만 추구하는 자본가가 왜 교환가치를 끊임없이 하락시키려 노력하는가 하는 수수께끼도 해명됐다. 다음에는 상대적 잉여가치를 생산하는 자본주의하 생산력 발전의 두 가지 역사단계를 보도록 한다. 먼저 자본주의 생산의 기본 형태인 협업을, 이어서 매뉴팩처와 기계제 대공업, 두 단계를 살펴본다.

# 제11장 협업

　협업(Kooperation)은 작업장에서 노동자들의 공동작업을 말한다. 협업은 근대적인 자본주의적 생산의 기본 형태다.(355/454) "다수의 노동자가 동시에 동일한 장소에서(동일한 작업장이라 해도 좋다) 동일한 종류의 상품을 생산하기 위해 동일한 자본가의 지휘하에 일하는 것은 역사적으로, 또 개념적으로 자본주의적 생산의 출발점을 이룬다."(341/436) 자본주의 이전의 노동은 이와 달리 개인적 작업이었다. 다수가 한 장소에 모여 계획적으로 일하게 되면, 노동은 개인적 작업에서는 볼 수 없던 효율성과 생산성의 증대를 가져온다. 협업으로부터 생기는 변화는 대체로 다음 여섯 가지로 정리할 수 있다.(341-/437-)

　첫째, 개별노동자 간의 차이가 상쇄되어 사회적 평균적인 질의 노동이 확보된다. 가치에 대상화되어 있는 노동의 개념이 사회의 평균적 질의 노동이라는 점을 상기하면, 여기서 가치법칙이 실현 가능하게 됨을 볼 수 있다. 둘째, 생산수단의 공동이용에 의해 절약이 가능해진다는 것이다. 셋째, 결합노동, 집단력에 의해 새로운 생산력이 창조된다. 넷째, 노동자들 간의 사회적 접촉에 의해 경쟁이나 동물적 충동이 자극됨으로써 작업능력도 향상된다. 다섯째, 연속적·다면적 작업, 그리고 일시 집중적인 작업이 가능함으로써 새롭게 생산력이 제고될 수 있다. 마지막으로, 생산집중에 의해 노동공간이 확장되지만 생산규모에 비해서는 상대적으로는 축소된다. 결론적으로 "… 어떤 경우에도 결합된 노동일의 특수한 생산력은 노동의 사회적 생산력 또는 사회적 노동의 생산력이다. 이 생산력은 협업 그 자체로부터 발생한다. 노동자는 다른 노동자들과의 계획적인 협력 속에서 자신의 개인적 제한을 탈피하고 그 종족적 능력(Gattungsvermögen)을 발전시킨다."(349/446)

노동의 사회적 생산력은 협업으로부터 나오지만, 이 협업의 물질적 조건은 다수의 노동자와 생산수단을 구매하는 자본에 의해 주어지기 때문에 이 생산력은 마치 자본의 생산력인 것처럼 보인다. 노동자들이 잘못 생각하지 않도록 마르크스가 이 점에 유의하도록 다음처럼 쓰고 있다. "노동의 사회적 생산력은 노동자들이 일정한 조건들하에 놓이게 되자마자 무상으로 발전하게 되며, 노동자들을 이 조건들하에 놓는 것은 자본이다. 이 생산력은 자본에게 어떤 비용도 들지 않고, 다른 한편 노동자의 노동 자체가 자본에 속하기 전에는 노동자에 의해 이 생산력이 발전되지 못하기 때문에, 그것은 자본이 본래부터 가지고 있는 생산력으로서, 자본의 내재적인 생산력으로서 나타난다."(353/450-451) 또한 협업에서는 다수 노동자들의 활동을 지휘, 조정할 것이 요구되는데, 자본주의적 협업에서는 자본이 이 기능을 수행한다. "자본에 예속된 노동이 협업적으로 되자마자 지휘, 감독, 조정이라는 이 기능은 자본의 기능이 된다."(350/447) 자본주의하에서의 생산과정이 한편에서 생산물의 생산을 위한 사회적 노동과정이며, 다른 한편에서 가치증식과정이라는 이중적 성격으로 인해 자본가의 지휘도 내용적으로는 이중적 성격을 띤다. 그러나 형태적으로 이 지휘는 전제적(despotisch) 성격을 갖는다. 나아가 더 대규모로 협업이 발전함에 따라 자본가는 노동자에 대한 직접적이고 지속적인 감독업무를 매니저나 노동감시자, 십장什長 등 특정한 임금노동자들에게 넘김으로써 자본의 전제적 지휘에서도 독자적인 형태들이 전개된다.(351/449)

# 제12장 분업과 매뉴팩처

## 1. 매뉴팩처의 두 가지 기원

　매뉴팩처는 원래 일본어 번역이지만 한국에서도 그대로 정착되어 공장제 수공업이라 한다. 공장이라고 해도 기술적 기초는 수공업, 수작업이다. 전근대의 수작업과 근대적인 공장제가 결합된 것으로, 전근대의 수작업으로부터 근대적인 공장제로 가는 과도기 형태인 것이다. "분업에 기초한 협업은 매뉴팩처에서 그 전형적인 형태를 갖춘다. 대략 16세기 중반부터 18세기의 마지막 1/3기간까지 계속되는 본래의 매뉴팩처 시대 동안 그것이 자본주의적 생산과정의 특징적인 형태로서 지배한다."(356/455) 매뉴팩처는 두 가지 방식으로 성립되었다.(356-/455-) 첫째, 하나의 생산물을 생산하기까지 통과하는 여러 생산단계의 여러 종류의 독립적 수공업들이 동일한 자본가의 지휘하에 하나의 작업장에 고용되는 경우, 둘째, 동일한 또는 같은 종류의 작업을 수행하는 다수의 독립적 수공업자들이 동일한 자본가의 지휘하에 하나의 작업장에 고용되는 경우다. 어느 경우든 매뉴팩처에서 분업이 발전한다. "그러므로 매뉴팩처는 한편에서 생산과정에 분업을 도입하거나 분업을 한층 더 발전시키며, 다른 한편에서 이전에는 분리되어 있던 수공업들을 결합시킨다. 그러나 그 특별한 출발점이 무엇이든 그 최종적 형상은 동일하다. 즉 인간들이 자신의 기관(Organ)들인 생산 메커니즘이다."(358/458)

매뉴팩처의 기술적 토대는 수공업, 수작업이며, 생산력은 숙련 노동자 및 직인의 기술과 감각에 의존한다. 생산공정들의 분업도 수공업 작업의 분해에 머물러 있고, 기계제에서와 같은 과학적 분할은 배제되어 있다. 여기서 노동자는 하나의 부분기능만 수행하며, 그 노동력은 이 부분기능의 평생 기관으로 전화된다. 그리고 매뉴팩처의 생산력은 다음처럼 협업에서 유래한다. "… 이 분업은 특수한 종류의 협업이며, 그 이점 중 많은 것은 협업의 이 특수한 형태로부터 나오는 것이 아니라 협업의 일반적 본성으로부터 나온다."(359/459) 그런데 생산력의 토대가 숙련노동자들이기 때문에 자본으로서는 지휘, 감독에 어려움을 겪을 수밖에 없다. 노동자들의 착취가 자본가들 생각대로 되지 않는다. 이러한 한계는 기계 도입을 통해 돌파한다. 기계 도입으로 직인 및 숙련노동자를 축출하고 미숙련노동자, 미성년자 및 여성노동자로 대체하면, 이제 기계의 시대와 함께 노동자계급과 자본가계급 간의 힘 관계가 역전되고 자본의 전제적 지배가 확립된다.

## 2. 부분노동자와 그의 작업도구

이 절에서는 분업에 배치된 부분노동자의 기능과 작업도구에서의 변화를 살펴본다. 각각의 생산공정에서 평생 동일한 단순작업을 하는 노동자는 '부분노동자'로서 자신의 신체를 일면적인 도구로 전환시킨다. 한 지붕 아래 고용되어 자본의 지휘를 받는 매뉴팩처의 '결합된 전체노동자'는 이러한 일면적으로 전문화된 부분노동자들로 구성되고, 그럼으로써 전체노동자로서의 생산력이 향상된다.(359/459) 이렇게 전문화된 숙련공하에서 도구가 점차 분화, 전문화되고, 그럼으로써 기계의 등장을 준비하는 것이다. 분업체제하에서 전문화되고 특화되며 연마되는 도구 및 용구들이 이윽고 기계 각각의 부분, 부품으로 되면서 이것들의 결합으로 구성되는 기계장치가 출현한다.(361-362/462-463)

## 3. 매뉴팩처의 두 가지 기본 형태:
### 이질적 매뉴팩처와 유기적 매뉴팩처

이제 매뉴팩처가 출현한 역사적 유래가 고찰된다. 매뉴팩처의 편제에는 두 가지 기본 형태가 있다. 매뉴팩처의 두 가지 형태는 생산되는 제품의 성질에서 비롯된다.(362/463) 즉 시계 매뉴팩처에서 전형적으로 보는 바와 같이 독립적인 부분생산물들의 단순한 기계적 조립에 의해 그 제품이 만들어지는 이질적 매뉴팩처와, 예컨대 바늘 매뉴팩처처럼 상호 관련된 일련의 과정과 조작에 의해 그 완성형태가 만들어지는 유기적 매뉴팩처가 그것이다. 그러면 매뉴팩처하 분업체제가 성립하면 어떻게 되는지 그 사회적·경제적 의의를 살펴본다.

분업체제하에서 노동자는 앞의 노동자로부터 특정한 부분생산물을 받아 일정한 시간에 일정한 품질의 노동을 가해 변형된 부분생산물을 다시 다음 노동자에게 넘겨줘야 한다. 다시 말해 분업체제에서는 하나하나의 작업공정이 사회적이고 객관적으로 결정되고 표준적인 내용을 갖게 된다. "작업들 사이의, 따라서 노동자들 사이의 직접적 상호의존성이 각각의 개별노동자로 하여금 자신의 작업에 필요한 시간만을 지출하도록 강제하며, 그렇게 해서 독립적 수공업이나 심지어 단순협업에서와는 전혀 다른, 노동의 연속성, 획일성, 규칙성, 질서 그리고 특히 노동강도가 만들어진다는 것은 분명하다. 어떤 상품에는 단지 그 생산을 위해 사회적으로 필요한 노동시간만 지출된다는 것은 상품생산 일반에서는 경쟁의 외적 강제로 나타난다. 왜냐하면 피상적으로 표현하면, 각각의 개별생산자는 시장가격으로 그 상품을 판매해야 하기 때문이다. 그런데 매뉴팩처에서는 일정한 노동시간에 일정한 양의 생산물을 공급하는 것이 생산과정 자체의 기술적 법칙이 된다."(365-366/467-468) 여기서 '사회적 필요노동시간'이라는 가치규정의 중요한 개념이 분업이라는 노동의 존재방식에 의해 기술적으로 그 기초가 주어지고 있다. 사회적 필요노동시간은 자의적으로 머릿속에서 생각해낸 허구가 아니라 사회적 평균 또는 사회적 표준을 만들어내는 분업의 소산이며, 분업체제에 그 물질적, 경제적 근거를 갖고 있다. 그러나 매뉴팩처의 집단적 노동 내에서 각각의 부분노동자가 수행하는 각각의 기능은 단순하고 저급한 것도 있고 복잡하고 고급인 것도 있기 때문에, 개별 노동력은 서로 다른 훈련을 필요로 하고, 그에 따라 상이한 가치, 상이한 임금을 갖게 된다. '노동력의 등급제'가 발전하며, 이른바 숙련노동자와 비숙련노동자로 노동력 분화가 이뤄진다.(369-/472-)

## 4. 매뉴팩처 내의 분업과 사회 내에서의 분업

매뉴팩처 내의 분업은 공장 내 분업이고 공장 밖 사회에서의 분업은 사회적 분업이다. 공장내 분업과 사회적 분업은 서로 연관되어 있지만, 완전히 성질이 다르다. 이 절에서는 이 점을 명확히 한다. 매뉴팩처 내부의 공장 내 분업에서는 자본의 통제와 전제적 지배, 즉 자본에 의한 관리와 통제, 그리고 노동자에 대한 감시와 지배가 행해진다. 반면 사회적 분업에서는 지배, 통솔하는 자가 없고, 그 대신 무정부적 경쟁이 지배한다. 공장 밖으로 나가면 시장에서 개개인은 사리사욕 추구라는 유일한 지침을 따라 행동하며, 통제 없는 자유방임에 맡겨진다. 시장을 지배하는 것은 가치법칙뿐이다. 이러한 차이는 사회적 분업에서의 각각의 노동생산물이 상품인 반면, 공장 내 분업에서의 부분노동자의 생산물은 상품이 아니라는 점에서 비롯된다. 매뉴팩처에서는 부분노동자들의 공동생산물만이 비로소 상품이 된다. 그리고 공장 내 분업은 한 자본가 수중으로의 생산수단 집적을 전제하는 반면, 사회적 분업은 독립된 다수의 상품생산자로의 생산수단 분산을 전제한다.(376-377/480-481) 마르크스는 자본주의 사회의 이 두 가지 분업을 대비하면서 부르주아 의식의 분열성도 지적한다. 즉 작업장 내에서의 분업과 노동자의 부분노동자화, 그리고 자본에 대한 노동의 종속은 노동생산력을 제고시키는 노동조직이라고 찬양하면서, 다른 한편에서 사회적 생산과정에 대한 모든 의식적인 사회적 통제와 규제는 개별자본가의 소유권, 자유, 자율적인 독창성에 대한 침해라고 소리 높여 비난한다는 것이다.(377/481-482)

## 5. 매뉴팩처의 자본주의적 성격

이상에서 매뉴팩처라는 공장제 수공업은 노동자를 희생해서 자본의 자기증식, 특히 상대적 잉여가치의 생산을 추진하는 하나의 방법임을 이해할 수 있다. 노동자는 분업체제의 일부로서 그로부터 한 발짝도 빠져나올 수 없는 극단적인 분화와 전문화 속에 놓여 있고, 평생 한 가지 작업만 반복하는 기형적인 불구자가 된다. 그러나 얄궂게도 매뉴팩처는 노동자 개개인의 이런 희생을 통해 전체노동자로서 생산력을 크게 제고시킨다. 하지만 매뉴팩처가 수공업적 숙련노동이라는 협소한 기술적 기반에 입각하는 한, 여전히 숙련노동에 의존하지 않을 수 없으며, 그 때문에 노동자의 불복종을 극복할 수 없다. 이 점이 매뉴팩처 단계에서 자본이 직면한 가치증식, 노동자 착취에서의 제1의 결함이자 한계며, 자본으로서는 이것을 타개하고 극복하지 않으면 안 된다. 이러한 한계는 매뉴팩처 내부에서 기계가 만들어짐으로써 극복된다. "매뉴팩처의 가장 완전한 산물 중 하나는 노동도구 자체를 생산하는, 특히 이미 사용되고 있던 복잡한 기계적 장치들(mechanische Apparate)을 생산하는 작업장이었다. … 매뉴팩처 분업의 이 산물은 이번에는 기계를 생산했다. 기계는 사회적 생산의 규제원리로 작용하던 수공업적 작업을 지양한다. 그래서 한편으로는 하나의 부분기능에 노동자를 평생 묶어 두는 기술적 근거가 제거된다. 다른 한편으로는 그 규제원리가 아직도 자본의 지배에 부과한 한계들이 사라진다."(390/498)

# 제13장 기계장치와 대공업

앞에서 본 협업과 분업은 자본주의 생산의 기본적인 요소이며, 생산력을 제고해 상대적 잉여가치 생산을 추진하는 것이었다. 이제 마지막으로 상대적 잉여가치 생산을 증대시키는 결정적인 요소, 즉 기계가 등장한다. 이 장에 방대한 양의 지면이 할애되고 있다. 그 이유는 당연히 기계가 자본에 의한 잉여가치 생산과 착취의 강화를 위한 결정적인 수단이기 때문일 것이다. 이 장의 표제는 '기계장치와 대공업'인데, 하나의 기계(Maschine)가 아닌 집합명사로서의 기계(Maschinerie), 기계장치를 말한다. 여기서의 과제는 기계란 무엇인가, 기계는 물질적 생산활동 및 소비생활에 어떤 영향을 미치는가다. 기계제 대공업 체제의 역사적 의의, 한계, 장래의 역할 등을 살펴본다.

## 1. 기계장치의 발달

이 절 서두에서 마르크스는 기계장치가 자본주의하에서는 노동을 경감시키기 위한 수단이 아니라 "잉여가치 생산을 위한 수단"(391/499)이라고 쓰고 있다. 기계는 돈벌이 수단이라는 부정적인 의미다. 그러나 기계는 자본주의 사회를 넘어 미래의 새로운 사회를 건설하기 위한 생산력의 토대라는 적극적인 측면도 있다. 양면으로부터 살펴볼 필요가 있다. 기계에 대한 경제학적 분석을 보도록 하자. 먼저 이론적 성격을 갖는 이 절에서는 기계란 무엇인가에 대해 그 정체를 규명한다. 도구 및 용구와는 어떻게 구별되는가 하는 것이다. 기계에 관한 정의의 문제다. "따라서 우선 무엇에 의해 노동수단은 도구로부터 기계(Maschine)로 전화하는가, 또는 무엇에 의해 기계는 수공업 도구와 구별되는가를 연구해야 한다." (391/500)

기계의 파악방식은 오늘날까지도 미진한 것이 많다. 마르크스는 기계의 본질을 근본적으로 해명하고자 방대하게 연구했고, 여러 원고와 초고에 기계론에 관한 고찰을 많이 남겼는데, 이제 제13장에서 그 집대성한 것을 보게 된다. 기계와 도구가 어떤 점에서 서로 다른가 하는 문제에 대해 종래의 어중간하고 궁색한 논의들이 나와 있다. "수학자와 기계학자들은 ―그리고 영국 경제학자들에 의해 여기저기서 그것이 반복되고 있는 것을 보게 된다― 도구는 단순한 기계이고 기계는 조립된 도구라고 설명한다."(391-392/500) 양자 간에는 본질적 차이가 없다는 것이다. 그러나 마르크스는 이런 설명에는 역사적 요소가 빠져 있어 경제학적 관점에서 보면 아무 소용이 없다고 한다. 또한 인간을 동력으로 사용하는 것은 도구, 자연

력을 동력으로 사용하면 기계라는 설명도 비판한다.(392/500-501)

마르크스에 따르면, 모든 기계(기계장치)는 본질적으로 서로 다른 세 부분으로 이뤄진다. 즉 동력기계, 전동기구, 그리고 작업기계다. 이것이 기계를 정의하는 내용이 된다. 동력기는 증기기관이나 열기관 또는 수차나 풍차처럼 에너지를 만들어 벨트나 톱니바퀴에 전해 주는 부분이며, 전동기구는 톱니바퀴나 축 또는 벨트 등 각종 전동장치로 이뤄진다. 그것은 동력기에서 받은 운동을 조절하고, 때로는 가령 상하 또는 전후운동이나 회전운동 등으로 운동의 형태를 변경시키며, 운동을 작업기에 분배하고 전달한다. 마지막으로 작업기는 노동대상을 그 목적에 따라 변화시키는 작업을 담당한다. 바로 이 작업기로부터 18세기 산업혁명이 출발했다.(393/501-502) 요컨대 이전의 수공업 작업에서 인간의 손과 발의 연장延長이었던 도구나 용구로부터 발달한, 인간의 유기적 한계를 넘어 기구화된 도구가 작업기인 것이다.

기계장치와 관련해 '다수의 같은 종류 기계들의 협업'과 '기계체계', 이 두 가지를 구분해야 한다.(399-/508-) 전자에서는 하나의 제품 전체가 각종 작업을 수행하는 동일한 작업기에 의해 만들어지며, 여기서는 언제나 단순협업이 재현된다. 그에 반해 본래의 기계체계란 일련의 여러 단계를 거치는 작업공정이 상호 보완적인 각종 작업기에 의해 수행되는 것을 말하며, 여기서는 매뉴팩처에 특유한, 분업에 기초한 협업이 재현된다. 즉 이 협업은 매뉴팩처에서 부분노동자들에 의해 사용되던 특수한 도구들이 전문화된 작업기들의 도구로 전화되어 각각의 작업기가 기계체계에서 하나의 특수한 기능을 수행하는 하나의 기관을 형성한다. 동력기, 전동기구, 작업기, 이 세 가지 본질적 부분들을 유기적으로 결합해 마치 살아 있는 것처럼 작업을 수행하는 것이 기계체계인 것이다. 여러 공정의 객관적 분할과 편제가 가능하게 되는 것이 이러한 기계체계가 성립하기 위한 전제조건이 된다.

기계체계의 발전에 따른 중요한 변화들도 마르크스가 지적한다. 우선 '기계의 자동적 체계', 즉 인간의 관여 없이 작업기에 의해 자동적으로 노동대상이 가공되는 것인데, 오늘날 우리가 최신의 자동 기계장치에서 익숙하게 보는 것의 원형이다. 놀랍게도 150여 년 전에 마르크스는 이미 기계의 미래를 정확하게 내다보고, 자동 기계체계라는 전망을 주고 있다. 그러면 인간의 일은 조정과 감시 작업만이라고 한다.(401-402/512) 다음에는 '기계에 의한 기계의 생산'과 그 의의에 대해 언급한다.(402-/513-) 매뉴팩처 내에서도 이미 기계제 작업이 여러 독립적인 부문으로 분화, 발전하고 있었지만, 기계체계의 발전은 매뉴팩처의 좁은 수공업적 토대와 충돌하게 되고, 기계에 의한 기계의 생산에 의해 대공업에 어울리는 기술적 토대를 창조하게 된다. 나아가 기계의 어떤 부분이 발달하면, 그것과 인접한 부문들에서 그것에 어울리는 생산방식의 변혁을 가져오고, 그렇게 기계에 의한 기계의 생산이 불가피하게 사회 전체적으로 확대된다. 기계에 의한 기계 생산의 본질적인 조건은 두 가지다.(405-406/516-517) 하나는 증기기관처럼 어떤 출력도 낼 수 있고 인간이 완전히 통제할 수 있는 원동기이며, 다른 하나는 기계의 개별적인 부분들에 필요한 엄밀하게 기하학적인 형태들(선, 평면, 원, 원통, 원주, 공)을 기계로 생산하는 것이다. 후자의 문제는 선반, 즉 공작기계의 발명으로 해결된다.

그리고 마르크스의 마지막 지적이다. "기계장치로서 노동수단은 인간력을 자연력으로 대체하도록 하며, 경험적 숙련을 자연과학의 의식적 응용으로 대체하게 하는 물질적 존재방식을 지니고 있다. 매뉴팩처에서는 사회적 노동과정의 편제가 순전히 주체적이고 부분노동자들의 결합인데, 기계체계에서 대공업은 완전히 객관적인 생산유기체(이미 주어진 물질적 생산조건으로 노동자가 대면하는)를 갖는다. … 기계장치는 … 오직 직접적으로 사회화된 노동 또는 공동노동에 의해서만 기능한다. 따라서 노동과정의 협업적 성격은 이제 노동수단 자체의 본래적 성질에 의해 강제되는 기술적 필연성으로 된다."(407/517-518) 여기서 주목할 점은 기계체계를 기반으로 하는 생산의 사회화, 노동의 사회화다. 생산의 사회화, 노동의 사회화의 기술적 토대가 기계체계라는 것이며, 기계체계에 의한 기술적, 필연적 발전방향에 입각해 보면, 자연스럽게 미래사회의 전망도 나온다. 기계제 대공업이라는 자본주의하에서 달성한 거대한 생산력이 다름 아닌 미래사회의 물질적 조건이 된다.

## 2. 생산물로의 기계장치의 가치 이전

여기서는 기계가 지닌 가치를 기계에 의해 생산되는 새로운 생산물로 이전한다는 문제를 살펴본다. 대공업은 자연력과 자연과학을 생산에 합체해 노동생산성을 획기적으로 제고한다. 자본가는 대공업의 이 높은 생산력을 마치 자연력처럼 무상으로 이용한다. 오늘날의 최신 기계와 로봇의 정교한 기계적 작업을 보면, 인간 노동력을 훨씬 능가하는 기계장치의 높은 생산성에 놀라지 않을 수 없다. 당연히 기계가 더 효율적이어서 더 많은 가치와 잉여가치를 생산하는 것이 아닌가, 그래서 이윤이 높은 게 아닌가 하는 생각이 들지 모른다. 이런 생각을 하지 않도록 마르크스가 다음 명제로 대못을 박는다. "불변자본의 모든 다른 구성부분과 마찬가지로 기계장치는 하등 가치를 창조하지 않지만, 그것이 생산하는 생산물에 자신의 가치를 이전한다."(408/519) 기계는 결코 그 자체로 가치를 새롭게 창조하지 않는다는 말이다. 다만 자신의 가치를 새로운 생산물에 이전할 뿐이다.[32] 가치를 창조하는 것은 살아 있는 노

---

32  그러면 최신 기계와 로봇을 사용하는 기업의 특별히 높은 이윤은 어디로부터 발생하는가의 질문이 제기된다. 그것은 우선 앞에서 본 바처럼 특별잉여가치에서 비롯되지만, 특별잉여가치란 과도적인 것이고 다른 기업들도 기계와 로봇을 도입하면 소멸되어버린다. 그러면 상대적 잉여가치의 생산에서 비롯되는가? 그러나 상대적 잉여가치 생산이란 노동력의 가치를 저하시킴으로써 잉여가치 생산을 증대시키는 것이어서 이 기업만의 특별한 결과가 아닌 모든 기업에 해당한다. 『자본』의 세계에서는 제3권 제2편에서 보는 바처럼 모든 자본은 부문 간의 경쟁을 통해 균등한 평균이윤율을 실현할 뿐이다(이에 따라 가치는 '비용가격+평균이윤'인 생산가격으로 전화된다). 최신 기계와 로

동자의 노동력 지출뿐이다. 추상적 인간노동만이 가치를 창조한다는 의미를 다시 상기하도록 하자. 동력으로 사용하는 가축도 마찬가지다. 기계장치의 가치가 새로운 생산물에 이전되는 것과 마찬가지로, 가축도 그것을 사육하고 유지하는 데 필요한 비용(가축의 가치)을 새로운 생산물에 이전할 뿐이다.

　기계는 원재료와 달리 내구적인 성질을 갖고 있어서 예컨대 10년의 내구연한 동안 계속 가동하면서 그 마멸 정도에 비례해 조금씩 자신의 가치를 새로운 생산물에 이전한다. 그러면 그 내구연한 동안 생산한 새로운 생산물 전량에 자신의 가치 전체가 이전된다. 매 1일당 새로운 생산물에 이전되는 기계의 가치가 얼마인지, 또는 생산물 1개당 기계의 이전된 가치가 얼마인지 쉽게 계산할 수 있다. 이러한 기계 가치의 계산법은 관념적인 것이 아니라 노동가치설의 기본명제에 따른 현실적인 것이다. 그것이 얼마나 현실적인지는 감가상각으로 알려진 기업의 실제 회계처리를 봐도 알 수 있다.(宮川彰, 321-322) 이는 다름 아닌 기계설비의 마멸분을 제조비용으로서 보전, 보충하는 문제다. 기계설비는 10년 동안 계속 사용하기 때문에, 이 기간 동안은 현물로 갱신하는 비용이 들지 않는다. 그렇다고 만약 감가상각을 제대로 처리하지 않으면, 예컨대

---

붓을 사용하는 현대 대기업이 획득하는 높은 이윤은 재벌기업으로서의 이 기업의 독과점적 지위에서 비롯되고, 그 가격과 이윤은 본질적으로 독점가격, 독점이윤이다. 생산가격을 초과하는 독점가격과, 평균이윤을 초과하는 독점적 초과이윤은 『자본』의 강의 수준을 넘어서는 것이다.

기계의 마멸분을 제조비용으로 계산하지 않으면, 자본가치가 과소평가되고 이윤은 과대평가되어 회계장부는 실제 상태와 괴리하고 부실해진다. 그 결과 10년이 지나 기계수명이 다한 후 새로운 기계로 갱신해야 하지만, 현물갱신을 위한 적립금이 부족한 사태가 발생한다.

이처럼 기계의 가치는 마멸 정도에 따라 새로운 생산물에 이전되기 때문에, 기계의 가치와 이전되는 가치 사이에는 큰 차이가 있다. 기계의 내구연한이 클수록 이 차이가 더 크다. 수공업이나 매뉴팩처에 비해 기계의 생산물인 경우에는 일반적으로 노동수단으로부터 이전되는 가치부분이 상대적으로는 증가하지만 절대적으로는 감소한다. 예컨대 1파운드 방사의 가치 중 이 이전되는 가치부분의 절대액은 감소하지만, 방사의 가치 중에서 상대적으로 차지하는 크기는 증가한다.(411/523) 왜냐하면 수공업이나 매뉴팩처의 노동수단에 비해 기계장치는 거대해졌지만, 기계에 의한 기계생산으로 생산성이 향상되어 기계장치 규모에 비해서는 그 가치가 상대적으로 저렴해진 반면, 이 기계장치가 대량으로 생산물을 생산하므로 생산물 1개당 들어 있는 기계의 이전가치는 감소하기 때문이다. 그러나 생산물의 가치구성에서 기계의 이전가치 비중은 높아질 수밖에 없다.

기계의 생산성 정도는 일반적으로 기계의 생산에 필요한 노동과, 기계사용에 의해 절약되는 노동 사이의 차이에 의해 규정된다. "그러므로 기계의 생산성은 그것이 인간 노동력을 대체하는 정도에 의해 측정된다."(412/524) 이것이 기계의 생산성에 대한 일반적인 정의다. 그런데 자본이 기계를 도입할 때는 이것보다 더 엄격한 기준을 고려하게 된다. 즉 기계를 자본주의적으로 이용하는 데는 더 이상의 한계가 있는 것이다. "오로지 생산물을 저렴하게 하는 수단으로만 고찰하면, 기계의 사용을 위한 한계는 기계 자체의 생산에 필요한 노동이 기계사용에 의해 대체되는 노동보다 적어야 한다는 점에 있다. 그러나 자본에 있어서는 이 한계가 더 좁게 표현된다. 자본은 사용하는 노동에 대해 지불하는 것이 아니라 사용하는 노동력의 가치를 지불하기 때문에 자본에 있어 기계사용은 기계의 가치와, 기계에 의해 대체되는 노동력의 가치 사이의 차이에 의해 한계 지워진다."(414/526) 그래서 낮은 임금으로 인해 기계사용이 저지되는 역사적 사례들을 볼 수 있다.

[[이 문장이 의미하는 바는 다음과 같다. 예컨대 노동자가 1일 임금(=1일 노동력 가치=12만 원)을 받고 수작업으로 12시간을 노동해 상의 1벌을 생산하고, 6시간은 필요노동, 6시간은 잉여노동이라고 하자(노동 1시간은 2만 원의 가치를 생산한다). 이때 상의 1벌을 생산하는 데 수작업을 할 경우에 비해 기계를 도입해 노동을 절감한다면, 즉 기계의 생산에 필요한 노동시간(이 기계로 1벌의 상의만 생산하는 게 아니므로 정확하게 말하면 상의 1벌을 생산할 때 기계가치 중 이전되는 부분의 노동시간, 이것은 4시간이라고 하자)보다 기계에 의해 대체되는 수작업의 노동시간(예컨대 6시간)이 더 크다면, 상의 1벌의 가치는 저하되고 기계도입은 생산적이 된다. 그런데 자본가의

계산은 다르다는 것이다. 기계의 생산에는 4시간의 가치(8만 원)를 지불해야 하는데, 6시간의 노동시간 절감으로부터 절감되는 임금은 1/2일의 노동력 가치, 즉 6만 원밖에 안 된다. 그러면 자본가의 계산으로는 이 기계가 도입되지 않는다. 이 경우 기계의 사용으로 8시간 이상의 노동이 절감되어야 비로소 자본가가 이 기계를 도입하기 위한 조건을 충족한다.[33]]

## 3. 기계적 경영이 노동자에 미치는 직접적 영향들

기계적 경영, 즉 기계적 생산을 도입한 공장경영이 노동자에 미치는 직접적 영향을 고찰하고 있다. 주요한 영향은 다음 세 가지다. 첫째, 자본에 의한 추가적 노동력의 획득이다. 자본은 성인 남자노동력에 더해 보조 노동력, 즉 여성 및 아동노동을 생산과정에 끌어들인다. 그러면 성인 남자노동력의 가치는 저하된다. 둘째, 노

---

33   이런 계산을 근거로 자본가가 기계를 도입할 경우 이윤율은 감소하지 않고 오히려 증가한다고 주장하면서 기계도입과 생산력 발전에 따른 이윤율의 경향적 저하법칙(『자본』 제3권 제3편)을 비판하는 논자들도 있다. 그러나 자본주의적 기계사용의 이러한 제한에도 불구하고 제10장에서 본 바와 같이 특별잉여가치(초과이윤)를 둘러싼 자본 간의 경쟁 때문에, 자본가는 기계도입을 통한 상품가치의 저렴화에 나서지 않을 수 없다. 또한 초과이윤의 획득으로 기계를 도입하는 자본가의 이윤은 증가한다. 따라서 기계 사용의 이 자본주의적 제한도 절대적이 아니라 다만 상대적일 뿐이다. 그러나 다른 자본가들도 이 기계를 도입하면, 이 기계, 생산방법이 해당부문의 새로운 사회적 표준, 평균이 되고 초과이윤은 소멸된다. 다른 부문들에서도 이런 과정이 불가피하게 전개되며, 사회 전체적으로 기계화와 생산력 발전, 그리고 자본의 유기적 구성의 고도화, 그에 따른 이윤율의 저하법칙은 자본주의가 피할 수 없는 경향이 된다.

동일의 연장이다. 기계장치는 노동일 및 노동시간을 단축하는 것이 아니라 오히려 노동일 연장의 강력한 수단이 된다. 셋째, 노동의 강화다. 기계장치가 힘든 일을 경감시키는 것이 아니라 오히려 노동을 강화하는 방향으로 작용한다. 세 가지 모두 잉여가치를 크게 증대시킨다.

### 1) 자본에 의한 추가 노동력의 획득. 여성노동과 아동노동

기계장치 도입으로 여성과 아동을 성인 남자노동자와 함께 노동할 수 있게 함으로써 임금노동자 수가 증가하고 노동자들 간 경쟁이 심화된다. 우선 성인 남자노동력의 가치가 분할되고 저하된다.(417/530) 노동력의 가치, 즉 임금이 노동자 가족의 부양비용이라는 점을 상기하면 쉽게 이해할 수 있다. 부양가족의 일원이었던 여성과 아동이 노동시장에 들어가면, 한편에서 이들에 대한 부양비용이 절감되고, 다른 한편에서 이들도 임금을 받기 때문에 4인 가족 전체의 임금으로 이 가족이 부양된다. 물론 이들의 노동시장 진출에 따라 가사노동을 대신할 추가적인 화폐지출이 불가피하며, 이 가족 전체의 생계비, 따라서 이 가족 전체의 노동력 가치, 즉 이 가족 전체가 받는 임금은 증대할 것이다(자본가의 관점에서는 이 가족의 노동력을 구매하기 위한 비용은 가장인 남성노동자 한 명을 고용할 때보다 더 크다. 그러나 이전의 1노동일에 대신해서 이제는 4노동일이며, 그에 따라 잉여노동도 더 커진다). 그러나 노동공급의 증가로 인해 경쟁은 심화되고 임금수준이 저하하며 착취가 강화되기 마련이다. 한편 아동노동의 경우 노동력 매매의 주체가 아동의 부모라서 독립적인 인격을 가진 상품소유자 간의 자유롭고 평등한 계약이라는 노동력 매매계약을 근본적으로 훼손하게 된다. 계약 그 자체가 형해화되는 것이다.(417-/530-) 아동노동 착취에서 비롯되는 아동들의 인위적인 지적 황폐화는 결국 공장법의 적용을 받는 부문들에서 14세 미만 아동들의 고용을 위해서는 초등교육을 받도록 법적으로 강제하기에 이르렀다.(421-/536-) 노동자계급의 재생산이 위협받음에 따른 불가피한 조처였다. 관련규정이 부실하긴 했어도 영국에서 공교육은 이렇게 공장제도의 산물로 탄생했다고 할 수 있다. 다음은 이 소절의 결론이다. "기계장치는 아동들과 여성들을 대량으로 노동자계급에 추가함으로써 남성노동자가 매뉴팩처에서 아직도 자본의 독재에 저항했던 반항을 마침내 타파한다."(424/540)

### 2) 노동일의 연장

기계장치는 노동일을 연장하기 위한 강력한 수단이 된다. 기계 자체가 노동일을 연장하려는 본성을 가지고 있고, 그 조건과 동기를 창출하는 것이다.(425-/541-) 마르크스가 설명하는 것을 이하에서 정리한다. 우선 기계는 노동자에 대해 자립적인 운동기구를 갖추고 있다. 기계는 자동장치이기 때문에 인간이 지닌 자연적인 한계를 넘어 1일 24시간 동안 계속 기계적 작업을 수행할 수 있다. 노동일을 연장하려는 것은 당연하다. 둘째, 기계 사용에 따른 물질적 마멸 중 자신의 가치를 조금씩 새로운 생산물에 이전하는 부분은 그 가치를 새로운 생산물에서 보존하는 것이어서 문제가 없지만, 생산 중단이나 휴지에 따른 기계의 자연적 마멸은 손실이고 낭비이기 때문에 가능한 한 방지해야 한다. 자연적 마멸을 방지하기 위해서는 24시간 연속운전이 요구된다. 셋째, 기술혁신과 기계의 진부화에 따른 사회적 마멸(도덕적 가치감소)도 있는데, 새로운 기계에 의해 기존의 기계는 감가처리되고 수명이 단축되어 교체된다. 자본에 있어서는 이것 또한 손실을 의미한다. 따라서 새로운 기계를 도입할 때는 최대한 빠른 시간 내에 감가상각금 적립을 통해 그 전체 가치를 회수해야 손실을 방지할 수 있다. 노동일을 최대한 연장하려는 시도는 기계도입과 불가분의 관계로 연관되어 있다. 넷째, 노동일을 연장하면 추가적인 불변자본 없이도 착취를 증대시킨다. 노동일 연장에 의한 생산 확대는 동일한 공장의 동일한 기계를 장시간 사용하는 것이기 때문이다. 효율적으로 노동자의 착취, 잉여가치의 증대가 추진되는 것이다. 다섯째, 새로운 기계 도입에 의해 특별잉여가치를 획득할 수 있는데, 특별잉여가치가 획득되는 기간은 다른 자본가들도 이 기계를 도입해 이 기계가 사회의 새로운 표준, 평균이 될 때까지다. 이 기계가 사회의 새로운 평균이 되면 특별잉여가치는 소멸한다. 따라서 이 한정된 기간 동안 특별잉여가치를 획득하기 위해 최대한 노동일을 연장하고 기계를 완전가동한다.

그런데 잉여가치 생산을 위한 기계 사용에는 '내재적 모순'이 있다.(429/546) 잉여가치를 증대시키기 위해 기계를 도입하는 것인데, 기계도입은 잉여가치 생산의 유일한 원천인 노동자를 대체, 축출함으로써 잉여가치 생산의 기반을 협소하게 하기 때문이다. [[자본은 이렇게 모순적이다. 자기 자신으로 스스로를 부정하는 자기부정적인 자본의 이 숙명적인 모순은 주지하다시피『자본』제3권 제3편 이윤율의 경향적 저하법칙에서 정식화되고 해명된다.]] 이러한 모순은 새로운 기계가 새로운 사회적 평균이 됨으로써 그 기계에 의해 생산되는 상품의 가치가 그 부문의 사회적 가치가 되고 특별잉여가치가 소멸하자마자 나타난다. 그때까지는 특별잉여가치 획득으로 인해 이 모순은 잠재화된다. 마지막으로, 자본가는 기계도입에 따른 노동자들의 상대적 감소를 노동일의 무제한적 연장으로 벌충함으로써 이 모순에 대처하고자 한다. 결론적으로, 기계의 자본주의적 사용은 한편에서 노동일의 무제한적 연장을 위한 새로운 강력한 동기를 창출하고 이에 대한 노동자의 반항을 타파하며, 다른 한편에서 자본의 목적을 실현하기 위한 조건인 과잉인구를 생산하는 것이다.(430/547)

### 3) 노동의 강화

노동의 강화가 새롭게 제기되는 맥락이다. "자본의 수중에서 기계장치가 초래하는 노동일의 무제한적 연장은 앞에서 본 바처럼 후에 그 생명의 근원이 위협받는 사회로부터 반작용을 야기하며, 법률적으로 제한된 표준노동일을 가져온다. 표준노동일의 토대 위

에서는 우리가 이전에 보았던 현상, 즉 노동의 강화가 결정적인 중
요성을 갖게 된다. 절대적 잉여가치의 분석에서는 우선 노동의 외
연적 크기가 문제였고, 반면 노동강도의 정도는 주어진 것이라 전
제되었다. 우리는 이제 외연적 크기가 내포적 크기 또는 정도의 크
기(Gradgröße)로 전환되는 문제를 고찰해야 한다."(431/549) 표준노
동일 제정에 의해 노동시간이 강제적으로 단축되면, 자본은 노동
의 강도 또는 밀도를 높여 노동자로 하여금 동일 시간에 더 많은
노동력을 지출하게 함으로써 노동시간 감소를 벌충하고자 한다.
"10시간 노동일의 더 집약적인 1시간은 이제 12시간 노동일의 더
밀도가 낮은 1시간보다 더 많은 노동, 즉 노동력 지출을 내포한다."
(432-433/550) 표준노동일 하에서 기계는 노동강화를 위한 객체적
수단이 되는데, 방식은 두 가지다. 하나는 기계의 운전속도를 높이
는 것, 다른 하나는 동일노동자에 의해 감시되는 기계장치의 범위
확대다.(434/553) 기계작업과 속도에 노동자가 맞춰야 하기 때문에
자본가는 노동자에 대한 관리, 감독을 매우 효과적으로 수행하면
서 노동강화를 도모할 수 있다. 그럼으로써 노동자에 대한 자본의
전제적인 지배를 확립한다. 그러나 노동의 강화는 노동자들이 감
당할 수 없는 임계점을 맞게 되고 다시 노동시간을 단축하지 않을
수 없게 된다.(440/561)

## 4. 공장

이제 자동공장에서의 노동의 변화, 특징을 살펴본다. 매뉴팩처 이래의 협업과 분업체제가 자동적 기계장치를 갖춘 공장에서 만개하는데, 그러나 주역은 기계이고 노동자는 기계의 부속물이 된다. "매뉴팩처와 수공업에서는 노동자가 도구를 사용하고, 공장에서는 노동자가 기계에 봉사한다. 전자에서는 노동수단의 운동이 노동자로부터 출발하며, 후자에서는 노동자가 노동수단의 운동을 따라가야 한다. 매뉴팩처에서는 노동자들이 하나의 살아 있는 메커니즘의 구성원들이다. 공장에서는 죽은 메커니즘이 노동자들로부터 독립해 존재하며, 노동자들이 살아 있는 부속물로서 그것에 합체되어 있다."(445/567) "노동자가 노동조건을 사용하는 것이 아니라 노동조건이 노동자를 사용한다"는 자본주의적 생산의 전도된 관계는 "기계장치와 함께 기술적으로 분명한 현실성을 얻게 된다."(446/568) "자동장치로 전환됨으로써 노동수단은 노동과정 진행 중에 자본으로서, 살아 있는 노동력을 지배하고 흡수하는 죽은 노동으로서 노동자에 대립한다. 생산과정의 정신적인 역능들을 육체적 노동으로부터 분리하고 전자를 노동에 대한 자본의 권력으로 전환시키는 것은 이전에 시사한 바와 같이 기계장치의 토대 위에 세워진 대공업에서 완성된다."(446/568)

기계의 규칙적 운동에 노동자들을 기술적으로 종속시키기 위해서는 병영과 같은 규율이 필요하다.(446-447/569) "노예감독자의 채찍 대신 노동감독자의 처벌규정집이 등장한다."(447/570) 이 규율은 공장주 마음대로 정한다. "공장에서 공장주는 절대적인 입법자다. 그는 하고 싶은 대로 공장 규칙들을 공표하며, 마음에 드는 대로 자신의 규율집을 수정 또는 보충한다."(447-448/570) 엥겔스의 『영국 노동자계급의 상태』로부터 마르크스가 이 문장을 인용하고 있다. 마지막에서 마르크스는 공장에서 노동자의 생명을 위협하는 각종 위험들을 지적하고, 프랑스 사회주의의 선구자 푸리에C. Fourier가 공장을 "완화된 감옥"이라고 부른 것도 언급한다.(450/573)

## 5. 노동자와 기계의 투쟁

기계 도입과 함께 자본에 대한 노동자의 투쟁은 기계 자체에 대한 투쟁으로 나아갔다. 17세기 리본과 레이스 직기織機 도입에 반대한 노동자들의 폭동, 18세기 말 전모기剪毛機의 파괴 등을 비롯해 특히 19세기 초반에는 러다이트 운동(Luddite Movement)으로 알려진 증기직기 도입에 따른 기계파괴 운동이 있었다. 매뉴팩처에서는 분업과 협업이 노동자를 축출하는 수단이 아니라 고용을 창출하고 생산성을 제고시키는 적극적인 측면이 있었지만, 기계제 대공업의 분업을 담당하는 기계는 노동자와 경쟁하며 적대적이다. "기계로서 노동수단은 즉각 노동자 자신의 경쟁자가 된다. … 도구의 조작이 기계의 일로 되자마자 노동력의 사용가치와 함께 노동력의 교환가치가 소멸된다. 노동자는 통용될 수 없게 된 지폐처럼 판매될 수 없게 된다."(454/577-578) 자본주의하 노동조건과 노동생산물은 원래 노동자에 대해 자립화하고 소외된 형태로 나타난다. 그런데 이 형태는 "기계장치와 함께 완전한 대립으로 발전한다. 따라서 그것과 함께 처음으로 노동수단에 대한 노동자의 난폭한 반란이 나타난다."(455/579) 그러나 문제는 기계 자체가 아닌 기계의 자본주의적 사용에 있다. "노동자가 기계장치와 그것의 자본주의적 사용을 구별하고, 따라서 자신의 공격을 물질적 생산수단 자체로부터 그것의 사회적 착취형태로 옮기는 것을 배우기까지는 시간과 경험이 필요했다."(452/575)

## 6. 기계장치에 의해 축출되는 노동자들에 관한 보상이론

여기서 기계도입을 변호하는 논의를 마르크스가 비판한다. 두 가지 변호론이 나온다. 하나는 고전학파 경제학에 속하는 경제학자들의 논의, 또 하나는 통속적인 속류경제학적 논의다. 먼저 첫 번째 그룹의 견해를 보자. "제임스 밀, 맥컬록, 토렌즈, 시니어, 존 스튜어트 밀 등 일련의 부르주아 경제학자들은 노동자들을 축출하는 모든 기계장치가 항상 동시에, 그리고 필연적으로 이 동일한 노동자들의 고용을 위한 적절한 자본을 유리시킨다(freisetzt)고 주장한다."(461/588) 노동자들을 기계장치로 대체해 우회생산을 하면 기계장치를 생산하는 부문에서는 새롭게 고용이 창출되기 때문에 축출된 노동자들에 대한 보상, 벌충이 이루어진다는 것이다. 그냥 들으면 그럴듯해 보이지만, 실은 그렇지 않다. 왜냐하면 기계장치의 제작에 새롭게 고용되는 노동자 수는 기계장치 사용에 의해 축출된 노동자 수보다 더 적기 때문이다. 왜 그런가? 마르크스가 예를 들어 설명하면서도 그 핵심을 간단명료하게 전달한다. 즉 노동자들의 축출을 통해 절감된 임금으로 기계장치를 도입한다고 해도 그 금액의 기계장치 가치는 이 기계장치 제작에 사용된 생산수단의 가치와, 기계장치를 생산하는 노동자들의 임금, 그리고 그 자본가의 잉여가치를 포함하기 때문에 그 금액이 모두 축출된 노동자들의 임금을 대표하는 경우보다 이 기계장치 제작에 새롭게 고용되는 노동자 수는 더 적을 수밖에 없다는 것이다.(462/589) 따라서 보상은 불가능하다!

이와 같은 '경제학적 낙관주의'는 오늘날도 우리가 흔히 접하는 경제학의 주장들과 일맥상통한다. 예컨대 구조조정을 해서 노동자들이 해고되어도 다른 부문이나 새로운 산업에 의해 이 노동자들이 언젠가는 다시 흡수된다고 주장하지 않는가? 마르크스는 이런 주장도 현실에 입각해 반박한다. 기계장치에 의해 축출되는 노동자들로 인해 노동시장에서 노동자 공급이 증대하고, 이는 노동자들에 대한 보상이 아닌 재난이라는 것이다(이에 대해서는 자본축적의 일반적 법칙을 다루는 제7편 제23장에서 보게 될 것이다). 또한 설령 축출된 노동자들이 새로운 일자리를 얻는다고 해도 그것은 보상과는 상관없는, 새로운 추가자본에 의한 것이고, 자신의 종래

일자리와 다른 저임금 노동일뿐이라고 한다.(464/591-592)

또 하나의 기계 변호론, 속류 변호론이다. 이 변호론의 특징은 기계의 자본주의적 사용을 그릇되게도 기계 자체와 동일시하는 것이다. 앞에서 기계파괴운동을 봤을 때처럼, 기계 자체와 그것의 사회적 이용형태를 구별하지 못하던 것과 똑같은 오류다. 그러나 이번에는 기계의 사용과 기계의 자본주의적 사용을 동일하게 보고 기계의 자본주의적 사용을 변호한다는 점에서 기계파괴운동과는 정반대의 주장을 한다. "노동자들을 생활수단으로부터 '유리시키는 것'에 대해 기계장치 자체가 책임이 없다는 것은 의심할 바 없는 사실이다. … 그리고 이것이 경제학적 변호론의 요점이다! 기계장치의 자본주의적 사용에 들러붙어 있는 모순들과 적대들은 존재하지 않는데, 왜냐하면 그것들은 기계장치 자체로부터가 아니라 기계장치의 자본주의적 사용으로부터 생기기 때문이다!"(464-465/592) 이 인용문의 끝 문장은 이상하게 들린다. 마르크스가 이들의 궤변을 지적하고 있는 것이다. 이 변호론에 의하면, "기계장치의 자본주의적 사용이 실제로 어떠한 상태에 있는지 폭로하는 자, 그 자는 기계의 사용을 전혀 원하지 않는 것이며, 사회진보의 적이다!"(465/593)

## 7. 기계경영의 발전에 따른 노동자들의 축출과 흡수. 면공업 공황

기계 도입은 기계와 경쟁하는 종래의 수공업 및 매뉴팩처의 노동자들을 구축하지만, 기계경영의 성장에 따라 구축된 노동자보다 공장노동자가 더 증대한다. 왜냐하면 기계설비 및 원료 등 불변자본 부분에 비해 노동력에 지출되는 가변자본 부분의 비율은 감소하나, 총자본 증가에 의해 가변자본의 절대액이 증대하기 때문이다.(473/602) 그런데 기계경영의 점차적 발전은 일정한 성숙단계에 이르면, 우리가 오늘날 보는 바와 같은 독자적인 고유한 탄력성을 갖고 발전하는 특징을 띠게 된다. 이에 대해 마르크스가 이론적인 설명은 뒤로 미루겠다면서 다음처럼 그 실제적인 관계에 대해 서술하고 있다. "그러나 공장제도가 어느 정도 폭넓게 존립하고 일정한 성숙도를 획득하자마자, 특히 자신의 고유한 기술적 토대인 기계장치 자체가 기계에 의해 생산되자마자, 석탄과 철의 생산 및 금속의 가공 그리고 수송수단에서 혁명이 일어나자마자, 일반적으로 대공업에 상응하는 일반적 생산조건들이 만들어지자마자, 이 경영방식은 하나의 탄력성, 즉 돌발적이고 비약적인 확대능력을 획득하며, 그 확장능력은 단지 원료와 판매시장에서만 한계를 갖게 된다."(474/604-605) 이렇게 해서 기계경영은 해외의 낡은 생산양식들을 파괴하고 외국시장을 강제적으로 자신의 원료생산지로 전화시키면서 국제적 분업을 창출한다.

공장제도의 비약적인 확장 가능성과 세계시장에 대한 그 의존성으로 인해 자본주의 생산은 필연적으로 순환의 형태를 취하게 된다. "공장제도의 방대하고 비약적인 확장력과 세계시장에 대한 그 의존성은 필연적으로 열병 같은 생산과 그에 뒤따르는 시장의 과잉공급을 야기하며, 시장 축소와 함께 생산 마비가 나타난다. 산업의 생애는 중간 정도의 활황, 번영, 과잉생산, 공황, 불황이라는 일련의 시기들로 전화된다."(476/607) 산업순환은 이렇게 기본적으로 활황(경기회복), 호황(번영), 공황, 불황이라는 네 개의 국면으로 구성된다. 기계제 대공업하에서 자본주의 경제가 상방과 하방, 고점과 저점을 반복해 주기적으로 변동한다는 것은 자연법칙과도 같은 주기성, 반복성, 규칙성을 갖고 있다는 것, 여기에는 인간의 의지나 의식과 상관없이 내재적이고 객관적인 법칙이 작용하고 있음을 말해 준다. 왜냐하면 어떤 우연적이거나 자본주의에 외적인 요인들에 의해서는 이와 같은 주기적이고 규칙적으로 반복하는 순환 현상은 나타날 수 없기 때문이다.

산업순환에 따라 노동력 수요도 경제의 급격한 팽창과 그 반동의 파도에 내맡겨져 산업예비군이라는 실업자군이 형성되고, 역으로 이 산업예비군의 존재로 인해 돌발적이고 비약적인 생산 확대가 가능해진다. 노동자들의 실업은 이제 자본주의 생산의 지극히 자연스러운, 정상적인 현상일 뿐이다. "기계경영이 노동자들의 고용과 생활상태에 강제하는 불확실성과 불안정성은 산업순환의 이러한 시기들의 교체와 함께 정상적인 것으로 된다."(476/607) [[여기서 노동자들의 고용을 불안정하게 하는 두 가지 요인을 구별하는 것이 필요하다. 하나는 앞에서 계속 살펴본 기계의 도입이며, 다른 하나는 지금 새롭게 보는 산업순환에서의 공황과 불황이다. 기계제 대공업이라는 물질적 토대를 함께 하고 있지만, 양자는 서로 차원이 다른, 노동자들의 고용을 위협하는 별개의 요인들이다. 전자는 산업순환을 넘어 초순환적으로 작동하는 경향이고, 후자는 산업순환에서 공황과 불황이라는 특정한 국면에서의 문제다.]] 마르크스는 이 절의 나머지 부분에서 면공업을 예로 들어 면공업에서의 경기변동과 그에 따른 공장노동자들의 상태 및 운명을 실증적으로 개관한다.(477-/609-)

## 8. 대공업에 의한 매뉴팩처, 수공업, 가내노동의 변혁

### 1) 수공업과 분업에 기초한 협업의 지양

기계장치가 수공업에 기초한 협업을 지양하는 사례는 예초기다. 이것은 예초하는 사람들의 협업을 대체한다. 수공업적 분업에 기초한 매뉴팩처 지양의 적절한 예는 일찍이 스미스도 언급했던 바늘제작의 경우다. 마르크스가 영국 의회보고서인 '아동노동 조사위원회'의 제3차 보고서(1864)에 의거해 바늘제작 기계에 대해 이렇게 쓰고 있다. "아담 스미스에 의하면, 그의 시대에 남자 10명이 분업에 의해 매일 4만8000개 이상의 바늘을 만들었다고 한다. 그런데 이제는 단 1대의 기계가 1노동일 11시간에 14만5000개를 공급한다. 1명의 여자 또는 소녀가 평균적으로 그러한 기계 4대를 감시하며, 따라서 기계장치로 매일 약 60만 개, 1주에 300만 개 이상의 바늘을 생산한다."(483-484/616)

## 2) 매뉴팩처와 가내노동에 대한 공장제도의 반작용

여기에서 문제는 기계가 종래의 매뉴팩처와 가내노동에 침투해 그 구성을 여성 및 아동노동, 미숙련노동 등 저임금노동으로 근본적으로 변혁한다는 점이다. 그 결과 본래의 공장에서보다 분산, 고립되어 더 격렬한 경쟁과 열악한 노동조건에 노출된 매뉴팩처에서, 그리고 가내노동에서는 더더욱 착취가 심해지고 파렴치해진다. "그러므로 기계장치가 때로는 이 부분과정을 위해, 때로는 저 부분과정을 위해 매뉴팩처로 밀고 들어온다. 이로써 낡은 분업에서 유래하는, 그 편제의 고정된 결정체는 해체되고, 끊임없는 변화에 자리를 내준다. 이점은 차치하고, 전체 노동자 또는 결합된 노동인원의 구성이 근본적으로 변혁된다. 매뉴팩처 시기와는 반대로, 이제 분업의 계획은 가능한 곳에서는 언제나 여성노동, 각종 연령의 아동, 미숙련노동자, 간단히 말해 영국인들이 특징적으로 부르는 바와 같은 '값싼 노동'의 사용에 입각하게 된다."(485/618)


## 3) 근대적 매뉴팩처
## 4) 근대적 가내노동

3)과 4)에서는 마르크스가 위의 명제를 '아동노동 조사위원회'의 보고서들(1864, 1866, 1863)과 1864년의 『공중위생, 보고서』를 전거로 해서 몇 가지 사례를 통해 설명한다. 노동일에 관한 제8장에 이어 근대적 매뉴팩처와 근대적 가내노동에서의 저임금과 살인적인 과도한 노동, 그리고 비도덕적이고 불결한 작업환경과 위생조건

등 파렴치하고 수치스러운 착취의 역사가 생생하게 묘사, 인용되고 있다.

### 5) 근대적 매뉴팩처와 가내노동의 대공업으로의 이행.
#### 이들 경영양식에 공장법 적용을 통한 이 변혁의 촉진

근대적 매뉴팩처와 가내노동에서의 이러한 노동력 착취는 더 이상 넘을 수 없는 자연적 한계에 부딪치고, 그에 따라 자본주의적 착취도 한계에 부딪친다. 이 한계점에 도달하면 이제 기계장치가 도입되지 않을 수 없고, 가내공업과 매뉴팩처가 공장제 생산으로 급속하게 전환되기에 이른다. 이를 보여주는 최대의 사례가 의류품 생산이다.(494/630) "기계장치의 시간이 도래했다. 여성복 제조업, 재봉업, 제화업 등 이 생산 분야의 수다한 부문 전체를 고르게 장악하는, 결정적으로 혁명적인 기계는 재봉기다. 노동자들에 대한 재봉기의 직접적 영향은 대공업 시기에 새로운 사업부문들을 정복하는 모든 기계장치의 영향과 거의 같다. … 대다수가 '빈민 중의 최빈민'에 속하는 가내노동자의 임금에 비해 재봉기를 사용하는 노동자들의 임금은 상승한다. 더 좋은 처지에 있었지만 재봉기와 경쟁하게 되는 수공업자들의 임금은 하락한다. 재봉기를 사용하는 새로운 노동자들은 전적으로 소녀들과 젊은 여성들이다. 기계력의 도움으로 이들은 비교적 힘든 작업에서의 남성 노동의 독점을 타파하고, 비교적 쉬운 작업으로부터는 대량의 늙은 여성들과 미성숙한 아동들을 축출한다. 강력한 경쟁은 가장 약한 수공노동자들(Handarbeiter)을 타도한다."(495-496/632) 여성과 미성년 아동이 노동하는 공업부문들로 공장법 적용이 확대되면, 이 과정은 인위적으로도 촉진된다. 여성노동과 아동노동에 대한 공장법의 각종 제한 때문에 기계사용은 더더욱 불가피해진다. 또한 값싼 노동력의 무제한적 착취만이 경쟁력의 유일한 토대였던 가내노동과, 매뉴팩처와 가내노동의 중간 형태들은 노동일과 아동노동을 제한하는 공장법 적용으로 몰락해 버린다.(498-499/635-636)

### 9. 공장입법.(보건 및 교육조항) 영국에서의 그것의 일반화

이 절의 전반에서는 공장법 중 제8장에서 살펴본 표준노동일 제정과는 관계없는 조항들, 즉 보건조항 및 교육조항이 분석되며, 후반에서는 공장입법의 일반화가 고찰되고 그 의의가 총괄된다. 먼저 대략적으로 파악한 공장법의 의의부터 보자. "생산과정의 자연발생적 형태에 대한 사회 최초의 의식적이고 계획적인 반작용인 공장입법은 … 대공업의 필연적인 산물이다."(504-505/643) 앞에서 본 바와 같이 기계제 대공업의 발전과 함께 숙련된 수공노동자들은 축출되고, 여성들과 아동들이 기계제 생산에 들어가 육체적 위축과 지적, 도덕적 황폐화를 겪게 되었다. 이에 대한 노동자계급의 투쟁이 공장입법의 배경이 된 것은 물론이지만, 노동자계급의 건전한 유지와 육성은 자본가계급에 있어서도 하나의 필수적인 사회적 요구가 아닐 수 없다. 왜냐하면 자본주의 사회는 노동자계급의 착취에 기반해 있고, 착취해야 할 노동자계급이 몰락하면 안 되기 때문이다. 개별자본가는 자신의 노동자들에 대해서는 과도한 노동시간, 낮은 임금, 열악한 노동조건을 강제하면서도 사회 전체로서는 잘 교육받은 양질의 노동자들이 존재하지 않으면 어려움을 겪을 수밖에 없다. 이 때문에 전체 자본가계급의 이해를 대변해 국가가 노동자계급 유지를 위한 법령과 제도를 만들어가지 않으면 안 된다. 이 점이 바로 공장입법, 그리고 보건 및 교육조항이 위치하는 지점이다. "가장 간단한 청결 및 보건설비조차도 국가의 강제법에 의해 자본주의적 생산양식에 강제해야 할 필요보다 무엇이 이 생산양식을 더 잘 특징지을 수 있겠는가?"(505/645)

다음은 공장입법 중 교육조항이다. 마르크스가 이 조항을 다음처럼 높게 평가한다. "공장법의 교육조항들은, 전체적으로 어떻게 빈약해 보인다 하더라도, 초등교육을 아동노동의 강제조건으로 선언한다. 그 성과는 교육 및 체육을 육체노동(Handarbeit)과 결합할 가능성, 따라서 또한 육체노동을 교육 및 체육과 결합할 가능성을 처음으로 증명했다."(506-507/646-647) 공장감독관도 보고서에서 이렇게 썼다. "반노반학(半勞半學: 절반의 노동과 절반의 학업) 제도는 두 개의 일[노동과 학업: 인용자]의 각각을 다른 하나의 휴식과 휴양으로 만들며, 따라서 두 개 중 어느 하나가 중단 없이 계속되는 것보다 아동에게 훨씬 적합하다."(507/647) 마르크스는 "공장제도로부터 미래 교육의 맹아가 싹터 나왔다"고 평가한다. "일정 연령 이상의 모든 아동에 대해 생산적 노동을 교육 및 체육과 결합하는 미래의 교육"을 "사회적 생산 증대를 위한 방법만이 아니라 전면적으로 발달한 인간을 생산하기 위한 유일한 방법"으로서 기대하는 것이다.(507-508/648) 초등교육이라는 공교육이 공장제도와 함께 탄생했다는 점을 명확히 함과 함께 마르크스는 노동과 교육의 통일 속에서 원대한 미래를 내다보고 있다.

'전면적으로 발달한 인간'을 생산하기 위한 교육이란 단순한 규범적 전망이 아니라 대공업의 본성 그 자체가 현실적 조건과 함께 그 필요성도 창출한다. 미래의 전망은 현실에 기반한 것이다. "근대적 공업은 어떤 생산과정의 현존 형태를 결코 최종적인 것으로 간주하지 않고, 또 그렇게 취급하지도 않는다. 그러므로 근대적 공업의 기술적 토대는 혁명적이다. … 근대적 공업은 … 생산의 기술적 토대와 함께 노동자의 여러 기능 및 노동과정의 사회적 결합들을 끊임없이 변혁한다. 그것과 함께 똑같이 근대적 공업은 사회 내부에서의 분업을 끊임없이 변혁하고, 대량의 자본 및 노동자를 끊임없이 어떤 생산부문으로부터 다른 생산부문으로 이동시킨다. 그러므로 대공업의 본성은 노동의 전환, 기능의 유동(Fluß), 노동자의 전면적 가동성을 전제로 한다."(510-511/652) 그런데 대공업의 이 혁명적인 기술적 토대는 자본주의적 형태와 모순된다. "자본주의적 형태에서 대공업은 낡은 분업을 그 석화된 특수성과 함께 재생산하기"(511/652) 때문이다. 이 모순은 노동자들의 기존의 전문기능을 폐지하고 그럼으로써 그들을 잉여인력으로 만들며, 그들의 생활기반을 빼앗는다. 자본주의하에서 노동의 전환은 무정부적으로 '자연법칙의 맹목적인 파괴 작용'을 동반하며 관철되므로, 대공업은 바로 이 파국들을 통해 "노동들의 전환, 따라서 노동자들의 최대한의 다면성을 일반적인 사회적 생산의 법칙으로 인정하는 것"을 '사활의 문제'로 만든다.(511–512/653) 그러므로 하나의 특수한 기능만 수행하는 '부분 개인'은 여러 가지 사회적 기능을 번갈아 수행하는 '완전히 발달한 개인'으로 대체되어야 한다.(512/653)

이와 관련해 마르크스가 이미 17세기 말에 미래교육의 이 심오한 사상을 훌륭하게 표명한 바 있는 영국 경제학자 벨러즈J. Bellers를 인용, 소개하고 있다. '일하지 않는 자 먹지도 마라'는 잠언을 주장한 것으로 알려진 인물인데, 그는 다음처럼 말한다. "게으름을 피우며 배우는 것은 게으름을 배우는 것보다 조금도 더 낫지 않다. … 육체노동은 원래 신(Gott) 자신이 정해 주었다. … 식사가 신체의 생존을 위해 필요한 것처럼, 그렇게 노동은 신체의 건강을 위해 필요하다. … 노동은 생명의 등불에 기름을 붓고, 사고는 그것에 불을 붙인다. 어린애 같이 멍청한 일은 … 아동들의 정신을 멍청하게 만든다."(513/654) 이렇게 우리가 현실에서 보는 자본주의적 대공업의 부정적 현상들 속에서 마르크스는 미래교육과 미래의 인간상을 위한 조건이 맹아적으로 형성되고, 또 그것이 필연적이라는 긍정적 의의도 보는 것이다. 다름 아닌 부정적 측면 속에서 긍정적 요소를 찾아내고, 사물을 모순으로서, 운동 속에서 파악하는 변증법적 접근이다.

다음에는 공장법이 가내노동을 규제함에 따라 종래의 가족제도를 해체하고 새로운 가족관계와 남녀관계의 기초를 창출하는 문제를 다룬다. 공장법이 공장, 매뉴팩처 등에서의 노동 규제인 한, 그것은 일단 '자본의 착취권'에 대한 간섭일 뿐이다. "그러나 이른바 가내노동에 대한 모든 규제는 즉각 가부장권, 즉 근대적으로 해석하면 친권에 대한 직접적인 침해로 나타나며", "대공업은 낡은 가족제도와 그에 상응하는 가족노동의 경제적 토대와 함께 낡은 가족관계 자체도 해체한다는 것"이다.(513/654-655) 이 과정은 얼핏 보면 절대적 가부장권을 갖고 자본에 아동노동 착취를 허락한 구래의 친권이 소실되고 그 착취가 완화되는 것처럼 보인다. 마르크스는 그렇지 않다고 한다. "그러나 자본에 의한 미성숙 노동력의 직간접 착취를 창출한 것은 친권 남용이 아니라, 오히려 그와 반대로 자본주의적 착취방식이 친권에 상응하는 경제적 토대를 지양함으로써 친권을 남용하게 만든 것이다."(514/656) 앞에서 살펴본 바처럼 자본주의적 기계사용이 광범위한 분야에서 성년 남자노동을 구축하고, 여성 및 아동노동을 착취관계에 들여놓게 함으로써 친권에 입각한 가족관계를 해체시킨 것이다.

하지만 마르크스는 여기서도 구래의 가족제도 해체 속에서 미래의 새로운 가족관계의 토대가 형성되고 있음을 본다. "이제 자본주의 체제 내에서 낡은 가족제도의 해체가 아무리 무섭고 역겹게 보일지라도, 그럼에도 불구하고 대공업은 가사(Hauswesen)의 영역 밖에 있는 사회적으로 조직된 생산과정에서 여성들, 미성년자들, 남녀 아동들에게 결정적인 역할을 부여함으로써 더 높은 형태의 가족과 양성兩性관계를 위한 새로운 경제적 토대를 창출한다. … 또한 결합된 노동인원이 남녀 및 다양한 연령층의 개인들로 구성되고 있다는 것은, 생산과정이 노동자를 위해 존재하는 것이 아니라 노동자가 생산과정을 위해 존재하는 그 자연발생적이고 야만적인 자본주의적 형태에서는 부패와 예속의 유해한 원천이지만, [새로운: 인용자] 상응하는 관계들하에서는 이와 반대로 틀림없이 인간적인 발전의 원천으로 변한다는 점 또한 명백하다."(514/656)

이 절의 나머지 부분에서는 공장감독관의 보고서(1865)와 『아동노동 조사위원회, 보고서』(1864)에 근거해 공장법의 일반화 과정을 구체적인 노동현장, 사업장을 따라가며 고찰하고, 그 의의를 다음처럼 총괄한다. 해당 부분이 다소 긴 데다 의의를 정리하는 데도 도움이 될 것으로 생각해 미야카와 아키라처럼 『자본』의 원문에는 없는 번호를 매겨 옮겨 놓도록 한다. "① 노동자계급의 육체적, 정신적 보호수단으로서 공장입법의 일반화가 불가피해졌다면, 다른 한편에서 그것은 … 소규모의 분산된 노동과정들로부터 대규모의 사회적 규모에서의 결합된 노동과정들로의 전화, 따라서 자본의 집적과 공장체제의 전제적 지배를 일반화하고 또 촉진한다. 공장입법의 확대는 자본의 지배가 아직도 부분적으로 은폐되고 있는 낡은 형태들과 과도적 형태들을 분쇄하고, 그것들을 자본의 직접적이고 노골적인 지배로 대체한다. 따라서 그것은 자본의 지배에 대한 직접적인 투쟁도 일반화한다. ② 공장입법의 일반화는 개별 작업장에서 균일성, 규칙성, 질서, 절약을 강요하는 반면, 노동일의 제한과 규제가 기술적으로 가한 엄청난 자극을 통해 전체로서의 자본주의적 생산의 무정부성과 파국들, 노동강도, 그리고 기계장치와 노동자 사이의 경쟁을 증대시킨다. 공장입법의 일반화는 소경영 및 가내노동의 영역과 함께 '과잉인구'의 마지막 피난처들을, 그리고 그것과 함께 전체 사회기구의 종래의 안전판을 파괴한다. ③ 공장입법의 일반화는 생산과정의 일반적 조건들 및 사회적 결합과 함께 그 자본주의적 형태의 모순들과 적대들을 성숙시키고, 그 때문에 동시에 새로운 사회의 형성요소들과 낡은 사회의 변혁계기들을 성숙시킨다."(525-526/675)

## 10. 대공업과 농업

이제 이 장의 마지막 절이다. 여기서는 대공업이 농업 및 농촌에 미친 압도적인 영향의 결과들을 간략하게 지적한다. 우선 농업에서의 기계 사용은 공장노동자들에서 보는 바와 같은 육체적으로 유해한 영향은 별로 없지만, 더욱 혹독하게 농업노동자들을 구축하고 과잉화시키며, 저항도 적게 받는다. 또한 종래의 농민을 파멸시키고 이들을 임금노동자로 전화시킨다는 점에서 더 한층 혁명적으로 작용한다. 구래의 '진부하고 비합리적인 경영'에 대신해 '과학의 의식적이고 기술학적 적용'이 나타나고 농촌변혁을 추동한다. 그러나 이렇게 해서 자본주의 생산양식은 "농업과 공업의 대립적으로 형성된 형태들의 토대 위에서 새로운 더 높은 양자의 종합, 양자의

결합을 위한 물질적 전제들"을 만들어낸다.(527-528/677-678)

자본주의적 생산은 도시인구를 집중시킴으로써 한편에서는 '사회의 역사적 원동력'을 집중시키지만, 다른 한편에서 도시의 과밀과 농촌의 과소를 야기해 '인간과 토지 사이의 물질대사'를 교란시키고, '도시노동자의 육체적 건강과 농촌노동자의 정신생활'을 파괴한다. 그러나 자본주의는 도시와 농촌 사이의 대립관계를 야기함과 함께, 여기서도 동시에 그 대립의 폐지, 지양의 조건들을 창출한다. 즉 "자본주의적 생산은 자연발생적으로만 생성된 물질대사의 상태를 파괴함으로써 동시에 물질대사를 사회적 생산의 규제적 법칙으로서, 그리고 인간의 완전한 발달에 적합한 형태로 체계적으로 재건할 것을 강제한다."(528/678)

마지막에는 우리에게도 잘 알려진 '수확체감의 법칙'과 관련된 문제가 있다. 마르크스는 자본주의적 농업의 진보가 노동자뿐 아니라 토지를 약탈하는 방식상의 진보이며, 토지의 비옥도를 높이는 진보가 이 비옥도의 항구적 원천을 파괴하고, 대공업이 발전하면 할수록 더더욱 그렇게 된다고 서술한 후에 여기에 수확체감의 법칙과 관련한 장문의 각주를 붙이고 있다.(529-530/679-680) 여기서 거론되는 리비히J. von Liebig는 당대의 뛰어난 독일 농예화학자다. 근대적 농업에 의한 토지로부터의 약탈이라는 부정적 측면을 자연과학적 견지로부터 날카롭게 제기한 '불멸의 공적'을 지닌 인물이라고 마르크스도 높게 평가하지만, 그가 당시 유행하던 '수확체감의 법칙'을 별 생각 없이 다음처럼 수용한 것에 대해서는 유감을 표명한다. 마르크스가 인용하는 리비히 자신의 말이다. "…
그러나 경작지의 수확 증가가 경작지에 사용된 노동에 비례할 수
는 없고, 훨씬 적은 비율로 수확이 증가한다는 것은 쉽게 이해할
수 있다. 이 법칙은 처음으로 존 스튜어트 밀에 의해 그의 『정치경
제학 원리』 제1권…에서 다음과 같은 방식으로 표명된다: '다른 조
건이 동일하다면, 토지의 수확이 고용노동자 수의 증가에 비해 체
감적 비율로 증가한다는 것은 농업의 일반적 법칙이다.' 밀은 이 법
칙의 이유를 알지 못했기에, 그것은 매우 기묘하다."(529/679)

마르크스는 이 각주에서 리비히에 의한 밀의 잘못된 평가도 정
정한다. 수확체감의 법칙에 관한 이론의 최초 제창자는 밀이 아니
라 아담 스미스 시대 앤더슨J. Anderson에 의해 처음 주장됐으며, 그
후 19세기 초반까지 각종 저술에서 반복됐고, 1815년에는 표절의
대가 맬서스가 이 이론을 자기 것으로 만들었다는 것이다. 또한 웨
스트E. West가 앤더슨과 같은 시기에 그와 독립적으로 이 이론을
주장했고, 1817년 리카도가 이 법칙을 가치의 일반이론과 연관시
킨 이래 이 이론은 리카도의 이름으로 돌아다녔으며, 1820년 제임
스 밀에 의해 속류화됐고, 마지막에는 그의 아들 존 스튜어트 밀
등에 의해 재생된 것이다. 존 스튜어트 밀의 모든 '주목할 만한' 권
위는 태반이 이와 같은 착오 덕분이라고 마르크스가 덧붙이고 있
다. 또한 영국에서 보면 이 법칙은 타당하지도 않다고 비판한다.

이것으로 『자본』에서 분량이 가장 많은 제13장이 끝난다. 제5편
으로 넘어가 보자.

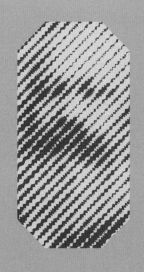

# 절대적 및
# 상대적 잉여가치의 생산

이 편에서는 자본주의 생산을 이제 절대적 잉여가치 및 상대적 잉여가치의 생산으로서 통일적으로 파악해 앞의 두 개 편을 종합하고 보완한다. 현실에서도 절대적 잉여가치 생산과 상대적 잉여가치 생산은 분리되어 따로 나타나지 않고 서로 뒤섞여 분리되기 어려운 모습으로 나타난다. 여기서 다시 앞의 두 편을 복습하는 것은 아니고, 이렇게 양자가 뒤섞여 하나로 나타날 때 잉여가치 생산 법칙의 여러 규칙들을 살펴보는 것이 이 편의 내용이다. 제15장과 제16장에서 잉여가치 법칙의 양적 정식화, 양적 변동의 규칙들이 규명된다.

# 제14장 절대적 및 상대적 잉여가치

[[먼저 제14장에서 생산적 노동의 개념이 나오는데, 제5편과 제14장에 배치해야 하는 꼭 어울리는 주제는 아니다. 마르크스는 이미 제3편 제5장에서 노동과정을 분석할 때 생산의 결실, 즉 산출된 생산물이라는 관점에서 노동은 생산적 노동, 노동수단과 노동대상은 생산수단이 된다고 했다.(196/240) 물론 거기서도 생산적 노동을 특별한 주제로 취급한 것은 아니다.[34] 그러면서도 이 규정은 노동과정의 관점에서 파악한 규정이고, 자본주의 생산 전체에 대해서는 불충분한 규정이라고 했다. 다시 말해 잉여가치 생산, 즉

---

34  전반적으로 『자본』에서는 생산적 노동이 특별한 분석대상이 아니다. 그나마 제3권 제4편에서 상인자본을 다루면서 이 문제가 비교적 더 언급되어 있다. 오히려 『자본』의 제3초고인 〈경제학초고 1863~65〉 중 제1권 초고로서 유일하게 보존되어 전해진 '제6장 직접적 생산과정의 결과들'(MEGA II.4.1)에서는 하나의 소항목으로 이 주제가 다뤄졌다. 자본(일반)의 'I. 자본의 생산과정'에 대한 1863년 1월의 플랜 초안(MEW 26.1, 389)을 보면, 마르크스는 원래 그 마지막 장(제9장)에서 생산적 노동과 비생산적 노동에 관한 이론들을 다룰 생각이었다. [앞의 [표1](29~30쪽)에서 본 것처럼 1862년까지의 플랜에서 'I. 자본의 생산과정'은 이와 달리 5개 장으로 구성되었다.] 마르크스가 이 문제를 주요한 이론적 대상으로서 본격적으로 검토하고 있는 곳은 『잉여가치학설사』에서다.

가치증식의 관점에서도 그 규정을 살펴봐야 한다는 것이다. 전자의 규정은 생산적 노동에 관한 본원적·일반적 규정이고, 후자의 규정은 특수한 역사적 형태 규정, 즉 자본주의적 형태 규정이다. 제3편 절대적 잉여가치 생산에서도, 제4편 상대적 잉여가치 생산에서도 더 이상 생산적 노동의 개념을 거론하지 않았다. 이제 여기서 기계제 대공업으로 발전한 자본주의를 염두에 두고 이 개념을 다시 검토한다.]]

미야카와 아키라에 따르면, 생산적 노동이라는 문제는 한 국가의 경제사회 발전의 현실적 담당자가 누구인가, 경제사회의 발전을 위해 부와 자산을 어떻게 사용하고 어떤 분야에 노동자를 배분하고 투입해야 하는가 하는 중차대한 문제다. 따라서 경제사회의 시대가 크게 변화하는 시기에는 이 문제가 초미의 관심사로 부각되지 않을 수 없다. 근대사회로의 과도기에 등장한 중상주의는 양도이윤을 실현하는 화폐 또는 귀금속과 관련되는 한에서, 즉 교환가치의 증대와 결부되는 한에서 노동은 생산적이라고 간주했다. 이에 반해 프랑스 절대왕정 말기에 초기자본주의를 선취한 중농학파는 유통영역에서 벗어나 생산영역에서 생산적 노동을 찾았다. 자본주의적 대농경영을 통해 프랑스 경제 재건을 기대하면서 이들은 농업에서만 순생산물(잉여가치)를 생산할 수 있고, 기타 제조업 등은 불임부문으로 보았다. 농업노동만이 생산적 노동인 것이다. 그러나 자본주의적 상공업의 발전에 따라 농업부문과 농업노동만을 생산적이라고 하는 것은 극복하게 된다. 스미스를 비롯한 고전학파는 농업노동만이 아니라 노동일반으로 생산적 노동의 개념을 확장했다. 시민혁명을 거쳐 산업혁명이 진행되는 시기에 스미스는 상품화폐경제를 기반으로 등장하는 자본주의 사회경제 체제를 자신의 이론체계에 반영하고자 했다.

마르크스는 상품의 두 요인과 그것에 조응하는 노동의 이중성, 그리고 노동과정과 가치형성과정·가치증식과정의 통일로서의 생산과정이라는 앞의 분석에 기반해 여기서 생산적 노동을 둘러싼 논쟁에 답을 준다. 제5장에서 언급한 생산적 노동은 노동과정에서 파악한 규정이었다. 마르크스는 거기서 이미 하나의 각주를 통해 이 규정이 불충분한 것임을 지적했다.(531/683) "단순한 노동과정의 관점으로부터 나오는 바와 같은, 생산적 노동의 이 규정은 자본주의적 생산과정에 대해서는 결코 충분하지 않다."(196/240) 요컨대 단순한 노동과정의 관점으로부터 본 생산적 노동을 이제 여기서는 기계제 대공업으로까지 발전한 자본주의적 생산의 단계에서, 그것도 생산과정을 가치증식과정과 노동과정의 통일적인 과정으로 파악하는 관점에서 다시 규정하는 것이다.

우선 단순한 노동과정의 측면에서 보더라도 기계제의 분업과 협업의 진전하에서 생산물은 개인생산자의 직접적 생산물로부터 '사회적 생산물로, 즉 '총노동자', 결합된 노동자들의 공동생산물로 전화됐기 때문에 생산적 노동의 개념도 확대된다. "생산적으로 노동하기 위해 이제는 스스로 [노동대상에: 인용자] 손을 대는 것은 이미 필요하지 않다. 총노동자의 기관이 되고 그 무언가의 부분기능을 수행하면 충분하다."(531/684) 그러면 대기업의 기획 및 관리부문, 영업부문도 직접 상품을 생산하지 않아도 기업 내 분업의 일환으로서, 결합된 총노동자의 한 부분으로서 해당 기능을 수행하는 것이어서 이 노동들도 '전체로서는' 생산적 노동의 규정을 받게 된다. 반면 가치증식과정이라는 다른 측면으로부터 보면, 생산적 노동의 개념은 변화하고 제한된다. 왜냐하면 자본주의 생산은 잉여가치 생산이어서 노동자는 자본가를 위해 잉여가치를 생산해야 하기 때문이다. "자본가를 위해 잉여가치를 생산하는, 즉 자본가의 자기증식에 기여하는 노동자만이 생산적이다."(532/684)

[[잉여가치를 생산하는 노동만이 생산적인 노동이라고 하는 경우, 그것은 물질적 재화를 상품으로서 생산하는 부문의 노동만을 의미할 수밖에 없다. 왜냐하면 가치와 잉여가치는 노동생산물과 분리해서 존재하는 것이 아니기 때문이다. 이렇게 보면 생산적 노동의 개념은 상당히 협소해진다. 마르크스는 『자본』 제3권에서 상인자본을 다루면서 이런 의미에서 상인자본에 고용된 노동을 기본적으로 비생산적 노동으로 파악한다(다만 유통과정에서의 생산과정의 계속으로 간주하는 상품의 운송, 보관, 배분의 업무를 수행하는 상업노동은 생산적 노동이라 한다). 그런데 잉여가치를 직접 생산하지 않더라도 상인자본이나 금융자본, 그리고 서비스 자본은 물질적 생산부문에서 생산된 잉여가치의 일부를 이윤이나 이자로 가져가기 때문에 이들 부문의 노동자도 자본가를 위해 이윤을 창출하고 있는 것이다. 따라서 이런 노동들도 자본가에게는 생산적 노

225

동이 된다. 마르크스는 위의 인용문에 곧바로 이어서 물질적 생산부문 이외의 사례, 즉 사립학교 교사의 사례를 통해 생산적 노동의 개념을 보여준다. 다른 노동자처럼 학교교사도 학교라는 '교육 공장'에서 '아동의 두뇌를 가공'하며, 동시에 지치도록 노동하면서 교육자본가에게 돈벌이를 해준다. 정곡을 찌르는 마르크스의 섬뜩한 비유가 인상적이다. 누구도 흉내 낼 수 없는 마르크스 특유의 언어 구사력이다. 이렇게 교사의 노동은 생산적이다. 그러면 자본주의하에서 생산적 노동은 자본가에게 이윤과 돈벌이를 제공해주는 노동이다. 다시 말해 임금노동은 모두 생산적 노동이다. "그래서 생산적 노동자라는 것은 행복이 아니라 오히려 재난이다." (532/685) (그런데 노동자가 이 재난을 피하고자 한다면, 실업이라는 더 큰 재난이 기다리고 있다.) 앞의 규정과 달리 생산적 노동의 개념은 크게 확장된다. 그렇지만 이런 노동이 물질적 생산부문의 노동처럼 잉여가치를 생산하는 것은 아니라는 점을 유의해야 한다.³⁵]]

[[이상을 정리하면, 마르크스에 있어 생산적 노동이라는 개념은 일의적이 아니라는 것이다. 생산적 노동을 어떤 측면, 어떤 관점에

---

35  상인자본에 고용된 노동 중에서도 잉여가치 생산에 기여하는 특정한 생산적 노동이 있는 것처럼, 조금 더 자세히 고찰하면 물질적 생산에 기여하지 않는 서비스 부문에서도 물질적 생산부문에서 생산된 상품의 사용가치를 완성한다는 의미에서 생산적 노동으로 간주되는 노동이 존재한다. 예를 들면 소프트웨어 중에서도 컴퓨터의 하드웨어를 구동하고 제어하는 운영체제os나 펌웨어firmware 같은 프로그램을 생산하는 IT 노동은 컴퓨터로서의 사용가치를 완성하는 것이어서 잉여가치를 생산하는 생산적 노동에 속한다.

서 보는가에 따라 그 의미와 정의가 달라진다. 우선 노동과정의 관점에서 보면, 구체적 유용물을 생산하는 노동이 생산적이다. 또한 기계제의 분업과 협업하에서 생산하는 경우, 결합노동의 부분 기능을 담당하는 노동들도 전체로서 생산적 노동이 된다. 다음 가치 증식과정의 관점에서는 잉여가치를 생산하는 노동이 생산적 노동이다. 그러나 잉여가치를 직접 생산하지 않더라도 자본가에 이윤을 만들어주는 노동도 생산적 노동이다. (그러면 생산적 노동의 개념은 더 확대될 수 있다. 인간 노동력의 재생산 측면에서 볼 때 가사노동도 생산적 노동이 된다. 가치증식의 관점에서는 가사노동이 비생산적 노동이지만, 노동력의 재생산 관점에서는 생산적 노동이다.) 이제 생산적 노동이 왜 문제인지 다시 한 번 보자. 생산적 노동은 우선 노동과정의 관점에서 파악하면 자연과의 물질대사를 통해 유용물을 생산하는 노동이다. 자본주의하에서도 유용물의 생산과 재생산은 인간 생존의 절대조건이기 때문에, 이런 의미의 생산적 노동이 투입되지 않으면 생존 자체가 불가능하다. 그러나 자본주의하에서는 이 노동과정이 가치증식과정에 의해 지배되고, 그런 점에서 가치증식과정에서 파악한 생산적 노동이 절대적으로 중요한 의미를 갖게 된다. 특히 잉여가치를 직접 생산하는 노동은 자본주의 사회의 전체 잉여가치의 유일한 원천이기 때문에, 자본주의 사회에 있어서는 이 생산적 노동이 가장 중요하다고 할 수 있다.]]

다시 절대적 및 상대적 잉여가치로 돌아가자. 우선 절대적 및 상대적 잉여가치 생산과 관련해 자본에 의한 노동의 '형식적 포섭'과

'실질적 포섭'이라는 구별이 나온다. 절대적 잉여가치 생산은 자본에 의한 노동의 형식적 포섭에 기반하고, 상대적 잉여가치 생산은 자본에 의한 노동의 실질적 포섭에 기반한다. 절대적 잉여가치 생산에서는 노동일 연장만이 문제다. 그러나 "절대적 잉여가치 생산은 자본주의 체제의 일반적 기초를 이루고, 또 상대적 잉여가치 생산의 출발점을 이룬다."(532/685) 그에 반해 "… 상대적 잉여가치 생산은 노동의 기술적 과정들과 사회적 편성들을 철저하게 변혁한다. 그래서 상대적 잉여가치 생산은 특수한 자본주의 생산방식을 전제한다. 자본주의 생산방식은 … 자본하에 노동의 형식적 포섭을 기초로 해서 비로소 자연발생적으로 성립하고 형성된다. 형식적 포섭에 대신해 자본하에 노동의 실질적 포섭이 나타난다."(532-533/685-686)[36] 이러한 흐름은 논리적인 동시에 발생사적 흐름이다. 하지만 발전의 성숙단계에 이르면, 노동일의 무제한한 연장이 기계제 대공업의 산물인 것처럼, 상대적 잉여가치 생산을 위한 방법은 동시에 절대적 잉여가치 생산을 위한 방법이기도 하다.(533/686) 반작용이 작동하고 양자가 상호 촉진하는 관계가 된다.

---

36  이전에 장인 밑에서 작업하던 직인이나 도제 또는 몰락한 장인 자체가 자본가의 직접적 통제하에 임금노동자로서 생산하게 되면, 그것으로 절대적 잉여가치 생산은 충분해진다. 그런데 그 생산의 기술적 토대는 노동자의 숙련에 달려 있고, 그런 점에서 생산의 주체는 노동력, 노동자라서 자본의 통제는 한계가 있고 형식적일 수밖에 없다. 반면 기계제 대공업이 확립되면, 생산의 기술적 토대는 기계설비가 된다. 기계가 오히려 생산의 주체가 되고 노동자는 생산의 보조적 역할로 추락하며, 노동자의 숙련은 쓸모없어지면서 기계에 대한 노동자의 실질적 종속이 이뤄지는 것이다.

그런데 다시 생각해 보면, 절대적 잉여가치와 상대적 잉여가치는 그게 그건 것 같고, 이런 구별이 왜 필요한지 의아한 생각이 들 수도 있다. 다음 문장이 흥미롭다. "어떤 관점에서 보면 절대적 잉여가치와 상대적 잉여가치의 구별은 완전히 환상적인 것처럼 보인다. 상대적 잉여가치는 절대적이다. 왜냐하면 상대적 잉여가치는 노동자 자신의 생존에 필요한 노동시간을 넘는 노동일의 절대적 연장을 조건으로 하기 때문이다. 절대적 잉여가치는 상대적이다. 왜냐하면 절대적 잉여가치는 필요노동시간을 노동일의 일부로 제한할 수 있게 하는 노동생산성의 발전을 조건으로 하기 때문이다. 그러나 잉여가치의 운동에 주목하면, 이 외관상의 동일성은 사라진다." (533-534/687) 잉여가치의 운동에 주목하면, 이 구별이 중요하다. 양자택일의 문제이기 때문이다. 노동생산력과 노동강도가 주어져 있으면, 노동일의 연장에 의해서만 잉여가치율이 증대한다. 노동일이 주어져 있으면, 필요노동과 잉여노동 사이의 상대적 변화(노동생산성 또는 노동강도의 변화)에 의해서만 잉여가치율이 증대한다.(534/687)

마지막으로 잉여가치의 자연적 토대에 대해 언급한다. 잉여가치의 성립이 일정단계의 노동생산성을 전제한다는 '자연적 토대'를 내세워 착취의 구조를 신비화해서는 안 된다는 것이다. 잉여가치를 생산하는 자본－임노동 관계, 생산관계를 포착해야 하는 것이다. "그밖에 자본관계는 장기간 발전과정의 산물인 경제적 기반 위에서 발생한다. 자본관계가 발생하는 토대로서 기존의 노동생산성은 자연의 선물이 아니라 수십 만 년에 걸친 역사의 선물이다."
(535/689) 이를 간과하면 밀J. S. Mill과 같이 상품화폐경제가 없더라
도 이윤은 존재한다는 황당무계한 주장이 나오게 된다. 후불임금
에 착안해 임금의 일부가 자본과 이자라는, 따라서 노동자도 자본
가라는 그의 주장 역시 가관이다.(539-541/695-698) 당대 석학으
로 명망 높던 밀의 어리석기 짝이 없는 이런 주장은 물론 그만의
문제가 아니다. 오늘날 노벨 경제학상으로 빛나는 석학(?)들도 마
찬가지다.

# 제15장 노동력의 가격 및 잉여가치의 크기 변동

현실에서는 절대적 잉여가치의 생산과 상대적 잉여가치의 생산이 뒤섞여 하나로 되어 전개된다. 하지만 잉여가치의 율과 그 양적 변동에는 양자의 차이가 구체적으로 명료하게 반영되어 나타난다. 이 장에서는 잉여가치 법칙의 정식화가 보인다. 즉 잉여가치의 양적 변동의 규칙이 규명된다. 변동요인은 노동시간(노동일의 길이), 노동강도, 노동생산력이다. 이들 요인의 여러 조합으로부터 잉여가치가 변동하는 것을 살펴본다.(543-/700-)

## 1. 노동일 및 노동강도는 불변이고, 노동생산력이 가변적인 경우

이 경우 노동력 가치와 잉여가치는 다음 세 가지 법칙에 의해 규정된다.

제1법칙: 노동생산력이 변하고 그에 따라 생산물 총량이 변화해서 개개의 상품가치가 어떻게 변해도 주어진 길이의 노동일은 언제나 동일한 가치생산물(v+m)을 생산한다.

제2법칙: 노동력 가치와 잉여가치는 서로 반대방향으로 변동한다. 노동생산력의 증가나 감소는 노동력 가치에 반대방향으로 작용하고, 잉여가치에는 같은 방향으로 작용한다.

제3법칙: 잉여가치의 증가 또는 감소는 언제나 노동력 가치의 감소 또는 증가의 결과이지, 그 원인이 아니다.

노동생산력이 현저하게 상승하는 경우 노동력의 가치가 저하하면서도 노동력의 가격이 그만큼 저하하지 않으면, 임금으로 구매하는 노동자의 생활수단 총량이 증대할 수 있다. 이른바 실질임금의 상승이다. 그러나 그 경우에도 노동력 가치는 저하하고 잉여가치는 증대하기 때문에 노동자와 자본가의 생활상태 사이의 격차는 더 확대될 것이다.(545-546/703-704) 위의 법칙들은 사실 리카도의 투하노동가치론에 의해 정식화되고 해명됐다. 다만 리카도는 노동생산성만이 가변요인이라 간주했고, 또 잉여가치 자체는 파악하지 못해 그 형태인 이윤으로 표현했으며(이른바 이윤과 임금의 상반관계), 그럼으로써 이윤의 법칙과 혼동했다.(546-547/704-705) 우리는 앞에서 잉여가치율과 이윤율의 차이에 대해 이미 살펴봤다.

## 2. 노동일 및 노동생산력이 불변이고, 노동강도가 가변적인 경우

노동강도가 더 높은 노동일은 더 많은 생산물과 가치생산물을 생산한다. 노동강도가 더 높다는 것은 동일한 시간에 더 많은 노동력을 지출하는 것이고, 더 많은 노동, 즉 더 많은 가치가 더 많은 생산물에 대상화된다. 그래서 이 경우는 노동생산성이 증가할 때와 달리 생산물 1개의 가치는 변하지 않는다. 이런 경우 노동력 가격과 잉여가치가 동시에 증대할 수 있지만, 노동력 가격의 등귀가 강화된 노동력 소모를 보상하지 못하는 경우에는, 노동력가치 이하로의 노동력 가격 저하를 동반하게 된다.(547/706) 또 노동강도 증대가 전체 산업부문에 보급되면, 그것이 새로운 사회적 표준이 되고, 노동강도 증대라는 효과는 더 이상 말할 수 없게 된다. 그러나 국민 사이에 노동강도의 표준은 상이하다. "노동강도가 더 높은 국민의 노동일은 노동강도가 더 낮은 다른 국민의 노동일보다 더 커다란 화폐로 표현된다."(548/707)

## 3. 노동생산력 및 노동강도가 불변이고, 노동일이 가변적인 경우

노동일은 단축되거나 연장될 수 있다. 노동일의 단축은 잉여가치를 축소시킨다. 이 때문에 노동일 단축에 대한 반대론이 나오는 것이다. 그런데 실제로는 거꾸로 노동일 단축에 노동생산성 및 노동강도가 선행하든가, 그것에 곧 뒤따라 노동일 단축이 일어난다.(548-549/708) 노동일이 연장되면 노동력의 가격은, 그것이 명목적으로 불변이든가 또는 상승하는 경우에도 노동력가치 이하로 저하될 수 있다.(549/709)

## 4. 노동의 지속기간, 노동생산력, 노동강도가 동시에 변동하는 경우

여기서는 변동하는 요인의 조합에 따라 많은 경우가 생기지만, 그것들은 위의 세 가지 경우에서 본 결과들로 쉽게 분석할 수 있다. 마르크스는 두 가지 중요한 조합에 대해 언급한다. 하나는 (그 생산물이 노동력의 가치를 결정하는 산업부문에서) 노동생산성이 감소하고 동시에 노동일이 연장되는 경우다. 이것은 1799~1815년 시기에 영국에서 일어났던 경우다. 리카도, 웨스트 등은 이에 대해 경작노동의 생산성 저하가 잉여가치율의 하락을 가져왔다고 결론짓고, 자신의 분석의 중요한 출발점으로 삼았다. 그러나 실제로는 노동시간의 강제적인 연장과 노동강도의 증대 덕분으로 당시 잉여가치율은 상대적으로도, 절대적으로도 증가하고 있었다.(551/711-712) 또 하나는 노동강도와 노동생산력이 증대하고 동시에 노동일이 단축되는 경우다.(552/713-714) 이들 세 가지 요인은 본래 상호 촉진적으로 작용하지만, 자본주의하에서는 그렇지 않다. 노동강도 및 노동생산력의 증대로 노동력 가치가 저하하지만, 이것이 노동일의 단축으로 이어지기가 쉽지 않다. 오늘날 노동시간 단축 문제에서 제기되는 쟁점들도 이런 경우에서 살펴볼 수 있다.

# 제16장 잉여가치율을 나타내는 여러 가지 정식

I. 잉여가치율 = 잉여가치(m)/가변자본(v) = 잉여가치/노동력가치 = 잉여노동/필요노동

II. 잉여가치율 = 잉여노동(m)/노동일(v+m) = 잉여가치/생산물가치 = 잉여생산물/총생산물 [[이 정식은 고전학파의 파생적 정식이다. 그러면 착취도는 달라진다. 물론 고전학파에서 잉여가치 자체에 대한 연구나 개념이 있는 것은 아니다. 이 정식은 잘못된 것이다. 생산물가치, 총생산물 대신 가치생산물, 순생산물이라고 해야 하지만, 이에 대한 고전학파의 혼란, 오류 때문에 이렇게 잘못 표현된 것이다. 제22장 제2절에서 언급되는 '스미스의 도그마'와 관련된 오류다. 불변자본(c)의 생산은 소급해 올라가면 결국 가변자본 또는 노동으로 환원되기 때문에 생산물가치에서 c가 사라지고 생산물가치와 가치생산물이 같은 것이라는 말이다.]]

III. 잉여가치율＝잉여가치/노동력가치＝잉여노동/필요노동＝
부불노동/지불노동

(이 정식에서 보는 바처럼 자본증식의 비밀은 자본이 타인의 부불노동
에 대한 지휘권, 처분권을 갖는 것이다.)

제6편

임금

지금까지 자본의 가치증식 및 잉여가치 생산의 분석과 관련해 우리는 이미 노동력의 가치를 살펴봤다. 그때 임금이라는 용어도 나오지만, 그것은 노동력 가치의 화폐표현으로서 '노동력의 가격'을 나타내며, 노동력 가치를 나타내는 편의적인 대용어처럼 사용됐다. 특별히 임금을 분석한 것은 아니었다. 그러나 임금이라는 것은 현실에서, 일상의 의식 속에서 노동력의 가치 또는 노동력의 가격이 아닌 '노동의 가격'으로 나타난다. 노동력이 아닌 '노동력을 지출하는 행위'인 노동의 가격으로서 말이다. 법령에서도 임금의 정의는 그렇게 되어 있다. "임금이란 사용자가 근로[노동: 인용자]의 대가로 근로자에게 임금, 봉급, 그 밖에 어떠한 명칭으로든지 지급하는 일체의 금품을 말한다."(근로기준법 제2조 제1항 제5호) 임금의 본질은 노동력의 가치이지만, 현상에서는 임금이 노동의 가격으로 나타나는 문제를 이제 다루게 된다. 임금 자체가 분석되는 것이다. 그런데 여기서도 노동의 가격, 임금이라는 현상형태는 자본에 의한 노동력의 착취라는 자본주의 생산관계의 본질을 은폐하고 왜곡해 표현한다. 이 형태에서 착취는 사라지고 임금은 노동에 대한 공정한 보수가 된다. 이 문제가 먼저 제17장에서 다뤄지고, 이어서 임금의 구체적 형태인 시간임금(Zeitlohn, 제18장)과 개수임금(Stücklohn, 제19장)을 살펴보며, 마지막으로 임금의 국민적 차이(제20장)를 보게 된다.

# 제17장 노동력 가치 또는 노동력 가격의 임금으로의 전화

　노동력의 가치냐 노동력의 가격이냐, 여기서 그것은 중요한 게 아니다. 가격은 가치의 표현이기 때문에 내용적으로는 같은 말이다. 중요한 건 이것이 임금, 즉 노동의 가격으로 전화한다는 것이다. "부르주아 사회 표면에서는 노동자의 임금은 노동의 가격, 즉 일정분량의 노동에 대해 지불되는 일정분량의 화폐로 나타난다." (557/723) 종래의 경제학에서는 '노동의 자연가격'이라든가 '노동의 시장가격' 또는 '노동의 가치'라는 용어를 사용한 것처럼, 노동력이 아닌 노동의 문제로 접근했다.

　마르크스는 노동의 가격이라는 용어에 대해 동어반복이나 자가당착 등 모순을 지적한다. 상품의 가치가 그 상품에 포함된 노동시간임을 생각하면, 1일 12시간 노동일의 가치는 12시간 노동에 포함된 12시간 노동에 의해 결정된다고 말해야 한다. 노동의 가치의 크기를 노동의 크기로 규정하는 것은 '멍청한 동어반복'(557/723)이라는 것이다. 이러한 비판은 고전학파 경제학자들 사이의 논쟁에서 리카도에 대한 베일리S. Bailey의 비판 중에서 이미 나왔던 것이다. 즉 '노동의 가치'라는 용어는 "허튼 소리(Unsinn)"라고 말이다. 이 지적을 마르크스가 각주에 옮겨놓았다.[37](557/723~724) 또한 노동은 상품으로 취급할 수 없는 것이라는 점이다. 상품은 일정한 노동시간이 가치로서 대상물에 체현된 것인데, 유동상태에 있는 노동은 대상물이 아니며, 따라서 가치의 담지자가 될 수 없기 때문이다. 노동은 시장에서 노동력의 교환 후에 공장에서 노동력이 소비되는 과정에서 발휘되는 것이다. 노동은 시장에서는 존재하지 않는다. 그리고 산노동과 화폐(대상화된 노동)가 직접 교환된다면, 가치법칙이 폐기되거나 자본주의 생산 자체가 폐지될 것이라고 한다. 즉 1일 12시간의 노동자의 산 노동과 12시간의 노동이 대상화된 자본가의 화폐가 교환되면 등가교환이지만, 이 경우 자본가에게는 어떤 잉여가치도 생기지 않기 때문에 자본주의 생산의 토대 자체가 소멸되어 버린다. 그렇지 않고 12시간의 산 노동과 6시간 노동이 대상화된 화폐가 교환되면, 이는 등가교환의 원칙을 훼손하게 된다.

"노동은 가치의 실체이고 가치의 내재적 척도이지만, 그러나 노동 그 자체는 하등 가치를 갖고 있지 않다."(559/726) 또한 "노동의 가치라는 용어는 토지의 가치라는 것과 같은 환상적인 표현이다.

---

[37] 베일리는 상품의 내재적 가치는 없고 상품의 교환가치와 가격만 있을 뿐이라고 주장하는 속류경제학 계보의 인물이다. 노동의 가치를 둘러싼 리카도의 혼란을 계기로 속류경제학이 비판하며 치고 들어오는 것이다.

… 이런 표현들은 본질적인 관계들의 현상형태들을 위한 범주들이다.”(559/726)[38] 여기서도 본질적인 관계가 전도되어 나타나는 현상형태가 문제인 것이다. 고전학파는 일상으로부터 무비판적으로 '노동의 가격'이라는 범주를 차용하고, 노동 가격 변동의 중심을 '노동의 자연가격'이라 했으며, 이것 또한 다른 상품들과 마찬가지로 화폐로 표현된 노동의 가치라고 간주했다. 그런데 이 노동의 가치의 생산비용 또는 재생산비용은 무엇인가라는 질문 속에서 실은 이것이 노동력의 가치라는 점에 도달하고 있었지만, 자신들의 그 성과를 인식하지 못했으며, '노동의 가치', '노동의 자연가격'이라는 범주로부터 벗어나지 못했다. 그 결과 잉여가치를 둘러싼 혼란과 모순에 빠졌고, 원칙적으로 현상의 외관만 쫓는 속류경제학에 확실한 활동기반을 제공했던 것이다.(559-561/727-728)[39]

---

38　“그렇게 자본화된 지대(이것이 토지의 구매가격 또는 가치를 형성한다)는 노동의 가격이 불합리한 것과 완전히 마찬가지로 명백히 불합리한 범주이다. 왜냐하면 토지는 노동의 생산물이 아니고 따라서 가치도 가지지 않기 때문이다”(MEW 25, 636/III(하), 767)

39　마르크스의 잉여가치론은 이렇게 잉여가치에 대한 고전학파 경제학의 혼란과 오류를 비판, 극복하면서 성립됐다. 마르크스는 경제학의 고전적 대가들의 머릿속에 들어가 이들의 혼란스러운 개념들과 범주들을 헤집고 다니면서 그 논리구성 및 이론체계의 한계와 오류를 밝혀내고, 과학적 인식과 분석을 통해 그것들을 정정하는 새로운 개념과 범주, 그리고 이론체계로 잉여가치론을 정립한 것이다. 대가 중의 대가인 마르크스의 면모라 할 수 있다. 엥겔스가 『자본』 제2권 서문에서 로트베르투스J. K. Rodbertus를 마르크스가 표절했다는 주장을 반박하면서 잉여가치와 관련한 고전학파의 혼란과 한계, 그리고 마르크스의 독보적인 학문적 기여에 대해 간결하게 정리하고 있어 참조하면 좋겠다.(MEW 24, 13-/『자본론』II, 제1개역판, 8-) 이런 점에서 스미스나 리카도의 저작 등을 마르크스의 도움 없이 직접 읽는 것은 이들의 혼란에 같이 빠지게 될 뿐이어서 결코 좋은 독서법이 되지 못한다. 마르크스의 『자본』이나 『잉여가치학설사』를 먼저 보는 것이 필요하다.(그런데 『잉여가치학설사』는 초고라서 『자본』보다 더 이해하기 어렵다.)

그러면 노동력의 가치, 노동력의 가격이 어떻게 임금, 노동의 가격이라는 전화형태로 나타나는지 살펴보자. "이제 노동력의 1일 가치[6노동시간＝3실링: 인용자]가 1일 노동[12노동시간: 인용자]의 가치로 표현되면, 12노동시간[＝6실링: 인용자]은 3실링의 가치를 갖는다는 정식이 나온다. … 이렇게 해서 6실링의 가치를 창조하는 노동이 3실링의 가치를 갖는다는, 일견 멍청한 결과를 얻게 된다." (561-562/728-729) 그런데 이것이 중요한 문제다. "노동일의 지불부분인 6노동시간이 표현되는 3실링의 가치가, 지불되지 않은 6노동시간을 포함하는 12노동시간인 총노동일의 가치 또는 가격으로 나타난다. 따라서 임금의 형태는 필요노동과 잉여노동으로의, 지불노동과 부불노동으로의 노동일 분할의 모든 흔적을 지워 버린다. 모든 노동이 지불노동으로 나타난다."(562/729)

노동의 가격 또는 임금이라는 용어 자체가 자본주의 착취관계를 은폐하고, 왜곡하는 것이다. 봉건제하에서는 예속 농민이 1주일에 3일은 영주 직영지에서 노동하고, 3일은 자신의 경작지(대여된 영지)에서 노동하기 때문에, 자기 자신의 노동과 영주를 위한 부역노동은 '공간적으로도, 시간적으로도' 명백하게 구별된다. 부역노동과 노동지대는 누구 눈에도 분명하다. 반면 노예제하에서는 노예 자체가 노예주의 소유물이기 때문에, 자기 자신의 생존을 위해 노동하는 부분도 노예주를 위한 부불노동인 것처럼 보인다. 노예의 모든 노동이 부불노동으로 나타난다. 그에 반해 자본주의하에서는 노동자의 모든 노동이 지불노동으로 나타난다. "거기서는 소

유관계가 노예 자신을 위한 노동을 은폐하고, 여기서는 화폐관계
가 임금노동자의 무상노동을 은폐한다."(562/730)

임금형태의 이론적 문제를 정리하자. 이 형태가 자본주의의 여
러 의식 및 이데올로기의 토대라는 것이다. "그러므로 노동력의 가
치 및 가격을 임금형태로, 또는 노동 자체의 가치 및 가격으로 전
화하는 것의 결정적 중요성이 이해된다. 현실적 관계를 못 보게 만
들고 바로 그 관계의 역을 나타내는 이 현상형태에, 노동자 및 자
본가가 갖는 모든 법률관념, 자본주의 생산양식의 모든 신비화,
그 생산양식의 자유에 대한 모든 환상, 속류경제학의 모든 변호론
적 속임수가 근거하고 있다."(562/730) 이러한 임금이라는 현상형태
가 부자연스럽지 않고 오히려 자연스럽게 받아들여지는 이유가 몇
가지 있다.(563~564/730~733) 우선 소재와 화폐가 교환되는 통상
의 거래와 마찬가지로 노동이라는 소재와 일정량의 화폐 교환이라
는 점에서 다르지 않고, 소재에 부수되는 가치 또는 가격이라는 점
에서도 노동의 가치, 노동의 가격은 특별히 불합리한 표현으로 보
이지 않는다. 또한 임금이 후불이라는 점에서 제공된 노동에 대한
보상, 지불이라는 의식이 강화된다. 이 요인이 아마도 특히 중요하
게 작용할 것이다. 그리고 노동자들이 제공하는 노동은 눈에 보이
는 대로 유용노동이어서 그 노동이 동일하게 가치를 형성하는 노
동, 즉 노동력의 지출이라는 것을 간과하기 마련이다. 마지막으로
노동시간 변화에 따라 임금이 증감하고, 또 동일직의 임금에서 노
동자 사이에 개인차가 생기면 제공된 노동의 양과 질에 따라 그 가

격이 변하므로 노동의 가격이라는 관념이 자연스럽게 더욱 강화된
다.

# 제18장 시간임금

　　[[이 장은 다음 문장으로 시작한다. "임금 자체는 다시 매우 다양한 형태를 취한다. … 그러나 이 모든 형태를 서술하는 것은 임금노동에 관한 특수연구에 속하고, 따라서 이 저작에는 속하지 않는다. 그에 반해 여기서는 두 가지 지배적인 형태가 간략하게 전개될 수 있다."(565/734) 이 강의 처음의 길라잡이에서 언급한 문제다. 마르크스는『자본』의 집필과정에서 정치경제학 비판 6부작의 제1부 제1편 '자본일반'의 원래 계획을 넘어 후속하는 제1, 2, 3부의 기본규정들을 포괄하도록 '자본일반'의 개념을 확장했다. 이렇게 '확장된 자본일반' 또는 '자본의 일반적 분석'이『자본』의 새로운 구조원리가 됐지만, 원래의 6부작 체계는 그대로 유지됐고, 따라서『자본』에 들어오게 된 기본규정들 외에 남은 문제들을 후속부·편에서 다뤄야 한다는 생각이었다. 앞 장의 임금형태 자체도 그렇고, 이어지는 두 개 장에서 보게 되는 임금의 두 가지 기본 형태도 이렇게 원래의 제3부 임노동으로부터 임노동의 기본규정들로서『자본』에 들어오게 된 범주들이다. 마르크스는 여기서 그 밖의

247

임금형태를 비롯한 나머지 남은 문제들은 여전히 제3부에서 다뤄야 한다고 지시하는 것이다.]]

앞 장에서는 일반적인 임금형태가 고찰됐다. 이제 한 걸음 더 나아가 그 구체적 모습을 살펴본다. 첫 번째는 시간을 기준으로 하는 임금형태, 즉 시간임금과 그 법칙을 다룬다. 그리고 더 나아가 다음 장에서는 개수임금이다. 이것은 시간이 아닌 생산된 생산물, 산출고를 기준으로 하는 임금이다. 이 두 가지 형태가 임금의 기본 형태다. 이 형태들은 모두 과거의 임금형태일 뿐 아니라 오늘날에도 기본적인 형태들이며, 특히 개수임금은 더욱 발전해서 오늘날 맹위를 떨치는 성과주의 임금으로 이어지고 있다.

시간임금은 임금형태로부터 자연스럽게 정의된다. "노동력의 판매는 … 항상 일정한 기간을 기준으로 행해진다. 노동력의 1일 가치, 1주 가치 등을 직접적으로 표현하는 전화된 형태는 일급, [주급: 인용자] 등 '시간임금'이다."(565/734) 임금의 법칙도 마찬가지다. "그런데 제15장에서 서술한 노동력의 가격 및 잉여가치의 크기 변동에 관한 법칙들은 단순한 형태변화를 통해 임금의 법칙으로 전화된다는 점을 우선 지적해야 한다. 그와 마찬가지로 노동력의 교환가치와, 이 가치가 전환되는 생활수단의 양 사이의 구별은 이제 명목임금과 실질임금 사이의 구별로 나타난다."(565/734)

전화형태란 임금형태를 말한다. 그것의 기축은 시간임금이며, 다음 장의 개수임금은 더욱 전화하고 파생된 형태다. 우선 중요한 것은 노동의 평균가격이며, 다음처럼 산출된다.(566/735) 1노동시간의 평균가격=노동력의 1일 평균가치/1평균노동일의 시간 수. 이 1노동시간의 평균가격, 즉 시급이 노동 가격의 척도 단위가 된다. 노동력의 1일 가치와 1노동일의 노동시간 수는 특정한 시대에 특정한 사회에 평균적으로 주어져 있으므로 이 계산이 가능하다. 이로부터 임금의 일반법칙이 나온다. "다음과 같은 일반법칙이 나온다. 1일 노동량 또는 1주 노동량이 일정하다면, 일급 또는 주급은 … 노동의 가격에 달려 있다. 반대로 노동의 가격이 일정하다면, 일급 또는 주급은 1일 노동량 또는 1주 노동량에 달려 있다." (567/736-737)

간단한 산식이지만, 이 산식을 이해해야만 왜 우리 시급이 5000원이나 1만5000원이 아니라 하필이면 1만 원인지를 이해하게 된다. 또한 이 시급이 확정되어 주어지면, 이제 1일의 임금은 시급에 1일 노동시간 수를 곱한 것으로 계산된다. 그러면 1일 임금은 1만 원×12시간=12만 원이 된다. 원래 노동력의 1일 가치가 12만원이기 때문에 그 화폐표현인 1일 임금이 12만 원이었던 것인데, 여기서는 거꾸로 1시간 시급이 1만 원이므로 12시간 노동하면 1일 임금이 12만 원이 된다는 것이다.

[[이른바 '무노동 무임금'이라는 주장도 실은 이러한 맥락에서 이해할 수 있다. 노동시간이 0이면 임금도 0이 된다. 이런 주장이 임금의 현상형태에 사로잡힌 의식, 즉 노동의 가격이 임금이라는 전도된 관념으로부터 나온다는 것을 여기서 확인해 두자. 거꾸로 '무노동 무임금'이라는 문제가 쟁점이 되는 것은 현실에서도 임금이

노동시간의 가격이 아님을 말해 준다. 일정 시간 노동을 안 하면서도, 또는 노동시간을 줄이면서도 임금을 그대로 받는 노동자들이 현실에 널려 있기 때문이다. 임금은 본질적으로 노동력의 가격이며, 그것은 자본가가 노동자로 하여금 1일 몇 시간을 노동하게 하는 것과는 무관한 것이다. 잉여노동의 증대가 생산의 유일한 목적인 자본가로서는 노동시간 감소로 인한 이윤손실을 임금삭감으로 벌충하고자 하기 때문에, '무노동 무임금'은 전도된 일상의식에 기댄 자본의 논리일 뿐이다.]]

임금법칙은 다음처럼 구체적으로 전개되면서 노동자들의 생계를 비참하고 가혹한 상태로 몰아간다. 우선, 과소취업으로 인한 노동자의 생계불안인데, 취업시간 단축으로 노동자는 자본가에게 잉여가치를 생산해 주면서도 노동력의 1일 가치도 받지 못한다. 1일 6시간만 노동하면, 이 노동자의 1일 임금은 6만 원이고, 자신의 노동력 재생산비 1일 12만 원에 미치지 못한다. 당연히 노동력의 재생산이 어려워지고 생활고에 시달리게 된다. 임금법칙의 관철이 여기서는 임금개념의 전제, 즉 노동력 가치의 화폐표현, 노동력의 재생산비용이라는 전제를 훼손하고 있다.

다음은 노동의 가격, 즉 시급이 낮기 때문에 과도한 노동을 하게 되는 메커니즘이다. "… 노동자가 어쨌든 만족스러운 임금을 벌고자 한다면, 이른바 표준노동시간 내에서의 낮은 노동가격으로 인해 그는 더 많이 지불되는 초과시간의 노동으로 내몰리게 된다."(569/739) 마르크스는 각주에서 당시 『공장감독관 보고서』로부터 이런 초과노동 실태를 구체적으로 확인하고 있다. 노동자들이 노동시간을 매일 3시간이나 4시간 연장해서 노동력 가치를 유지하는데 부족한 부분을 벌충한다는 것이다. 또한 같은『공장감독관 보고서』에서 마르크스는 런던의 건설노동자들이 1860년 파업과 공장폐쇄 당시 시간임금의 수용조건으로 선언한 다음 두 개 사항은 사태를 정확히 비판한 것이라고 했다. "1. … 10시간 노동일의 1시간 가격은 9시간 노동일의 1시간 가격보다 더 높아야 한다는 것, 2. 표준노동일을 초과하는 모든 시간은 초과시간으로서 비교적 더 높게 지불할 것."(570/740) 이는 곧 노동시간의 장기화에 따른 과도한 노동력 마모를 보상해야 한다는 것이고, 또 초과근무 수당을 지불해야 한다는 것이다.

마지막으로 저임금 구조와 장시간 초과노동의 상호규정적인 측면이다.(570/740-741) 노동일이 길면 길수록 그만큼 임금은 낮아지며, 또 역으로 임금이 낮으면 낮을수록 노동시간은 길어질 수밖에 없다. 마르크스는 현실에서의 이런 관계 또한『공장감독관 보고서』를 통해 확인해 준다. 노동자들의 단결을 통해 이 악순환을 끊고 이로부터 벗어나지 못하면, 이러한 임금법칙의 관철을 저지하지 못할 것이다.

[[임금법칙의 전개 속에서 임금이 노동력의 재생산비에도 미치지 못하는 위와 같은 문제는 이른바 가치법칙을 훼손하는 초과착취의 문제라서 기본적으로 가치법칙을 전제하는『자본』에서 다룰 주제는 아니다. 또 자본가의 초과착취는 다른 자본가에 대한 경쟁

력의 원천이어서 자본들 사이의 경쟁을 고찰하는 수준에서 다룰 수밖에 없다. 말하자면 마르크스는 위에서 제한적으로 이 문제를 언급하고 있는 것이다. "경쟁의 분석은 여기에[이 책에: 인용자] 속하지 않기 때문에, 우리는 다만 이 운동을 지적할 뿐이다."(571/742) 경쟁의 분석은 정치경제학 비판 체계 제1부 제2편에 속한다. 마르크스는 여기서도 후속 과제인 제1부 제2편 자본들의 경쟁 또는 제3부 임노동을 염두에 둔다.]]

'노동의 표준가격'하에서는 자본가의 뇌리로부터 부불노동이라는 관념이 완전히 지워진다는 것, 이것이 시간임금의 결론이다. 다음 계산법을 통해 다시 확인하자.

**임금결정의 계산법[40] (미야카와 아키라, 396)**

| (1) 임금의 본질 |
|:---:|
| (1노동일의) 임금(＝노동력의 가격) = 노동력의 1일 재생산비(노동력의 1일 가치) |
| **(2) 임금률의 규정** |
| 임금 단위: 1시간당 노동의 가격(시급) = 노동력의 1일 가치/1노동일의 노동시간 수 |
| **(3) 임금액의 산정** |
| 임금액 = 노동의 가격(시급)×노동시간 |

(1)은 본질로부터의 임금규정이고, (2)는 분석적인 의식으로 규명한 임금규정이며, (3)은 일상의 의식에 사로잡혀 임금법칙이 작동할 때의 임금규정이다.

---

40　부정확한 부분을 필자가 약간 수정했다.

# 제19장 개수임금

개수임금은 시간임금이 전화한 형태다. "시간임금이 노동력의 가치 또는 가격의 전화형태인 것처럼 개수임금은 시간임금의 전화형태에 다름 아니다."(574/745) 임금법칙의 주요 내용은 기본 형태인 시간임금을 따라 앞 장에서 이미 살펴봤으므로, 여기서는 개수임금의 특유한 문제만 간략하게 보도록 한다. 개수임금은 노동자가 산출한 성과, 생산물 개수에 따라 임금을 지불하는 임금형태다. 이 형태에서 임금은 대상화된 노동생산물의 가치 또는 가격으로 나타난다. 그러나 임금의 본질은 변하지 않는다.

마르크스의 예(575/747)를 따르면, 개수임금은 다음처럼 설명할 수 있다. 1일 12시간 노동 중 6시간은 지불노동, 6시간은 부불노동이며, 이 노동일은 6실링의 가치를 생산하고, 생산물은 24개 생산된다(생산수단은 고려하지 않는다). 그러면 1노동시간은 1/2실링을 생산하고, 생산물 1개의 가치는 1/4실링이며, 지불노동이 표현하는 노동력 가치는 3실링, 부불노동인 잉여가치는 3실링이다. 시간임금은 1시간당 1/4실링[=3실링(1일 노동력 가치)/12시간(1일 노동시간)]을 받는 임금형태다. 노동자가 12시간을 노동하면 3실링을 받는다. 반면 개수임금은 생산물 1개당 1/8실링을 받는다. 노동자가 24개를 생산하면 3실링을 받는다. 이 임금 3실링은 생산물 12개의 가치 또는 가격이다. "시간임금에서 노동은 직접 지속시간에 의해 측정되고, 개수임금에서 노동은 일정한 지속시간의 노동이 응결된 생산물의 양에 의해 측정된다. 노동시간 자체의 가격은 결국 '1일 노동의 가치=노동력의 1일 가치'라는 방정식에 의해 결정된다. 그래서 개수임금은 단지 시간임금의 수정된 형태일 뿐이다." (576/748) 여기서 임금은 노동생산물을 생산하는 노동자 개개인의 작업능력에 의해 좌우된다. 이를 통해 자본가는 생산의 효율을 제고하고, 총노동비용을 줄여 이윤 증대를 도모한다. 반면 노동자들은 상호 간에 격렬한 성과경쟁에 들어가게 된다.

이 임금형태에는 다음과 같은 특징이 있다.(576-/748-) 첫째, 생산물 그 자체에 의해 그것에 투입된 노동의 질이 관리된다. 노동의 질은 생산물의 품질에 의해 확인되기 때문에 품질관리가 노동현장에서의 노동자 감시를 대신하게 된다. 둘째, 생산물의 분량을 확인함으로써 노동의 강도까지 통제된다. 1일에 생산물 몇 개를 생산하는가, 표준생산량을 기준으로 일정 시간에 어느 정도 가치형성 노동을 발휘하는지 노동의 강도를 확인할 수 있다. 셋째, 현장의 노동감독이 불필요해진다. 그리고 이것과 연관된 것인데, 넷째, 이 임금형태는 가내노동에 적합한 임금형태이며, 산출고 계약에 따른 하청노동을 용이하게 한다. "자본가에 의한 노동자 착취는 여기서는 노동자에 의한 노동자 착취를 매개로 실현된다."
(577/749-750)

이 임금형태에서는 노동시간 연장과 노동강도 증대가 노동자의 개인적 수입 증가와 결부되어 있어 자본가가 노동시간을 연장하거나 노동강도를 높이려는 의도를 쉽게 실현할 수 있다.(577-578/750-751) 그리고 노동자들의 수입은 개별 노동자들의 숙련, 체력, 에너지, 지구력 등에 따라 커다란 차이가 난다. 그러나 이것으로 자본과 임금노동 사이의 일반적 관계, 즉 시간임금에서 본 임금법칙의 원리가 변경되는 것은 아니다. 왜냐하면 첫째로 개인적인 차이는 전체 작업장에서는 평균화되고 상쇄되며, 둘째로 전체 작업장에서 본 총액임금과 잉여가치의 비율은 여전히 변하지 않기 때문이다.(578-579/751) 그러나 이 임금형태는 개성에 더욱 커다란 활동공간을 제공함으로써 노동자의 개성, 자유감, 독립심, 자제력을 발달시키고, 다른 한편에서 그들 상호 간의 경쟁심을 발전시킨다. "그래서 개수임금은 평균수준 이상으로 개별 임금을 올리는 것과 함께 이 평균수준 자체를 하락시키는 경향을 가지고 있다." (579/751) 결론적으로, "개수임금은 자본주의 생산양식에 가장 조응하는 임금형태라는 것"이다.(580/752-753) 오늘날의 성과주의 임금은 21세기형 개수임금의 변종이다.

# 제20장 임금의 국민적 차이

짧은 분량의 이 장은 임금의 국제비교에 관한 일종의 보론이다. 여기서 마르크스가 말하는 것은 다음과 같다.(583-584/757-759) 첫째, 제15장에서 살펴본 노동력 가치의 크기 변동을 가져오는 요인들, 즉 노동일의 길이, 노동강도, 노동생산성의 조합에서의 변화가 상이한 국가들 사이에서는 공간적으로 병존하는 국민적 임금의 차이로 나타난다는 것이다. 임금의 국제비교에서는 우선 동일 직종의 평균적 1일 임금을 동일한 길이의 노동일로 환산하고, 시간임금을 개수임금으로 환산한 위에서 고찰해야 한다. 왜냐하면 개수임금만이 노동강도와 노동생산성에 대한 척도가 될 수 있기 때문이다.[41]

---

41  그런데 임금의 국제적 비교에서는 환율에 의한 매개라는 독자적인 문제가 있다. 오늘날처럼 변동환율제 하에서는 마르크스가 설명하는 요인들에 따른 임금규정이 환율의 매개를 통해 일정하게 왜곡될 여지가 있다. 왜냐하면 환율은 국제거래(경상거래와 자본거래)에 따른 외환의 수급에 따라 외환시장에서 결정되지만, 임금의 국제비교에서는 국제거래에 참여하지 않는 상품들에도 그 환율이 적용되기 때문이다. (예를 들면 대표적으로 주택가격을 들 수 있는데, 주택가격은 노동자의 주거비용을 결정하는 가장 중요한 요소이며, 따라서 노동력 가치를 결정하는 일 요소가 된다.) 또 외환시장에서 결정되는 환율은 외환의 평균가격이어서 국제거래에 참여하는 개별 상품들에 있어서도 사정은 마

둘째, 어떤 국가의 자본주의 생산이 발전하면 할수록 그 국민적 노동강도와 노동생산성은 국제적 평균수준을 넘어서고, 세계시장에서 그 국민의 노동은 동일한 시간 내에 더 많은 화폐로 표현되는 더 커다란 국제가치를 받게 된다. 셋째, 보다 발전한 국가에서는 노동강도와 노동생산성이 높고 노동에 대비한 화폐의 상대적 가치도 낮기 때문에, 명목임금은 보다 덜 발전된 국가보다 더 높다. 그러나 그렇다고 해서 실질임금도 높다는 것은 아니다. 또 1일 임금 등 명목임금은 발전된 국가에서 덜 발전된 국가보다 더 높지만, '상대적 노동가격, 즉 잉여가치 및 생산물 가치에 대비한 노동가격'은 덜 발전된 국가에서 발전된 국가보다 더 높다.

[[세 번째 문제는 쉽게 말해 덜 발전된 국가는 잉여가치율이 더 낮고, 보다 발전된 국가는 잉여가치율이 더 높다는 것이다. 그런데 생산력은 덜 발전된 국가에서 더 낮고, 보다 발전된 국가에서 더 높기 때문에 덜 발전된 국가의 자본의 유기적 구성은 더 낮고, 보다 발전된 국가에서는 더 높다. 이윤율은 잉여가치율과 유기적 구성에 의해 결정되는데,[42] 덜 발전된 국가에서의 이윤율이 보다 발

---

찬가지다. 이들 상품이 노동력 가치를 결정하는 필수소비재인 경우, 이때도 환율의 매개에 의한 왜곡의 소지가 있다. 그러나 마르크스 당대의 금본위제도와 고정환율제 하에서는 각국의 화폐와 가격이 모두 세계화폐 금과 일정하게 연계되어 있기 때문에 이런 왜곡의 문제가 발생하지 않는다. 환율의 문제는 정치경제학 비판 체계 제5부 외국무역에서 다뤄지도록 예정되어 있다.

42  이윤율$(p)$=잉여가치$(m)$/총투하자본$(c+v)$=$(m/v)/[(c/v)+1]$, $m/v$: 잉여가치율(착취율), $c/v$: 자본의 유기적 구성.

전된 국가보다 더 높게 된다. 왜냐하면 유기적 구성의 고도화를 잉여가치율의 증대로 상쇄하는 데는 한계가 있기 때문이다. 이와 같은 특정한 시기의 후진국과 선진국의 이윤율의 횡적 비교는 동일한 한 국가에서의 상이한 시기에서의 이윤율의 역사적 비교, 즉 종적 비교에 조응하는 것이다. 즉 한 국가에서 생산력이 발전하면 잉여가치율이 증대해도 자본의 유기적 구성의 고도화로 인해 이윤율은 저하하는 경향이 있다.]]

제7편

# 자본의 축적과정

이제 제1권의 마지막 편으로 들어간다. 먼저 제1권 전체에서의 이 편의 위치를 살펴보자. 앞의 제2편부터 제6편까지는 잉여가치에 관한 논의가 이어졌다. 그 논의에서는 자본주의 생산관계가 전제되어 있고, 그 하에서 자본이 어떻게 잉여가치를 형성하고 증대하는지가 해명됐다. 즉 전제되어 있는 자본에 의한 자기증식과정의 해명이 과제였던 것이다. 반면 이 편에서는 잉여가치가 어떻게 자본으로 전화되고, 자본 및 자본주의 생산관계가 어떻게 창출되고 재생산되는가 하는 문제를 해명한다. 즉 잉여가치 생산의 결과로부터 이제는 잉여가치의 생산을 분석할 때 그냥 전제했던 조건인 자본 그 자체가 어떻게 창출되는가를 분석하는 것이다. 그러면 결과가 전제조건을 창출하고 그 조건에서 결과가 창출되어 자본주의 생산은 재생산으로서 계속 진행하게 된다. 반복되는 확대재생산으로부터 자본축적의 일반적 법칙을 규명하고, 나아가 자본주의적 축적의 역사적 경향에서 자본주의의 형성과 발전, 그리고 이행의 전체 역사를 총괄한다.

제7편으로 제1권 '자본의 생산과정'의 분석이 완성되는데, 그렇다고 해도 단서가 붙는다. 제2권 '자본의 유통과정'과 제3권 '자본주의적 생산의 총과정'이 대기하고 있기 때문이다. 그래서 마르크스는 이 편의 서론(589-590/766-767)에서 독자들의 이해를 돕고자, 여기서 해명하는 위의 과제를 어떻게 한정하고 취급하는지 그 추상 수준에 대해 언급한다. 첫째, 제1권의 분석은 원활한 유통하에 상품가치대로 교환이 이뤄진다는 것을 상정한다. 제7편에서도 마찬가지다. "이하에서는 자본이 그 유통과정을 정상적으로 통과한다는 것이 전제되어 있다. 이 과정의 더 상세한 분석은 제2권에 속한다."(589/766) 둘째, 여기서는 이윤, 이자, 지대 등 잉여가치의 파생형태는 모두 추상하고, 잉여가치라는 본원적 형태에서만 다루고 있다. 이윤, 이자, 지대 등의 분석은 제3권에서 분석된다. 이 범주들의 추상과 함께 상인자본, 금융자본, 토지소유자 등 자본가계급의 여러 분파와 지주계급도 거론되지 않는다. 여기서 자본가는 '전체 잉여가치의 소유자' 또는 '그 분배의 모든 참여자들의 대표자'로 간주된다. "그래서 우리는 당장은 축적을 추상적으로, 즉 직접적 생산과정의 단순한 계기로 고찰한다."(590/767) 축적과정의 내적 메커니즘의 작용을 은폐하는 모든 현상을 도외시하고 순수하게 축적과정을 분석하기 위해서는, 이렇게 잉여가치의 분할과 유통의 매개운동을 추상하고 축적의 기본 형태만 고찰할 필요가 있다는 것이다. 그렇다 하더라도 마르크스는 이러한 분석의 전제들이 여하튼 현실의 축적에서도 전제되어 있다고 한다. 그건 마르

크스에게 추상이란 현실적 과정의 본질적 연관들을 추출, 반영하는 이론적 과정이기 때문이다.

제7편은 5개 장으로 구성되어 있다. 제21장 단순재생산, 제22장 잉여가치의 자본으로의 전화, 즉 확대재생산에 이어 제23장 자본주의적 축적의 일반법칙이 나온다. 제23장이 제7편의 핵심적 부분이다. 여기서 축적법칙과 연관해 실업의 법칙(상대적 과잉인구의 법칙)과 그것으로부터 빈곤화의 법칙이라는 두 개의 법칙이 해명된다. 제24장 이른바 본원적 축적은 근대 자본주의 사회의 전제를 구축하는, 자본주의 생산에 선행하는 축적을 다루고 있다. 당대의 고전학파에서도 '이전의 축적' 등으로 부르던 것이다. 말하자면 자본주의의 선사시대에서의 축적이 여기서의 문제다. 그리고 마지막 장 제25장 근대적 식민이론이다.

# 제21장 단순재생산

[[어떤 사회도 반복해서 생산하고 소비하지 않으면 존립할 수 없다. 따라서 어떤 사회의 생산과정도 동시에 '재생산과정'이 아닐 수 없다. 재생산과정이라는 것은 사회적 생산을 "그 갱신의 끊임없는 흐름과 연속적인 연관 속에서 고찰"하는 것이다.(591/769) 그래서 제7편에서는 사회 전체라는 새로운 관점이 나오고, 분석의 시각이 확장된다. 지금까지는 자본이라고 할 때 개별자본이냐 사회 전체의 자본이냐를 묻지 않았고, 검토하고 있는 하나의 기업, 하나의 공장을 대표적인 기업, 공장 정도로 파악했다. 그렇지만 사회 전체를 대표하는 기업이란 하나의 기업을 통해 사회 전체를 본다는 것이며, 이는 곧 암묵적으로 사회 전체를 상정한다. 다시 말해 마르크스는 지금까지도 하나의 자본, 하나의 기업을 분석한 게 아니라 자본주의 생산 전체를 고찰한 것이다. 이제 재생산의 문제를 검토하면서 사회 전체라는 관점이 더욱 뚜렷해진다. 그렇다고 이 편에서 직접 사회 전체의 재생산, 사회적 총자본의 재생산을 분석하는 것은 아니다. 여기서의 목적은 사회적 총자본의 재생산을 전제한

위에서 반복되는 생산과정을 통해 나타나는 단순재생산의 특징들과 자본주의적 축적의 법칙을 해명하는 데 있다. 앞서 말한 바처럼 그래서 마르크스는 여기서의 자본축적을 '직접적 생산과정의 단순한 계기'로서 고찰한다고 했던 것이다. 사회적 총자본의 재생산에 대한 명시적 분석은 『자본』 제2권에서의 축적론인 제3편 사회적 총자본의 재생산과 유통에서 비로소 행해진다. 여기 『자본』 제1권 제7편에서도, 자본의 순환과 회전을 다루는 제2권 제1편과 제2편에서도 자본은 기본적으로는 사회 전체의 대표적인 하나의 자본으로서의 성격을 넘어가지 않는다. 다만 여기에는 개별자본 간의 경쟁이나 연관, 즉 사회적 총자본이라는 관점이 이미 상정되어 있다. 자본의 축적과정이나 자본의 순환과 회전 문제에서는 개별자본 간의 경쟁이나 연관을 고려하지 않을 수 없기 때문이다.]]

한 사회의 재생산을 위해서는 사회의 연간 생산물 중에서 한 부분은 생산과정에서 사용되어 마모된 생산수단을 새롭게 보충해야 하며, 다른 부분은 개인들의 소비에 충당하지 않으면 안 된다. 자본주의 사회도 마찬가지다. 그런데 자본주의 사회에서는 이 재생산이 상품생산과 상품교환의 형태를 통해 이뤄지며, 노동과정이 가치증식과정의 수단인 것처럼 재생산도 자기증식하는 가치, 즉 자본의 재생산으로서 나타난다. "생산이 자본주의적 형태를 취하면 재생산도 또한 그러하다."(591/770) 단순재생산은 생산된 잉여가치가 모두 자본가에 의해 소비되기 때문에 동일한 규모의 생산과정이 반복되는 것을 말한다. 다음 장의 확대재생산, 즉 축적과 대비되는 용어다. 이런 단순재생산은 현실에서는 보기 어렵지만, 축적이 진행되는 경우 반드시 그 토대에 단순재생산이 자리 잡고 있다는 것은 분명하다. 하지만 이러한 단순재생산에서도 자본의 운동은 생산과정에서와는 다른 새로운 성격을 띠게 된다. "이제 단순재생산은 동일한 생산규모에서의 생산과정의 단순한 반복이지만, 이 단순한 반복 또는 계속이 생산과정에 무언가 새로운 성격을 각인시키거나 또는 오히려 그것의 개별화된 과정이라는 외관상의 성격을 없애 버린다."(592/770) 즉 가려져 있던 자본의 본성 및 보편적인 일반법칙이 재생산 속에서 비로소 떠오르게 된다. 출발점에서 자본가가 화폐로 생산수단과 노동력을 구매해 생산과정을 거치면, 그 결과 자본과 임노동의 관계가 다시 산출된다. 이것이 이 장의 분석 결론이다. 세 가지 측면에서 분석 결과를 보자.

### ⑴ 가변자본은 노동자 자신이 산출한 노동기금의 역사적 형태다.

생산과정으로부터 새로운 생산물이 생산되면, 그 안에는 가변자본을 보상하는 부분이 포함되어 있다. 이 생산물이 시장에서 판매되면, 이 부분도 화폐로 회수되며, 다시 다음 생산을 위한 가변자본으로 돌려진다. 즉 전기의 노동 생산물의 일부분이 기금이 되어 화폐를 매개로 이번 시기의 노동력 고용에 재투자된다는 관계를 볼 수 있다. 노동자 자신이 생산한 생산물의 일정한 몫인 이 기금을 임금지불이라는 형태로 노동자가 받게 되는 것은 자본주의 사회에서 이 관계가 상품교환과 화폐에 의해 매개되기 때문이다.

"따라서 가변자본은, 노동자가 자기 자신의 유지와 재생산을 위해 필요로 하고, 또 어떠한 사회적 생산체제하에서도 언제나 스스로 생산하고 재생산해야만 하는 생활수단의 기금 또는 노동기금의 특수한 역사적 현상형태일 뿐이다. 다만 노동기금은 끊임없이 자신의 노동에 대한 지불수단의 형태로 노동자 수중으로 들어오는데, 왜냐하면 노동자 자신의 생산물이 끊임없이 자본의 형태로 그 자신으로부터 떨어져 나가기 때문이다. 그러나 노동기금의 이러한 현상형태는 노동자 자신의 대상화된 노동이 자본가에 의해 노동자에게 지불된다는 것을 조금도 변경하지 않는다."(593/772) 전자본주의 사회에서도 마찬가지로 이 노동기금은 언제나 직접생산자가 자신을 위해 생산한 것이다. 상품교환과 화폐에 의한 매개가 없으므로 이 관계는 눈에 보이는 대로 이해할 수 있다. 봉건제하에서 농노는 1주일에 3일은 영주의 직영지에서 부역노동을 하고, 나머지 3일은 자신의 경작지(대여지)에서 자신의 노동기금을 재생산한다(1일은 안식일이다. 그리고 중세 농민은 생산수단도 자신이 소유했다. 신분적으로 예속됐다는 점을 제외하면, 중세 농민이 근대의 임금노동자보다 노동조건이 더 좋았던 셈이다).

### (2) 총자본도 모두 잉여가치로 대체된다.

재생산의 관점에서 볼 때 새롭게 파악되는 두 번째 문제는 투자자본 전체가 그 외관과는 완전히 다른 성격을 띠게 된다는 것이다. "어떻든 간에 자본주의적 생산과정의 단순한 계속, 즉 단순재생산은 가변자본만이 아니라 총자본에도 미치는 또 다른 특별한 변화를 야기한다."(594/773) 가변자본의 본질에 대해서는 바로 앞에서 본 바처럼, 재생산의 흐름에서 고찰하면 자본가가 자신의 기금에서 투하한 가치라는 성격은 상실되어 버린다. 그런데 최초에 투하한 가변자본의 존재 자체는 여전히 남는 문제다. 그뿐만 아니라 총자본은 가변자본과 불변자본을 모두 합한 것이다. 최초의 이 자본이 어떻게 형성된 것인가 하는 문제가 있다. 어쩌면 자본가가 처음에 타인의 부불노동 착취에 의하지 않은 무언가 본원적 축적에 의해 이 자본을 소유하게 됐을지도 모른다.(594/773) 그러나 그렇다 하더라도 몇 년간 재생산을 반복하면 그 자본가치는 모두 노동자의 부불노동, 즉 잉여가치로 대체된다는 것이 여기서 마르크스가 말하는 핵심 요지다. 마르크스 덕분에 접하게 되는 매우 중요한 인식이다. 몇 년이 걸리는지는 다음처럼 계산한다.

"일반적으로 말하면, 투하된 자본가치를 매년 소비되는 잉여가치로 나누면, 최초의 투하된 자본이 자본가에 의해 모두 소비되어 사라지기까지의 년수 또는 재생산 기간의 수가 나온다."(594/774) 총투하자본이 1000파운드 스털링이고, 매년 200파운드 스털링의 잉여가치가 생산되고 매년 200파운드 스털링이 소비된다면, 원래의 투하자본이 모두 소비되어 사라지는 데 걸리는 기간은 5년이다. 이 자본가가 매년 생산된 200파운드 스털링을 모두 소비하면, 5년간 소비한 가치총액은 최초에 투자한 자본가치와 같은 크기가 된다. 그러면 그는 최초의 자본가치를 모두 소비한 것이 된다. 물론 그의 수중에는 여전히 1000파운드 스털링의 자본가치가 남아 있지만, 그것은 그가 5년간 무상으로 취득한 타인의 부불노동, 즉 잉여가치를 나타낼 뿐이며, 그의 원래 자본가치는 하나도 남아 있지 않다.(594-595/774)

"따라서 축적이라는 것을 일체 도외시하더라도 생산과정의 단순한 계속 또는 단순재생산은 길든 짧든 일정기간 후에는 어떤 자본도 필연적으로 축적된 자본 또는 자본화된 잉여가치로 전화시킨다."(595/774-775) 이 명제가 의미하는 바는 실로 심대하다. 단순재생산이든 제23장에서 보게 되는 확대재생산이든 일정 기간 동안의 재생산 후에는 모든 자본이 노동자의 부불노동의 성과, 즉 잉여가치로 전화된 것이어서 오늘날 우리 앞에 놓인 거대한 자본, 재벌의 자본은 모두 노동자 착취의 성과물이며, 마르크스의 지적처럼 원래 자본가가 투자한 자본가치(이른바 납입자본금)는 단 한 푼도 남아 있지 않다는 점이다. 여기에서 바로 경제적 부와 재산의 창조자로서 노동자계급이 재벌의 사회화와 사회주의로의 이행을 주장할 수 있는 정당성의 이론적 근거를 볼 수 있다.

### (3) 자본-임노동의 재생산과 구조화

제4장에서 본 바처럼 자본주의적 생산은 신분제로부터 자유롭고 생산수단으로부터 자유로운, 이중적인 의미에서 자유로운 임금노동자의 존재를 전제한다. 한편에서 생산수단과 생활수단을 독점하는 자본가와, 다른 한편에서 노동력만 소유하는 임금노동자, 객

관적인 생산수단과 주체적인 노동력의 분리가 자본주의적 생산의 현실적 토대이자 출발점이다.(595/775) 생산수단과 노동력의 분리, 이 자본주의적 생산의 출발점이 단순재생산에 매개되어 재생산되고, 그 속에서 자본-임노동 관계가 재생산되고 구조화된다는 것이다. "그러나 처음에는 단지 출발점이었던 것이 과정의 단순한 계속, 즉 단순재생산에 매개되어 자본주의적 생산의 고유한 결과로서 끊임없이 새롭게 생산되고 영속화된다."(595/775) 자본가에 의한 생산수단의 독점적 소유로 인해 생산의 결과는 모두 자본가의 소유로 돌아간다. 자본가는 새로운 생산물에서 자신의 투하자본의 가치를 회수했기 때문에, 노동자의 부불노동 성과로 개인적 소비를 향유하면서도 생산을 재개할 수 있는 그 출발점에 다시 서게 된다. 노동자는 임금으로 단지 자신의 노동력 재생산을 유지할 뿐이었고, 생산 후에도 여전히 노동력 외에는 소유하는 게 없다. 그래서 노동자는 다시 임금을 받고 자본가에 고용되어 새롭게 생산을 담당해야 한다. 노동력과 생산수단의 분리가 반복될 수밖에 없고, 고용관계는 영속화되며, 자본-임노동 관계는 구조화된다.

이렇게 자본주의적 생산과정을 사회적 재생산의 관점에서 파악하면, 노동자의 '개인적 소비'와 재생산도 공장에서의 노동자의 '생산적 소비', 즉 노동을 통한 생산수단의 소비처럼 "자본의 생산 및 재생산의 하나의 계기"가 되며,(597/778) "노동자계급은 노동과정의 외부에서도[즉 소비생활에서도: 인용자] 죽은 노동도구와 마찬가지로 자본의 부속물"(598/779)인 것이다. 자본주의하 노동자계급의 비참한 처지가 마치 사육되는 가축과도 같은 실정이다. 그래서 마르크스는 임금노동자를 노예에 비유해 이렇게 말한다. "로마의 노예는 쇠사슬로, 임금노동자는 눈에 보이지 않는 끈으로 그 소유자에게 묶여 있다. 그가 독립한 것 같은 외관은 개별 고용주들의 끊임없는 변동과, 계약이라는 법적 허구에 의해 유지되고 있다." (599/779-780) 이것이 단순한 비유가 아니라는 것, 예컨대 1815년까지 영국의 기계제조 노동자들은 중형으로써 국외이주가 금지되고 있었다. 이러한 사정은 면화기근에 따른 면공업의 공황으로 대량 발생한 실업자들의 해외이주 지원을 반대하는 맨체스터 상공회의소 전 회장 포터E. Potter의 편지문에도 노골적으로 드러나 있다. 이 편지는 1863년 3월 24일 〈The Times〉에 게재됐다.(599-/780-) 마르크스는 이 '면공업 공장주들의 선발된 대리인'에게 노동력은 자본의 소유물이고 '살아있는 기계'라고 한다. "밤과 일요일에는 공장 밖 오두막집에 거주하는" 살아 있는 기계.(601/783)

이 장 마지막은 다음과 같은 결론으로 끝난다. "따라서 자본주의적 생산과정은 그 연관에서 또는 재생산과정으로서 고찰하면, 단지 상품과 잉여가치만 생산할 뿐 아니라 자본관계 그 자체, 즉 한편에서 자본가를, 다른 한편에서 임금노동자를 생산하고 재생산한다."(604/786-787)

# 제22장 잉여가치의 자본으로의 전화

이 장에서 문제는 간단명료하게 전개된다. 5개 절 중에서 요점은 제1절에 있다. 잉여가치의 일부든 전부든 새로운 자본으로 전화하는 것, 이것이 축적이다. 사회적 규모에서, 더구나 계속되는 흐름 속에서 도대체 어떻게 자본주의가 재산에 관한 심오한 법칙을 전개하는지 보자.

## 1. 확대된 규모에서의 자본주의적 생산과정.
## 상품생산의 소유법칙의 자본주의적 취득법칙으로의 전환

처음에 축적의 정의가 나온다. 쉽게 말해 이윤을 추가적 자본으로서 재투자하는 것이다. "이전에 우리는 잉여가치가 어떻게 자본으로부터 나오는가를 고찰해야 했고, 이제는 자본이 어떻게 잉여가치로부터 나오는가를 고찰해야 한다. 잉여가치를 자본으로서 사용하는 것, 즉 잉여가치를 자본으로 재전화하는 것을 자본의 축적이라고 한다."(605/788) 자본의 축적, 즉 확대재생산이 가능하기 위해서는 사회의 연간생산물이 우선 1년 동안에 소비된 자본의 물적 요소들을 대체해야 하고, 이것들을 공제한 후 남은 잉여생산물(잉여가치)도 추가적인 생산을 할 수 있도록 생산수단과 노동자들의 생활수단 형태로 존재해야 한다. 나아가 이 물적 요소들이 실제로 자본으로 기능하기 위해서는 추가적인 노동을 필요로 한다. 이 추가적인 노동력은 자본주의적 생산의 메커니즘 자체를 통해 공급되는 것으로 상정되어 있다. 그러면 추가적 노동력이 잉여생산물로서 존재하는 추가적 생산수단과 결합해 잉여가치의 자본으로의 전화가 완성된다.(606–607/790–791) 우리는 다음 장에서 자본주의적 축적 자체가 생산하는 상대적 과잉인구, 즉 자본주의에 고유한 인구법칙을 살펴볼 텐데, 바로 그 결과가 여기서 추가적 노동력의 존재를 상정할 수 있게 한다. 이러한 확대재생산의 사회적 연관하에서 비로소 개별자본들의 축적이 진행된다.

다음 [도해2]를 통해 축적의 진행을 살펴보는 것이 도움이 된다. 자본축적을 통해 잉여가치 $\Delta W_1$, 그 화폐표현인 $\Delta G_1$이 새로운 자본으로 전화되고 추가적 자본으로서 이 자본이 새로운 가치증식 운동을 전개한다. 물론 구자본도 신자본과 함께 가치증식 운동을 계속한다. 원래의 자본이 추가적 자본($\Delta G_1$)을 낳고, 이 추가적 자본이 또 추가적 잉여가치($\Delta W_2$)를 낳으며, 이 추가적 잉여가치는 또 다른 추가적 자본($\Delta G_2$)으로 전화되고, 이렇게 자본은 누진적으로 증대해간다. 이것이 자본의 축적과정이다.

**[도해2] 자본의 축적(宮川彰, 431)**

[최초자본=구자본]　　　　　　　　[구자본]

$$G - W \Big\langle {}^{A}_{Pm} \,\text{---}\, P \,\text{--}\, W' - \Big[ W - G - W \Big\langle {}^{A}_{Pm} \,\text{---}\, P \,\text{---}\, W'$$

[자본축적]

$$\triangle W_1 - \triangle G_1 - W_1 \Big\langle {}^{A_1}_{Pm_1} \,\text{---}\, P_1 \,\text{---}\, W_1{}' \Big\langle {}^{W_1 - G_1}_{\triangle W_2 - \triangle G_2}$$

[잉여가치]　[신자본]

G: 화폐, W: 상품, A: 노동력, Pm: 생산수단, P: 생산과정, △: 잉여가치

　여기서 추가적 자본 이래의 자본가치의 성격과 그 원천에 대해 주목할 필요가 있다. 구자본(최초자본)과 달리 이 자본은 모두 완전하게 잉여가치에서 비롯된 것이다. 즉 구자본이 낳은 부불노동의 성과를 소유해 추가자본으로 전화시킨 것이다. 과거의 부불노동의 소유가 이제는 현재와 미래에 생겨나는 부불노동을 획득하기 위한 유일한 조건이 되고 있는 것이다. 물론 구자본에 대해서는 그것이 잉여가치가 재전화된 것인지는 알 수 없다. 어떻게 그 자본을 형성했는지 모르기 때문이다. 정치경제학의 대변자들은 그것이 "그 자신의 노동과 그의 선조들의 노동"의 결과라고 주장한다.(608/792) 최초의 자본은 어떻게 형성됐을까, 이것이 이른바 본원적 축적의 문

제다. 제24장을 보면, 이런 주장이 얼마나 허무맹랑하고 역사를 날조한 것인지 곧 드러난다. 하지만 여기서는 상품생산의 법칙에 유의해 일단 그 자본은 자기노동에 기초해 획득한 재산이라고 상정한다. 그렇다 하더라도 앞 장에서 총자본의 성격 전환에서 고찰한 바처럼, 언젠가 일정기간 동안 재생산이 반복한 후에는 불가피하게 그 자본도 완전히 잉여가치로 전환된다. 축적의 경우에도 그 기간이 좀 늘어질 뿐이지 결국은 마찬가지다([도해2]에서는 잉여가치가 모두 축적된다고 가정했지만, 실제로는 잉여가치의 일부는 자본가의 소비로 돌아갈 수밖에 없다). 그 자본도 잉여가치가 자본화한 것이 된다. 또 과거에 더욱 많이 축적하면 할수록 더욱 많은 부불노동을 소유하게 되고, 이로부터 더욱 더 많은 축적을 할 수 있게 된다.

이러한 축적은 상품교환의 법칙, 즉 등가교환의 법칙에 완전히 조응해 행해진다. 상품교환의 법칙에서 재산은 '자기노동에 기초한 소유'로 귀착되며, 재산의 강탈은 없다. 사실 우리가 늘 듣는 말이다. 자본주의 사회에서는, 시장경제에서는 자신이 일한 만큼 보상받는다는 것이다. 그러나 자본축적의 메커니즘에서 본 것처럼, 실제는 정반대다. 상품교환의 법칙, 즉 자기노동에 기초한 소유라는 관계는 자본가와 노동자 사이의 교환에서 단지 형식상의 외관에 지나지 않는다. 상품교환의 법칙만 고립시켜 본 외관상의 현상을 그릴 뿐이다. 그 내실은, 자본가가 타인의 부불노동을 취득함으로써 점점 더 커다란 규모로 타인의 부불노동을 취득해가는 과정인 것이다. 요컨대 현실의 축적과정이 보여주는 내용은 외관과 달리 자기 노동에 기초한 소유와는 정반대의 것이다. "… 상품생산 및 상품유통에 기초한 취득의 법칙 또는 사적 소유의 법칙은 그 자신의 내부의 불가피한 변증법에 의해 그 직접적 반대물로 전환하는 게 분명하다. 최초의 행위로서 나타난 등가물 간의 교환은 … 단지 외관상의 교환이 되어 버린다."(609/794) 이렇게 등가교환의 법칙이라는 형식하에서 부불노동에 기초한 부불노동의 더 한층의 획득이라는 관계가 전개되고 있다. 이것이 자본주의적 재산취득의 법칙이다. "따라서 자본주의적 취득양식은 어떻게 상품생산 본래의 법칙들과 모순되는 것처럼 보인다 하더라도 그것은 결코 이들 법칙의 침해로부터 나오는 것이 아니라, 오히려 그 반대로 그 법칙들의 적용으로부터 나온다."(610/795) 취득양식은 상품생산에 적합한 소유권은 조금도 건드리지 않고 이 소유권이 계속 유효한 위에서 완전히 변혁된다. 형식과 내용이 완전히 어긋나게 된 것이다. 내용과 형식을 다시 조응시키기 위해서는 사회변혁밖에 없다. 이것이 다름 아닌 마르크스의 역사발전의 미래상을 뒷받침하는 이론적 기초다.

## 2. 확대된 규모의 재생산에 관한 정치경제학의 잘못된 견해

자본축적과 자본주의적 취득법칙에 관한 종래의 경제학설에서의 오류가 이어지는 두 개의 절에서 검토된다. 고전학파 경제학은 종래의 통속적 견해에서 혼동되던 문제, 즉 수입의 단순한 지출과 수입의 자본으로의 전화, 즉 축적을 구별하고, 또 전근대적인 화폐축장과 자본축적을 위한 화폐적립을 식별해 자본축적을 장려하는 것을 자신의 사명으로 했다.(614-615/801-802) 또 고전학파 경제학은 축적에 대해 비생산적 노동자에 의해서가 아니라 생산적 노동자에 의해 잉여생산물이 소비되는 것이라고 고찰했다. 이런 설명이 틀린 것은 아니지만, 문제는 이로부터 가변자본만으로의 잉여가치 투하를 축적이라고 잘못 파악한 것이다.(616/802-803) 이와 같은 일면적인 고찰방식의 기저에는, 불변자본, 즉 생산수단은 그것에 선행하는 생산과정으로 소급해가면 결국 모두 가변자본으로 분해된다는 발상이 자리 잡고 있다. 마르크스가 '스미스의 도그마'라고 부른 것이다. 이런 방식으로 고찰하면, 축적이란 추가적인 생산적 노동자를 고용하기 위해 잉여가치를 투하하는 것이 된다. 사회적 재생산에 대한 이와 같은 취급방식에 대해서는 『자본』 제2권에서 자세하게 비판된다.

## 3. 잉여가치의 자본과 수입으로의 분할. 절제설

이 절에서는 통속적인 속류경제학의 '절제설'이라는 변호론을 비판적으로 검토한다. 쉽게 말해 자본가의 재산증식은 자본가가 절제한 덕분이라는 것이다. 잉여가치의 총량이 주어져 있으면, 축적의 크기는 잉여가치의 자본과 수입으로의 분할 비율에 의해 결정된다. 축적은 잉여가치를 소비하지 않고 추가적 자본으로 돌리는 것이어서 세간에서는 그것을 자본가가 소비를 절제한다고 하는 것이다. 그러나 이것은 자본가가 자본의 인격화로서 교환가치의 증식이 그 활동의 주요 동기이자 목표임을 보지 못하고 자본주의의 축적기구를 잘못 묘사하는 것이 아닐 수 없다. "그러므로 자본가의 모든 행동은 단지 그에게 의지와 의식이 부여된 자본의 기능인 한, 그 자신의 사적 소비는 그에게… 자본의 축적에 대한 약탈로 간주된다."(619/807) '절제설'은 현실의 관계를 거꾸로 파악하는 것이다. "축적하라, 축적하라! 이것이 모세Moses고 예언자들이다! [이것이 지상명령이다!: 인용자] … 그러므로 절약하라, 절약하라! 즉 잉여가치 또는 잉여생산물의 가능한 한 많은 부분을 자본으로 재전환하라! 축적을 위한 축적, 생산을 위한 생산, 이러한 정식으로 고전학파 경제학은 부르주아 시대의 역사적 사명을 표현했다." (621/811)

'절제설'의 대표자는 앞에서 본 시니어다. "나는 생산도구로서 고찰되는 자본이라는 용어를 절제라는 용어로 대체한다." 이에 대해 마르크스가 이렇게 혹평한다. "이것이야말로 속류경제학이 '발견'한 무적의 견본이다! 속류경제학은 경제학적 범주를 아첨 떠는 빈말로 대체한다. 이것이 전부다."(623/813–814) 다음과 같은 풍자도 덧붙였다. "이 속류경제학자는 인간의 모든 행동은 그 반대행동의 '절제'로 이해할 수 있다는 간단한 생각을 하지 못했다. 식사는 단식의 절제, 보행은 정지의 절제, 노동은 나태의 절제, 나태는 노동의 절제 등등. 이 신사들은 '한정 또는 규정은 부정이다'라는 스피

노자의 말을 한번 생각해 보는 게 좋겠다."(623/814) 시니어에 따르면, '소비의 절제＝자본', 그 보상이 이자라고 한다. 그럼 그는 '단식 ＝ 식사의 절제 ＝ 소비의 더 큰 절제', 이것의 보상은 무엇이라고 말할까? 자본은 소비의 절제에서 나온 게 아니다. 제1절에서 보았듯이, 자본은 타인의 부불노동이며 노동자의 착취에서 나온다.

## 4. 잉여가치의 자본과 수입으로의 분할 비율과 관계없이 축적의 규모를 규정하는 사정들 −노동력의 착취도, 노동의 생산력, 사용하는 자본과 소비되는 자본 간의 차액의 확대, 투하자본의 크기

잉여가치의 자본과 수입으로의 분할 비율이 주어져 있다고 하면, 축적되는 자본의 크기는 잉여가치의 총량에 의해 정해진다. 그러면 잉여가치의 양에 영향을 미치는 요인들은 축적되는 자본의 크기를 규정하는 요인이 된다. 간략하게 보고 넘어가자. 먼저 실제의 운동에서 중요한 역할을 하는 노동력 가치 이하로의 임금 인하를 통한 착취의 강화다.(626/817) 그 인하 정도에 따라 일정범위 내에서 노동자의 필요소비기금이 자본의 축적기금으로 전화한다. 축적되는 자본의 크기에 영향을 미치는 또 하나의 주요한 요인은 사회적 노동의 생산력 발전 정도다.(631−/824−) 또한 자본의 증대에 따라 사용하는 자본과 소비되는 자본 간의 차액이 증대함으로써 생기는 이익이 있다. 즉 생산의 규모가 커지고 고정자본 설비가 증대함에 따라 계속 사용되면서 부분적으로만 소비되는 고정자본의 무상 서비스가 증대하는 것이다.(635/829) [[고정자본이 가치적으로는 감가되면서도 물적 생산설비로서는 변함없이 사용됨으로써, 다시 말해 더 적은 가치의 고정자본으로 이전과 동일한 노동수단이 사용됨으로써 마치 자연력처럼 무상의 서비스를 받는 것과 같다.]] 마지막으로 투하자본의 총량이 증대함에 따라 생산의 탄력성이 더욱 더 크게 작용하게 된다.(636/830)

## 5. 이른바 노동기금

이상에서 본 바처럼 자본은 고정된 것이 아니라 사회적 부 중에서 탄력적인 부분, 끊임없이 변동하는 부분이지만, "고전학파 경제학은 이전부터 사회적 자본을 고정된 능률을 지닌 고정된 크기의 것으로 파악하길 좋아했다."(636/831) 이런 편견은 도그마가 되어 벤담, 맬서스, 제임스 밀, 맥컬록 등에 의해 자본의 일부분인 가변자본, 즉 노동력으로 전환된 자본부분을 고정된 크기로 묘사하는 데 이용됐다. "가변자본의 소재적 존재, 즉 가변자본이 노동자를 위해 대표하는 생활수단의 양 또는 이른바 노동기금은 사회적 부 중에서 자연의 사슬에 의해 속박되어 넘을 수 없는 특별 부분으로 날조됐다."(637/833) '노동기금'이 고정되어 있으므로 노동조합에서 임금인상 투쟁을 하면 고용노동자 수가 감소하게 되고, 반대로 고용자 수를 증가시키려면 임금률을 인하해야 한다는 것이어서 이 도그마는 노동조합 운동을 부정하는 악명 높은 '임금기금설'

에 이용됐다. 그런데 이 도그마가 기초하는 사실관계는 이러하다. 사회적 부의 잉여부분을 자본가의 향락용 소비수단과 생산수단으로 분할하는 문제에 있어 노동자가 참견해서는 안 된다는 것, 노동기금 확대도 예외적으로밖에는 있을 수 없다는 그런 엄연한 자본주의의 현실이다.(638/833)

경제학 교수 포셋H. Fawcett의 동어반복과 변호론을 들어보자. "한 나라의 유동자본은 그 나라의 노동기금이다. 따라서 각각의 노동자가 받는 평균적 화폐임금을 계산하기 위해서는, 다만 간단하게 이 자본을 노동인구 수로 나누면 된다."(638/834) 이 멍청한 계산법에 대해 마르크스가 교활한 수법이라고 비판한다. "다시 말해 우리는 처음에 실제로 지불된 개별임금을 합계하고, 다음에 이 합계가 신과 자연에 의해 정해진 '노동기금'의 가치총액을 이룬다고 주장한다. 마지막에 우리는 이렇게 얻어진 총액을 노동자의 머릿수로 나눠 각각의 노동자에게 개별적으로 평균 어느만큼 돌아가는지를 다시 발견한다. 이것은 엄청나게 교활한 수법이다."(638/834)

# 제23장 자본주의적 축적의 일반법칙

이 장이 제7편의 핵심이다. 이 장의 첫머리에서 마르크스는 그 연구 대상을 다음처럼 밝힌다. "우리는 이 장에서 자본의 증대가 노동자계급에 미치는 영향을 다룬다. 이 연구에서 가장 중요한 요인은 자본의 구성과, 자본축적의 진행 중에 거치게 되는 그 변화들이다."(640/836) 자본의 증대, 즉 자본축적이 노동자계급의 운명에 미치는 영향을 다룬다는 것이다. 앞 장에서 본 자본의 축적은 노동자의 증가도 의미한다. 자본축적으로 노동력 수요도 증대하기 때문이다. 자본의 증대 없이는 임금노동자의 증가도 없다. 그런데 노동자계급의 증가는 어떻게 진행되는가, 그 운동에 대한 법칙적 규명이 과제이고, 나아가 자본축적과 불가분의 관계에 있는 노동자계급의 운명에 대해 답한다는 것이다. 구체적으로는 다음 두 개의 법칙이다. 하나는 상대적 과잉인구의 법칙이다. 상대적 과잉인구란 실업자 또는 산업예비군을 말한다. 다시 말해 산업예비군 또는 실업의 법칙이다. 또 하나는 빈곤화 법칙 또는 궁핍화 법칙이다.

[[『자본』 제3권 제3편 이윤율의 경향적 저하법칙에서는 제1권에서의 자본축적, 자본주의적 축적의 일반법칙이 이번에는 자본가계급의 운명, 따라서 자본주의 체제 자체에 미치는 영향을 살펴본다. 이렇게 자본주의적 축적은 한편에서 노동자계급에게 실업과 빈곤의 축적을 가져오고, 다른 한편에서 자본가계급에게는 이윤율의 경향적 저하를 가져온다. 그리고 이윤율의 경향적 저하와 함께 자본주의 생산양식 자체가 체제적 위기로 발전하게 된다. 이윤율의 경향적 저하란 자본주의하 고도로 발전하는 사회적 생산력이 자본주의적 사적 생산관계와 더 이상 조응하지 않는다는 것의 표현이다. 자본주의적 축적의 이러한 위기적 발전 경향은 제3권 제3편에서 다루지만, 자본주의적 생산 전체의 토대인 직접적 생산과정을 분석하는 제1권에서, 즉 제24장의 마지막 절 '자본주의적 축적의 역사적 경향'에서 다음 사회로의 이행 문제로 이미 총괄되고 있다.]]

제1절과 제2절에서는 자본축적이 자본구성의 불변하에 진행되는 경우와, 자본구성이 높아지는 경우로 나누어 고찰하고 있다. 여기서 자본의 구성, 자본의 유기적 구성이라는 중요한 새로운 개념이 나온다. 운동의 주도권은 물론 자본의 운동이다. 이윤을 목표로 하는 자본의 운동이 언제나 주도권을 갖고 자본주의에 특유한 인구법칙을 만들어내고 있다. 제2절에서 유기적 구성이 고도화하는 경우의 축적은 생산력이 고도화하는 조건하에서의 축적을 말한다. 자본주의 축적의 현실적 조건이다. 생산력의 고도화 없이

는 자본주의를 말할 수 없다. 이러한 조건에서의 축적이 노동자계급에 미치는 영향이 중요하다. 제3절에서는 '상대적 과잉인구 또는 산업예비군의 누진적 생산'이라는 표제대로 이 법칙이 정식화되고 해명된다. 제4절은 이 장뿐 아니라 제1권의 이론적 총괄이자 정점이다. 한편에서 자본 측에서의 '부의 축적'과 다른 한편 임노동 측에서 '빈곤의 축적'이라는 자본주의 축적의 일반법칙이 자본주의 축적의 적대적 성격을 드러내고 있다.

## 1. 자본의 구성이 불변인 경우 축적에 동반되는 노동력 수요의 증대

이 절의 고찰에서 중요한 개념이 '자본의 유기적 구성'이다. 먼저 그 정의를 보자. 자본주의 생산과정이 소재의 관점에서는 노동과정, 가치의 관점에서는 가치형성·가치증식과정이라는 것에 대응해 자본의 구성도 이중적으로 파악된다. 생산요소의 가치조합이라는 측면에서 보면, 생산수단의 가치 즉 불변자본과, 노동력의 가치 즉 가변자본 사이의 비율을 '자본의 가치구성'이라고 한다. 반면 생산요소의 소재조합 측면에서 보면, 생산수단의 총량과, 그것을 가동시키는 데 필요한 노동량 사이의 비율을 '자본의 기술적 구성'이라고 부른다. 그리고 '자본의 유기적 구성'의 정의가 나온다. "양자 사이의 긴밀한 상호관계를 표현하기 위해 나는 자본의 기술적 구성에 의해 규정되고 그 변화를 반영하는 한에서의 가치구성을 자본의 유기적 구성이라고 부른다."(640/837) 간략하게 자본의 구성이라고 할 때 그것은 자본의 유기적 구성을 말한다. 가치가 급격하게 변하는 과도적 국면에서는 두 개념 사이에 차이가 있을 수 있지만, 보통의 경우에는 양자가 조응한다고 보면 된다.

여기서 고찰하는 단계에서는 생산력의 증대를 일단 도외시한다. 그러면 자본의 기술적 구성과 가치구성의 불변하에서 축적은 양적 확대로 나타난다. 자본의 규모가 양적으로 증대하고, 그에 따라 노동수요도 증대한다. "자본의 축적은 따라서 프롤레타리아트의 증가다."(642/838) 그와 함께 임금도 상승한다. 그러나 임금상승에는 한계가 있다. 임금상승으로 축적의 충동이 저하해서 "노동의 가격은 … 다시 자본의 증식욕구에 적합한 수준으로 저하한다."(648/847) 요컨대 "자본축적의 결과에 따른 임금의 상승은 사실 노동자가 이미 스스로에게 불려 만든 금 사슬의 크기와 중량이 어느 정도 이완을 허용한다는 것을 의미할 뿐이다."(646/845) 이렇게 보면, 자본의 증대와 임금상승 간의 진정한 인과관계는 다음과 같다. "수학적 표현을 적용하자면, 축적률은 독립변수이고 임금률은 종속변수이지 그 반대가 아니다."(648/847) 그러나 현상의 외관에서 임금변동은 노동시장에서 자본의 크기(노동의 수요)와 노동인구 수(노동의 공급)라는 각각 서로 독립된 두 개의 요인이 작용한 결과, 즉 수요와 공급의 변동 결과인 것처럼 보인다.

실은 다음과 같은 관계일 뿐이다. "이른바 '자연적 인구법칙'의 저변에 있는 자본주의 생산의 법칙은 간단하게 이것으로 귀결된다. 즉 자본과 축적, 그리고 임금율의 관계는 자본으로 전화한 부불노동과, 추가자본의 운동에 필요한 추가노동 사이의 관계 외에 아무것도 아니다. 따라서 그것은 서로 독립적인 두 개의 크기, 즉 한편에서 자본의 크기와 다른 편에서 노동인구 수의 관계가 아니라, 오히려 궁극적으로는 단지 동일한 노동인구의 부불노동과 지불노동 사이의 관계일 뿐이다."(649/848) 이 법칙은 바로 자본주의 축적의 본성상 자본관계의 재생산을 방해하는 그러한 착취도의 감소 및 임금상승은 받아들일 수 없다는 것의 표현이다.

## 2. 축적과 그것에 동반하는 집적의 진행하에서의 가변자본 부분의 상대적 감소

이 절에서는 생산력이 증대되는 경우를 고찰한다. 이러한 축적이 노동자계급에 대해 어떤 영향을 미치는가를 규명하는 것이다. 우선 새로운 개념부터 보자. 개개의 자본하에서 잉여가치의 자본화인 축적과 동일한 것, 생산수단과 노동에 대한 지휘의 대규모화를 '자본의 집적'이라고 한다. 이에 반해 '자본의 집중'은 기존 자본들의 흡수합병이다. "그것은 이미 형성되어 있는 자본들의 집적이고, 이들 자본의 개별적 자립성의 폐기이며, 자본가에 의한 자본가의 수탈이고, 군소자본의 소수의 보다 큰 자본으로의 전화다." (654/854) 자본의 축적과정은 자본의 집적과 집중을 동반하면서 진행된다.

생산력의 증대, 즉 노동생산성의 증대는 노동력에 대비한 생산수단의 양의 증대로 나타나며, 자본의 기술적 구성의 이러한 변화는 자본의 가치구성에 반영되어 가변자본에 대비한 불변자본의 증대로 표현된다. 물론 노동생산성의 증대로 인해 생산수단의 가치가 감소하기 때문에, 자본의 가치구성의 변화는 기술적 구성의 변화보다는 완만하다.(650-652/849-851) 여하튼 요점은 축적의 진행에 따라 자본의 유기적 구성이 고도화되고, 전체 자본 중 노동자를 고용하는 자본부분인 가변자본은 상대적으로 감소한다는 것이다. 가변자본의 상대적 감소라 해도 가변자본의 절대적 증대를 배제하는 것은 아니고, 절대적 증가도 동반할 수 있다.(652/851-852) 가변자본이 절대적으로 증가해도 그것보다 더 큰 규모와 템포로 전체 자본 규모가 증가하기 때문에, 전체 자본 중 가변자본의 비율이 감소하는 것이다. 이 축적과정의 의의와 영향이 여기서의 문제다. 생산력 증대는 신규의 추가적 자본부분에서는 가변자본을 끊임없이 상대적으로 감소시키지만, 그래도 가변자본은 절대적으로 증가한다. 그러나 구자본에서는 갱신 때마다 대규모로 구 가변자본의 크기가 절대적으로 감소한다. "따라서 한편에서는 축적의 진행 중에 형성되는 추가자본은 그 크기에 비해 점점 더 적은 노동자를 흡수한다. 다른 한편 새로운 구성으로 주기적으로 재생산되는 구자본은 이전에 그 자본이 고용하고 있던 노동자를 점점 더 많이 축출한다."(657/858) 이러한 분석 결과로부터 이제 자본구성의 고도화에 동반하는 노동자의 축출, 즉 상대적 과잉인구의 창출 메커니즘이 설명된다.

[[오늘날 기계화는 자동화와 로봇 사용, 공장노동 뿐 아니라 사무노동에서의 자동화 등 마르크스의 시대와는 비교할 수 없게 놀라울 정도로 전개되고 있어 고용의 위기는 이미 심각한 사회적 문제로 가시화된 상황이다. 나아가 IT기술과 인공지능의 적용까지 감안하면, 장래의 생산력 발전이 상대적 과잉인구와 실업에 미치는 영향은 상상을 초월하는 수준이 될 것이다. 자본주의가 존속하는 한, 노동의 위기, 노동자들의 생존 위기가 더욱 더 심각하게 다가올 수밖에 없다. 21세기 자본주의 발전의 이런 미래를 과학적으로 꿰뚫어 볼 혜안을 19세기에 살다 간 마르크스가 여기서 우리에게 보여 주는 것이다. 그가 얼마나 위대한 인물인지를 새삼 깨닫게 한다.]]

## 3. 상대적 과잉인구 또는 산업예비군의 누진적 생산

마르크스가 상대적 과잉인구의 법칙, 산업예비군 또는 실업자의 법칙을 여기서 정리해 정식화한다. 상대적 과잉인구와 산업예비군은 같은 말이지만, 보는 각도에 따라 뉘앙스가 좀 다르다. 산업예비군은 현역과 예비역이라는 군대 용어를 빌려와 산업의 현역군과 예비군이라고 비유한 것이다. 자본이 필요할 때 언제든지 소집할수 있도록 대기한다는 의미다. 반면 상대적 과잉인구는 자본의 이윤증식에 적합하냐 아니냐는 평가에 따른 것이다. 절대적으로 과잉한 인구가 아니라 자본의 이윤증식과 관련해 과잉한 인구, 그래서 자본에 고용되지 않는 인구다.

기계화와 생산력 증대를 동반하는 자본축적에서는 자본의 유기적 구성의 고도화와 함께 노동력을 고용하는 가변자본의 총자본에 대한 상대적 비중이 하락한다. 총자본의 증가에 따라 가변자본도 증가하지만, 그 구성비율은 끊임없이 하락하는 것이다.(658/859) 그에 따라 노동력에 대한 수요, 고용인구 수는 총자본이 증대함에 따라 누진적, 상대적으로 감소한다. "…그 가변적 구성부분의 이러한 상대적 감소는 다른 편에서는 거꾸로 가변자본 또는 노동인구의 고용수단보다도 노동인구가 언제나 더 빠르게 절대적으로 증가하는 것처럼 보인다."(658/859) 다시 말하면, 가변자본의 크기가 절대적으로는 증가한다 해도 총자본에서의 그 비중이 점점 감소한다는 것, 즉 가변자본의 절대적 증가가 둔화된다는 것인데, 그러면 노동시장에서 노동수요와 노동공급의 관계가 영향을 받아 외견상 가변자본보다 노동인구가 급속하게 더 증가하는 것처럼 보이게 된다. 이로부터 자본주의에 고유한 인구법칙이 나온다.[43] "자본주

---

43  위에서 마르크스가 해명한 자본구성 고도화에 따른 상대적 과잉인구 창출 메커니즘은 약간의 불명확한 점을 내포하고 있다. 그것은 인구의 자연증가로부터 독립된, 축적과정에 의한 과잉인구의 창출인데, 추가자본의 축적에서는 가변자본이 절대적으로 증가하고, 반면 구자본의 갱신에서는 가변자본이 절대적으로 감소한다면, 자본축적의 진행에서 가변자본의 크기, 따라서 상대적 과잉인구는 양자의 변화의 순효과에 따라 변동할 것이므로, 사전적으로 그 변동의 방향을 확정하기는 어렵다. [아니면 인구의 자연증가분까지 고려해서 상대적 과잉인구가 불가피하다는 말인가? 그렇더라도 이 논증은 명확하지 않다. 다카기 아키라高木彰에 의하면, 이러한 논증 문제는 일찍이 1933년 오펜하이머F. Oppenheimer가 마르크스 이론을 비판하면서 제기한 바 있다. 한편 다카기 아키라도 상대적 과잉인구를 노동력의 자연증가를 포함하는 문제로 파악한다. 高木彰,

의적 축적은 오히려 그 활력과 규모에 비례해 끊임없이 상대적인, 즉 자본의 중간적 증식욕구를 위해서는 여분인, 따라서 과잉 노동인구 또는 추가 노동인구를 생산한다."(658/860) "그러므로 노동인구는 그 자신에 의해 생산된 자본의 축적에 따라 그 자신을 상대적 과잉으로 만드는 수단을 점점 증가하는 규모로 생산한다. 이것이 자본주의 생산양식에 고유한 인구법칙이다…"(660/861-862) 그리고 다음처럼 자본축적을 수단으로 상호 촉진하는 강고한 메커니즘이 작동한다. "그러나 과잉노동인구가 축적의 필연적인 산물이라고 한다면… 이 과잉인구는 역으로 자본주의적 축적의 지렛대, 아니 자본주의 생산양식의 존재조건이 된다. 그것은 마치 자본이 자기 자신의 비용으로 사육한 것처럼 완전히 절대적으로 자본에

---

「相対的過剰人口の累進的生産について」,〈岡山大学経済学会雑誌〉제11권 제4호, 1980, 741쪽. http://eprints.lib.okayama-u.ac.jp/files/public/4/42269/2016052805100570391/ oer_011_4_025_073.pdf] 실제로는 자본축적의 구체적 양상에 따라 가변자본의 절대적 크기의 변동이 결정될 것이다. 물론 여기서 경기순환에 따른 변동을 논하는 것은 아니고, '자본의 일반적 분석'에서의 논의이기 때문에, 우리는 자본축적의 평균에서의 변동, 즉 자본축적의 경향을 문제 삼고 있다. 경기순환에 따라 상대적 과잉인구가 완화되거나 심화되는 문제가 아니라 축적과정에서 상대적 과잉인구 자체가 경향적으로 생산되는가 하는 문제인 것이다. 그렇다면 자본축적이 왕성하게 진행되는 장기번영의 국면에서는 추가자본의 가변자본 증대 효과가 구자본의 갱신효과, 즉 가변자본의 감소를 능가해 가변자본의 크기가 절대적으로 증대하고, 자본축적이 둔화되는 장기불황의 국면에서는 양자의 효과가 역전되어서 오히려 가변자본의 크기는 둔화되거나 절대적으로 감소할 수도 있다. 그런데 자본축적의 장기적 경향을 결정하는 것은 평균이윤율의 운동이므로 이 문제는 『자본』 제3권 제3편 이윤율의 경향적 저하법칙과 연관해 살펴볼 필요가 있다. 즉 자본구성 고도화에 따라 이윤율이 경향적으로 저하하는 이 법칙으로부터 자본축적의 경향적 둔화 또는 정체를 설명할 수 있고, 이로부터 비로소 가변자본 크기의 절대적 감소 또는 정체와, 그에 따른 상대적 과잉인구의 창출 메커니즘을 자본축적의 경향으로서 논증할 수 있을 것이다.

속하는, 자유롭게 처분할 수 있는 산업예비군을 형성한다. 그것은 어떠한 가치증식 욕구에도 대응할 수 있도록 현실의 인구증가 제한에 관계없이 언제라도 준비된 착취 가능한 인간재료를 창출한다."(661/862)

[[앞의 각주에서도 언급했듯이, 자본축적에 따른 자본의 유기적 구성의 고도화와 상대적 과잉인구의 법칙은 자본주의 생산의 '이념적 평균' 수준에서 파악하는 자본주의의 발전 경향을 나타내는 것이다. 『자본』의 법칙들은 모두 그러한 성격의 것이다. 자본주의 축적의 현실과정은 경기순환과 공황을 통해 전개된다. 『자본』에서는 당연히 이 분석이 수행될 수 없다. 하지만 『자본』에서도 곳곳에서 경기순환과 공황에 대한 마르크스의 언급들을 볼 수 있다. 여기에서도 상대적 과잉인구와 관련해 경기순환과 공황이 언급된다. 그것은 기본적으로 마르크스가 해당 개소에서 다루는 문제들을 설명하는데 필요한 한에서 『자본』 이후 후속하는 부·편에서 다룰 이 주제를 선취하는 정도로 이해하면 된다. 어떤 경우에도 후속 부·편의 현실경쟁론을 매개하지 않고, 『자본』의 법칙들로부터 직접 경기순환과 공황을 설명하려 해서는 안 된다는 점에 유의해야 한다.44]]

---

44  다카기 아키라도 마르크스가 자본축적의 두 가지 분석 시각에 대응하는 두 가지 방법으로 상대적 과잉인구의 창출을 전개한다고 한다. 즉 하나는 "자본축적의 운동 과정을 장기적, 경향적 분석시각에서 고찰하는 것"이고, 다른 하나는 "단기적, 경기순환적 분석시각에서의 고찰"이다. 이런 관점은 다카기 아키라만이 아니라 일본의 구 정통파

[[경기순환은 공황, 불황(정체), 경기회복(활황), 호황(붐)의 4개 국면으로 구성되며, 4개의 국면을 거치면서 공황으로부터 공황으로 10년 주기의 순환을 반복한다. 호황국면에서 형성되고 누적된 불균형과 모순들, 즉 과잉자본과 과잉생산은 이윤율의 갑작스러운 저하와 함께 공황으로 폭발하며, 공황국면에서는 급격하게, 그리고 불황국면에서는 서서히 과잉자본과 과잉생산물의 파괴와 감가가 진행됨으로써 재생산의 불균형이 해소되고 이윤조건이 다시 회복된다. 그러면 순환의 저점을 넘어 축적이 다시 재개되고 경기회복 국면이 진행되며, 경기회복이 강해져서 이전 순환의 정점을 넘으면 바야흐로 호황과 붐 국면이 전개되는 것이다. 호황국면에서 다시 불균형과 모순들이 형성되고, 누적되면 또다시 공황이 불가피해진다.]]

"근대적 공업의 특징적인 진행과정, 즉 … 중간 수준의 활황, 맹렬한 생산, 공황, 침체라는 10년 순환의 형태는 산업예비군 또는 과잉인구의 끊임없는 형성, 다소간의 흡수 그리고 재형성에 기반한다. 반면 이번에는 산업순환 국면들의 교대가 과잉인구를 보충하고, 그것의 재생산의 가장 강력한 요인이 된다."(661/863) 다시 말해 경기순환은 상대적 과잉인구를 형성하기도 하고, 또 상대적

---

경제학자들이 전반으로 공유하는 것이다. 高木彰, 「相対的過剰人口の累進的生産について」, 앞의 글, 732쪽 이하 참조. 그는 이 글에서 전자의 분석 시각에서의 상대적 과잉인구의 창출 문제를 논한다.

과잉인구에 의존하기도 하면서 상대적 과잉인구에 영향을 미친다. 호황국면의 확장이 가능한 것은 상대적 과잉인구로부터 필요한 추가 노동력을 흡수하기 때문이며, 공황과 불황국면에서는 해고 노동자들이 상대적 과잉인구라는 저수지로 축출된다. 이렇게 경기순환에 따라 상대적 과잉인구는 완화되기도 하고 심화되기도 한다.

다음은 축적법칙의 중요한 메커니즘이다. 현역 노동자의 초과노동과 실업자의 누진적 증대가 상호 촉진하면서 현역과 예비군 사이에 엄중한 경쟁관계가 작용하는 문제다. "노동자계급의 취업 부분의 초과노동은 예비군 대열을 팽창시키고, 역으로 이 예비군이 경쟁을 통해 취업자에 가하는 압박의 증대는 취업자를 초과노동으로, 그리고 자본의 독재에 복종하도록 강제하게 된다. 노동자계급 일부분(현역)의 과도노동을 통해 노동자계급의 다른 부분을 강요된 나태[실업: 인용자]에 빠뜨리는 것, 그리고 역으로 예비군의 경쟁으로 취업자가 초과노동을 하게 되는 것은 개별 자본가의 치부수단이 되며, 동시에 사회적 축적의 진전에 상응하는 규모로 산업예비군의 생산을 가속화한다."(665-666/868-869)

마지막으로 임금의 일반적 운동과 인구법칙의 관련이 검토된다. "대체로 임금의 일반적 운동은 오로지 산업순환의 주기적 변동에 조응하는 산업예비군의 팽창과 수축에 의해 조절된다. 따라서 임금운동은 절대적인 노동인구 수의 운동에 의해서가 아니라 현역군과 예비군으로 노동자계급이 분해되는 비율의 변동에 의해, 과잉인구의 상대적 크기의 증감에 의해 … 규정된다."(666/869-870)

"따라서 상대적 과잉인구는 노동의 수요와 공급의 법칙이 운동하는 배경이다. 그것은 이 법칙의 운동범위를 자본의 착취욕과 지배욕에 절대적으로 알맞은 한계 내로 밀어 넣는다."(668/872) 이와 달리 종래의 경제학에서는 임금변동이라는 경제적 현상의 설명을 자연의 인구법칙에서 찾았는데, 이 천박한 "경제학적 도그마"(666–667/870)에 대해 다음과 같은 마르크스의 비판이 이어진다.(667/870) 이들의 설명에 따르면, 자본축적에 의해 임금이 인상되면 노동인구의 번식을 자극하여 노동시장에서 노동공급이 과잉될 때까지 노동공급을 증가시키며, 이제 반대로 노동공급이 과잉되면 임금이 인하되고 노동인구 번식을 억제하며 노동시장에서는 다시 노동공급이 부족해진다. 이런 주장은 사실 터무니없다는 것이다. 자본축적으로 임금이 상승해 노동자들의 자연번식으로 노동공급을 증가시키기 위해서는 신생아가 노동자가 될 때까지 십 수 년을 기다려야 한다. 자본가는 노동력 부족 사태를 십 수 년이나 손 놓고 지켜볼 리 없고, 노동력 부족 문제를 해결하기 위한 산업에서의 전투를 통해 끝장을 보고자 할 것이며, 아마도 십 수 년 동안 이런 시기를 여러 번 거쳤을 것이다.

[[마르크스의 이러한 지적은 적절하다. 현실의 경기순환은 대략 10년 주기로 반복한다. 이 10년 동안에 앞에서 본 4개의 국면이 전개되는데, 자본축적으로 임금이 인상되는 시기는 호황국면이다. 자연의 인구법칙으로 임금변동을 설명하는 논리에 따르면, 노동자들의 자연번식으로 노동력 공급이 증대할 때까지 이 호황국면이

십 수 년간 지속된다는 것이다. 사실상 이 이론은 현실의 경험법칙과 크게 어긋나고, 현실에 비추어 이미 파탄 난 것이라고 할 수밖에 없다. 앞에서도 우리가 여러 속류 부르주아 경제학자들의 어이없는 '이론'들을 지적했지만, 여기서도 마찬가지다. 이른바 대가라는 경제학자들의 사고수준이 평범한 사람들의 상식에도 미치지 못하고 있다. 사태의 진상은 다음과 같다.]] "노동에 대한 수요는 자본의 증가와 동일하지 않고, 노동의 공급은 노동자계급의 증가와 동일하지 않으며, 따라서 상호 독립적인 두 개의 역능이 상호 작용하는 것이 아니다. '주사위는 변조되었다.' 자본은 양면에서 동시에 작용한다. 자본의 축적이 한편에서 노동에 대한 수요를 증대시킨다면, 다른 한편에서는 노동자를 '유리'시킴으로써 노동자의 공급을 증대시키며, 반면 그와 동시에 실업자의 압박이 취업자로 하여금 더 많은 노동을 유동시키도록 강제하고, 따라서 어느 정도 노동공급을 노동자의 공급과 상관없게 만든다."(669/873)

## 4. 상대적 과잉인구의 여러 존재 형태.
### 자본주의적 축적의 일반적 법칙

산업순환에 따른 상대적 과잉인구의 주기적 변동을 도외시하면, 상대적 과잉인구의 존재 형태는 네 가지로 분류된다.

첫째, 상대적 과잉인구의 유동적 형태. 이는 근대적 산업의 중심인 공장, 매뉴팩처, 광산 등에서 보이는 형태다. 여기서 노동자들은 때로는 축출되고 때로는 흡수되면서 전체적으로는 생산규모에 비해 상대적으로 감소하긴 하지만 취업자 수가 증가한다. 이 경우 상대적 과잉인구는 유동적 형태로 존재한다.(670/875) 둘째, 잠재적 형태. 자본주의 생산에 의해 정복되는 농촌에서 만들어지는 잠재적 과잉인구가 그 전형이다.(671-672/876-877) 셋째, 정체적 형태. 불규칙하게 취업하고 있는 현역 노동자 유형이며, 사용 가능한 노동력의 무진장한 저수지를 형성한다.(672/877-878) 마지막으로, 구호빈민층. 상대적 과잉인구의 최하층이고 현역군의 폐인수용소이며 산업예비군의 사중(하중)이 되는 부분이다.(673/878-879) 유랑자, 죄수, 매춘부 등 본래의 룸펜프롤레타리아를 제외하면, 여기는 다시 첫째, 노동 가능한 인구, 둘째, 고아 및 구호빈민 아이들이 있다. 이들이 산업예비군의 후보인 데 반해 세 번째 범주로 타락한 사람들과 노동 불가능한 사람들이 있다.

이상의 고찰로부터 총괄해 보자. 여기가 『자본』 제1권의 이론작업에서 정점을 이루는 곳이다. 자본축적의 진전은 한편에서 자본 측의 경제적 부의 축적, 다른 한편에서 임노동 측의 빈곤의 축적을 가져온다. 양자는 분리될 수 없는 관계로 결합되어 있다. 한편의 극에서의 부의 축적은 반드시 반대 극에서의 빈곤의 축적, 즉 '빈곤, 노동의 고통, 노예상태, 무지, 야만화, 도덕적 타락'의 축적을 동반한다. 이것이 자본주의적 축적의 일반법칙이며, 자본주의적 축적의 적대적 성격을 규정한다. "사회의 부, 기능자본, 그 증대의 범위와 활력, 따라서 또 프롤레타리아트의 절대적 크기 및 그 노동생산력이 크면 클수록 그만큼 산업예비군이 커진다. 사용 가능한 노동력은 자본의 팽창력과 동일한 원인들에 의해 발전된다. 따라서 산업예비군의 상대적 크기는 부의 역능과 함께 증대한다. 그러나 이 예비군이 현역 노동자군과 비교해 크면 클수록 고정적 과잉인구, 즉 그들의 빈곤과 노동의 고통이 반비례하는 노동자층이 그만큼 대량적이 된다. 마지막으로 노동자계급 중의 극빈층과 산업예비군이 크면 클수록 공식적인 구호빈민은 그만큼 커진다. **이것이야말로 자본주의적 축적의 절대적, 일반적 법칙이다.** 다른 모든 법칙과 똑같이 이 법칙도 그 실현에 있어 다양한 사정들에 의해 수정되지만, 그에 대한 분석은 여기에[이 저작에: 인용자] 속하지 않는다."(673-674/879) "마지막으로 상대적 과잉인구 또는 산업예비군이 끊임없이 축적의 규모 및 활력과 균형을 맞추게 하는 법칙은 헤파이스토스Haphästos[불과 대장일의 신: 인용자]의 쐐기가 프로메테우스를 바위에 결박시킨 것보다 더 단단하게 노동자를 자본에 결박시킨다. 이 법칙이 자본의 축적에 조응하는 빈곤의 축적을 야기한다. 따라서 한편의 극에서의 부의 축적은 동시에 반대편 극에서의 … 빈곤, 노동의 고통, 노예상태, 무지, 야만화, 도덕적 타락의 축적이다."(675/881)

이상의 고찰로부터 가치법칙, 잉여가치법칙, 축적법칙(실업법칙과 빈곤화법칙)은 유기적인 불가분의 일체이며, 자본주의 근간을 형성하는 법칙임을 이해할 수 있다.

## 5. 자본주의적 축적의 일반법칙의 예증

마르크스가 이제 '한편의 극에서의 부의 축적'과 '반대편 극에서의 빈곤의 축적'이라는 자본주의적 축적의 일반법칙을 역사적 사실들 속에서 구체적이고 생생하게 보여주고 있다. 이 절은 독일어 원문으로 전체 802쪽 중 63쪽이나 차지하지만, 여기서는 간략하게 정리하고 넘어가도록 한다. 1846년 영국에서의 곡물법 폐지와 자유무역 시기 이래 자산계급의 부와 소득은 놀랄만하게 증대했다. 이에 대비되는 그 증대의 원천인 노동자들의 착취는 이미 제8장(노동일)과 제13장(기계장치와 대공업)에서 상세하게 살펴봤다. "그러나 그때는 주로 사회적 기능을 수행하는 중인 노동자를 다뤘다. 자본주의적 축적의 법칙을 완전히 해명하기 위해서는 작업장 밖에서의 노동자의 상태, 즉 그의 영양상태와 주거상태도 주목해야 한다."(683/892) 그래서 이하에서는 공업노동자들과 농업노동자들의 영양상태와 주거상태에 초점을 맞춰 서술한다. 공업노동자들에 있어서도 그렇고, 열악한 농업노동자들에서는 더더욱 그렇지만, 이들의 영양상태는 1일 최소 필요치에 미달되고, 주거상태는 불결하고 동물적이며 각종 전염병에 노출되어 있는데, 한 마디로 감옥의 죄수들보다 영양상태가 더 나쁘고 더 비좁은 공간에 거주한다. 나와 있는 사례들마다 끔찍하지 않은 것이 없는데, 비교적 담담하게 언급되는 한 두 사례만 들여다보고 이 절을 끝내도록 하자. 브래드포드의 한 노동자보험회사 대리인의 리스트에 있는 노동자들의 주거상태다. 이들은 그래도 비교적 높은 임금을 받는 노동자들이다. "벌칸 스트리트 122번지 방 1개 16명, 럼리 스트리트 13번지 방 1개 11명, 바우어 스트리트 41번지 방 1개 11명, … 리젠트 스케어 지하실 1개 8명, 에이커 스트리트 지하실 1개 7명, …)"(692/906) 또 1863년의 공식 조사결과에 따르면, "무엇보다 이렇게 쓰여 있다. '잉글랜드에서 감옥에 있는 범죄자들의 식사와, 구빈원의 빈민들 및 자유로운 농업노동자들의 식사를 세심하게 비교하면, 범죄자들이 빈민들이나 농업노동자들보다 훨씬 더 잘 먹는다는 것을 논란의 여지없이 보여준다.' 반면 '공적인 강제노동을 선고받은 사람에게 요구되는 노동량은 보통의 농업노동자가 수행하는 노동량의 약 절반이다.'"(707-708/929)

# 제24장 이른바 본원적 축적

제1권의 사실상 마지막 장이다. 지금까지 살펴본 내용을 정리하면, 제2편에서 어떻게 화폐가 자본으로 전화하는가, 제3, 4, 5, 6편에서 어떻게 자본이 잉여가치를 생산하는가, 그리고 제7편에서 어떻게 잉여가치로부터 자본이 새롭게 형성되는가, 즉 축적되는가가 해명됐다. 그런데 자본의 축적은 잉여가치를 전제하고, 잉여가치는 자본주의적 생산을 전제하며, 자본주의적 생산은 자본관계의 현존(자본과 임노동)을 전제한다. 따라서 이런 틀 내에서는 자본과 잉여가치, 이 양자가 서로 산출하고 산출되는 관계 이외의 관계는 고찰할 수 없다. 자본과 잉여가치의 돌고 도는 '잘못된 순환'(741/979)에서 빠져나오기 위해서는 자본주의적 축적 이전의 '본원적 축적(ursprüngliche Akkumulation)', 즉 "자본주의 생산양식의 결과가 아닌 그 출발점인 축적"(741/979)을 상정하게 된다. 자본은 도대체 처음에 어디로부터 온 것인가 하는 문제다. 한 마디로 자본-임노동 관계를 창출하는 과정에 대한 고찰이다. 한편에서 노동력을 판매하지 않으면 살아갈 수 없는 무산 노동자들이, 다른 한편에서 생산수단과 생활수단 그리고 화폐자금을 독점적으로 소유하는 자본가들이 어떻게 창출되었는가 하는 것이다. 당시의 경제학에서 본원적 축적 또는 선행적 축적이라고 말해지는 것이어서 마르크스가 '이른바'를 붙이면서 종래의 설명을 비판하고 실증적이고 과학적이며 독자적인 견해를 보여준다. 종래의 정치경제학에서는 본원적 축적을 신학에서 원죄와 같은 역할을 하는 것으로 왜곡해서 묘사하곤 했다.(741-742/979-980) 본원적 축적의 해명으로써 제7편 자본의 축적과정의 분석이 완성된다. 또 그 해명과 함께 자본주의적 생산양식의 역사적·과도적 성격, 즉 자본주의에 선행하는 다른 생산양식들과 마찬가지로 이 생산양식도 생성되고 발전하고 소멸되어 다음 사회로 이행한다는 것도 폭로된다. 공산주의적 생산양식으로 이행의 필연성이 폭로되는 것이다. 이 점에서 이 장의 분석은 자본주의의 이행과 관련해 특별하고 중요한 의의를 가진다.

[[마르크스는 프랑스어판 『자본』 제1권(1872-1875)에서 독일어판(제2판, 1872)의 제7편 제24장과 이에 대한 보충적 성격을 띠는 제25장을 제8편으로 독립해서 편과 장 구성을 의미있게 변경했다. 자본주의의 역사적 생애 전체를 다루는 제1권 제7편 제24장의 위와 같은 특별한 위치를 감안하면, 이 장을 독일어판처럼 제7편의 보론 같은 장으로 편제하기보다는 프랑스어판처럼 별개의 편으로 독립해 제1권 전체를 총괄하도록 하는 것이 훨씬 조직적이고 체계적인 구성이라고 생각한다. 한편 마르크스는 프랑스어판에서 편

별 구성의 변경 외에도 제1권 전체에 걸쳐 필요한 부분을 수정, 보충했고, 독일어판 독자들에게 프랑스어판을 참조하도록 주문했다. 마르크스 사후에 엥겔스는 영어판(1887)을 이 프랑스어판의 편별 구성에 따라 간행했지만, 독일어판은 마르크스의 제2판 편별 구성을 그대로 따라서 제3판(1883)과 제4판(1890)을 간행했다. 하지만 엥겔스는 이 두 개 판 서문에서 마르크스가 프랑스어판에서 수정, 보충한 주요한 내용들을 최대한 반영했음을 밝히고 있다.]]

## 1. 본원적 축적의 비밀

먼저 임금노동자의 역사적 창출과정을 살펴본다. 도대체 어떤 사회계층으로부터, 어떤 모습으로 근대적인 임금노동자가 창출됐는가 하는 역사적 형성의 문제다. 제3절까지 3개의 절에서 이 문제를 다룬다. 마르크스가 말한다. "이 본원적 축적이 정치경제학에서 행하는 역할은 신학에서 원죄가 행하는 역할과 거의 동일하다. 아담이 사과를 깨물어 먹었고, 그와 함께 인류에게 죄가 떨어졌다."(741/979) 이는 근대 자본주의 사회에 대한 부르주아적 설명 원리를 말한다. 이에 대해 마르크스가 통렬하게 논박한다. "본원적 축적의 기원이 과거의 일화처럼 이야기됨으로써 설명되고 있다. 아득히 오래전에 한편에는 근면하고 영리하며 특히 절약하는 엘리트가, 다른 한편에는 게으르고 자신의 모든 것을, 또 그 이상을 탕진하는 룸펜이 있었다. … 그래서 전자는 부를 축적했으며, 후자는 결국 자기 자신의 가죽 이외에는 아무것도 팔 게 없게 되었다. 그리고 그 모든 노동에도 불구하고 여전히 자기 자신 이외에는 아무것도 팔 게 없는 대중의 빈곤과, 오래 전에 노동하기를 그만뒀지만 계속 증대하는 소수의 부가 이 원죄로부터 유래하고 있다."(741-742/979-980) 원죄에 대한 신학과 경제학상의 전설에 대한 마르크스의 비교가 흥미롭다. 위의 인용문에서 (…)로 표시하며 생략한 부분이다. "물론 신학적 원죄에 관한 전설은 어떻게 인간이 자기 얼굴에 땀을 흘려야 빵을 먹도록 그렇게 벌 받게 됐는가를 우리에게 이야기해 준다. 그러나 경제학적 원죄의 역사는 전혀 그렇게 할 필요가 없는 사람들이 어떻게 존재하는가를 우리에게 피력해 준다."(741/980) 하지만 매한가지란 것이다. 사적 소유를 옹호하기 위해 '이런 하찮은 어린애 같은 이야기'를 당시에도, 지금도 부르주아 정치경제학의 대변자들이 떠벌이고 있다. 이들에게 있어 '정의'와 '노동'은 유일한 치부수단이었다. 그러나 본원적 축적의 방법들은 전혀 목가적인 것이 아니다. "현실의 역사에서는 주지하다시피 정복, 예속, 강탈과 살인, 한 마디로 폭력이 커다란 역할을 했다."(742/980)

"자본관계는 노동자들과, 노동을 실현하는 조건들의 소유가 분리되는 것을 전제한다. … 따라서 자본관계를 창조하는 과정은 노동자를 자신의 노동조건의 소유로부터 분리하는 과정, 즉 한편에서는 사회적 생활수단과 생산수단을 자본으로 전화시키고, 다른 한편에서는 직접적 생산자를 임금노동자로 전화시키는 과정 이외의 어떤 다른 것일 수가 없다. 따라서 이른바 본원적 축적은 생산자와 생산수단 사이의 역사적 분리과정 이외의 아무것도 아니다." (742/981) 이것을 "본원적"이라고 하는 것은 "자본과 자본에 상응하는 생산양식의 전사(Vorgeschichte)"(742/981)이기 때문이다. [[이런 의미에서 자본의 '원시적' 축적(영문판)이라고 표현하기도 한다. 자본의 역사에서 보면 문명사(?) 이전의 원시시대에 이뤄진 축적이라는 말이다. 실제로는 봉건사회로부터 자본주의 사회로의 이행기를 말한다.]] 본원적 축적의 핵심은 생산자로부터 생산수단을 수탈해 근대적인 임금노동자로 전화시키는 것이다. 근대적인 임금노동자는 이중적 의미에서 자유로운 노동자로서, 즉 한편에서 농노·예속농 및 도제와 직인의 해방으로서, 다시 말해 신분제적 예속으로부터의 해방으로서, 다른 한편에서는 자신으로부터 모든 생산수단을 박탈당하는 것으로서, 즉 생산수단으로부터 자유로운 것(생산수단이 없는 것)으로서 나타난다. "농업생산자, 즉 농민으로부터의 토지수탈이 전체 과정의 토대를 이룬다."(744/983) "그리고 이 수탈의 역사는 피와 불의 문자로 인류의 연대기에 기록되어 있다."(743/982)

## 2. 농촌 주민으로부터 토지의 수탈

이 수탈의 역사를 마르크스가 이제 드러낸다. 영국에서 농노제는 14세기 말에 사실상 소멸했고, 주민의 압도적 다수가 자유로운 자영농민이었다. 그러나 15세기 말 이래 자본주의적 생산양식의 토대를 만든 변혁이 시작되는데, 그 핵심은 자영농민층으로부터의 폭력적인 토지수탈에 있다.(745-/986-) 이들의 몰락 그리고 차지농업가와 농업노동자로의 전화, 즉 농민층의 양극분해를 통해 임노동관계가 형성된다. 이 과정은 먼저 봉건적 가신단의 해체에 따른 프롤레타리아화와, 특히 18세기까지 계속된 인클로저 운동에서 대규모로 전개된다. 토지의 인클로저는 16세기 플랑드르 Flanders의 양모 매뉴팩처의 번영과 그에 따른 양모가격 등귀 그리고 경작지의 목양지 전환을 대계기로 했고, 16세기 종교개혁에 의한 방대한 교회자산 횡령도 토지수탈과 인클로저를 촉진했다. 사실상의 권리로서 토지를 점유했던 자영농민들은 자신들의 주택과 함께 폭력적으로 토지로부터 축출됐으며, 무산노동자로 전화됐던 것이다. 토지수탈은 농민들의 경작지만이 아니라 농민들의 사실상 공동소유지였던 공유지에 대해서도 이뤄졌고, 국유지에 대해서도 대규모의 횡령이 이뤄졌다. 토지소유자들은 법적 절차를 밟아 봉건적 토지제도를 철폐하고 근대적 소유권을 확립해 자신들의 소유권을 확정했다. "17세기의 마지막 수십 년간에도 아직 자영농민층(Yeomanry)은 차지농업가 계급보다 그 수가 더 많았다. … 그러나 1750년경 자영농민층이 사라졌고, 18세기의 마지막 수십 년간에는 농민들의 공유지의 마지막 흔적도 사라졌다."(750-751/992-993) 18세기 중반까지 토지수탈과 인클로저는 국가의 규제와 제한에도 불구하고 강행됐지만, 이 시기 이후에는 법령의 지지까지 받아 공유지에 대한 약탈이 이뤄졌다. 이른바 '공유지 인클로저법'이라는 '국민수탈의 법령'이다.(752-753/995) 아울러 같은 시기 진행된 농업혁명과 대규모 경영의 진전도 토지 인클로저를 촉진시킨 또 다른 주요한 계기였다. 마지막으로 19세기 토지로부터의 인간 청소인 '토지 청소Clearing of Estates'가 이 과정의 절정을 이뤘다.(756-/1000-) 이 절의 끝에서 마르크스가 그 결과를 다음처럼 요약한다. "교회 자산 약탈, 국유지의 사기적 양도, 공유지 횡령, 무자비한 폭력으로 수행된 불법적인 소유권 전화(봉건적 및 씨족적 소유의 근대적 사적 소유로의 전화), 이것들은 마찬가지로 본원적 축적의 목가적인 방법들이었다. 이것들은 자본주의적 농업을 위한 영역을 정복했고, 토지를 자본에 병합시켰으며, 도시의 공업에 새처럼 자유로운 프롤레타리아트의 필요한 공급을 마련해 주었다."(760-761/1007-1008)

## 3. 15세기 말 이래 피수탈자에 대한 유혈 입법.
### 임금인하를 위한 법률들

토지수탈과 농민추방에 의해 도시에 공급된 '새처럼 자유로운 프롤레타리아트', 그러나 이들이 곧바로 신흥 매뉴팩처에 흡수될 수는 없었다. 왜냐하면 무엇보다 자영농민으로서 이들의 오랜 관습상 자본가의 지휘와 통제를 받는 매뉴팩처 노동을 이들이 받아들이기는 어렵기 때문이다. 이들은 불가피하게 거지, 도둑, 부랑자 등으로 전락했는데, 이들을 근대적인 임금노동자로 형성하기 위해서는 공장의 노동규율을 수용하도록 강제하기 위한 국가 개입이 요구됐다. 영국에서는 15세기 말 이래 18세기 초에 이를 때까지 '피의 입법'이 실시됐다. 이 끔찍한 법령의 조항 일부를 보자. "헨리 8세, 1530년: 늙고 노동능력 없는 거지는 구걸 면허를 받는다. 그에 반해 건장한 부랑자들에게는 태형과 감금이다. 그들은 수레 뒤에 결박되어 몸에서 피가 흐를 때까지 채찍질을 당하고, 그 다음에 그들의 출생지 또는 그들이 최근 3년간 거주한 곳으로 돌아가 '노동할 것'을 맹세한다. … [6년 후: 인용자] 헨리 8세 제27년의 법령에서 이전 법은 반복되지만, 새로운 추가 조항들에 의해 강화된다. 부랑죄로 두 번째 체포되면 다시 태형을 가하고 귀를 절반 자르지만, 세 번째 경우에 해당되는 자는 중죄인으로서, 공동체의 적으로서 처형된다."(762-763/1009-1010) 또한 에드워드 6세, 1547년의 법령에서는 노동을 거부하는 사람은 그를 게으름뱅이라고 고발하는 사람의 노예가 되고, 노예주는 태형과 쇠사슬 결박으로 노동을 강제할 권리를 가지며, 노예가 2주 동안 도주해 있으면 이마나 뺨에 S자 낙인과 함께 종신노예가 되고, 세 번째 도주하면 국가반역자로 처형되도록 규정하고 있다.(763/1010) 한편에서는 일하는 농민들을 토지에서 축출하고, 다른 한편에서는 일하지 않는다고 국가가 이들에게 가혹한 형벌을 가한다. "이 얼마나 잔인한 아이러니인가!"(762/1010) 오늘날 노동자계급의 자식들은 필사의 노력으로 자본가에 고용되기를 추구하는데, 이들의 조상들은 죽음을 무릅쓰고 공장에서 탈출하려 했던 것이다. 이 또한 역사의 아이러니 아닌가?

이렇게 자본주의 역사는 국가개입과 분리할 수 없다. 자유방임주의는 19세기 자본주의의 환상일 뿐이며, 오늘날의 자본주의도 국가개입 없이 존립할 수 없는 상태다. 자본주의는 형성기에도, 노년기에도 국가에 의존해서만 자신을 지탱할 수 있다. "한편의 극에서 노동조건들이 자본으로서 나타나고, 다른 편 극에서 자신의 노동력 이외에는 아무것도 팔 게 없는 사람들이 나타나는 것으로는 충분하지 않다. 또한 자발적으로 자신을 판매하도록 그들을 강제하는 것으로도 충분하지 않다. … 발달한 자본주의적 생산과정의 조직은 모든 저항을 타파하며 … 경제적 관계들의 무언無言의 강제가 노동자에 대한 자본가의 지배를 확정짓는다. 자본주의적 생산의 역사적 발생 시기에는 사정이 다르다. 신흥 부르주아지는 임금을 규제하기 위해, … 노동일을 연장하기 위해, 그리고 노동자 자신을 정상적인 정도로 종속시켜 놓기 위해 국가권력을 필요로 하고, 또 그것을 사용한다. 이것이 이른바 본원적 축적의 하나의 본질적 계기다."(765~766/1013~1014)

영국에서 임금노동에 관한 입법은 1349년의 노동자 법령이 그 시초였다. 노동입법은 처음부터 노동자 착취를 목적으로 했는데, 노동일의 강제적 연장과 관련된 것은 앞의 제8장에서 이미 살펴봤다. 마르크스는 이하에서 임금에 대한 규제와 노동자들의 단결권에 대해 간략하게 서술한다.(766~/1014~) 임금 규제에 있어서는 법률적으로 임금과 최고임금을 확정하고 그 위반에 대한 처벌조항을 두었다. 법정임금보다 많이 지불하면 금고형에 처하는데, 더 높은 임금을 받는 자가 그것을 지불하는 자보다 더 엄하게 처벌받는다. 엘리자베스의 도제법에서는 지불하는 자가 10일 금고형인데 반해, 지불받는 자는 21일 금고형으로 되어 있다. 임금 규제에 관한 법령들은 자본주의 생산양식이 확립되는 시기인 1813년이 되어서야 비로소 폐지됐다. 노동자들의 단결도 14세기 이래 1825년 단결금지법이 폐지될 때까지 중죄로 취급됐다. 단결금지의 모든 잔재가 법령에서 사라진 것은 1859년에 이르러서였다.

## 4. 자본주의적 차지농업가의 발생

본원적 축적에서 임금노동자의 형성과 함께 또 하나의 극을 형성하는 것은 자본가의 형성이다. 그런데 농촌주민으로부터 토지 수탈 그 자체는 대토지소유자 계급을 만들었을 뿐이다. 이제 자본가는 도대체 어디로부터 어떻게 생겨난 걸까 하는 문제가 제기된다. '자본주의적 차지농업가 발생'의 문제다. 다음처럼 마르크스가 짤막하게 정리하고 넘어간다. 영국에서 차지농업가의 발생은 수 세기에 걸친 완만한 과정이었다. 그 최초 형태인 베일리프Bailiff, 즉 그 자신이 농노인 영주토지 관리인으로부터 여러 형태의 변화를 거쳐 본래의 차지농업가로 성장한다. 본래의 차지농업가란 "임금노동자를 사용함으로써 자기 자신의 자본을 증식시키고, 잉여생산물의 일부를 지대로서 화폐 또는 현물로 지주에게 지불하는" 농업경영자를 말한다.(771/1021) 차지농업가는 15세기 마지막 1/3로부터 16세기 거의 전체에 걸쳐 계속된 농업혁명으로부터, 또 공유지 등의 횡령으로부터도 부유하게 되었다. 특히 16세기 화폐가치 하락으로부터 임금 하락과 실질적 지대 감소 등 지주 및 임금노동자의 희생하에 차지농업가가 비약적으로 부유하게 되었다.(771-772/1021-1022)

## 5. 농업혁명의 공업에의 반작용. 산업자본을 위한 국내시장의 형성

다음에는 자영농민의 수탈과 프롤레타리아화가 가져온 또 다른 측면, 즉 공업을 위한 국내시장의 형성이라는 문제가 고찰된다. "농촌주민 일부의 수탈과 추방은 산업자본을 위해 노동자들과 함께 그들의 생활수단 및 노동재료를 유리시킬 뿐만 아니라 국내시장을 창출한다."(775/1027) 이전의 자영농민들은 생활수단과 원료를 자신들이 생산했고, 대부분을 자신들이 소비했는데, 이제는 생활수단과 원료가 상품이 된 것이다. 이들은 자본가에 고용되어 임금을 받고 자본가로부터 생활수단을 구매해야 한다. 생활수단과 공업원료는 차지농업가와 매뉴팩처의 상품으로 공급된다. 이렇게 농민으로부터의 토지수탈 과정이 농업자본가의 생산수단 집적뿐아니라 농업과 공업의 분리, 자급자족 경제로부터 유리된 무산자 대중의 전면적인 상품-화폐경제에의 의존을 가져옴으로써 광대한 국내시장을 창출하게 된다. 그러나 매뉴팩처는 이것을 근본적으로 완수할 수는 없다. 왜냐하면 맥뉴팩처는 광범위하게 도시의 수공업과 농촌의 가내공업을 배경으로 하고 국민생산을 부분적으로 만 장악하기 때문이다. 기계제 대공업에서 비로소 이 변혁이 완성된다. "대공업이 비로소 기계로써 자본주의적 농업의 확고한 토대를 제공하고, 농촌주민의 압도적 다수를 근본적으로 수탈하며, 농업과 가내공업 사이의 분리를 완수하고, 농촌 가내공업의 뿌리인 방적업과 방직업을 근절한다. 따라서 대공업은 비로소 산업자본을 위한 전체 국내시장도 정복한다."(776-777/1028-1029)

## 6. 산업자본가의 발생

이 절의 제목과 주제는 산업자본가의 발생이지만, 다루는 주요 내용은 여전히 본원적 축적의 계기들이다. 본원적 축적을 통해 형성되어 산업의 자본으로 전환되는 자금의 역사적 주요 계기들을 다룬다. [[절 제목 자체와 관련해서는 『자본』 제3권 제20장 상인자본의 역사적 고찰 중 봉건제로부터 자본주의로의 이행 방식들에 대해 언급한 부분을 참조하면 좋겠다.(MEW 25, 348/III(상), 406) 마르크스는 세 가지 방식을 말하는데, 첫째는 상인이 직접 산업가가 되는 것, 둘째 상인이 생산자들을 명목적으로 독립시켜 놓은 상태에서 그들의 생산물을 구매해 판매하는 것, 셋째 산업가가 상인이 되는 것이다. 해당 개소 조금 앞(MEW 25, 347/III(상), 404)에서 마르크스는 산업가가 상인 겸 자본가로 되는 방식(위의 세 번째 방식)을 혁명적인 이행의 길이라 하고, 상인이 생산을 직접 장악하는 또 다른 길(처음 두 개 방식)과 대비한다.]] 자본주의 생산양식 이전에 중세에도 다양한 사회구성체에서 기능하던 자본의 오래된 형태, 즉 상인자본과 고리대자본이 있었다. 하지만 "고리대와 상업을 통해 형성된 화폐자본의 산업자본으로의 전화는 농촌의 봉건제도와 도시의 길드제도에 의해 저지됐다. 이러한 한계들은 봉건적 가신단의 해체, 농촌주민의 수탈 및 부분적인 추방과 함께 제거됐다."(778/1031-1032) 산업자본으로 전화되기 위해서는 특정한 조건들이 필요하고, 앞서 본 바와 같이 본원적 축적이 그 조건들을 창출했다.

아메리카에서의 금과 은 발견, 아메리카 원주민들의 절멸과 노예화, 인도의 정복과 약탈, 아프리카의 흑인 수렵장으로의 전화, 유럽 국민들의 무역전쟁, 이런 것들이 이 절에서 다루는 본원적 축적의 주요 계기들이다. 또한 식민제도, 국채제도, 근대적 조세제도, 보호무역제도 등 본원적 축적의 주요 방법들도 비판적으로 고찰된다.(779/1033) 이와 관련된 국가의 역할과 폭력에 대해 마르크스가 다음처럼 중요한 의미를 부여한다. "그러나 [이: 인용자] 모든 방법들은 봉건적 생산양식의 자본주의적 생산양식으로의 전화과정을 온실 속에서처럼 촉진하고 그 이행을 단축시키기 위해 국가권력, 즉 사회의 집중되고 조직된 힘을 이용했다. 폭력은 새로운 사회를 잉태하는 모든 낡은 사회의 산파(Geburtshelfer)다."(779/1033) 이하에서 '배신, 매수, 암살, 비열의 탁월한 그림'을 보여주는 네덜란드의 식민경제사, 영국 동인도 회사의 인도 약탈과 폭리, 뉴잉글

랜드 청교도들의 인디언 살육과 포로에 대한 상금, 국채제도에 따른 놀고먹는 금리생활자 계급과 금융업자들의 일확천금, 주식회사와 각종 유가증권 거래 및 주식투기, 투기적 금융업자들의 회사인 대은행의 국립은행으로의 등극, 국제신용제도를 통한 국제적 자금이전, 근대 조세제도를 통한 중과세와 대중수탈, 보호관세와 수출장려금을 통한 국민약탈, 공장에서의 아동노예, 흑인노예 무역 등등, 이 방법들이 사용한 끔찍하고 잔인한 폭력에 대한 생생한 사례들이 이어진다.(779-/1034-) 마지막으로 본원적 축적의 이러한 폭력적 양상에 대한 마르크스의 유명한 문장도 나온다. "오지에 M. Augier를 따라서 화폐가 '한쪽 뺨에 선천적인 핏자국을 띠고 태어난다'고 한다면, 자본은 머리부터 발끝까지 모든 모공으로부터 피와 오물을 흘리면서 태어난다."(788/1046) 이 절의 마지막 문장이다. 자본과 자본주의 형성의 실제 역사는 이렇게 정의라든가 합리주의라든가 문명화라든가 또는 근검절약 등 부르주아 문헌의 평가와는 전혀 다르게 폭력적이고 혐오스러운 것이다. 앞서 본 바처럼 이것이 역사적 사실이다!

## 7. 자본주의적 축적의 역사적 경향

제24장의 이 마지막 절에서 이 장만이 아니라, 또 제7편만이 아니라 제1권 전체가 총괄된다. 그만큼 중요한 절이다. 앞에서 본원적 축적의 기초를 이루는 토지를 비롯한 생산수단의 박탈 과정을

보았는데, 여기서는 그것을 소유 또는 재산의 수탈과 피수탈, 분리와 재집중이라는 관점에서 포착한다. 그리고 그것을 역사적 발전단계로서의 자본주의의 전 생애라는 시간 지평에서 총괄한다. 이것으로써『자본』제1권의 분석이 완결된다고 할 수 있다. 자본주의의 형성과 발전, 그리고 다음 사회로의 이행이라는 세 단계에 따라 재산의 소유·취득 관계의 변천을 살펴보자.

(1) 자본주의의 형성기, 이 시기에는 다소간 소상품생산이 전개되고 있어 재산의 소유관계의 성격은 전형적인 '자기노동에 기초한 개인적 사적 소유'로 특징 지워진다. 본원적 축적이 진전되면, 노예나 농노가 임금노동자로 직접 전화되든가, 아니면 소생산자(농민과 수공업자)의 수탈로 귀결되며, '자기노동에 기초한 개인적 사적 소유'가 해소된다.(789-790/1047-1048) 생산수단은 농민 및 직인들에 의한 개인적, 분산적인 사유로부터 농업자본가 또는 산업자본가의 수중으로 집중되거나 사회적인 집적이 진행된다. 이 과정은 직접적 생산자의 수탈에 의한 개인적 사유의 제1의 부정이다. 자기노동에 기초한 사유로부터 타인의 부불노동 착취에 기반한 사유로의 전화가 이뤄진다.

(2) 개인적 사유의 제1의 부정의 결과 자본주의적 착취에 기반한 자본주의적 취득양식이 성립한다. 이 취득양식에 기반한 자본주의적 사유의 성격은 "타인의 부불노동 착취에 기반한 사유"이며, 자본주의가 발전하면 할수록 "소수 자본가에 의한 다수 자본가의 수탈"이 전개된다. 자본의 집적과 집중의 진전하에서 인수합병 등에

의해 일체의 이익을 강탈하고 독점하는 대자본가의 수는 감소하고 기업규모가 거대해지며, "빈곤, 억압, 예속, 타락, 착취는 증대하지만, 또한 끊임없이 팽창하는, 그리고 자본주의적 생산과정 그 자체의 기구에 의해 훈련되고 결합되고 조직된 노동자계급의 반항도 증대한다."(790~791/1049) 자본의 집적과 집중, 독점화와 함께 노동자계급의 성장, 성숙의 객관적 조건이 형성된다는 것이다.

(3) "자본독점은", 즉 자본을 자본가계급만이 사적, 독점적으로 소유하는 것은 "그것과 함께 또 그것하에서 번창한 이 생산양식의 질곡이 된다. 생산수단의 집중과 노동의 사회화는 그 자본주의적 외피와 조화될 수 없게 되는 점에 도달한다. 그 외피는 분쇄된다. 자본주의적 사적 소유에 조종이 울린다. 수탈자가 수탈된다."(791/1049~1050) 이 수탈은 개인적 사유의 '부정의 부정'이 된다. 이중의 부정이라 해도 단순히 원래대로 복귀하는 것은 아니다. "이것 [부정의 부정: 인용자]은 사유를 다시 재건하지는 않는다. 그러나 아마도 자본주의 시대에 이룩한 성과, 즉 협업과, 토지공유 및 노동 그 자체에 의해 생산된 생산수단의 공유(Gemeinbesitz)[45]에 기초한 개인적 소유를 재건한다."(791/1050) 따라서 이 개인적 소유는 토지

---

45  Gemeinbesitz는 gemeinschaftliches Eigentum 또는 Gemeineigentum과 동의어고, '공동의 소유'를 뜻한다. 김수행판에서는 영어판의 possession in common을 '공동점유'로 번역해 놓았는데, 이런 국역은 원래의 독일어 단어가 갖고 있는 사회화와 이행에서의 의미를 크게 왜곡하는 잘못된 것이다. 즉, 자본주의로부터 사회주의로의 이행에서 생산수단의 사회화와 공유의 의의를 퇴색시키고, 마치 소유관계의 변혁 없이 점유를 달성할 수 있는 것 같은 환상을 가져온다. 그것은 이행전략에서 중대한 오류를 범하는 것이다.

와 생산수단의 공동소유에 기반하며, 그것은 사회의 생산물 중 개인소비로 돌아가는 부분, 즉 소비재에 대해 개개인이 기여한 노동에 따른 분배원리가 적용됨으로써 개인적으로 취득되는 것을 의미한다.

이 제2의 부정의 역사적 의의와 과제에 대해 마르크스는 이렇게 말한다: 제1의 사적 소유의 부정은 "소수의 강탈자에 의한 인민대중의 수탈"이고 "오래 걸리고 엄하고 곤란한 과정"인 것에 비해, 제2의 부정은 "인민대중에 의한 소수 강탈자의 수탈"이며 그렇게 어렵고 곤란한 것이 아니다.(791/1050) 그리고 여기에 『공산당 선언』으로부터 가져온 문구를 주석으로 덧붙였다. 다음은 그 문구의 일부다. "산업의 진보는 … 경쟁에 의한 노동자의 고립화 대신 결사에 의한 노동자의 혁명적 단결을 가져온다. 따라서 대공업이 발전함에 따라 부르주아지가 그 위에서 생산하고 생산물을 취득하는 기초 자체가 부르주아지의 발아래서 떨어져 나간다. 따라서 부르주아지는 무엇보다 그 자신의 무덤을 파는 사람들을 만들어낸다. 부르주아지의 몰락과 프롤레타리아트의 승리는 똑같이 불가피하다."(791/1050)

# 제25장 근대적 식민이론

제1권의 마지막 장이다. 여기서는 본원적 축적과 관련해 영국 식민지에서의 문제를 다루고 있다.[46] 그 속에서 본원적 축적의 본질적 관계를 다시 확인하는 것이다. 그래서 이 장은 마지막 장으로서의 특별한 의의를 지닌다기보다는 제24장의 보충으로 이해하면 된다. 1833년 간행된 웨이크필드E. G. Wakefield의 저서 『영국과 미국 England and America』에서 개진된 '조직적 식민'의 이론은 자본주의적 관계의 본질을 명확히 보여준다. 즉 식민지에서 웨이크필드는 화폐와 생활수단, 그리고 생산수단을 소유한 사람이라도 임금노동자가 없으면 자본가가 되지 못한다는 사실을 발견한 것이다.(793/1054) 따라서 식민지에서의 본원적 축적, 인민대중으로부터의 토지수탈, 임노동과 자본의 생산관계, 노동자의 수탈에 의한, 자기노동에 기

---

46  마르크스는 이 장에 대한 각주(792/1052)에서 자유로운 이주민에 의해 식민화되고 있는 처녀지가 여기서의 문제이며, 미국은 경제적으로는 여전히 유럽의 식민지라고 말한다.

반한 사적소유의 말살이 강구되어야 한다. 웨이크필드는 임금노동자의 만성적 부족에 시달리는 식민지에서의 본원적 축적을 위해 처녀지의 매도가격을 인위적으로 충분히 높은 가격으로 책정할 것을 제안했다. 노동자들이 토지매입을 위해 충분한 기간 동안 임금노동을 하도록 이들을 자본가들에게 묶어 둘 요량이었다.(799-801/1063-1064)

이 장 첫머리에는 소유문제와 관련해 정치경제학에 대한 마르크스의 비판이 나온다. "원칙적으로 정치경제학은 하나는 생산자의 자기노동에 기반해 있고 다른 하나는 타인노동의 착취에 기반한, 판이하게 다른 두 종류의 사적 소유를 혼동한다. 정치경제학은 후자가 단지 전자의 직접적 대립물을 이룰 뿐만 아니라 전자의 무덤 위에서만 성장하는 것임을 망각하고 있다."(792/1052) 자본주의적 소유가 타인노동의 착취에 기반한 것임에도 마치 자기노동에 기초한 소유인 것처럼 호도하는 정치경제학자들의 자본주의 변호 이데올로기를 지적하는 것이다. 그리고 이 장은 '구세계의 정치경제학', 즉 영국의 정치경제학이 웨이크필드를 통해 '신세계', 즉 식민지 아메리카에서 '발견한' 다음과 같은 '비밀'로 끝을 맺는다. "자본주의적 생산 및 축적방식, 따라서 자본주의적 사적 소유 또한 자신의 노동에 기초한 사적 소유의 철폐, 즉 노동자의 수탈을 전제한다."(802/1066)

[[이것으로 『자본』 제1권 강의가 끝난다. 이 강의의 분량만도 상

당하지만, 『자본』 강의가 끝난 것은 아니다. 『자본』 제2권, 제3권이 더 남아 있기 때문이다. 말하자면 이제 절반을 끝낸 셈이다. 간혹 『자본』 제1권만 공부하면 된다는 섣부른 주장들도 있다. 그런 말들에 혹해서는 안 된다. 『자본』 제1권이 자본주의적 생산의 본질을 분석하는 가장 중요한 부분이기는 하지만, 그것만으로는 자본주의 생산의 전체를 파악할 수 없다. 이 본질은 자본의 유통과정과, 특히 총유통과정에서 외관의 형태들, 범주들 속에서 왜곡되고 전도되어 나타나는데, 우리가 자본주의의 현실세계에서 마주치는 것은 바로 이런 형태들과 범주들이다. 이를테면 제1권에서 분석한 노동력 가치 및 잉여가치와 달리 일상에서 나타나는 범주들은 이윤이라든가 평균이윤, 이자, 배당이윤, 지대와 임대료 등이다. 제1권에서 일상과 관련된 범주는 노동력 가치의 현상형태인 임금만을 살펴봤을 뿐이다. 또한 제1권에서 다룬 산업자본 외에도 현실 세계에는 상업자본이라든가 대부자본, 은행, 토지소유자 등도 활동한다. 따라서 이들 형태와 범주에 대한 비판적 분석으로까지 나아가지 않으면, 본질과 현상의 연관을 올바로 파악할 수 없고, 본질과 현상의 전도된 관계에 혼란스러울 뿐이며, 결국 현상의 외관에 매몰될 수밖에 없다. 여기에 제2권, 제3권을 학습해야 하는 의의가 있다. 그리고 마르크스 경제학과 관련해서는, 여전히 난제이긴 하지만, 서두의 길라잡이에서 언급한 바처럼 『자본』을 넘어 정치경제학 비판 플랜의 과제들도 남아 있다는 점에 유의하면 좋겠다. 그래야만 『자본』에 대한 잘못된 비판들과 오해들로부터 『자본』을 올

바로 변호하고 방어할 수 있을 것이다.[47]]

---

47 마르크스의 방대한 발췌노트와 후속 부·편에 대한 지시 등에 근거해 『자본』 이후 남아 있는 후속 부·편의 내용을 정리하면 다음과 같다. 김성구, 「정치경제학 비판 플랜과 『자본』: 이른바 플랜 논쟁에 대하여」, 김성구, 『마르크스의 정치경제학 비판과 공황론』, 앞의 책, 51-52쪽.

**〈『자본』 이후 6부 부·편의 대상과 내용〉**

| 부·편 | 대상과 내용 |
| --- | --- |
| 제1부 자본 제2편 경쟁 | 현실경쟁의 자립적 운동, 욕구와 수요, 사용가치, 지불능력, 수요의 탄력성, 시장가격의 현실적 운동, 독점가격, 공급, 시장형태, 투자를 둘러싼 경쟁전, 경기순환과 가격변동, 노동력가치 이하로의 임금저하, 상업적 투기 |
| 제3편 신용 | 신용화폐와 신용제도의 자립적 운동, 보험회사, 대부자와 차입자 간 경쟁, 화폐자본의 단기변동, 산업순환에서의 이자율변동, 상업신용 및 은행신용과 국가신용의 관계, 신용기관의 특수한 형태들, 수표할인, 지대 임금에 의한 화폐자본 축적, 저당대부신용, 소비자신용, 국제신용, 신용의 종류에 따른 이자율 차이, 자본주의 재생산에 대한 은행업무의 반작용, 대부자본 회전의 특질, 은행의 유동성, 은행의 기능, 신탁업무 |
| 제4편 주식자본 | 주식의 다양한 종류와 특질, 금융기관의 주식, 교통수단의 주식, 공익적 기업의 주식, 보험회사의 주식, 다양한 주식들 간의 상호관계, 주식거래소, 경쟁전에서 주식자본의 우위, 자본집중에서의 주식자본의 역할, 주식회사의 조직양식, 불입주식자본과 예비주식자본, 주식회사의 자기자본과 차입자본, 창업이윤, 금융기생계급, 회사창립과 주식발행 및 주식거래와 관련한 각종 사기 |
| 제2부 토지소유 | 토지소유의 역사적 형태, 지대의 원천과 구성, 농업에서의 자본주의 형성과 발전 및 그 다양한 경로, 농업생산력, 과학기술발전의 효과, 토지투하자본의 이자, 농업부문 임노동의 특질, 토지국유화, 자본주의적 토지소유 관계의 지양 |
| 제3부 임노동 | 임금형태, 노동시장의 특수성, 노동자계급의 통일과 분립, 상업노동 및 비생산적 노동자의 임금, 계급투쟁, 노동조합, 숙련노동, 노동수요와 임금변화, 노동자 상호간의 경쟁, 노동생산성과 실질임금, 노동력가치 이하로의 임금저하, 생활수단의 종류와 양, 노동력지출의 측정 |
| 제4부 국가 | 그 자신과의 관계에서의 국가, 국가소유의 특질, 국유기업의 역할, 조세징수와 지출 및 그 효과, 국가차입, 국가재정, 국가부문의 비생산적 노동 |
| 제5부 외국무역 | 밖으로 향하는 국가, 생산의 국제적 관계, 자본의 대외적 확장, 수출입, 국제가치, 외국무역의 효과, 국내시장과 외국시장의 관계, 국민들 간의 경쟁, 자유무역과 보호무역주의, 국제분업, 부등가교환, 식민지, 국제적 지불거래, 국제화폐, 환율, 국제적 교통 |
| 제6부 세계시장 | 제5부 내용의 구체화, 총체성으로서의 세계시장, 세계시장의 경기, 세계시장에서의 경쟁, 세계시장가격 형성과 변동, 세계시장공황 |

# 『자본』 제2권을
# 어떻게 읽어야 하나<sup>*</sup>

* 이 글은 『자본』 제2권 강독세미나를 위해 작성한 강의 원고입니다.

# 1. 『자본 제1권 길라잡이』로부터

『자본』제2권 길라잡이는 2021년에 간행된 내 책 『자본 제1권 길라잡이』(나름북스)를 언급하면서 시작하도록 하죠. 주제로 들어가기 전에 먼저 이 책의 저자로서 서문에서 충분히 밝히지 못한 문제 두 가지만 더 부연해 놓도록 하겠습니다.

우선 『자본』의 이해와 관련하여 이 책에서 거론, 비판되는 9인의 인물이란 등장하는 순서대로 열거하면, 송태경, 강신준, 윤소영, 백승욱, 곽노완, 조정환, 이진경, 고故 김수행, 정성진입니다. 이 중에서 마르크스주의 이론으로서 비교적 비중 있게 다룬 논자는 네오마르크스주의자인 김수행과 정성진뿐이죠. 정통파 마르크스주의(=국가독점자본주의론)와 이에 대한 비판인 네오마르크스주의(=『자본』환원주의)가 마르크스주의 이론사의 대표적인 두 가지 경향이기 때문입니다. 그 밖의 인물들에 대해서는 해당 맥락에서 사실상 지나치면서 경멸적인 언사로 거론했을 뿐입니다. 정성진은 우리나라에서 대표적인 트로츠키주의자(올드old 마르크스주의자)로 알려져 있지만, 네오마르크스주의의 사상적, 이론적 원천의 하나가 로

스돌스키R. Rosdolsky 같은 트로츠키파라는 점에서, 또 그가 국가
독점자본주의론에 대항하는 『자본』 환원주의 전통에 있다는 점에
서 '네오마르크스주의자 정성진'은 잘못된 표현이 아닙니다. 근년에
정성진은 국내 트로츠키주의 그룹으로부터 축출(?)된 바 있는데
요, 네오마르크스주의자로서의 그의 이론적 행보도 하나의 이유였
던 것으로 알려졌죠.

이 책은 『자본』 제1권 길라잡이지만, 부록에 마르크스주의 경제
학의 개요도 담고 있는데요, 이 개요는 정통파의 관점에 입각한
것입니다. 물론 『자본』 제1권의 길라잡이도 정통파의 관점에 입각
해 있죠. 우리말로 접하는 여타의 길라잡이에서는 볼 수 없는 이
책만의 고유한 기여입니다. 마르크스의 시대와 다른, 오늘날의 변
화된 자본주의라는 현실에서 『자본』을 어떻게 이해해야 하나, 『자
본』은 현대자본주의를 분석하는 데 얼마나 유효하냐는 문제의식
의 발로죠. 전체적으로 보면, 이 책은 마르크스주의 경제학의 대
략 2/3 정도를 포괄해서 개관하고 있습니다. 마르크스주의 경제학
의 구성 비중을, 『자본』과 마르크스의 경제학은 2/3, 마르크스 이
후의 경제학 즉 (국가)독점자본주의론은 1/3로 해서 개략적으로
계산한 것입니다. 그러면 『자본』 제1권은 마르크스 경제학의 절반
즉 1/3을 차지하고, (국가)독점자본주의론이 1/3, 그래서 도합 2/3
가 된다는 겁니다. 여기서 빠져있는 1/3 부분, 다시 말해 『자본』 제
2권, 제3권의 길라잡이는 책에서 미야카와 아키라宮川彰, 『『資本論』
第2·3巻を読む』(上)(下), 学習の友社, 2001을 참조하도록 안내하였

습니다. 일본어 저서를 참조시켜 놓아서 무책임하다는 생각이 들지만, 그게 현재 우리의 이론 상황이죠.『자본』제2권과 제3권에 대한 '적절한' 우리말 길라잡이는 없는 걸로 알고 있습니다. 그나마 이번 개정증보판에서 제2권과 제3권에 대한 개관을 실을 수 있어 나로서는 불충분하기 하지만 그래도 빠져있던 나머지 1/3 부분도 채워 넣을 수 있게 되었죠.

그럼 이제 강의 주제로 들어가겠습니다.『자본』길라잡이에서 이 책만의 또 하나의 특별한 관점은『자본』의 분석의 추상수준 문제였죠. 제1권만이 아니라 전 3권에 걸친 추상수준에 대한 이해 여하가『자본』을 올바로 독해하는 데 가장 중요한 관건입니다. 그 책에서 제1권 마지막 편인 제7편 '자본의 축적과정'의 서두에서 내가 이렇게 썼습니다.

"제7편으로 제1권 '자본의 생산과정'의 분석이 완성되는데, 그렇다고 해도 단서가 붙는다. 제2권 '자본의 유통과정', 그리고 제3권 '자본주의적 생산의 총과정'이 대기하고 있기 때문이다. 그래서 마르크스는 이 편의 서론(589-590/766-767)에서 독자들의 이해를 돕고자, 여기서 해명하는 위의 과제를 어떻게 한정하고 취급하는지 그 추상 수준에 대해 언급한다. 첫째, 제1권의 분석은 원활한 유통 하에 상품가치대로 교환이 이뤄진다는 것을 상정한다. 제7편에서도 마찬가지다. "이하에서는 자본이 그 유통과정을 정상적으로 통과한다는 것이 전제되어 있다. 이 과정의 더 상세한 분석은 제2권에 속한다."(589/766)"(『자본 제1권 길라잡이』 254쪽, 이 책 262쪽.)

마르크스는 제1권 제7편 자본의 축적과정에서 유통과정은 정상적으로 진행한다는 것을 전제하고 유통과정에 대한 분석은 제2권의 대상이라고 하는데, 이제 자본의 유통과정을 분석하는 제2권에서도 후에 보는 바처럼 유통과정은 정상적으로 진행한다, 다시 말해 원활한 유통하에 상품가치대로 교환되는 것을 상정합니다. 말하자면 제2권에서의 유통과정의 분석도 한정적이라는 것을 알 수 있죠. 수요와 공급의 균형과 가치대로의 교환을 상정한 위에서 유통과정에서의 자본의 운동과 형태를 분석한다는 말입니다. 물론 현실경제는 그와 달리 자본들의 경쟁 속에서 수요와 공급의 불균형, 가치로부터 가격의 괴리, 경기의 변동과 공황 등 무정부적 방식으로 전개됩니다. 이 현실적인 유통과정의 분석은 그러나 『자본』 제2권의 대상이 아닌 겁니다. 『자본』 전 3권에 걸친 이러한 추상수준(제3권에서는 나아가 수요와 공급의 균형과 생산가격에 따른 교환을 상정합니다만)은 '자본의 이념적 평균' 또는 '자본의 일반적 분석'이라고 하여 그 방법론에 특별히 주목할 것을 강조했죠.(『자본 제1권 길라잡이』 30-32쪽, 이 책 35-36쪽). 현실경쟁과 경기순환에 따른 불균형과 변동들을 서로 상쇄하여 추상하고 이념적 평균에서 파악한 유통과정의 분석이 바로 제2권의 대상이라는 것, 우선 이

점에 유의해야 합니다. 그래서 이 점에 특히 유념하면서 이제 제2권의 독해법을 살펴볼 텐데요, 그 전에 제2권 편집자인 엥겔스가 제2권 학습을 위해 해준 조언이 있어 잠깐 보도록 하겠습니다.

## 2. 편집자 엥겔스의 학습 안내

『자본』 제2권은 마르크스가 남겨 놓은 초고들로부터 엥겔스가 편집해서 간행한 것이죠. 엥겔스가 제2권 서문에서 편집을 위해 이용한 8개의 초고를 언급하고 있는데요, 1865/67년부터 1880/81년 사이에 쓰인 이 초고들은 전반적으로 출판을 위해서는 불완전하고, 초고에 따라서는 극히 불균등한 상태여서 엥겔스가 편집 작업의 여러 가지 어려움을 독자들도 실감할 수 있을 정도로 토로하고 있습니다. 이런 이유 때문에, 또는 그럼에도 불구하고 엥겔스는 기본적으로 초고들로부터의 취사선택에 자신의 일을 한정하고, 초고에 대한 재구성이나 가필 등 편집자로서의 개입은 최소화하며, 가능한 한 마르크스의 원문을 그대로 재현하고자 했다고 밝힙니다. 말하자면 『자본』 제2권은 엥겔스의 편집에도 불구하고 여전히 초고와 같은 성격을 갖고 있다는 거죠. 당연히 그 독해에 어려움이 있을 수밖에 없습니다. 물론 제2권만 그런 건 아니지만, 마르크스 경제학 전공자들 간에도 『자본』을 둘러싸고 많은 쟁점과 서로 다른 해석이 있거든요. 이런 걸 감안하고, 어려운 책을 우리가 읽어나가는 거라고 스스로를 위안해 보죠.

어떻게 이 책을 읽어나가야 하나, 엥겔스가 1895년 3월 16일 아들러V. Adler에게 보낸 편지 중에서 『자본』 제2권과 제3권을 학습하는 데 도움이 될 짤막한 조언을 주고 있는데요, 제3권에 대한 부분은 여기서는 생략하고 제2권 부분만 보겠습니다.

" … 자네가 감옥에서 『자본』 제2부[제2권: 인용자]와 제3부[제3권: 인용자]를 읽고자 하니까, 힘이 덜 들도록 내가 몇 가지 힌트를 주겠네.

제2부. 제1편. 제1장은 철저하게 읽어라, 그러면 제2장과 제3장을 보다 쉽게 읽을 수 있을 것이다. 제4장은 다시 요약으로서 정확하게 읽을 것. 제5장과 제6장은 쉽고, 특히 제6장은 부수적인 것을 다룬다.

제2편. 제7-9장은 중요하다. 제10장과 제11장은 특별히 중요하다. 제12, 13, 14장도 마찬가지다. 반면 제15, 16, 17장은 당장은 그냥 쭉 훑어보면 된다.

제3편은 중농학파 이래 여기서 처음으로 다뤄지는, 자본주의 사회에서 상품과 화폐의 총순환을 아주 탁월하게 서술한 것이다. 내용에 따르면 탁월하지만, 그러나 형식에 따라 보면 엄청나게 난해하다. 왜냐하면 첫째로, [이 편은: 인용자] 두 개의 상이한 방법에 따라 작성된 두 개의 초고로부터 편성된 것이기 때문이며, 둘째로 2번 초고[8번 초고?: 인용자]는 만성

적인 불면증으로 뇌가 고생하던 때에 병환 상태에서 무리하게 작성되었기 때문이다. 나 같으면 그것을 제일 끝에, 제3부를 먼저 읽고 난 후에 읽을 것이다. 자네가 공부하는 데도 당분간은 읽지 않아도 괜찮다."(MEW 39, 436)

제2권은 세 개의 편, 1. 자본의 변태들(자본의 순환), 2. 자본의 회전, 3. 사회적 총자본의 재생산과 유통으로 구성되어 있는데요, 그 내용을 교과서처럼 비교적 쉽고 정연하게 요약, 정리한 글이 있어 내가 번역해서 이 강의 원고에 첨부해 놓았습니다. 이제는 고인이 된 일본의 정통파 경제학자인 도미즈카 료조富塚良三의 글인데요, 10쪽밖에 되지 않아 오히려 교과서를 요약한 정도라고 할 수 있지만, 엥겔스가 난해하다고 한 제3편을 포함해서 제2권의 전체 내용을 잘 정리하고 있어 내 강의를 보충하는 데 큰 도움이 될 거라고 생각합니다.(그럼에도 제3편 부분은 여전히 어렵기는 합니다.) 아니, 그렇다기보다는 이 글을 여기에 첨부해 놓았기 때문에, 내가 제2권의 주요 내용을 또 살펴보는 부담을 덜고 강의를 비교적 자유롭고 편하게 할 수 있는 여유가 생긴 셈입니다. 이하에서 강의는 특별히 『자본』의 추상수준과 방법론에 유의하면서 제2권의 독해를 위한 안내 수준으로 하겠습니다. 이런 측면에서 이 강의는 도미즈카의 글을 보충하는 것이라고 할 수도 있죠. 도미즈카의 글을

이해하는 데에도 도움이 될 겁니다.[48]

---

48  도미즈카 료조의 글은 아쉽지만 이 책에 수록하지 않습니다. 원래 이 글이 실렸던 『현
장과 광장』 제6호(2022)를 참조하면 좋겠습니다.

# 3. 『자본』 제2권의 대상과 추상수준

## 1) 자본의 순환

제1편 자본의 변태들(자본의 순환)부터 봅니다. 제1권에서 본 산업자본의 운동정식은 다음과 같죠.

$$G-W(Pm, A)---P---W'-G' (G: 화폐, W: 상품, Pm: 생산수단, A: 노동력, P: 생산과정, G=G+\Delta G, \Delta G: 잉여가치)$$

이 정식에서 보다시피 자본은 처음에는 화폐로, 다음에는 상품(생산수단과 노동력)으로, 그리고 생산과정을 거쳐 새로운 상품으로, 그리고 다시 화폐로 자신의 자태를 변화시켜가면서 가치증식 운동을 수행합니다. 자본은 이렇게 가치증식에서 세 가지 형태변화 또는 세 가지 단계를 거칩니다. 제1단계는 구매(G-W), 제2단계는 생산과정, 제3단계는 판매(W'-G')죠. 여기서 화폐와 상품은 단순한 상품유통과 달리 모두 자본이 운동하는 형태 즉 자본의 자태라고 했죠. 따라서 화폐는 화폐자본, 생산과정에 투입되는 상품인 생산수단과 노동력은 생산자본, 그리고 상품은 상품자본을 말합니다. 이 운동에서 자본은 화폐자본의 형태로부터 출발해서 생산자본의 형태로, 다음에는 상품자본의 형태로, 그리고 다시 화폐자본의 형태로 되돌아오는데, 이를 자본의 순환이라고 합니다. 특별히 이 운동은 화폐자본으로부터 시작해서 화폐자본으로 되돌아오므로 화폐자본의 순환이라고 하는 거죠. 화폐자본의 순환은 투하된 가치가 증식된 가치로 돌아오는 것을 단적으로 나타내므로 가치증식을 목적으로 하는 자본운동을 일반적으로 표현한다고 할 수 있죠. 제2권 제1편 서두에서 마르크스가 다음처럼 쓰고 있습니다. 자본이 이 순환운동에서 취하는 형태들의 분석이 이제부터의 연구 대상이라고요. 그러면서 그 분석의 추상수준에 대해서도 밝혀둡니다.

"[자본 순환의: 인용자] 제1단계와 제3단계는 제1권에서 단지 제2단계 즉 자본의 생산과정의 이해를 위하여 필요한 한에서 논의되었을 뿐이다. 따라서 자본이 각각의 단계에서 취하는 각각의 형태들, 반복되는 순환에서 자본이 취하거나 벗어버리는 여러 가지 형태들은 고려되지 않았다. 이것들이 이제 다음의 분석 대상을 이룬다.

이 형태들을 순수하게 파악하기 위해서는 우선 형태전환과 형태형성 자체와는 어떤 관계도 없는 모든 계기들은 도외시

해야만 한다. 이 때문에 여기서는 상품들이 그 가치대로 판
매된다는 것뿐만 아니라 그것이 불변의 사정 하에서 행해진
다는 것도 가정할 것이다. 따라서 순환과정 중에 일어날 수
있는 가치변동들도 도외시할 것이다."(31-32/31-32)[49]

앞에서도 내가 말했듯이 제2권의 추상수준에 대한 마르크스의
이 언급의 방법론적 의미를 잘 헤아려야 합니다. 『자본』 독해에서
가장 중요한 문제의 하나입니다.
그런데 자본은 끊임없는 가치증식을 자기 목적으로 하여 이 운
동을 끊임없이 반복하는데, 이 반복하는 운동을 고찰해 보면 여기
에서는 화폐자본의 순환 외에 다른 형태의 자본의 순환들도 보게
됩니다. 반복하는 운동은 다음과 같죠.

$$G-W(Pm, A)---P---W'-G' \cdot G-W(Pm, A)---P---W'$$
$$-G' \cdot G-W(Pm, A)---P---W'-G'$$

자본의 순환이 두 번만 반복해도 벌써 두 개의 다른 순환이 나
타납니다. 즉, P로 시작해서 P로 끝나는 순환 $P---W'-G' \cdot G-$

---

49  이하에서 『자본』 제2권으로부터의 인용은 모두 MEW 제24권으로부터 내가 직접 번역
한 겁니다. 앞의 숫자는 독어판인 MEW 제24권의 쪽수, 뒤의 숫자는 번역판인 『자본
론』 II, 비봉출판사, 2004(제1개역판)의 쪽수를 나타냅니다.

W(Pm, A)---P, 이건 생산자본의 순환이겠죠. 다른 하나는 W′로 시작해서 W′로 끝나는 순환 W′-G′·G-W(Pm, A)---P---W′, 이건 상품자본의 순환입니다. 자본의 운동이 계속 반복되면 화폐자본의 순환도 계속 반복되고, 생산자본의 순환도 반복되며, 상품자본의 순환도 반복됩니다. 운동의 출발점을 어디로 하는가에 따라 자본의 순환운동에서 세 가지 형태의 순환을 보게 되는 거죠. 그런데 자본의 현실적 운동을 보면 이 세 가지 형태의 순환이 서로 나란히 동시에 진행된다는 것을 볼 수 있죠. 왜냐하면 이렇습니다. 자본은 순환의 세 형태, 세 단계를 계기적으로 거쳐야지 처음의 형태로 돌아오죠. 그러면 어떤 자본이 예컨대 생산을 완료해서 상품자본으로 전화하면 이 상품이 판매되어 화폐로 회수되고 이것으로 다시 생산수단과 노동력을 구매하기 전까지는 생산을 재개할 수 없죠. 그러면 자본의 연속성이 깨지고 그동안 잉여가치 생산은 중단됩니다. 자본이 생산의 연속성을 확보하기 위해서는 생산된 상품이 판매되고 그 화폐로 생산자본을 다시 구매할 때까지 다른 화폐자본이 투하되어 생산자본으로 전화되어야 합니다. 생산된 상품이 판매되기 전에, 즉 화폐자본으로 전화되기 전에 생산의 연속성을 유지할 다른 화폐자본이 투하되어야 한다는 말이죠. 그러면 이 개별자본은 일부는 생산자본의 형태로, 다른 일부는 상품자본의 형태로, 또 다른 일부는 화폐자본의 형태로 동시에 존재하게 되겠죠. 즉, 자본의 일부가 생산자본의 형태에 있는 중에 다른 일부는 이미 생산된 상품(상품자본)의 형태로 있으면서 화폐형

태로의 전화를 기다리고, 또 다른 일부는 화폐자본 형태로 생산자본으로의 전화를 기다리도록 전체 자본은 세 가지 자본형태로 비례에 맞게 배분되어야 합니다. 뿐만 아니라 순환의 각 단계에 있는 이 세 가지 자본부분도 저마다 각각 계기적인 순환운동을 수행합니다. 화폐자본은 화폐자본의 순환을, 생산자본은 생산자본의 순환을, 상품자본은 상품자본의 순환을 하는 거죠. 따라서 자본은 순환운동에서 계기적으로 화폐자본, 생산자본, 상품자본이라는 세 가지 자본형태를 끊임없이 교대해 나가며, 동시에 병행해서 이 세 가지 자본형태가 각각 화폐자본의 순환, 생산자본의 순환, 상품자본의 순환이라는, 세 가지 형태의 순환을 그린다고 하는 겁니다. "따라서 여기서 총순환은 그 세 가지 형태의 실질적 통일이다." (105/117) 자본순환을 이렇게 세 가지 형태의 통일로서 파악하지 못하고 현상에서 보이는 특정한 하나의 형태에 고착시켜 보면, 자본의 운동은 화폐자본의 운동, 또는 상품자본의 운동, 또는 생산자본의 운동으로서 단편적으로 파악하게 되고, 경제학에서 나타난 이런 오류를 대표하는 것이 다름아닌 화폐자본의 운동만을 주목한 중상주의, 상품자본의 분석에 치중한 중농학파, 그리고 산업자본의 생산활동 분석에 주력한 고전학파죠.

이상에서 자본의 순환운동은 개별자본을 상정해서 살펴본 건데 (개별자본이라고 해도 이건 사회를 대표하는 개별자본이고 따라서 자본운동의 일반적 형태를 나타냅니다), 사회적 총자본의 부분으로서 이 개별자본의 운동은 당연히 다른 개별자본들의 운동들과 상호 연결되어 있습니다. 어떤 개별자본이, 그리고 그 각각의 자본부분이 화폐자본으로부터 생산자본으로, 상품자본으로부터 화폐자본으로 그 형태를 바꿔나가는 과정 즉 구매(G-W)와 판매(W'-G')는 이 자본과 거래하는 다른 자본들의 편에서는 판매와 구매이며, 자본의 순환이 원만하게 진행되기 위해서는 이 교환이 원활하게 이루어져야 하죠. 또 이 다른 자본들도 마찬가지로 각각 순환운동을 하면서 자본의 원만한 형태변화를 또 다른 자본들과의 교환에도 의존하게 됩니다. 이렇게 보면 사회 전체적으로 개별자본들의 순환운동이 다른 개별자본들의 순환운동과 뒤얽혀 교환으로 상호 연결되어 있는데, 서로 얽혀 있는 수많은 개별자본들의 순환이 원활하게 반복적으로 진행될 수 있는가 하는 새로운 문제가 제기됩니다. 이것이 바로 제3편에서 보게 될 사회적 총자본의 재생산과 유통의 문제로 이어집니다. 이제까지 암묵적으로 전제되었던 사회 전체라는 관점이 거기서 명시적으로 드러나게 됩니다.

"따라서 사회적 총자본(개별자본들은 단지 독립적으로 기능하는, 그것의 구성부분들에 불과하다)의 각종 구성부분이 유통과정에서 자본과 관련하여 또 잉여가치와도 관련해서 어떻게 상호 보충하는가는, 상품유통에서의 변태들의 단순한 상호연결(자본유통의 과정들이 모든 다른 상품유통과 공통으로 가지고 있는)로부터는 밝혀지지 않으며, 다른 분석방법[제3편에서 다루어지는 재생산표식: 인용자]을 필요로 한다. 지금까지 우리는, 더 자세히 분석하면 다만 불명확한 관념들만 포괄하고 있는, 단지 모든 상품유통에 속하는 변태들의 상호연결로부터 차용한 것 같은 말들에 만족했던 것이다."(118/133)

## 2) 자본의 회전

이제 다음 제2편 자본의 회전으로 넘어갑니다. 자본의 회전에 대한 마르크스의 정의는 이렇습니다.

> "개별화된 과정이 아니라 주기적 과정으로서 규정되는 자본의 순환은 자본의 회전이라고 불린다. 이 회전의 시간은 자본의 생산시간과 유통시간의 합계에 의해 주어진다. 이 시간 합계가 자본의 회전시간을 이룬다."(156-157/182)

'주기적 과정으로서 규정되는 자본의 순환이 자본의 회전이다', 이 정의는 일단 무엇을 말하는지 알기 쉽게 다가오지 않죠. 순환은 하나의 순환을 말하고 회전은 반복하는 순환인가, 순환과 회전은 어떻게 다른 건가 하는 의문이 생기죠. 순환이란 것 자체가 처음으로 돌아온다는 거고, 따라서 순환에서도 주기라는 게 있기 마련이죠. 순환을 마치는 데 걸리는 시간에 대해서도 마르크스가 제1편에서 다음처럼 썼습니다.

"자본이 생산영역에 체류하는 시간은 자본의 생산시간을 이루고, 유통영역에 체류하는 시간은 자본의 유통시간을 이룬다. 따라서 자본이 그 순환을 그리고 있는 총시간은 생산시간과 유통시간의 합계와 같다."(124/140)

그러면 순환하는 시간과 회전하는 시간은 어떻게 다른 건가, 똑같지 않나, 이런 문제 제기입니다. 마르크스가 제2편에서 체계적으로 순환과 회전의 관계를 설명하지 않고 직접 자본의 회전을 설명하고 있어 생긴 곤란이죠. 제2권이 초고들로부터 편집된 저작이라는 점이 여기서도 드러납니다.

자본의 회전이 자본의 순환과 다른, 독자적인 문제는 처음에 투하된 자본가치가 다시 돌아오는 순환을 다루는 데 있습니다. 반면 자본의 순환에서는 자본이 취하고 버리는 형태들의 순환에 주목하죠. 그런데 이렇게 문제를 설정해 놓아도 여전히 자본의 순환과 회전은 동일한 것처럼 보입니다. 왜냐하면 자본의 순환을 다룰때도 순환은 처음에 투하된 자본이 잉여가치와 함께 돌아오는 것이기 때문이죠. 그렇다면 자본의 순환과 회전은 동일한 건데, 다만 그 살펴보는 측면만 다르다는 것일까요? 자본의 순환과 회전이 이렇게 동일하게 된 것은, 아래에서 보는 바처럼, 마르크스가 자본의 순환 문제를 다룰 때, 투하된 모든 자본가치가 한 번의 생산과정에서 모두 새로운 생산물로 이전된다고 가정했기 때문입니다. 그러나 실제로는 그렇지 않죠. 자본 중에서 생산설비 등 노동수단에 투하된 자본가치는 매 생산과정마다 조금씩 새로운 생산물에 이전되고, 그 생산물의 판매에 의해, 이전된 가치가 화폐로 회수되어 감가상각금으로 적립되며, 그 생명연한이 다했을 때 비로소 투하된 전체 가치가 회수됩니다. 반면 원료 등에 투하된 자본가치는 한 번의 생산과정에서 자신의 가치 전체를 새로운 생산물에 이전하고, 그 생산물의 판매와 함께 투하된 자본가치가 전액 회수되죠.(노동력에 투하된 자본가치는 그 성격이 다르긴 하지만, 한 번의 순환에서 전액 회수된다는 점에서 이것과 마찬가지죠.) 이 두 개의 상이한 자본 부분을 고려하면. 이제 투하된 자본가치가 회수되는 자본의 회전은 양자가 다르게 됩니다. 노동수단에 투하된 자본가치는 예컨대 노동수단의 생명연한이 10번의 생산과정 동안 계속된다면 (또 매번의 생산과정 후에 유통과정이 뒤따르면), 10번의 순환 후에 1회전하는 것이고, 반면 원료 등에 투하된 자본가치는 한 번의 생산과정과 유통과정 후에, 즉 한 번의 순환에 1회전하게 됩니다. 이렇게 보면 또 자본의 순환과 회전은 명백히 달라지죠. 노동수단에 투하된 자본가치는 1회전 속에 10번의 순환이 있고, 반면 원료 등에 투하된 자본가치는 1순환이 곧 1회전입니다. 이렇게 회전의 문제를 고찰하면서 자본의 새로운 범주가 등장하죠. 노동수단에 투하된 자본은 고정자본, 원료와 노동력에 투하된 자본은 유동자본이라고 합니다. 이 예에서 고정자본이 1회전하는 동안 유동자본은 10회전하게 되죠. 그러면 총투하자본 가치는 그 안에 10번의 회전을 갖는 1순환을 그리게 되는데, 이것을 회전순환이라고 하죠. 이 회전순환은 고정자본의 내구연한에 의해 규정되는 것이고, 마르크스는 이를 10년 주기의 과잉생산공황의 물질적 토대라고 합니다.(185-186/216-217)

마르크스는 제1편에서 자본의 순환문제를 순수한 모습으로 다루기 위해 고정자본의 문제를 일단 추상하고 서술할 것이며, 후에 자본의 순환의 수정으로서 고정자본 문제를 다룰 것임을 밝히는데요, 이게 바로 자본의 회전 문제이지요. 이렇게 보면 자본의 회전이란 자본의 순환의 연장선상에 있고, 자본의 순환의 수정 또는 자본의 순환의 구체화라고 할 수 있습니다. 마르크스가 쓴 그 문단을 한번 보죠.

> "이것을 해명하기 위해 우리의 예에서는, 생산단계에서 생산된 상품량의 자본가치는 처음에 화폐로 투하된 가치총액과 같다는 것, 바꾸어 말하면, 화폐로 투하된 총자본가치는 한꺼번에 순환의 하나의 단계로부터 (그때마다 뒤따르는) 다음 단계로 들어간다는 것을 가정하였다. 그러나 우리는 이미 (제1부 제6장에서), 불변자본의 한 부분 즉 본래의 노동수단(예컨대 기계)은 동일한 생산과정의 몇 회의 반복에서 계속 다시 기능하며, 따라서 그것의 가치를 단지 조금씩 생산물에 넘겨준다는 것을 보았다. 이런 사정이 얼마나 자본의 순환을 수정하는가는 뒤에서 보게 될 것이다."(59/60)

스미스 이래의 고전파 경제학은 유통영역에서 운동하는 화폐자본 및 상품자본을 유동자본으로 파악하고, 이를 생산자본의 두 부분 중 하나인 유동자본과 혼동하였죠. 화폐자본과 상품자본은 생산자본에 대비해서 유통자본이긴 하지만 고정자본에 대비한 유동자본은 아니죠. 고정자본과 유동자본은 어디까지나 생산자본에 있어서의 구별이고 생산자본의 두 가지 요소라는 것이죠. 또한 불변자본의 유동적 부분과 가변자본이 동일한 방식으로 회전한다는 것에 현혹되어 가치증식과정에서 양자가 기능하는 본질적 차이를 보지 못하고, 가변자본과 불변자본의 구별을 유동자본과 고정자본의 구별로 해소해 버렸습니다. 생산자본은 가치증식의 관점에서는 불변자본과 가변자본으로 구별되고, 회전방식의 관점에서는 고정자본과 유동자본으로 구별되죠. 양자를 혼동하면 안 됩니다. 그러면 노동수단에 투하된 자본은 그 관점에 따라 불변자본/고정자본이고, 원료 등에 투하된 자본은 불변자본/유동자본, 그리고 노동력은 가변자본/유동자본인 거죠.

　자본의 회전이란 문제는 투하된 자본가치가 회수되는 주기를 다루는 것이기 때문에, 화폐자본의 순환 또는 생산자본의 순환을 대상으로 분석합니다. 상품자본의 순환은 그 대상이 되지 못하죠. 왜냐하면 화폐자본이나 생산자본은 투하자본의 가치를 그 출발점으로 하지만, 상품자본은 그 출발점에서 이미 투하된 자본가치와 함께 증식된 가치부분이 포함되어 있어서 이 문제를 다루는 데 적절하지 않기 때문입니다. 반면 다음 제3편에서 사회적 총자본의 재생산과 유통 문제를 검토할 때는 상품자본의 순환을 대상으로 합니다. 여기서는 잉여가치를 포함하는 사회적 총자본의 총생산물 W′의 각각의 구성부분이 상호 교환을 통해 어떻게 가치 측면에서, 또 사용가치 측면에서 보전補塡되는가, 그 재생산의 조건들을 규명하는 것이 주제이기 때문이죠.

## 3) 사회적 총자본의 재생산과 유통

그럼 이제 제3편으로 넘어가죠. 제3편의 서두에서 마르크스가 이제까지 살펴보았던 제1편과 제2편의 대상을 요약해서 정리하고 제3편의 대상을 밝히고 있어 다소 길더라도 인용하도록 하겠습니다.

"제1부에서는 개별화된 과정으로서 그리고 재생산과정으로서 자본주의적 생산과정, 즉 잉여가치의 생산과 자본 자체의 생산이 분석되었다. 자본이 유통영역 내에서 겪는 형태변환과 소재변환은 더 이상 거기서 논하지 않고 가정되었다. 또한 자본가는 한편에서 생산물을 그것의 가치대로 판매하며, 다른 한편 생산과정을 새로 시작하거나 연속적으로 계속하기 위한 물적 생산수단들을 유통영역 내에서 발견한다고 가정되었다. 우리가 유통영역 내에서 논해야만 했던 유일한 행위는 자본주의적 생산의 근본조건으로서의 노동력의 구매와 판매이었다.

이 제2부의 제1편에서는 자본이 그 순환에서 취하는 여러 가지 형태들과 이 순환 자체의 여러 가지 형태들이 고찰되었다. 그리고 이제 제1권에서 고찰된 노동시간에 유통시간이 추가되었다.

제2편에서는 주기적인 것으로서 즉 회전으로서 순환이 고찰되었다. 한편에서 자본의 상이한 구성부분들(고정자본과 유동자본)이 상이한 시간에 또 상이한 방식으로 어떻게 형태들의 순환을 수행하는가가 밝혀졌으며, 다른 한편에서 노동시간과 유통시간의 상이한 길이를 야기하는 사정들이 분석되었다. 그리고 순환시간과 그것의 구성부분들의 상이한 비율이 생산과정 자체의 규모와 연간 잉여가치율에 미치는 영향이 밝혀졌다. 사실 제1편에서는 주로 자본이 그 순환 중에서 끊임없이 취하고 또 벗어던지는 잇따르는 형태들이 고찰되었다면, 제2편에서는 주어진 크기의 자본이 형태들의 잇따르는 흐름 내에서 동시에 어떻게 (각각의 규모는 변하더라도) 생산자본, 화폐자본 그리고 상품자본이라는 상이한 형태들로 분할되어서 그것들이 서로 교대될 뿐 아니라 총자본가치의 상이한 부분들이 항상 이 상이한 상태들로 병존하고 기능하는가가 고찰되었다. 특히 화폐자본은 제1부에서는 밝혀지지 않은 특성이 서술되었다. 주어진 크기의 생산자본을 끊임없이 기능하도록 하기 위해서는 주어진 자본 중 회전의 조건들에 따

라 상이한 크기의 구성부분들이 끊임없이 화폐자본의 형태로 투하되고 갱신되어야 하는 일정한 법칙들이 발견되었다.

그러나 제1편에서도 제2편에서도 문제는 언제나 단지 하나의 개별자본에 관한 것, 즉 사회적 자본의 자립화된 한 부분의 운동에 관한 것이었다.

개별자본의 순환들은 그러나 서로 얽혀있고 서로를 전제하고 조건으로 하며, 바로 이렇게 얽혀있는 것에서 사회적 총자본의 운동을 이룬다. 단순한 상품유통에서 한 상품의 변태 전체가 상품세계의 일련의 변태들의 한 고리로서 나타나는 것처럼, 이제는 개별자본의 변태가 사회적 자본의 일련의 변태들의 한 고리로서 나타난다. 그러나 단순한 상품유통은 비자본주의적 생산의 토대 위에서 진행될 수 있기 때문에 반드시 자본의 유통을 포함하지는 않는다면, 사회적 총자본의 순환은 이미 언급한 바와 같이 개별자본의 순환에 속하지 않는 상품유통, 즉 자본을 형성하지 않는 상품들의 유통도 포함한다.

그러면 이제 사회적 총자본의 구성부분들로서 개별자본들의 유통과정(그것의 총체에서 보면 재생산과정의 형태)을, 따라서 이 사회적 총자본의 유통과정을 고찰해야 한다."(353-354/423-424)


서로 얽혀 있고 서로 조건이 되는 개별자본들의 순환들의 총체가 사회적 총자본의 유통을 이루는데, 이 유통이 어떻게 원활하게 진행되어 사회적 재생산이 유지될 수 있는지가 여기서의 서술 대상입니다. 사회적 총자본의 원활한 유통을 위해서는 개별자본들의 순환들에서, 그 각각의 자태변화들에서 상호 간에 수요와 공급의 균형이 달성되어야겠지요. 그런데 문제는 단순히 수요와 공급의 균형만은 아니죠. 수요와 공급의 균형 속에서 개별자본들이, 따라서 그 총체인 사회적 총자본이 생산의 반복적인 계속 즉 재생산을 수행하는 것이어서 이 수요와 공급의 균형이라는 것은 재생산의 유지를 위한 균형, 즉 재생산의 조건이라는 측면에서 고찰해야 합니다. 마르크스는 이제 그 분석을 위해 재생산표식을 사용합니다. 이게 바로 마르크스가 앞에서 자본의 순환만으로는 해명되지 않고 "다른 분석방법"(118/133)이 필요하다고 한 그것입니다. 재생산표식에서는 사회적 총생산물이 소재적 관점으로부터 생산수단과 소비수단의 두 종류로 분할되고, (따라서 사회적 생산부문이 생산수단을 생산하는 I부문과 소비수단을 생산하는 II부문으로 분할되고.) 가치적 관점으로부터는 C+V+M의 세 부분으로 구성되어 있죠. 사회의 총생산물과 사회적 생산을 이렇게 두 그룹으로 분할하는 것은 쉽게 이해할 수 있습니다. 무수하게 많은 개별상품들과 개별자본들의 교환과 수급관계를 명시적으로 그려내면서 재생산을 설명할 수는 없는 거죠. 그래서 일종의 집계 개념이라고 할 수 있는데, 그렇지만 표식에 명시적으로 표시된 두 개의 생산물 종류와 두 개의 생산부문에는 각각 명시적으로 드러나 있진 않지만 수많은 생산물 종류와 수많은 생산부문 그리고 수많은 개별자본이 상정되어 있습니다.

재생산표식을 보면서 재생산과 유통의 문제를 살펴보도록 하죠. 재생산의 문제를 검토할 때는 잉여가치가 모두 자본가의 소비로 지출되는 단순재생산과 잉여가치의 일부가 축적되는 확대재생산을 구분해야 되죠. 먼저 다음과 같은 단순재생산 표식을 통해서 문제를 해명합니다.

I. $C+V+M=W'_I$ (생산수단)

II. $C+V+M=W'_{II}$ (소비수단)

한 사회의 연간 총생산물($W'$)은 생산수단과 소비수단으로 구성되고, 그 가치량은 각각 $W'_I$, $W'_{II}$, 그리고 생산물의 가치는 각각 (소모된) 불변자본 C, 가변자본 V, 잉여가치 M으로 되어있죠. 단순재생산을 유지하기 위해서는 사회의 총생산물 중 I부문에서 생산된 생산수단이 양 부문의 불변자본(생산수단)을 보전해야 하고, 또 II부문에서 생산된 소비수단은 양 부문의 수입(즉, 노동력 가치가 전화된 임금과 잉여가치가 전화된 이윤)으로 소비되어야 합니다. 그래야 양 부문의 자본은 다음연도에 동일한 규모로 생산을 재개할 수 있고, 이에 필요한 노동력을 다시 확보할 수 있는 거죠. 그런데 I부문의 생산물은 생산수단이어서 I부문 자본가들은 I부문 내부에서 상호 교환을 통해 생산수단을 보전할 수 있지만, 임금과 이윤도 생산수단 형태로 존재하기 때문에 I부문 노동자들과 자본가들은 그것을 직접 소비할 수는 없습니다. 반면 II부문에서는 그 생산물이 소비수단이기 때문에 II부문 노동자들과 자본가들은 II부문 내부에서의 상호 교환을 통해 임금과 이윤을 소비수단으로 전환할 수 있지만, II부문 자본가들은 자신들의 생산물인 소비수단으로써 생산수단을 보전할 수는 없는 거죠. 그래서 문제는 이런 겁니다. I부문은 생산수단 형태로 존재하는 임금과 이윤을 소비수단 형태로 전환해야 하고, 반면 II부문은 소비수단 형태로 존재하는 불변자본이 생산수단 형태로 전화되어야 한다는 것, 그런데 I부문이 필요로 하는 소비수단은 II부문에서 생산하고 II부문이 필요로하는 생산수단은 I부문에서 생산하기 때문에, 이러한 재생산의 곤란은 양 부문 간의 교환을 통해서만 해결된다는 것입니다. I부문은 II부문에 생산수단을 제공하고 그 대가로 II부문으로부터 소비수단을 구매하며, 반대로 II부문은 I부문에 소비수단을 제공하고 그 대가로 I부문으로부터 생산수단을 받는 겁니다. 양 부문이 각각 한편에서는 공급자이자 다른 한편에서는 수요자라는 이중적 위치에 있고, 이 거래는 당연히 양 부문 간의 교환을 통해 이루어지죠. 이렇게 교환을 통해 생산수단 형태로 있던 I부문의 임금과 이윤은 소비수단으로 전환되고, 소비수단 형태의 II부문 불변자본은 생산수단 형태로 전환되어 보전됩니다. II부문의 불변자본이 생산수단 형태로 보전된다는 것은 이 생산수단이 소비수단을 생산하기 위한 생산수단이라는 거죠. 그래서 I부문에서 생산되는 생산물 즉 생산수단은 다시 두 종류의 생산수단이 있다는 걸 알 수 있습니다. 소비수단을 생산하는 생산수단, 그리고 생산수단을 생산하기 위한 생산수단 말이죠. 예컨대 제빵기계는 빵 같은 소비수단을 생산하는 생산수단이고 공작기계는 그 제빵기계를 생산하는 생산수단이죠. 교환을 통한 이와 같은 전환과 보전을 독일어 원문에는 Umsatz로 되어있는데요(Umsatz는 자리 옮김, 자리바꿈이라는 뜻입니다), 우리말로 번역할 적절한 용어가 마땅치 않습니다. 김수행 판에서는 그냥 교환이라고 번역했고, 일본어 번역에서는 전태転態라고 하더군요.(물론 I부문 내부에서도, II부문 내부에서도 각각 부문 내 교환을 통해 이런 전환이 일어나서 특정한 생산수단을 생산하는 I부문의 각각의 자본가는 자신이 생산한 생산수단 형태로 존재하는 불변자본을, 이 생산수단을 생산하는데 필요한 다양한 생산수단으로 보전하고, 또 II부문 노동자들과 자본가들은 특정한 소비수단으로 존재하는 임금과 이윤을 자신들이 필요로 하는 다양한 소비수단으로 전환합니다.)

그런데 이 교환 즉 불변자본과 수입의 각각의 소재적 보전은 가치적 측면에서도 균형을 이루어야 합니다. 그렇지 않으면 교환에서 불균형 즉 초과수요나 초과공급이 발생하죠. 재생산의 이 균형조건은 위의 표식으로 보면 'I(V+M)=II(C)'가 됩니다. 이것이 다름 아닌 단순재생산의 기본조건이죠.(이 균형조건에는 또한 감가상각금의 적립과 현물갱신 간의 균형도 상정되어있어 고정자본의 특수성에서 비롯되는 곤란도 해소되어있죠. 후에 확대재생산의 균형에서도 축적기금의 적립과 투자 간의 균형이 상정되어 있는데, 이런 문제들은 이 강의에

서 생략합니다.) 이와 같은 교환을 통해서 사회적 총생산물 W′의
각 구성부분은 가치의 측면에서도, 소재적 측면에서도 보전되어
다음 년도에 동일한 규모로 생산을 다시 시작합니다. 교환을 통한
가치적, 소재적 보전운동은 물론 화폐를 매개로 해서 진행되는데,
화폐의 매개운동을 고려하면 이 보전운동은 보다 복잡하게 설명
됩니다. 이것도 여기서는 생략하고 넘어갑니다.

이제 마르크스가 예시한 표식(396/479)을 한 번 보죠.

I. $4,000C + \mathbf{1,000V} + \mathbf{1,000M} = 6,000$ (생산수단)

II. $\mathbf{2,000C} + 500V + 500M = 3,000$ (소비수단)


여기서 굵은 색으로 강조 표시한 부분이 양 부문 간 교환으로
보전되는 부분이고, 나머지 다른 구성부분들은 각각 동일 부문 내
부에서 교환, 보전되는데, 이 표식에서 보다시피 재생산의 균형을
이루고 있습니다. 즉 'I(1,000V+1,000M)=II 2,000C'이죠. 마르크스
는 단순재생산의 표식에서도, 또 다음에 보는 확대재생산의 표식
에서도 균형을 상정한 표식들을 예시하고 있는데, 이 균형의 의미
를 두고 마르크스주의자들 내에서 많은 논란과 논쟁이 벌어졌습니
다. 이른바 재생산표식 논쟁으로 알려진 이 논쟁을 올바로 이해하
기 위해서는 무엇보다 강의의 서두에서 언급한 『자본』의 추상수준
에 대한 이해가 절대적으로 요구됩니다. 이 문제는 다시 언급하기
로 하고, 일단 확대재생산으로 넘어갑니다.

확대재생산은 잉여가치의 일부가 소비되지 않고 자본으로 전환되어 다음 년도의 재생산 규모가 확대되는 겁니다. 확대재생산이 이루어지려면, 앞의 단순재생산의 경우와 달리 일단 I부문에서 생산된 생산수단이 I부문과 II부문의 생산수단을 보전하는 것보다 더 커야 합니다. 즉 '$W'_I > I(C) + II(C)$'가 되어야 하죠. 그래야 이 잉여생산수단으로 생산의 규모를 확대할 수 있겠죠. 이 조건이 확대재생산의 물질적 토대를 이룹니다. 이제 축적되는 잉여가치 중 추가 불변자본은 $M_c$, 추가 가변자본은 $M_v$, 그리고 자본가의 소비는 $M_k$라 한다면, 확대재생산을 위한 표식은 다음과 같은 배치를 하게 됩니다.

$$I. \quad C + V + M_c + M_v + M_k = W'_I \text{ (생산수단)}$$
$$II. \quad C + V + M_c + M_v + M_k = W'_{II} \text{ (소비수단)}$$

사회적 총생산물의 각각의 구성부분이 교환을 통해 상호 보전하는 운동방식은 여기서도 마찬가지죠. $I(C)$와 $I(M_c)$는 I부문 내부에서의 교환을 통해 불변자본을 생산수단으로 전환, 보전하고, $II(V)$와 $II(M_v + M_k)$는 II부문 내부에서의 교환을 통해 임금과 이윤을 소비수단으로 전환, 보전하며, $I(V + M_v + M_k)$와 $II(C + M_c)$는 부문 간 교환을 통해 생산수단 형태의 $I(V + M_v + M_k)$는 소비수단으로 전환되고, 소비수단 형태의 $II(C + M_c)$는 생산수단으로 전환, 보전됩니다. 여기서 확대재생산의 균형조건은 '$I(V + M_v + M_k) = II(C + M_c)$'가 되죠. 확대재생산을 위해 마르크스가 예시한 표식은 여기서는 생략하지만, 거기서도 이 재생산의 균형조건이 충족되도록 그렇게 작성되어 있습니다.

그런데 이 균형조건을 달성해서 원만하게 확대재생산이 진행되는 것은 현실적으로는 우연으로라도 일어나기 어렵죠. 왜냐하면 자본주의 사회에서 이 교환은 상호 연결되어있는 수많은 개별자본 간에 무정부적인 방식으로 진행되기 때문이죠. 재생산의 균형조건인 양 부문 간의 교환은 양 부문을 대표하는 두 개의 자본 간의 교환이 아니라 여기에 참여하는 많은 개별자본들이 있고(앞에서 양 부문과 두 개의 생산물 종류란 건 집계 개념이라고 했죠), 또한 각 부문 내에서의 교환과 보전운동도 마찬가지입니다. 현실적으로 이 수많은 개별자본들 간의 교환이 모두 균형을 취한다는 건 상정하기 어렵죠. 그래서 마르크스가 재생산의 정상적 진행을 위한 이 균형조건들은 "그와 같은 수의 비정상적 진행의 조건들로, 즉 공황의 가능성으로 급변한다"(491/602)고 말합니다. 이 무정부적인 자본주의의 재생산을 조절하는 것은 우리에게 가격기구 즉 가격의 운동으로 알려져 있는데, 부르주아 경제학에서는 가격기구의 작동을 통해 부문 간 불균형이 즉각즉각 조절되고 균형이 달성된다고 합니다. 부르주아 경제학의 전 체계가 이런 가정 위에 세워진 건데, 전혀 현실적인 근거를 갖지 못합니다. 허무맹랑한 가정, 일종의 망상 위에서 자의적으로 구성된 경제학이죠. 내가 이 경제학을 경멸하는 이유입니다. 따라서 부르주아 경제학이 현실의 자본주의 운동을 제대로 해명할 리가 없죠. 자본주의 현실은 가격기구의 작동에도 불구하고 개별자본들의 경쟁 속에서 수요와 공급의 불균형, 부문 간 불비례가 누적되고, 가치로부터 가격의 괴리가 심화되며, 경기의 변동과 과잉생산, 공황을 동반하며 전개됩니다.

그러면 마르크스는 왜 사회적 총자본의 재생산과 유통을 검토하면서 재생산표식의 균형을 상정했는가, 이런 문제를 검토해야 하죠. 이게 바로 자본의 이념적 평균, 자본의 일반적 분석이라는 『자본』의 추상수준과 분석방법의 문제입니다. 마르크스는 재생산표식의 균형을 상정해서 자본주의 재생산의 균형의 조건을 분석하였지만, 그건 자본주의 경제가 현실적으로 조화롭게 균형적으로 전개된다는 것을 말하는 건 아니죠. 그건 자본주의의 이념적 평균에서 경향적으로 재생산의 균형을 달성하면서 자본주의가 확대재생산을 전개할 수 있다는 말입니다. 자본주의는 현실적으로는 무정부적인 경쟁과 불균형/불비례 속에서 전개되고, 불균형/불비례의 누적, 과잉생산 그리고 공황을 불가피하게 야기하지만, 공황으로 폭발하는 이 모순들은 공황 자체를 통해 폭력적으로 해소되고 새롭게 균형의 조건을 회복해서 축적이 재개된다는 겁니다. 경기변동에서 주기적으로 반복하는 호황과 공황에서의 각각의 불균형은 이념적 평균에서 보면 서로 상쇄되고, 경향적으로는 '가치=가격'하에 확대재생산이 가능한, 그런 균형조건을 재생산표식을 통해 분석한 것이죠. 표식이 불균형이면 공황이라는 주장은 재생산표식과 공황에 대한 대표적으로 잘못된 견해입니다. 강의의 서두에서 언급했던 것처럼 현실경쟁과 경기변동에서 불균형과 불비례 그리고 과잉생산공황으로 발전하는 자본주의의 현실적 과정, 그 메커니즘에 대한 분석은 기본적으로 『자본』의 대상이 아니고, 마르크스가 구상했던 6부작 체계 중 『자본』 이후에 남아있는 후속 부·편에 속하는 것입니다. 물론 『자본』의 곳곳에 경기순환과 공황에 대한 언급들은 있지만, 그것은 이념적 평균의 법칙들을 서술하는데 필요한 한에서 그런 것뿐이지, 거기서 주기적 공황이론을 전개하려고 한 건 아니죠.

그리고 자본주의의 위기는 주기적 공황만이 아닙니다. 재생산표식에서처럼 이념적 평균에서 자본주의가 확대재생산을 유지하면서 진행된다 하더라도 자본주의는 이윤율의 경향적 저하 때문에 장기적인 성장둔화와 체제적 위기에 빠지게 되죠. 즉 이념적 평균에서 파악한다 하더라도 자본주의가 위기로부터 벗어나 조화로운 발전을 하기는 어렵다는 말입니다. 이런 문제는 자본주의적 축적을 일반적 이윤율(자본주의의 평균이윤율)에서 총괄적으로 분석하는 『자본』 제3권 제3편 이윤율의 경향적 저하법칙에서 다루게 됩니다. 다시 말해 자본주의의 붕괴 문제는 재생산표식이 아니라 이윤율의 경향적 저하법칙에서 다루어야 하는 주제죠. 여기서는 일단 주기적 공황과 이윤율의 경향적 저하에 따른 위기, 두 위기는 차원이 다른 위기라는 점만 확인하고 넘어갑니다. 즉, 전자는 현실의 경기순환에서 반복되는 위기이고, 후자는 자본주의의 경향적, 장기적 위기이고 체제적 위기입니다.

19세기 말 20세기 초이래 30여 년간 전개된 재생산표식 논쟁에서 대다수 논자들은 마르크스 표식의 균형이라는 추상수준이 갖는 방법론을 잘못 이해하였죠. 그 논쟁의 근본적 오류가 바로 이 점에 있습니다.[마르크스의 방법에 따라 표식을 작성한 건 레닌뿐이었고, 레닌과 부하린N. I. Bukharin만이 표식에서의 생산과 소비의 연관을 올바로 인식했죠.] 투간—바라노프스키M. I. Tugan-Baranovski, 룩셈부르크R. Luxemburg, 바우어O. Bauer, 그로스만H. Grossmann 등 이 논쟁의 대표적 당사자들은 마르크스의 표식에 결함이 있다고 비판하면서 자신들의 독자적인 표식들을 작성하였는데요, 문제는 마르크스의 표식에 어떤 결함이 있다 하더라도 그 표식의 균형을 훼손하는 방식으로 표식을 재작성하는 건 커다란 방법론적 오류라는 점이죠. 『자본』의 추상수준을 이해하지 못한 겁니다. 재생산표식 논쟁에 대해 더 자세하게 보고자 한다면, 내 책(『마르크스의 정치경제학 비판과 공황론』, 나름북스, 2018)의 관련 장들을 참조하기 바랍니다.[50]

대표적으로 룩셈부르크는 불균형표식을 전개해서 과소소비론과 (잉여)가치의 실현 불능을 주장하고 이에 근거해 제국주의론과 자본주의 붕괴론을 제출했는데, 단적으로 말해 그 이론 전체가 잘

---

50  말이 나온 김에, 그 책에서 잘못 서술된 것도 정정해 놓고 싶습니다. 125쪽의 각주에서 마르크스 표식이 연간 생산에서 불변자본 전체가 마모된다고 가정한다는 대괄호 부분은 잘못 들어간 겁니다. 바로 그 앞에서는 표식의 C가 투하된 불변자본 전체가 아니라 마모된 부분만 나타낸다고 했거든요.

못된 것입니다. 레닌도 한 마디로 그렇게 평가했죠. 불균형표식은 그 자체가 오류입니다. 반면 투간-바라노프스키와 바우어는 균형표식을 작성하고 자본주의의 조화로운 발전을 주장하였는데, 표식의 균형을 상정한다고 해서 자본주의가 조화롭게 발전하는 건 아니죠. 이윤율의 경향적 저하법칙에서 보는 바처럼 표식의 균형에도 불구하고 자본주의의 발전은 위기적 경향을 나타냅니다. 더군다나 이들이 작성한 표식들은 실은 균형표식이 아니라 불균형표식이었습니다. 표식의 균형은 앞에서 본 것처럼 가치적 관점만이 아니라 소재적 관점이라는 이중적 측면에서 파악해야 하는데, 이들의 표식들은 가치적 관점에서만 균형이었던 것이죠. 소재적 관점에서 파악하면 그 표식들은 불균형표식이었죠. 말하자면 자의적으로 표식을 작성했던 겁니다. 더 황당한 건 그로스만이죠. 바우어의 잘못된 균형표식에 근거해서 그 표식의 연장을 통해 어이없게도 자본주의가 잉여가치 부족으로 자본가계급이 아사한다는 즉 굶어 죽는다는 자본주의 붕괴론을 제출했죠. 이들의 이론적 오류들은 일본 마르크스 경제학계에서는 이미 오래전에 비판, 지양된 것이지만, 지금도 영미권 문헌에서는 이들의 오류가 어디에 있는지조차도 인식하지 못하면서 오류가 반복되고 있습니다. 우리나라에서도 근년에 룩셈부르크의 주 저작(『자본의 축적』, 지식을만드는지식, 2013)과 그로스만의 주 저작(『자본주의 체계의 축적과 붕괴 법칙』, 실크로드, 2021)이 번역, 출간되었죠. 사실 두 책의 역자들은 표식 논쟁에 대해 아는 바가 별로 없고, 그 논쟁의 오류가 뭔지도 전혀 모룹니다. 그러다 보니 논쟁이 벌어진 지 무려 100년이 지난 지금 당시의 오류들을 재탕하는 방식으로 무책임하게 번역이나 해놓은 거죠. 그냥 한심하다는 생각뿐입니다. 읽지 않아도 아무 상관없는 책들이고, 그 표식들의 오류를 인식하지 못한다면 차라리 안 읽는 게 더 좋습니다. 책 읽었다고 괜히 엄한 소리는 안 할 테니까요. 더군다나 그로스만의 저작은 사회진보연대의 인물이 번역한 건데요, 사회진보연대는 오류투성이인 그로스만의 붕괴론을 쫓아가면서 지난 2008년 세계금융위기 때 자본주의의 종말을 운운하다 만신창이가 되었는데, 자본주의의 현실을 보고도 성찰도 없고 교훈도 없는 거네요. 그러고도 이 책을 번역, 출간하다니, 누구에게 보라고요? 완전히 구제불능입니다.

마르크스의 재생산표식을 통해 비로소 자본주의 경제의 수요와 공급의 관계, 생산과 소비의 관계, 생산적 소비와 개인적 소비 및 부문 간 연관 등을 올바로 파악할 수 있는데요, 이건 경제학에서의 커다란 이론적 기여라고 생각합니다. 현대 부르주아 경제학은 수요-공급이론을 금과옥조처럼 떠벌리고 있지만, 실은 수요와 공급의 관계가 어떤 건지는 제대로 설명하는 게 없습니다. 이 경제학에서 수요와 공급은 가격을 매개로 하고 있긴 하지만, 서로 떨어져서 각각 다른 요인들에 의해 결정될 뿐입니다. 이 경제학이 말하는 것은 수요와 공급이 일치하지 않아 불균형에 빠지면 가격이 변동하고 그에 따라 수요와 공급이 변동해서 즉각 균형을 회복한다는 것뿐이죠. 내가 앞에서 이런 설명은 현실에 비추어보면 터무

니없는 거라고 했습니다. 그런데 여기서는 또 다른 문제 즉 재생
산의 문제가 제기됩니다. 이렇게 균형이 달성된다면, 그 균형하에
서 수요와 공급은 서로 어떤 관련을 갖고 있는가 하는 문제 말입
니다. 수요와 공급이 같으면 균형이다, 이런 설명만으로는 안 되는
겁니다. 사실 문제는 수요와 공급의 균형이 아니라 재생산의 균형
입니다. 왜냐하면 수요와 공급의 균형 또는 불균형이란 위에서 살
펴본 재생산의 균형 또는 불균형에서 비롯되는 것이기 때문이죠.
그래서 '가치=가격'이라는 가치법칙에 따른 가격 즉 균형가격은 다
름 아닌 재생산을 균형시키는 가격이라는 것이죠. 이 점에 특별
히 유의해야 합니다. 따라서 재생산의 균형조건을 해명해야 수요
와 공급의 균형이란 것도 설명할 수 있는 거죠. 그런데 수요와 공
급의 균형을 가져오는 재생산의 조건, 다시 말해 재생산의 균형조
건에 대해 부르주아 경제학에서는 인식 자체가 아예 없습니다. 그
러면서 수요와 공급의 균형을 말하고 있으니 전혀 내용이 없는 빈
말일 뿐이죠. 유효수요론을 제출해서 거시경제론의 영역을 열었다
고 존경받는 케인스의 경우도 마찬가지입니다. 케인스에 있어서는
개인적 소비와 생산적 소비 간의 연관에 대한 이해가 없고, 그래서
소비수요(개인적 소비)와 투자수요(생산적 소비)는 서로 관련 없이 각
각 다른 요인에 의해 결정되는 것으로서 나란히 존재할 뿐이죠. 소
비수요와 투자수요를 합친 총수요와 총공급 간의 관계도 마찬가
지죠. 기본적으로 재생산에 대한 시각이 결여되어 있는 겁니다. 그
가 총생산물 즉 총공급을 마르크스처럼 소비수단과 생산수단 양

부문으로 분할해서 파악하지 않고 하나의 단일한 부문으로 총량 집계해서 이론모형을 만든 게 그 단적인 표현이죠. 이런 모형에서는 재생산 자체를 논할 수 없습니다. 이론의 대가는 케인스가 아니라 마르크스죠. 감히 비교할만한 대상이 아닙니다. 잡다한 지식을 가지고 세상에 주목받기 좋아하는 현학자들이나 '마르크스와 케인스'니 하면서 그런 비교를 하죠. 아마도 마르크스의 저작은 제대로 읽어 본 적도 없는 케인스를 비롯하여 부르주아 경제학자들이 마르크스의 이론을 폄하하는 태도는 이념적 편견, 선입견일 뿐입니다.

그럼 재생산표식을 보면서 이런 문제들을 들여다보죠. 다시 마르크스가 예시한 단순재생산 표식을 가져옵니다. 확대재생산 표식을 보더라도 마찬가지지만, 조금 더 복잡할 뿐입니다.

$$\text{I. } 4,000C + \mathbf{1,000V} + \mathbf{1,000M} = 6,000 \text{ (생산수단)}$$
$$\text{II. } \mathbf{2,000C} + 500V + 500M = 3,000 \text{ (소비수단)}$$

우선 I부문과 II부문에서의 생산을 통해 I(1,000V+1,000M)와 II(500V+500M), 도합 3,000의 수입, 소득이 창출되었죠. 양 부문의 임금과 이윤입니다. 이게 개인적 소비, 개인적 수요의 원천인데, 이 원천은 생산을 통해 창출되는 거죠. 생산 자체가 수요를 창출합니다. 이 소득은 소비수단에 지출되는데요, 이게 개인적 소비죠. 반면 소비수단은 II부문에서 3,000이 생산되었으므로 소비수단의 수요와 공급은 각각 3,000으로 서로 균형을 취합니다. 그리고 II부문에서 3,000의 소비수단을 생산하기 위해서는 불변자본 2,000C가 들어갔는데, 이 생산수단의 소비가 바로 생산적 소비입니다. II부문에서의 생산적 소비를 위해 2,000C가 투하, 투자된 겁니다. 그런데 이 2,000C는 I부문에서 공급하기 때문에 I(1,000V+1,000M)과의 부문 간 교환이 필요하고, 또 I부문에서 II부문에 (1,000V+1,000M)을 공급하기 위해서는 I부문에서 그것만이 아니라 그 생산을 위한 생산수단도 생산해야죠. 이렇게 두 종류의 생산수단(소비수단을 생산하기 위한 생산수단과 생산수단을 생산하기 위한 생산수단)을 생산하기 위해서 I부문에서 4,000C의 불변자본이 투하되어 생산적으로 소비되어야 하죠. 그러면 I부문과 II부문의 불변자본의 투자, 생산적 소비는 도합 6,000(=4,000+2,000)입니다. 이 투자, 생산적 소비는 I부문에서 생산된 6,000의 생산수단으로 충당하는 거죠. 그러면 생산적 소비/투자수요와 생산수단 공급은 각각 6,000이어서 여기서도 균형을 이루게 됩니다. 사회전체적으로 보면 총수요=개인적 소비+생산적 소비=3,000+6,000=9,000=총공급(9,000=소비수단 3,000+생산수단 6,000)이 되죠. 결국 사회전체로도 수요와 공급은 균형이고, 생산수단, 소비수단 각각에 대해서도, 즉 양 부문에 있어서도 수요와 공급의 균형입니다. 이렇게 사회 전체의 소비수단 수요(3,000), 이를 충족하기 위한 소비수단 생산(3,000), 이 소비수단을 생산하기 위한 생산수단(2,000=1,000V+1,000M), 그리고 생산수단 자체를 생산하기 위한 생산수단(4,000)은 상호 엄격하게 연관되어 있죠.

케인스를 비롯한 부르주아 경제학자들은 이상과 같은 수요와 공급의 연관, 투자와 소비의 연관, 부문과 부문과의 연관 등에 대한 이해가 결여되어 있습니다. 이로부터 생겨나는 혼란이 이론적으로 정리되지 못해서 우리가 흔히 접하는 경제원론 교과서에서도 국민경제의 순환 또는 시장경제의 순환에 대한 엉터리 도식이 버젓이 자리를 잡고 있죠. 말이 경제원론이지 대학에서 배움의 초장에 멀쩡한 경제학도들을 멍청한 바보들로 만드는 강좌죠. 인터넷에서 돌아다니는 그림 하나를 아래에 가져왔는데, 함께 감상해보죠.([그림4]) 노벨 경제학상에 빛나는 사무엘슨P. A. Samuelson 공저의 『경제학』이든, 크루그먼P. Krugman 등의 공저 『경제학입문』이든 어떤 경제원론 교과서에도 나와 있는 도식입니다.[마르크스의 재생산표식이 사회의 총생산물을 서술의 대상으로 삼은 반면 경제원론의 순환도식은 생산수단을 제외한 최종생산물(소비재)의 순환만을 나타내고 있어 양자는 근본적으로 상이합니다. 아래에서 보는 바처럼 경제원론의 도식이 국민경제의 순환을 제대로 그려내지 못하는 이유 중의 하나도 여기에 있습니다.] 지금까지 강의를 듣고 나면 누구나 이 도식에 대해 할 말이 있을 겁니다. 먼저 눈에 띄는 건 생산물시장에 생산수단과 소비수단의 구별이 없다는 거죠. 생산물시장은 기업이 공급하고 가계가 구매하는 것으로 되어있으니까 생산물에서는 소비수단만 고찰하는 겁니다. 생산물 중 생산수단은 아예 빠져있죠. 정말 황당한 겁니다. 기계설비 같은 생산수단은 생산물 즉 재화가 아니라 자본이라면서 생산요소 시장에 분류하고 있습니다. 그런데 이 도식에서 생산요소는 가계가 공급하는 것으로 되어 있잖아요. 기계설비를 가계가 공급하고 기업이 구매하는 건 아니죠. 생산수단은 기업이 공급하고 기업이 구매하는 상품이죠. 기업들 간에 서로 공급하고 구매하는 상품입니다. 생산수단을 둘러싼 기업과 기업 간의 거래는 이 순환도식에 나타나 있지 않죠. 이런 기초적인 관련도 파악하지 못하면서 순환 도식이라고요? 말 그대로 엉망진창입니다.[51] 노벨 경제학상이란 게 왜 있는지 이해할 수가 없죠. 이런 인물들

---

51   그래도 사무엘슨의 교과서에서는 최종생산물에 소비재와 생산재가 포함되고 이 도식은 소비재만을 가정한 단순모형이라고 밝혀둡니다. 이렇게 명시적으로 단순모형임을 밝히는 교과서도 별로 없죠. 대부분 문제 인식 자체가 아예 없습니다. 하지만 이 교과서에서도 생산재를 포함하는 순환도식은 제시되어 있지 않아서 기본적으로 불완전한 도식이라고 할 수밖에 없죠. 뿐만 아니라 생산재가 이렇게 생산물이라고 하면서 다른 한편에서는 생산재를 자본이라며 생산요소로 분류합니다. 생산재가 재화인지 생산요소인지 기본이 헷갈리고 있죠. 이런 순환모형은 잘못된 것입니다. 크루그먼도 마찬가지죠. 그 교과서에는 순환도식에 하나의 사례가 있는데요. 기업의 노동자가 옷감을 가지고 재봉틀로 셔츠를 만들 때, 옷감은 재화지만 재봉틀은 재화가 아니라 생산요소, 자본이라는 생산요소라는 겁니다.(이 예도 사실 잘못 든 건데요. 이 도식에서 재화는 최종재만 말하는 건데 이 옷감은 도식에서 빠져있는 중간생산물이거든요). 자신의 도식에 비추어 봐도 틀린 말이죠. 이 옷감이 재화라면, 그럼 옷감을 기업이 공급하고 가계가 구입한 건가요? 그렇지 않죠. 이 옷감은 해당 기업이 다른 기업에서 구매해 원재료로 사용하는 재화고, 재봉틀도 다른 기업으로부터 구매해 노동수단으로 사용하는 재화죠. 옷감이나 재봉틀 둘 다 재화이고, 더군다나 기업에서 셔츠를 생산하기 위해 자본으로서 생산과정에 투입된 재화, 즉 생산자본이라는 자본의 실물적 형태죠. 둘 다 재화이고(정확히 말하면 상품이고), 동시에 자본입니다. 반면 이렇게 생산한 셔츠도 상품이고 기업가의 입장에서는 동시에 자본의 형태지만(생산과정을 통해 그 형태가 바뀌었을 뿐이죠). 동일한 상품 셔츠가 이를 구매하는 소비자의 편에서는 자본이 아니라 단순한 상품일 뿐입니다. 기본적으로 이들에게 있어서는 상품과 자본이 어떻게 다른 건지 구별이 안 되는 거죠.

이 돌아가며 수상자라니 말입니다. 이런 도식에서는 당연히 생산수단과 소비수단 간의 연관은 애당초 읽을 수가 없고, 생산과 소비의 연관도 올바로 밝힐 수가 없습니다. 저자가 다른 경제원론 교과서가 세계적으로 수천 가지가 있을 텐데요, 뭐가 문제인지 지적하는 사람 하나 없이 서로 베껴가며 잘못된 도식을 반복한다는 게 정말 놀랍습니다. 미국 경제학을 따라가는 우리나라 경제학도 말할 게 없죠. 현대경제학은 과학이 아니라 집단적인 멍청함을 과학의 이름으로 포장할 뿐입니다. 또한 생산요소 시장을 보면 가계가 자본과 경영을 공급하고 기업이 이를 구입한다고 하네요. 그 대가로 이자와 이윤을 받는다고요? 물론 가계의 저축과 그에 따른 은행의 대출이나 주식의 매입을 통해 가계가 기업의 자본을 공급하는 부분도 있겠지만, 이 도식에서는 기업이 고정자본의 감가상각금 적립과 (요즘 우리나라에서 논란이 되고 있는 이른바 사내유보라고 하는 부분인) 축적기금의 적립을 통해 스스로 동원하는 막대한 자본(이게 투자로 전환되는 건데요, 전자는 갱신투자, 후자는 신투자가 되죠)은 아예 나타나 있지도 않습니다. 가계가 경영을 제공하고 이윤을 받는다는 건 그야말로 웃기는 말이죠. 경영은 자본이 자본의 담지자/인격화인 자본가에게 부여한 기능, 또는 자본의 담지자/인격화로서 자본가가 스스로에게 부여한 기능이고, 오늘날 일반화되어 있는 주식회사 제도하에서는 소유자본가가 경영자에게 경영을 위임해도 경영자는 어디까지나 자본가(위임받은 자본가, 대리자본가)이고 가계가 제공하는 생산요소가 아닙니다. 경영자도 사람이라서 가계가 공급하는 거라고 우기면, 자본가도 가계가 공급한다고 해야겠죠.

**[그림4] 시장경제의 순환**

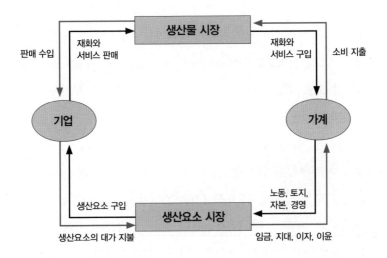

자본주의 경제의 재생산과 관련한 재생산표식의 이론적 기여 외에도 『자본』 제2권에서 특별히 주목할 주제로는 오늘날 날로 중요성을 높여가는 유통시간의 단축 문제를 들 수 있죠. 제1편 자본의 변태들(자본의 순환)과 제2편 자본의 회전에서 보듯이 유통시간은 기본적으로 잉여가치 생산에 기여하는 게 아니므로 유통시간 단축이 요구되죠. 나아가 유통시간의 단축은 그에 필요한 자본량도 줄이고, 그래서 생산규모를 증대시킬 수 있고, 또 자본의 순환과

회전 기간을 단축해서 잉여가치의 연율 및 그에 따른 이윤율 제고에 커다란 영향을 미칩니다.(유통영역에서도 보관이나 운수는 가치 및 잉여가치 생산에 기여하는 것이지만, 이 경우도 유통시간 단축은 마찬가지 문제입니다.) 자본주의가 역사적으로 운송수단의 혁명을 추구해온 이유는 시장의 개척, 확대와 함께 바로 유통시간의 단축에 있죠. 현대자본주의 하 이윤율의 장기적 하락과 정체에 직면해서 오늘날 기업들은 사활을 걸고 유통부문의 온갖 혁신을 도모하고 있습니다. 인터넷을 통한 B2B 거래나 B2C 거래, 물류혁명, 인터넷 쇼핑과 통신판매, 택배사업 경쟁 등 유통서비스 부문이 혁신에 혁신을 이어가고 있죠. 이러한 현상에 대한 이론적 안목을 제2권이 제공하고 있습니다.

강의는 이런 정도로 마칩니다.

# 『자본』 제3권 개관[*]

---

[*] "『자본』 제2권을 어떻게 읽어야 하나"에 이어서 이 글도 제3권 강독세미나를 위해
작성한 강의 원고입니다.

# 1. 엥겔스의 개관

『자본』 제3권도 마르크스의 초고로부터 엥겔스가 편집한 거죠. 편집에 사용된 초고는 1864-65년 초고 단 하나입니다. 제3권을 위한 유일한 초고였는데, 제2권 편집에 사용된 초고들보다도 더 이른 시기에 작성된 초고죠. 엥겔스가 편집을 하긴 했어도 제2권과 마찬가지로 제3권도 초고의 성격을 지울 수는 없었습니다. 엥겔스가 자신의 역할을 편집자로서의 역할로 제한하고 가능한 한 마르크스의 저작으로 그대로 남기를 원했기 때문입니다. 제3권은 1894년에 출간되었으니까 제2권이 간행된 이후 무려 9년 만에 출간된 거죠. 이때 엥겔스의 나이가 74세, 생애를 마감하기 채 1년도 남지 않은 시점이었습니다. 하나의 초고였음에도 불구하고 그 편집에 이렇게 많은 시간이 소요되었던 여러 사정을 엥겔스가 서문에서 언급하고 있습니다. 초고의 불완전성에서 비롯되는 편집의 어려움, 편집 작업에 집중할 수 없게 만드는 각종의 저술 활동, 국제노동운동에서의 연대를 위한 책임과 정치적 관여, 그리고 날로 힘들어지는 노년의 건강상태 등을 거론하죠. 이 어려운 조건들 속에서 심혈을 기울여 제3권 간행을 완수한 겁니다. 마르크스의 사후에 남겨진 초고들로부터 『자본』을 완성하는 일이 엥겔스에게는 가장 중요한 과제였죠. 제3권 간행을 끝내고 이제 제4권 『잉여가치학설사』 작업에 들어간다고 밝혔지만, 엥겔스에게 시간은 더 이상 남아 있지 않았습니다.

제3권 '자본주의 생산의 총과정'은 다음처럼 전체 7개의 편으로 구성되어 있습니다.[52] 제1편: 잉여가치의 이윤으로의 전화와 잉여가치율의 이윤율로의 전화, 제2편: 이윤의 평균이윤으로의 전화, 제3편: 이윤율의 경향적 저하법칙, 제4편: 상품자본과 화폐자본의 상품거래자본과 화폐거래자본으로의 전화(상인자본), 제5편: 이자와 기업가이득으로의 이윤의 분열(이자 낳는 자본), 제6편: 초과이윤의 지대로의 전화, 제7편: 수입들과 그것들의 원천들. 그냥 훑어만 보면 7개 편이나 되는 데다 편별 구성이나 그 연관도 당장은 눈에 들어오지 않습니다. 도대체 마르크스가 제3권에서 다루고자 하는 문제가 무엇인가, 제1권 및 제2권에 대비한 제3권의 대상은 무엇인가, 이런 질문부터 살펴보아야겠죠. 자세한 논의는 이하에서 보도록 하고, 여기서는 먼저 『자본』 제3권의 내용에 대한 엥겔스의 간략한 개관을 소개합니다. 독일사민당 이론지 Die Neue Zeit(『신시

---

52  제3권은 7개 편 52개 장으로 구성되어 있는데, 그 초고는 7개 장과 그에 딸린 30개 절 [번호가 붙지 않은 소절까지 포함하면 39개 (소)절]로 되어 있습니다. 엥겔스가 편집하면서 장을 편으로, 절을 장으로 바꾸고, 각 편에서 장들의 배치나 구성도 바꾸거나 새롭게 장들도 만들었죠.

대』)에 실렸던, '개관의 개관'이라 할 글이죠. 제3권이 방대한 분량이라 사실 개관을 쓰는 것도 쉽지가 않습니다.[엥겔스가 집필해서 첨부한 부록을 빼더라도 본문이 MEW(마르크스-엥겔스 저작집)판으로 전체 893쪽입니다.]

"마르크스의 『**자본**』 제3부 '자본주의 생산의 총과정'은 Vorwärts(『전진』, 독일사민당 신문: 인용자) 지면에서[53] 이미 알린 바처럼 올가을에 출간될 것이다. 주지하다시피 제1부는 '자본의 생산과정'을 다루었고, 제2부는 '자본의 유통과정'을 연구했다. 제3부는 '자본주의 생산의 총과정'을 취급할 것이다. 여기서는 더 이상 생산과 유통의 특별한 과정들이 각각 그 자체가 아니라 그것들의 연관 속에서, 자본의 통일적인 총운동과정의 전제 및 단순한 분절로서 고찰된다. 처음 두 개 부가 각각 이 과정의 두 개의 주요 측면 중 단지 **하나**만을 다룸으로써, 그것은 내용상 보완이 필요하고 형식상으로는 일면적이고 추상적으로 되었다. 이것은 특히 다음 점에서, 즉 잉여가치가 이 두 개 부에서는 그 첫 번째 취득자인 산업자본가의 수중에 머무는 한에서만 연구될 수 있었다는 점에서 그러하였다. [거기서는: 인용자] 이 최초의 취득자가 필연적으로

---

53  F. Engels, "Der dritte Band von Karl Marx' "Kapital"(칼 마르크스의 『자본』 제3권)", Vorwärts, Nr. 9, 1894. 1. 12, MEW 22, p.436: MEW 편집자 주.

도, 또는 심지어 통상적으로도 그 최종적 소유자가 아니라는 점을 다만 일반적으로 지시할 수 있을 뿐이었다. 그러나 자본의 총운동이 가장 현저하게, 말하자면 사회의 표면에서 진행되는 것은 바로 상인과 화폐대부자 그리고 지주 등 잉여가치의 여러 관계자들 간의 그 분배에서이다. 따라서 잉여가치가 처음 두 개 부에서 전개된 과정들을 통과한 후에 이제 그 분배가 제3부를 관통하는 붉은 실을 이룬다. 이 분배의 법칙들이 상세하게 논증될 것이다. 즉, 잉여가치율과 이윤율의 관계, 통일적인 평균이윤율의 형성, 경제발전의 경과 속에서 이 평균이윤율이 점점 저하하는 경향, 상업이윤의 분기分岐, 대부자본의 개입 그리고 이자와 기업가이득으로의 이윤의 분열, 대부자본의 토대 위에서 만들어지는 신용제도와 그 주요 당당자인 은행 및 사기 협작의 꽃인 거래소, 초과이윤의 성립과 어떤 경우들에서 이 초과이윤의 지대로의 전화, 이 지대를 수령하는 토지소유, 그 결과로서, 노동에 의해 새로 창출된 가치생산물의 세 개의 수입 종류인 임금, 이윤(이자 포함), 지대로의 총분배, 마지막으로 이 세 개의 소득 종류의 수령자인 노동자, 자본가, 지주, 즉 오늘날의 사회의 계급들. 유감스럽게도 이 마지막 편[마지막 장(제52장): 인용자]인 '계급들'은 마르크스에 의해 완성되지 못했다.

이 간략한 내용 개관은 그래도 처음 두 개 부에서 불가피하게 미해결인 채로 두어야만 했던 핵심적인 문제들 전체가 여기서 해결되고 있음을 보이는데 충분할 것이다."[F. Engels, "Über den Inhalt des dritten Bandes des "Kapitals"(『자본』제 3권의 내용에 대하여)", Die Neue Zeit, Nr. 16, 12. Jahrgang, 1. Band, 1893–1894, MEW 22, pp. 437–438]

## 2. 『자본』 제3권의 대상, 구성, 추상수준

마르크스가 제1편 제1장의 서두에서 제3권의 대상에 대해 이렇게 말하고 있습니다.

> "제1권에서 우리는 직접적 생산과정으로서 자본주의적 **생산과정** 그 자체가 나타내는 현상들을 연구하였으며, 거기에서는 이 과정에 외부적인 모든 부차적인 영향들을 도외시하였다. 그러나 이 직접적 생산과정으로 자본의 생명 순환이 다하는 것은 아니다. 직접적 생산과정은 현실세계에서는 **유통과정**에 의해 보완되며, 이 유통과정이 제2권의 연구대상이었다. 제2권, 특히 제3편에서 유통과정을 사회적 재생산과정의 매개로서 고찰할 때, 우리는 전체로서의 자본주의적 생산과정은 생산과정과 유통과정의 통일이라는 것을 보여주었다. 그 통일을 일반적으로 고찰하는 것이 제3권에서의 문제일 수는 없다. 오히려 여기에서는 **전체로서 본 자본의 운동과정**에서 나타나는 구체적 형태들을 발견하고 서술하는 것이 문제

다. 현실적인 운동에서 자본들은 그러한 구체적 형태들을 띠고 서로 대립하고 있는데, 이 형태들에 대해 직접적 생산과정에서의 자본의 모습이나 유통과정에서의 자본의 모습은 다만 특수한 계기들로서 나타날 뿐이다. 따라서 우리가 제3권에서 전개하는 자본의 모습들은, 사회의 표면에서, 각종 자본들의 상호작용 즉 경쟁에서, 그리고 생산담당자 자신들의 일상적인 의식에서 등장하는 형태로 한발한발 접근해 간다.”

[MEW 25, p. 33/김수행 역, 『자본론』III(상), 29-30쪽]54

다시 말하자면 제3권은 자본의 생산과정과 유통과정의 통일로서 '자본주의 생산의 총과정'을 고찰하는 것이지만, 더 이상 일반적 고찰이 아니라 자본들 간의 경쟁에서 나타나는 그 구체적 형태들을 분석한다는 것이죠. 엥겔스의 글과 기본적으로 같은 맥락입니다. 하지만 여기에는 내가 "『자본』 길라잡이"에서 특별히 주목했던 문제 즉 정치경제학 비판에서의 상향의 방법이 나타나 있습니다. 『자본』 전 3권에서도 제1권으로부터 제2권으로 그리고 제3권으

---

54  이하 『자본』 제3권으로부터의 인용은 MEW(마르크스-엥겔스 저작집) 제25권으로부터 내가 직접 번역한 것입니다. 김수행 번역본은 『자본론』 III(상)(하), 비봉출판사, 2004(제1개역판)입니다. 이하 쪽수 표시는 (33/29-30)처럼 합니다. 앞의 쪽수는 독일어판, 뒤의 쪽수는 김수행판을 가리킵니다.[김수행 번역본은 영어판을 번역한 것이기는 하지만 곳곳에서 독일어 원본과 다르게 번역되어 있습니다. 국역의 문제도 있고요. 일반 독자들은 그렇게 읽어도 되겠지만, 마르크스 경제학 전공자는 이 번역본을 그대로 사용하면 안 될 것 같습니다.]

로 갈수록 그 추상수준이 낮아지죠. 점차 자본주의 사회의 표면에서 나타나는 현상들로 접근하는 겁니다.[55] 그런데 제3권에서 자본들의 경쟁의 분석으로까지 나아가는 상향으로의 서술도 어디까지나 자본의 이념적 평균이라는 『자본』의 추상수준 내에서 그런 거죠. 이념적 평균에서 파악한 경쟁이 서술의 대상이고, 현실경쟁은 이를 설명하기 위해 필요한 한에서 언급될 뿐이며, 현실경쟁의 분석은 『자본』 이후에 예정된 것으로서 『자본』을 넘어가는 문제입니다. "자본주의 생산양식의 내적 편제를 이른바 이념적 평균에서 서술한다"는 것이 『자본』의 목적이고, "세계시장, 그 경기변동, 시장가격의 운동, 신용기간, 산업 및 상업의 순환, 번영과 공황의 교대" 등 경쟁의 현실적 운동의 범위에 속하는 것들은 "우리의 계획 밖에 있다", 즉 『자본』의 범위 밖에 있습니다.(839/1011) 다음 절에서 자세히 보겠지만 이 점을 이해하는 게 중요합니다.

제3권은 이렇게 '자본주의 생산의 총과정'을 상향의 방법에 따라 서술하고 있습니다. 그 내용은 앞서 본 바처럼 편별 구성에서 볼

---

55  그러나 『자본』에서 현상형태들로의 상향이란 이전에 언급했던 바처럼 그렇게 단순하지는 않습니다. 예컨대 자본의 본질적 계기들을 분석하는 제1권에서 이미 노동력가치의 현상형태인 임금을 다룬 바 있죠. 이것은 원래 경쟁을 추상한 '자본일반'이라는 구조원리에 입각해 자본일반으로부터 경쟁 등으로 상향한다는 계획이 『자본』의 집필과정에서 일정하게 변경되어 '자본의 일반적 분석' 또는 '이념적 평균'이라는 새로운 구조원리하에서 『자본』이 성립되었기 때문입니다.(이에 대해서는 이 책 28–33쪽 참조.) 즉 자본일반이 경쟁 등을 포괄하여 자본의 일반적 분석으로 확대되면서 그 서술의 필요상 상향의 전개에서 일정한 변화가 있게 된 겁니다. 그래서 『자본』의 구조는 제1권으로부터 제2권, 제3권으로의 상향의 전개라는 방법이 기본적으로 깔려 있으면서도 필요한 한에서 적절하게 서술상의 재배치가 일어난 거죠.

수 있는데, 그게 눈에 잘 들어오지 않는다고 했죠. 하지만 전체 7개 편을 세 개의 부분으로 재구성해서 살펴보면『자본』제3권이 어떻게 구성되어 있는지, 그 내용이 어떤 건지 보다 잘 알 수 있습니다. 첫 부분은 제1편에서 제3편까지인데요, 여기서는 잉여가치 및 잉여가치율의 이윤 및 이윤율로의 전화와 일반적 이윤율(=평균이윤율)의 형성 그리고 이 일반적 이윤율의 경향적 저하를 다루고요, 두 번째 부분은 제4편에서 제6편까지고, 여기서는 산업자본에 의해 생산된 잉여가치가 상인자본과 대부자본 등 다른 자본분파들과, 나아가 지주계급에게 어떻게 분할, 분배되는가를 다루며, 마지막 세 번째 부분인 제7편은 제3권의 총괄이자『자본』전 3권의 총괄이기도 한데요, 여기서는 생산과 유통 그리고 분배의 관계를 총괄하면서 경쟁 속에서 나타나는 임금, 이윤, 지대 등 수입범주들의 자립화와 부르주아 사회의 전도된 외관을 비판적으로 고찰하고 아울러 부르주아 정치경제학도 비판합니다.

우선 첫 부분을 보죠. 제1권과 제2권에서 다루었던 자본은 산업자본입니다. 즉 산업자본의 생산과정과 유통과정을 분석한 건데요, 이제 제3권의 첫 부분(제1~3편)에서 먼저 이윤과 이윤율 그리고 평균이윤율이라는 개념하에서 산업자본의 생산과정과 유통과정의 통일을 살펴보고 있습니다. 생산과정과 유통과정의 통일은 제2권까지의 분석에서 사용했던 잉여가치와 잉여가치율이라는 추상적인 개념, 현상에서는 그 실체를 볼 수 없는 개념이 아니라 그것들의 현상형태인 이윤과 이윤율이라는 개념으로 서술되고 있죠.

다시 말해 이 개념으로써 우리는 자본주의 생산의 현실로 보다 가깝게 접근하고 있는 겁니다. 나아가 자본부문 간의 경쟁을 통해 자본부문 전체에 동일한 이윤율인 일반적 이윤율 즉 평균이윤율이 형성되고, 일반적 이윤율과 함께 생산가격이 성립되어서 상품의 가치도 생산가격으로 전화하게 되죠. 그러면 시장에서 상품가격의 운동을 규제하는 것은 가치가 아니라 생산가격이 됩니다. 다음 절에서 보겠지만, 이윤과 이윤율이라는 현상형태 그리고 그 개념은 잉여가치와 잉여가치율에서 표현되는 자본의 노동력 착취를 왜곡, 은폐하는 것이고, 또 생산가격도 가치로부터 괴리해서 상품들의 교환이 가치관계에 조응하지 않게 되죠. 이렇게 자본주의 생산의 외관에서 나타나는 이 형태들은 자본주의 생산의 본질적 관계를 왜곡, 은폐, 전도시키게 됩니다. 그리고 이 일반적 이윤율이 자본주의 축적의 진행과 함께 점차 하락하는 경향을 나타내는데, 이는 생산력의 증대에 따라 잉여가치를 생산하는 가변자본이 상대적으로 줄어들고 총자본 중 불변자본의 비중은 커지는 반면(즉 자본의 유기적 구성은 고도화하는 반면) 이를 상쇄시킬 잉여가치율의 증대에는 한계가 있기 때문입니다. 일반적 이윤율은 자본부문 전체에 대한 평균이윤율이기 때문에, 평균이윤율의 경향적 저하란 다시 말해 자본주의 생산체제의 경향적 위기를 나타내는 겁니다.

이 처음 3개 편을 통해 제1권으로부터 시작된 산업자본의 운동을 총과정에서 완결 짓고 있는 건데요, 산업자본이란 바로 잉여가치를 생산하는 부문이라는 점에서 자본주의 생산 전체의 토대를 이루는 부문이라는 점, 이 점이 중요합니다. 다음 편들에서부터 보게 되는 여러 자본분파들 및 지주계급 간의 잉여가치의 분배는 어디까지나 산업자본이 생산한 잉여가치에 근거하는 것이기 때문에, 제3편까지의 분석은 산업자본의 운동을 분석하는 것에 그치는 게 아니라 자본 전체, 자본주의 생산 전체의 토대를 분석한다는 의의를 갖는 겁니다. 이런 점에서 이것으로 제1권과 제2권에 이은 자본주의 생산체제의 분석이 여기서 총괄되고 일단락된다고 할 수 있죠. 따라서 자본주의 생산의 총과정의 분석을 위해 제4편 이하의 편들이 남아 있긴 하지만, 제3편 이윤율의 경향적 저하법칙은 그 자체로 이미 자본주의 생산양식 전체의 역사적 운명을 결정짓는 법칙인 것입니다. 잉여가치가 자본분파들과 지주계급에 어떻게 분배된다 해도 이 위기의 법칙과 함께 자본분파 전체와 지주계급도 위기에 처할 수밖에 없습니다. 나아가 제3편의 이 분석 결과는 이미 살펴보았던 제1권의 사실상의 종결 부분(뿐만 아니라 『자본』 전 3권의 종결 부분)인 제7편 제24장 제7절 '자본주의적 축적의 역사적 경향'과 맥이 닿아있습니다. 다만 거기서는 아직 이윤과 이윤율 개념이 나오기 전이라 자본주의의 종말과 이행은 유물론적 역사관의 관점에서 생산력의 사회화와 생산관계의 모순으로 설명하고 있지만, 여기서는 평균이윤율이라는 개념으로까지 분석이 구체화되어서 이윤율의 경향적 저하법칙으로 자본주의의 역사적 위기를 전망하는 겁니다. 이윤율의 경향적 저하는 자본주의 하 생산력과 생산관계의 모순의 표현이기 때문에, 본질적으로 두 가지 설명은 같은 거죠. 이를 분석하는 이론적 수준, 추상수준이 서로 다를 뿐입니다.

두 번째 부분인 제4편에서 제6편은 자본분파들 간의 경쟁, 또 자본가 계급과 지주계급 간의 경쟁 속에서 산업자본이 창출한 잉여가치가 어떻게 자본분파들과 지주계급에게 분배되는가 하는 문제를 다루고 있습니다. 여기서 상인자본과 대부자본의 운동 그리고 지주계급의 존재와 농업에서의 특수한 관계가 차례로 분석되고, 그와 함께 상업이윤과 평균이윤율의 수정, 평균이윤의 이자와 기업가이득으로의 분열, 초과이윤의 지대로의 전화 등을 고찰합니다. 대부자본이 운동하는 형태인 신용과 신용제도, 그 핵심 기관인 은행의 자본, 대부자본에 의해 형성되는 가공자본도 보게 되며, 지대의 기본적인 두 가지 형태인 차액지대와 절대지대도 나옵니다. 특수한 자본분파들 및 지주계급 간의 경쟁의 분석으로 이제 자본주의 생산의 총과정의 분석은 더욱 구체적으로 전개되어 이념적 평균의 수준에서지만 우리가 현실에서 보는 자본주의 생산의 전체상에 접근하게 됩니다. 산업자본, 상업자본, 대부자본, 토지소유자, 평균이윤, 이자, 기업가이득, 지대 등 모두가 자본주의 현실에서 일상적으로 우리가 보고 듣는 형태들이고 개념들이죠. 그런데 잉여가치로부터 분할되는 이 형태들에서는 노동력의 착취라는 잉여가치의 원천이 더욱 은폐되고 왜곡되며 그 관계가 물신화되어서 이제 잉여가치의 흔적을 찾아보는 것도 어렵게 됩니다.

마지막 부분인 제7편입니다. 이상에서 가치가 생산가격으로, 잉여가치가 이윤으로 그리고 이어서 평균이윤으로 전화하는 것, 나아가 평균이윤이 이자와 기업가이득으로 분할되고, 토지소유에 근거해 초과이윤이 지대로 전화되는 관계를 살펴보았죠. 생산가격, 평균이윤, 이자와 기업가이득, 지대 등 이 형태들은 각각 가치의 전화형태, 잉여가치의 여러 현상형태들입니다. 이 형태들은 궁극적으로 가치와 잉여가치에 의해 규정되는 겁니다. 그러나 이러한 현상의 형태들에 이르면 이 범주들은 가치와 잉여가치라는 본질적 규정으로부터 자립해서 가치와 잉여가치와는 무관한, 또는 심지어 가치와 잉여가치와는 모순되는 것으로서 나타납니다. 따라서 자연스럽게 가치와 잉여가치 범주는 현실에서 부정되고 이론적으로 기각되며 현상 범주들에 매몰되는 결과를 가져오죠. 동일한 문제를 『자본』 제1권에서 이미 임금과 관련해 살펴본 바 있습니다. 임금이 노동력가치의 현상형태임에도 불구하고 그것이 노동의 가격으로서 노동력 착취와 무관한 형태로 나타나는 것 말입니다. 그래서 경쟁을 통한 현상과 외관에서의 왜곡과 전도는 이른바 '삼위일체의 공식' 즉 '자본─이윤(또는 이자), 토지─지대, 노동─임금'으로 완결됩니다. 생산과정의 요소들인 자본, 토지, 노동이 각각 이윤(이자), 지대, 임금을 가져오는 것으로서, 각각의 수입의 원천으로서 나타나죠. 그게 자연스럽게 받아들여지는 거죠. 가치와 잉여가치는 이런 현상형태들에 대한 비판적 관점을 제공합니다. 제7편은 이런 문제들을 총괄하고 있죠. 여기서 부르주아 생산관계가 왜곡되어 표현되는 현상형태들의 모순이 총괄적으로 비판되고, 그와

함께 이 현상형태들에 매몰된 부르주아 속류경제학에 대한 비판
이 행해집니다.

 이것으로 이제 제3권의 전체적인 윤곽이 좀 잡힌 셈이죠. 다음
개요를 통해 그 내용을 보충하도록 하겠습니다.

## 3. 『자본』 제3권의 개요

### 1) 이윤과 이윤율, 일반적 이윤율, 그리고 일반적 이윤율의 저하경향

　제1편(제1-7장)에서 이윤과 이윤율부터 봅니다. 이윤이라는 용어가 제3권에서 처음 나오는 건 아니죠. 잉여가치가 유통과정에서 실현되면 그게 이윤입니다. 그래서 제1권 제2편 '화폐의 자본으로의 전화'에서 보았던 자본의 일반적 정식 즉 $G-W-G'(=G+\Delta G)$[G: Geld(화폐), W: Ware(상품)]에서 증가된 가치($\Delta G$)가 다름 아닌 이윤이죠. 그런데 마르크스가 이를 잉여가치라고 부르고 제1권에서도, 심지어 자본의 유통과정을 분석하는 제2권에서도 잉여가치라는 개념으로 사용합니다. 제1권에서는 우선 유통과정에서 실현되는 이윤의 본질, 실체가 무엇인가, 그것이 생산과정 내부에서 어떻게 창출되는가 하는 것이 문제라서 그 분석에 가치와 잉여가치 개념을 사용하는 건 그대로 이해할 수 있죠. 하지만 제7편 '자본의 축적과정'은 사정이 좀 다릅니다. 자본의 축적이란 잉여가치를 자본으로 전화하는 것인데, 이를 위해서는 먼저 잉여가치가 이윤으로

실현되어야 합니다. 이윤이 재투자되는 거죠. 제2권에서도 특히 제3편에서는 그렇게 생산된 가치와 잉여가치가 유통과정에서 유통되고 실현되는 관계를 규명하고 있거든요. 그러면 이윤이란 범주가 나올 수밖에 없죠. 그런데도 제1권과 제2권에서 가치와 잉여가치 개념을 사용하는 것은 제1권과 제2권의 추상수준 때문입니다. 제1권에서 자본의 축적은 유통의 매개운동과 잉여가치의 여러 형태들로의 분할을 추상한 위에서 '직접적 생산과정의 단순한 계기'로서 고찰되기 때문이죠. 유통과정은 여기서 문제가 아닙니다. 또 유통과정의 분석이 그 대상인 제2권에서도 유통과정에는 어떤 교란도 없이 상품은 가치대로 교환된다고 전제한 위에서 사회적 총자본의 재생산 연관을 규명하기 때문에, 잉여가치의 이윤으로의 전화 문제를 고찰할 필요가 없습니다. 그래서 가치와 잉여가치 개념을 계속 사용하는 겁니다. 반면 제3권 총과정에서는 비로소 이 실현된 잉여가치 즉 잉여가치의 현상형태인 이윤 자체에 대한 분석이 행해집니다. 왜냐하면 자본주의 생산의 현실형태들로의 상향이 제3권의 대상이고, 실현된 잉여가치 즉 이윤이 그 출발점이기 때문이죠. 이제 이윤 개념도 처음으로 등장하고, 이윤으로부터 상향하는 총과정의 서술이 전개됩니다. 그리고 이윤형태가 가져오는 잉여가치의 본질에 대한 왜곡, 은폐, 신비화가 여기서 비판되고 있습니다.

그럼 이윤부터 보도록 하죠. 상품 가치 W는 W=c+v+m이라는 공식으로 표현되죠.(c: 불변자본, v: 가변자본, m: 잉여가치) 이 중에서 c+v는 생산에 지출, 소비된 자본가치를 벌충하는 것으로서 비용가격을 이룹니다. 비용가격을 k로 표시하면, 이 공식은 $W=k+m$, 즉 상품 가치는 비용가격+잉여가치로 전환됩니다. 생산과정의 분석에서는 그 이중적 성격에 주목하여 이 자본가치 중 c는 노동과정에서 구체적 유용노동에 의해 새로운 생산물로 이전된 것이며, 반면에 v는 가치형성 과정에서 추상적 인간노동에 의해 새롭게 창출된 가치로 가변자본이 보상된 것이고, 가변자본의 보상 이상으로 노동시간이 연장되면 잉여가치가 생산된다고 했죠. 그래서 거기서는 생산에 지출된 자본 중 자신의 가치를 새로운 생산물에 그대로 이전하는 불변자본과 그 가치를 변화시키는 가변자본의 구별이 중요한 거였죠. 그런데 여기서는 생산과정이 끝나 유통과정에서 잉여가치가 이윤으로 실현되면, 이 이윤은 가변자본이든 불변자본이든 그 상품의 생산에 지출, 소비된 총자본으로부터 생겨난 것으로 나타납니다. 그 상품 생산에 비용이 얼마가 들어갔다, 자본이 얼마가 투자되었다, 그리고 거기서 이윤은 얼마가 생겼다라는, 현실에서 익숙하게 접하는 계산방식이 이렇게 등장하는 거죠. 잉여가치를 논할 때는 가변자본이 문제였지만, 이제 이윤을 말할 때는 가변자본이 아니라 지출, 소비된 총자본 즉 비용가격이 문제고, 이에 따라 이윤을 p로 표시하면 가치공식 $W=k+m$은 $W=k+p$로 바뀌게 됩니다. 이 공식에서는 이윤의 원천 즉 잉여가치가 어디로부터 왔는지가 사라져 버립니다.

"그렇게 잉여가치가 총투하자본에서 생긴 것이라고 여겨

질 때, 잉여가치는 이윤이라는 전화된 형태를 취하게 된다. … 이윤을 p로 표시하면, 공식 W=c+v+m=k+m은 공식 **W=k+p**, 즉 **상품가치=비용가격+이윤**으로 전화된다. 이리하여 우리가 여기에서 처음 마주하는 이윤은 잉여가치와 동일한 것인데, 다만 신비화된 형태일 뿐이지만, 이 형태는 자본주의적 생산양식으로부터 필연적으로 발생한다. 비용가격의 외관상의 형성에서는 불변자본과 가변자본 사이의 어떤 차이도 인식될 수 없기 때문에, 생산과정 중에 발생하는 가치변화의 원천은 가변자본으로부터 총자본으로 옮겨져야만 한다. 한쪽 끝에서 노동력의 가격이 임금이라는 전화된 형태로 나타나기 때문에, 반대쪽 끝에서는 잉여가치가 이윤이라는 전화된 형태로 나타난다."(46/40)

그리고 이윤이 투하한 총자본에서 생긴다고 보면, 그 양자의 비율은 이윤율이 됩니다. 이게 자본가의 관점에서 보는 가치증식 비율이죠.

"따라서 잉여가치는 어디로부터 발생하든 총투하자본을 넘는 초과분이다. 이 초과분은 총자본 C에 대하여 m/C으로 표현되는 비율관계에 있다. 이리하여 우리는 잉여가치율 m/v과 구별되는 **이윤율** m/C=m/(c+v)을 얻게 된다. 가변자본에 대한 잉여가치의 비율은 잉여가치율이고, 총자본에 대한 잉여가치의 비율은 이윤율이다. … 잉여가치율이 이윤율로 전화되는 것으로부터 잉여가치의 이윤으로의 전화가 도출되며, 그 역은 아니다. 실제로 이윤율이 역사적 출발점이다. 상대적으로 잉여가치와 잉여가치율은 눈에 보이지 않는 것, 조사되어야 하는 본질적인 것이며, 그 반면에 이윤율과 잉여가치의 이윤형태는 현상들의 표면에서 나타나는 것이다."(52–53/47)

잉여가치는 유통과정에서 이윤으로 실현되는데, 자본가에게 그 이윤은 자신이 투하한 자본가치 즉 비용가격을 초과한 증가분이고, 그게 생산과정에서 생긴 건지 유통과정에서 생긴 건지는 상관할 필요가 없습니다. 오히려 이윤은 유통과정에서 판매가격이 어떻게 되느냐에 따라 그 크기가 결정되기 때문에, 자연스럽게 이윤은 유통과정에서 생긴다는 의식이 생기게 되죠. 생산과정에서 어떻게 잉여가치가 창출되는가 하는 것은 이제 신비화되고, 이윤은 그냥 자본에서 발생하는 것, '자본 자체에 내재하는 속성'에 기인하는 것으로 보이게 됩니다.

제2편(제8–12장)은 일반적 이윤율과 생산가격의 문제죠. 이윤율 $m/(c+v)$은 잉여가치율, 자본의 유기적 구성, 자본의 회전시간 등에 따라 그 크기가 변동합니다. 잉여가치율이 높으면 동일한 가변자본으로 더 많은 잉여가치, 따라서 더 많은 이윤을 생산하므로 이윤율은 상승하죠. 반면 자본의 유기적 구성이 높으면 총자본 중 잉여가치를 생산하는 가변자본의 비중이 낮아져서 이윤율은 하락

하죠. 자본의 회전시간이 짧아지면, 자본의 연간 회전수가 증대해서 연간 생산하는 잉여가치는 증가하고 연간 이윤율은 상승합니다. 이러한 요인들로 인해 자본주의 생산의 각각의 부문은 이윤율이 서로 다를 수가 있습니다. 하지만 상호 경쟁하는 자본들의 관점에서는 동일한 크기의 투하자본에 대한 상이한 이윤율은 받아들일 수 없는 거죠. 보다 높은 이윤율을 위한 부문 간 경쟁과 자본이동은 결국 모든 생산부문에서 동일한 이윤율을 형성하게 되는데, 이게 각 부문의 특수한 이윤율에 대비되는 일반적 이윤율 즉 평균이윤율입니다. 각각의 부문에서 생산된 잉여가치의 합계를 전 부문의 자본총계로 나누면 평균이윤율을 얻게 됩니다. 이제 각 부문에서 생산된 잉여가치는 그 부문의 자본가에게 그대로 취득되지 않고 재분배되어서 모든 자본은 투하된 자본에 대비한 동일한 비율의 평균이윤만 얻게 됩니다. 그러면 상품의 가격은 가치 그대로 실현되지 않고 가치로부터 이탈할 수밖에 없는데, 이렇게 일반적 이윤율이 형성되면서 성립되는 가격을 생산가격이라고 합니다. "상이한 생산부문들의 상이한 이윤율들의 평균을 내고 이 평균을 각각의 생산부문의 비용가격에 첨가함으로써 성립하는 가격이 **생산가격**이다. 생산가격의 전제조건은 일반적 이윤율의 존재이며, 이는 다시금 각각의 특수한 생산부문들의 이윤율들이 이미 똑같은 평균율로 환원된 것을 전제한다. … 따라서 상품의 생산가격은 상품의 비용가격+일반적 이윤율에 따라 백분율로 비용가격에 첨가된 이윤, 즉 비용가격+평균이윤과 같다."(167/186-187)

마르크스가 일반적 이윤율의 형성과 생산가격의 성립을 표를 통해 알기 쉽게 예시하고 있어 이걸 보는 게 도움이 됩니다. 아래 [표 3]은 원문에 나와 있는 두 개의 표(166/185-186)를 내가 하나의 표로 합치고 약간 보충한 겁니다.

**[표3] 일반적 이윤율과 생산가격**

| 자본 | 잉여가치율<br>m/v | 잉여가치<br>m | 부문이윤율<br>m/(c+v) | 소비된 불변자본<br>$c_k$ | 상품가치<br>$c_k + v + m$ |
|---|---|---|---|---|---|
| I. 80c+20v | 100% | 20 | 20% | 50 | 90 |
| II. 70c+30v | 100% | 30 | 30% | 51 | 111 |
| III. 60c+40v | 100% | 40 | 40% | 51 | 131 |
| IV. 85c+15v | 100% | 15 | 15% | 40 | 70 |
| V. 95c+5v | 100% | 5 | 5% | 10 | 20 |
| 합계<br>390c+110v | | 110 | | | 422 |
| 평균<br>78c+22v | | 22 | 22% | | |

이 [표3]을 읽기 위해서는 먼저 몇 가지 유의해야 할 사항이 있습니다. 우선 이윤율은 앞에서 잉여가치율, 자본의 유기적 구성, 자본의 회전시간 등에 따라 변동한다고 했죠. 그런데 이 [표3]에서는 각 부문의 잉여가치율은 모두 100%로 동일하고, 자본의 회전시간의 차이는 고려하지 않습니다(가변자본은 모두 1년에 1회전 하는 걸로 가정합니다). 그러면 이윤율은 자본의 유기적 구성에 따라서만 달라지겠죠. 다름 아닌 각 생산부문의 유기적 구성의 차이가 각 부문의 이윤율에 미치는 영향을 살펴보기 위해 이런 가정을 한 겁니다. 각 부문의 잉여가치율이 동일하다는 것은 현실적으로도 타당한 가정입니다. 노동자들 사이에도 경쟁이 있고 부문 간 노동자들의 이동도 자유롭기 때문이죠. 그 다음에는 각 부문의 총

| 비용가격 $k(=c_k+v)$ | 일반적 이윤율 $\Sigma m / \Sigma (c+v)$ | 평균이윤 $p_m$ | 생산가격 $k+p_m$ | 가치로부터의 괴리 (생산가격−가치) |
|---|---|---|---|---|
| 70 | 22% | 22 | 92 | +2 |
| 81 | 22% | 22 | 103 | −8 |
| 91 | 22% | 22 | 113 | −18 |
| 55 | 22% | 22 | 77 | +7 |
| 15 | 22% | 22 | 37 | +17 |
| 312 | (=110/500) | 110 | 422 | 0 |

자본$(c+v)$은 100으로 동일한데, 이건 각 부문의 총자본이 실제로 모두 100이라는 건 아니고, 각 부문의 총자본을 100단위로 환원한 것을 말합니다. 그러면 각 부문의 유기적 구성의 차이, 그에 따른 이윤율의 차이가 명확히 드러나기 때문에 이렇게 하는 거죠. 그리고 또 하나는, 앞에서 본 가치공식 $W=c+v+m$과 이윤율 공식 $m/(c+v)$에서는 투하된 불변자본이 모두 소비되어 새로운 생산물에 이전된다고 가정한 겁니다. 하지만 고정자본을 고려하면 그렇게 할 수 없습니다. 고정자본은 매 생산과정에서 그 가치의 일부만이 소비되고 이전됩니다. 이 [표3]에서는 양자를 구별해서 투하된 불변자본은 C, 소비된 불변자본은 $C_k$로 표시해 놓았죠. 가치공식에서는 소비되고 이전된 불변자본 가치가 계산되어야 하고, 이윤율

은 투하된 총자본에 대해 계산되어야 합니다. 그래서 가치공식은 $W=c_k+v+m$, 이윤율 공식은 $m/(c+v)$입니다.

그러면 이제 위의 [표3]은 쉽게 읽을 수 있죠. 부문 간 자본의 유기적 구성의 차이 때문에 동일한 100의 자본이 상이한 잉여가치를 생산하고, 그에 따라 각 부문에 특수한 이윤율이 상이해서 자본들 간에 부문 간 경쟁과 자본이동이 이루어지며, 그 결과 모든 부문의 자본에 동일한 비율의 일반적 이윤율 즉 평균이윤율이 형성됩니다. 그리고 각 부문 상품의 비용가격에 이 평균이윤을 더하면 생산가격이 성립하죠. [표3]에서 보는 바처럼 일반적 이윤율의 형성과 함께 상품의 가치는 생산가격으로 전화되는데, 각 부문의 생산가격은 가치로부터 괴리하게 되고, 각 부문에서 취득하는 이윤 즉 평균이윤은 그 부문에서 생산된 잉여가치와 상이합니다.([표3]에서는 나타나 있지 않지만, 사회 총자본의 평균적 유기적 구성과 동일한 유기적 구성을 갖는 부문의 상품만 그 가치와 생산가격이 일치하고, 또 그 잉여가치와 평균이윤이 일치합니다.) 이렇게 각 부문의 생산가격이 가치로부터 괴리하고, 각 부문의 평균이윤이 그 부문의 잉여가치와 괴리한다 하더라도, 생산부문 전체로 보면, 가치의 합계와 생산가격의 합계는 둘 다 422로 같고, 또 잉여가치 합계와 평균이윤 합계는 둘 다 110으로 같습니다.

이런 분석 결과가 말해주는 건 두 가지입니다. 하나는 생산가격의 토대는 가치라는 것, 그리고 이윤의 토대는 잉여가치라는 것이죠. 개별 부문의 생산가격과 평균이윤이 어떻게 가치와 잉여가치로부터 괴리하더라도 궁극적으로는 가치와 잉여가치에 의해 규정되는 겁니다. 다시 말해 가격과 이윤의 운동의 분석에 있어 가치론과 잉여가치론의 의의를 다시 확인할 수 있죠. 그런데 여기서의 주제와 관련해 정말 중요한 건 이겁니다. 즉, 자본 간의 경쟁을 통해 현실의 외관에서 보이는 생산가격과 평균이윤은 그 토대인 가치와 잉여가치로부터 괴리하고, 이들 현상형태에서는 가치와 가격 사이의, 또 잉여가치와 이윤 사이의 내적 연관은 사라져버린다는 것이죠. 이건 앞서 잉여가치율과 이윤율에서 보았던 관계와도 또 다릅니다. 잉여가치율과 이윤율은 양적으로 차이가 있지만, 잉여가치와 이윤 사이에는 질적 변화, 형태변화만 있고 양자 사이에 양적 차이는 없었죠. 그런데 일반적 이윤율과 평균이윤이 성립하면 이제 잉여가치율과 이윤율뿐 아니라 잉여가치와 이윤도 양적으로 상이하게 됩니다.(176-177/197-198) 마르크스가 이 점을 강조하고 있죠. "그러나 경쟁은 생산의 운동을 지배하는 가치규정을 보여주지 **않는다.** 생산가격의 배후에서 생산가격을 궁극적으로 규정하는 것은 가치다." **"이리하여 경쟁에서는 모든 것이 전도되어 나타난다.** 표면에서 나타나는 경제관계들의 완성된 모습(그 관계들의 현실적 존재에서, 그리고 그 관계들의 담지자·당사자가 그것들을 이해하려고 하는 관념에서)은 그 관계들의 내적인, 본질적인 그러나 은폐된 핵심의 모습 및 그에 상응하는 개념과 매우 상이하며, 사실상 전도되어 있고 그것과 상반된다."(219/246-247) 외관상 가치론 및 잉여가치론과 모순되는 생산가격과 평균이윤이라는 현상, 이게 바로 고전학과 정치경제학이 혼란에 빠져 결코 해명하지 못했고, 그래서 결국에는 가치론과 잉여가치론을 폐기하고 속류 부르주아 경제학의 가격론으로 퇴행하게 된 그 문제였죠.[56] 자본주의 표면의 이런 전도된 외관과 은폐를 비판할 수 있는 과학적 토대는 물론 가치론과 잉여가치론이죠. 마르크스에 의해서 비로소 이 문제가 올바로, 또 처음으로 해명되었습니다. "이 [잉여가치와 평균이윤 사이의: 인용자] 내적 연관은 여기에서 최초로 폭로되었다는 점, 앞으로의 서술과 제4부[『잉여가치학설사』: 인용자]에서 보게 될 것처럼, 지금까지의 경제학은 가치규정을 경제학의 기초로 고수하기 위하여 잉여가치와 이윤 사이의 차이와, 잉여가치율과 이윤율 사이의 차이를 난폭하게 도외시하였거나, 또는 이 가치규정과 함께 과학적 행동의 모든 기초를 포기하고 현상에서 눈에 띄는 그 차이들에 매달렸다는 점"(178/199), 이 혼란을 마르크스가 말합니다.

이상에서 본 일반적 이윤율의 형성과 가치의 생산가격으로의 전화에는 아직 미진한 문제가 남아 있습니다. 평균이윤에 따라 각 부문의 상품가치가 생산가격으로 전화되어 이 가격들이 상품들의 교환을 지배하고 있지만, 위 [표3]에서 보듯이 이 상품들의 생산에 들어가는 비용가격($C_k+v$)은 여전히 가치로 계산되고 있는 거

---

56  여기서 말하는 생산가격은 스미스의 '자연가격', 리카도의 '생산가격', 중농학파의 '필요가격'과 동일한 것인데, 이들은 생산가격과 가치 사이의 차이를 해명하지 못했다고 마르크스가 비판합니다.(208/233)

죠. 요컨대 잉여가치는 평균이윤으로 전화되었지만, 비용가격은 생산가격으로 표시되지 않아 이 전화는 완성되지 못한 겁니다. 그래서 비용가격도 생산가격으로 표시하게 되면, 그때도 생산부문 전체의 가치의 합계가 생산가격의 합계와 일치하고 잉여가치의 합계가 평균이윤의 합계와 일치하는가라는 문제가 제기되는데, 이게 이른바 '전화문제' 또는 '전형문제'로 알려진 오래된 논쟁입니다.[57] 마르크스의 가치론과 잉여가치론이 정말 타당한가 여하와 관련된 것이어서 이 전형문제는 후에 살펴보는 이윤율의 경향적 저하법칙과 함께 지금까지도 마르크스 경제학에서 가장 논쟁적인 주제이었고, 수많은 논자들, 마르크스 경제학자들만이 아니라 부르주아 경제학자들까지도 이 논쟁에 들어왔는데, 주장하는 바가 각양각색이라서 논쟁의 결과가 만족스러운 건 아닙니다. 대부분 잘못된 주장들이었죠. 물론 마르크스도 이 문제를 인식하였고 이에 대해 언급도 하였지만(169-/189-), 생산가격을 규정하는 당면한 연구에서는 이 점을 더 논의할 필요는 없다면서 넘어갔죠.(174/195) 마르크

---

57  오해를 피하기 위해 부연하자면요. 가치의 합계와 생산가격의 합계가 일치하느냐의 문제에서 가치는 노동시간 단위로 표현한 것이 아니죠. 위의 [표3]에서는 숫자에 단위가 명시되어 있지 않지만, 이게 노동시간 단위라면 이 단위로 표시한 가치의 합계와 화폐로 표시한 생산가격의 합계가 같을 수가 없죠. 여기서 가치는 화폐단위로 표시한 가치, 즉 가치를 그대로 표현하는 가격인 '가치가격(Wertpreis, value price)'[184/206]을 말합니다. 따라서 이 문제는 다시 정리하면 가치가격의 합계가 전형 후에 생산가격 합계와 일치하는가의 문제로 됩니다. 이하에서 총계일치 명제를 언급할 때 가치란 가치가격을 의미하는 겁니다. 잉여가치의 합계와 평균이윤의 합계에 대해서도 마찬가지입니다.

스는 개별 부문에 따라 어떤 부문들은 생산가격으로 표시한 비용가격이 그 가치보다 클 수 있고, 또 다른 부문들은 반대로 더 작을 수도 있어서 생산부문 전체로 보면 그 괴리, 편차들은 서로 상쇄되고 이 문제가 해결된다고 생각한 것으로 보입니다.(그러면 전체 생산부문의 비용가격 합계는 가치로 표시하든 생산가격으로 표시하든 동일하고, 또 그에 따라 평균이윤 합계는 잉여가치 합계와 같게 됩니다.)

비용가격도 생산가격으로 표시해서 가치의 생산가격으로의 전화를 완성하면,[58] 가치로부터 괴리된 생산가격으로 표시한 비용가격은 가치로 표시한 비용가격과 상이하게 됩니다. 전체적으로도 가치로 표시한 비용가격 합계와 생산가격으로 표시한 비용가격의 합계는 일치하지 않게 됩니다. 마르크스의 생각처럼 각 부문에서의 괴리가 서로 완전하게 상쇄될지는 말하기 어렵습니다. 그러나 생산가격이 가치로부터 어떻게 괴리한다 하더라도 생산가격은 가치로부터 전화, 괴리된 형태이기 때문에, 생산가격의 합계는 가치의 합계와 같을 수밖에 없습니다. 생산가격 합계와 가치 합계가 같

---

58  이에 대해 비용가격에 들어간 생산물의 가치는 과거에 생산된 가치인데 이것을 현재 생산된 생산물의 생산가격으로 표시하는 건 잘못이라는 비판도 있습니다. 다음에 보다시피 클라이먼A. Kliman 같은 논자가 그렇게 비판하죠. 기본적으로 마르크스의 가치개념도 이해하지 못하는 황당한 주장이죠. 상품가치의 정의는 현재의 평균적인 생산조건에서 평균적인 노동강도 및 숙련으로 그 상품을 생산하는데 필요한 노동시간입니다. 과거에 생산된 생산물의 가치도 거기에 들어간 노동시간이 아니라 현재 그 재생산에 사회적으로 필요한 노동시간에 의해 결정되는 거죠. 그래서 생산력의 발전에 따라 기존 생산물의 가치감소 즉 감가가 일어나는 거죠. 가치에 의해 규정되는, 가치의 전화된 형태인 생산가격도 마찬가지입니다. 이런 건 문제도 아닌 걸 문제로 삼아서 벌이는 쓸데없는 논쟁이죠.

은데 생산가격으로 표시한 비용가격 합계와 가치로 표시한 비용가격 합계가 상이하면, 잉여가치의 합계와 평균이윤의 합계는 일치하지 않게 되죠. 결국 합계 일치 두 개의 명제 중 '총가치=총생산가격'만 타당하게 됩니다.[수식으로 정리하면 더 쉽게 이해할 수 있죠. $W=k+m$, $P'=k'+p_m'$($W$: 가치, $k$: 가치로 표시한 비용가격, $m$: 잉여가치, $P'$: 전형 완료 후의 생산가격, $k'$: 전형 완료 후의 생산가격으로 표시한 비용가격, $p_m'$: 전형 완료 후의 평균이윤)이고, 가치 합계와 생산가격 합계의 일치는 등식 $\Sigma W=\Sigma P'$, 즉 $\Sigma k+\Sigma m=\Sigma k'+\Sigma p_m'$으로 표현하죠. 이 등식에서 $\Sigma k$와 $\Sigma k'$의 값이 서로 다르면, $\Sigma m$과 $\Sigma p_m'$의 값도 서로 다르게 됩니다.][59]

---

59  마르크스의 생각과 달리 그 괴리들이 서로 완전하게 상쇄되지 않는 이유를 마츠이시 가츠히코松石勝彦가 한 논문에서 훌륭하게 밝히고 있습니다. 일본에서의 논의를 보면 마츠이시만 이렇게 설명하는 것도 아닙니다. 일본 마르크스주의 문헌은 마르크스 경제학의 보고라고 할 수 있죠. [이토 마코토伊藤誠에 따르면 1970~80년대 일본 대학의 마르크스 경제학 교수가 1,000명이 넘었고, 그중 압도적인 다수는 정통파 경제학 계보이며, 이토와 같은 우노 코조 학파宇野弘藏는 200명 정도였다고 합니다.] 위의 [표3]에서 보다시피 총생산물에 대해서는 가치와 생산가격의 괴리들이 서로 상쇄되어 총가치와 총생산가격은 일치하죠. 만약 이 총생산물이 모두 재생산의 요소로서 비용가격에 들어간다면, 가치로 표시한 비용가격 합계와 생산가격으로 표시한 비용가격의 합계가 같게 될 겁니다. 그러나 총생산물 중 불변자본과 가변자본으로 소비되는 생산물만 비용가격에 들어가고 자본가에 의해 개인적으로 소비되는 생산물은 비용가격에 들어가지 않습니다. 또 일반적으로 이 생산물 부분도 가치와 생산가격은 일치하지 않죠.(앞서 말한 바처럼 자본의 유기적 구성이 사회 총자본의 평균적 유기적 구성과 같은 부문에서만 가치와 생산가격이 같아지는데, 우연이라도 그렇게 되기는 어렵죠.) 그러면 이를 제외하고 비용가격에 들어가는 나머지 생산물의 가치와 생산가격도 같을 수가 없습니다. 결국 가치로 표시한 비용가격 합계와 생산가격으로 표시한 비용가격 합계는 일치할 수가 없게 됩니다. 따라서 잉여가치 합계와 평균이윤 합계도 일치하지 않죠.(요컨대 그 괴리라는 것은 총생산물 중 작은 부분에 지나지 않는 자본가의 개인소비에 들어가는 생산물의 가치와 생산가격의 차이만큼만 발생하는 겁니다.) 하지만 어떤 경우에도 총생산물의 가치 합계는 생산가격 합계와 일치합니다. 松石勝彦, 「価値の生産価格への転形と費用価格 ─転形問題の一解決(2)」, 『經濟論叢』 98(4), 1966, 295쪽 이하 참조.(이 글은 두 부분으

1970년대 전형을 둘러싼 논쟁에서 샤이크A. Shaikh, 그리고 오키시오 노부오置塩信雄가 가치의 생산가격으로의 전화에서 남겨진 이 문제를 마르크스의 방식을 따라 계속 추적한 바 있는데, 이들도 이런 결론에 도달했죠. 이런 전형방식을 축차전화론逐次轉化論이라고 합니다. 그럼 잉여가치 합계가 평균이윤 합계와 일치하지 않는다면, 잉여가치론이 틀린 이론인가 하는 문제가 제기되죠. 그렇지는 않습니다. 마르크스의 생각처럼 각 부문에서의 괴리가 서로 상쇄되는 효과가 있어 양자는 대체로 엇비슷해질 겁니다.(앞의 각주에서 보다시피 그 괴리는 정확하게 산정되고 또 사소한 수준입니다.) 또한 총평균이윤이 총잉여가치와 괴리한다 하더라도, 이것은 잉여가치론을 폐기하는 논거가 아니라 바로 여기서의 문제, 경쟁을 통한 외관이 본질을 은폐하고 왜곡하는 문제를 드러내는 것일 뿐입니다. 잉여가치론을 결여하면 이런 왜곡된 현상을 이해할 수 없게 되고, 현상형태에 매몰될 수밖에 없습니다. 이처럼 전형문제는 가치와 생산가격간, 그리고 잉여가치와 평균이윤 간 수리적 관계를 살펴보는 것만이 아니라 가치와 잉여가치가 경쟁의 배후에서 각각 생산가격과 평균이윤을 규정한다는 질적인 관계를 인식하는 게 중요합니다. 그런 관점에서만 비로소 경쟁의 외관을 비판적으로 파악할 수

---

로 나누어 발표된 논문의 후편입니다. 전편은 松石勝彦,「価値の生産価格への転形と費用価格 - 転形問題の一解決(1)」,『經濟論叢』98(3), 1966.)

있는 거죠.[60]

 전형문제에서 정말 남겨진 문제는 자본주의의 재생산과 관련된 것입니다. 전형을 통해 성립하는 생산가격은 곧이어 보게 될 것처럼 균형가격인데요, 균형가격이란 수요와 공급이 일치하는 가격입니다. 모든 생산부문에서 수요와 공급이 일치하기 위해서는 재생산이 균형을 이루어야 합니다. 그런데 마르크스가 가치의 생산가격으로의 전화를 설명하면서 재생산의 균형을 함께 논하지 않고

---

60  전형의 문제는 가치와 잉여가치가 어떻게 현상에서는 생산가격과 평균이윤으로 나타나는가, 그때 총가치와 총생산가격, 총잉여가치와 총평균이윤은 각각 서로 일치하는가의 문제를 다루는 것입니다. 이 문제는 가치체계의 본질적 관계들이 경쟁을 통해 현상의 외관에서 어떻게 왜곡, 전도되는가를 보여주는 것이고, 어디까지나 상향으로의 논리적 전개를 따라가는 겁니다. 여기서 더 이상 논할 수는 없지만, 뒤메닐G. Duménil, 폴리D. K. Foley, 클라이먼 등 구미권 네오마르크스주의자들 간에 토론되는 근년의 상황을 보면, 이러한 방법론에 대한 이해가 결여될 경우에 전형논쟁이 얼마나 황폐한 논쟁이 될 수 있는가를 여지없이 보여주고 있죠. 가치와 생산가격이라는 상이한 추상수준(이른바 2원체계)을 서로 뒤섞어 단일체계로 만들고, 가치로부터 생산가격으로 가는 상향의 논리적 전개라는 문제를, 생산가격으로 표현되는 전기前期의 생산물을 현재의 가치생산에 투입한다는 시간차이의 문제로 바꿔버립니다. '이시적 (또는 시점간) 단일체계 해석Temporal Single System Interpretation'이라는 클라이먼의 이런 주장은 앞의 각주에서 언급한 바처럼 마르크스의 가치개념에 대한 완전한 몰이해를 드러낼 뿐입니다. 뿐만 아니라 뒤메닐/폴리는 역사적으로 전형논쟁을 야기한 문제 즉 투입물로 들어가는 생산수단 가치의 전형문제는 아예 논의에서 제외하며, 총부가가치(=신가치)와 총순생산물의 가격총계가 일치한다는 자의적인 정의로 일치명제 자체를 검토할 필요도 없게 만들었습니다. 그 논의가 그야말로 점입가경인데요, 정말로 쓸데없는 논쟁을 하면서 어이없게도 전형문제를 해결했다고 서로들 자평하고 있죠. 한심하지만 국내의 강단에서도 생각 없이 이런 논의를 쫓아가는 논자들이 태반입니다. 이에 대한 비판에 대해서는 吉村信之,「転形問題における単一体系解釈」,『信州大学経済学論集』62, 2011 참조.[요시무라 노부유키吉村信之는 우노 고조宇野弘藏 학파 쪽 인물입니다. 그의 글은 전형논쟁의 역사 전반을 다루면서 구미권의 이 이론들을 검토하고 있는데, 물론 내가 우노 학파의 전형해법을 수용하는 건 아닙니다. 앞서 언급한 마츠이시의 설명이나 축차전화론이 전형문제의 올바른 해결방법이죠. 우노 학파의 대표적인 전형해법은 伊藤誠,『가치와 공황』, 비봉출판사, 1988, 제2장에 나와 있습니다.]

있어서 이 전화가 완전하다고 할 수 없는 거죠. 이 점은 일찍이 보르트키에비츠L. Bortkiewicz가 제기한 것이지만, 전형논쟁에 관여한 구미권의 많은 논자들이 인식조차 하지 못한 문제입니다. 일반적 이윤율의 형성으로 성립된 생산가격에서 재생산의 균형을 달성하지 못한다면, 이 생산가격은 균형가격이 되지 못하고, 초과수요 또는 초과공급 여하에 따라 시장가격이 변동하며, 그에 따라 각 부문의 이윤율이 변동하게 됩니다. 다시 자본이동이 일어나게 되죠. 이런 문제를 해결하기 위해서는 전형문제에서 재생산의 균형조건도 고찰해야 하는데요, 결국 재생산의 조건을 다루었던 『자본』제2권 제3편의 재생산표식을 가져와야 합니다. 가치와 잉여가치로 표시된 재생산표식을 생산가격과 평균이윤으로 전화한 위에서 균형조건을 규명하면, 한편에서 자본들의 경쟁이라는 사회의 표면으로의 상향에서 재생산표식을 더욱 구체화하는 것이고, 다른 한편에서는 전형문제를 남김없이 해결하는 게 됩니다. 후에 세 번째 소절에서 보는 바처럼 마르크스도 제7편에서 보다 구체적으로 임금, 이윤, 지대라는 수입범주들하에서 재생산 문제를 다시 총괄하고 있거든요. 하지만 생산가격 하에서의 재생산의 균형문제를 거기서 논하지는 않습니다.

상품가치는 먼저 부문 내에서의 경쟁을 통해 그 부문의 평균적인 가치 즉 시장가치로 구체화되고, 시장가치에서 표현된 이윤율은 부문 간 경쟁을 통해 평균이윤율로 전화되어 이 시장가치가 생산가격으로 전화됩니다. 방금 언급한 바처럼 생산가격은 가치나 시장가치와 마찬가지로 수요와 공급의 균형을 전제한 개념이죠. 그래서 전형 전의 수준에서는 시장가치가, 전형 후에는 생산가격이 시장가격 변동의 중심이 됩니다. 수요와 공급이 변화하면 시장가격이 이로부터 벗어나 변동하게 됩니다. 다음 인용문에 그 의미가 잘 나타나 있죠. "만약 수요와 공급이 일치한다면, 상품의 시장가격은 그것의 생산가격과 일치한다. 즉 이때에는 상품의 가격이 경쟁과는 상관없이 자본주의적 생산의 내재적 법칙들에 의해 규제되는 것처럼 나타난다. 왜냐하면 수요와 공급의 변동은 생산가격으로부터 시장가격의 괴리 이외에는 아무것도 설명하지 못하며, 이 괴리들은 상호간에 상쇄되어 비교적 장기에서는 평균시장가격이 생산가격과 같기 때문이다."(368/434) 이렇게 부문 간 경쟁을 통해 형성되는 평균이윤율과 생산가격은 우리가 일상에서 보는 시장가격과, 시장가격에서 실현되는 이윤율이 아닙니다. 이건 어디까지나 이념적 평균에서 파악하는 가격이고 이윤율이죠. 일정한 기간에 시장가격들의 평균, 이윤율들의 평균을 포착한 것이라고 이해하면 됩니다. 제3권에서 자본들 간의 경쟁을 통해 점차 자본주의의 표면으로 상향해간다 해도 그것은 어디까지나 이념적 평균이라는 『자본』의 추상수준 내에서의 상향에 한정됩니다. 이것을 넘어 시장에서의 수요와 공급의 변화, 시장가격의 변동, 그리고 공황과 경기순환 같은 문제는 『자본』 이후에 예정된 현실경쟁 등에 관한 부분에서 다루어질 대상이죠. 경기순환에서의 시장가격의 자립적인 운동에 대한 분석으로까지 올라가 보면, 시장가격과 생산가격 간의 관계는 『자본』에서 상정하는 바와 같은 관계, 즉 생산가격을 중심으로 매일매일 시장가격이 변동한다는 식과는 완전히 다르다는 것을 알 수 있죠. 현실경쟁에 더욱더 접근할수록 현상형태들에서 나타나는 전도된 관계들은 앞에서 본 가치와 생산가격 사이에서뿐 아니라 더 나아가 생산가격과 시장가격 사이에서도 드러납니다. 경기순환이라는 긴 시간에 걸친 양자의 괴리들 속에서 경향적으로, 평균적으로 생산가격이 성립합니다. 즉, 경기순환을 따라 호황기에 시장가격은 생산가격으로부터 상방으로 이탈, 괴리해서 불균형이 누적되고, 공황 때는 그 누적된 불균형이 폭발해서 시장가격이 생산가격 아래로 폭락하며, 경기회복 때나 비로소 시장가격이 생산가격에 근접하게 됩니다. 그래서 이에 대해서는 『자본』을 넘어서는 독자적인 분석이 필요한 거죠. 이 글에서 이런 문제는 다루지 못하지만, 이제 이윤율의 경향적 저하법칙을 살펴볼 때는 이런 방법론에 대한 이해가 무엇보다 중요합니다. 왜냐하면 이 법칙을 주기적 공황과 직접 관련시켜 공황의 원인이라고 설명하는 논자들이 만연하기 때문이죠. 이윤율의 경향적 저하법칙에서 다루는 이윤율은 어디까지나 일반적 이윤율, 다시 말해 사회 전체 생산부문의 평균이윤율이죠. 또 이 이윤율이 실현되는 가격은 생산가격이고, 생산가격은 수요와 공급의 균형을 상정하고 있습니다. 이런 평균이윤율, 생산가격으로 직접 시장가격과 시장가격이윤율의 변동 그리고 경기순환을 설명하지 못하는 건 너무나 당연합니다.

제3편(제13-15장)의 이윤율의 경향적 저하법칙 자체는 이해하는 데 별로 어렵지가 않습니다.[61] 일반적 이윤율은 전 생산부문의 잉여가치 합계를 전 생산부문에 투하된 총자본의 합계로 나눈 거였죠. 또는 전 생산부문의 평균적인 자본의 잉여가치($m$)를 그것에 투하된 총자본($c+v$)으로 나누면 됩니다. 일반적 이윤율을 $p'$으로 표시하면, $p'=m/(c+v)$가 되죠. 분자와 분모를 $v$로 나누어서 이 식을 약간 변형하면, $p'=(m/v)/[(c/v)+1]$이 되죠. $m/v$은 잉여가치율이고 $c/v$는 자본의 유기적 구성이므로 일반적 이윤율=잉여가치율/(자본의 유기적 구성+1)이 됩니다. 이제 시간의 경과에 따라 자본주의의 생산력이 고도화되면 이 식에서 자본의 유기적 구성이 높아지고 분모 값이 커져서 일반적 이윤율은 하락하게 되는데, 이게 이윤율의 경향적 저하법칙이 말하는 핵심 내용입니다. 이윤율의 경향적 저하법칙이란 다름 아니라 생산력 발전의 자본주의적 표현이자 그 결과인 것이죠. 마르크스가 이렇게 말합니다. "더욱이 자본구성에서의 이러한 점진적인 변화가 단지 개별 생산부문들에서만이 아니라 거의 모든 생산부문 또는 적어도 결정적인 생산

---

61  '정치경제학의 가장 중요한 법칙', '역사적 관점에서 가장 중요한 법칙'[Grundrisse der Kritik der politischen Ökonomie(『그룬트리세』), MEW 42, 641]인 이 법칙이 단순함에도 불구하고 종래의 정치경제학에서 이해되지 못한 이유를 마르크스가 다음처럼 밝히고 있죠. 스미스 이래의 경제학자들은 우선 잉여가치와 이윤을, 그리고 이윤의 분할된 형태들과 이윤일반을 구별하지 못했으며, 또한 불변자본과 가변자본을 구별하지 못했고, 그에 따라 자본의 유기적 구성의 차이도, 일반적 이윤율의 형성도 분석할 수 없었다는 겁니다.(223-224/255-256)

부문들에서 일어나며, 따라서 그 변화가 어느 특정 사회에 속하는 총자본의 평균적 유기적 구성을 변화시킨다고 가정한다면, 가변자본에 대비한 불변자본의 이러한 점차적 증가는, 잉여가치율 또는 자본의 노동착취도가 불변인 경우에, 필연적으로 **일반적 이윤율의 점진적인 저하**를 가져올 것임에 틀림없다. 그런데 자본주의적 생산양식의 발달과 함께 불변자본에 대비하여, 따라서 또 운동하는 총자본에 대비하여 가변자본이 상대적으로 감소한다는 것은 자본주의적 생산양식의 하나의 법칙임을 이미 드러내 보였다."(222/254) 즉 "자본주의적 생산은 불변자본에 대비한 가변자본의 지속적인 상대적 감소와 함께 총자본의 유기적 구성을 점점 더 고도화시키는데, 이것의 직접적인 결과는 잉여가치율이 불변인 경우에, 심지어 노동의 착취도가 증대하는 경우에도 일반적 이윤율은 끊임없이 하락한다는 것이다. … 따라서 일반적 이윤율의 점진적인 저하 경향은 단지 노동의 사회적 생산력의 진보적인 발달에 대한, **자본주의적 생산양식에 특유한 표현**일 뿐이다."(223/255)

이 법칙을 이윤율의 경향적 저하라고 말하는 것은 여기에 상쇄력이 작용하기 때문이죠. 위의 이윤율 식에서 보다시피 자본의 유기적 구성이 고도화하면 이윤율이 하락한다는 건 분자의 값 잉여가치율이 불변이라고 가정했기 때문인데요, 자본주의의 생산력이 진보하면 상대적 잉여가치, 절대적 잉여가치 생산도 증대하므로 잉여가치율도 증대할 겁니다. 그러면 유기적 구성의 고도화가 가져오는 이윤율저하의 효과를 그만큼 상쇄하게 되죠. 마르크스는 잉여가치율의 증대 외에도 여러 가지 상쇄요인들을 거론하고 있는데 (242-/277-), 그래서 또는 그럼에도 불구하고 이 법칙은 경향으로서 관철된다고 말합니다. "그 일반법칙의 작용을 방해하고 지양해서 그것에 단지 하나의 경향이라는 성격만을 부여하는, 상쇄하는 영향력들이 작동하고 있음에 틀림없는데, 그 때문에 우리도 일반적 이윤율의 저하를 경향적 저하라고 묘사하였다."(242/277) 생산력의 발달에 따라 한편에서 자본의 유기적 구성이 고도화하고 다른 한편에서 잉여가치율이 증대한다면, 최종적으로 일반적 이윤율이 정말 저하하느냐 하는 문제는 마르크스 경제학의 가장 논쟁적인 쟁점의 하나였는데요, 여기에는 일반적 이윤율의 최종적 저하 여하가 자본주의 붕괴의 시금석이라는 생각이 깔려 있죠. 이에 대한 엄밀한 수리적인 논증들이 시도되었지만, 이 법칙은 논증되지 못한 것으로 알려져 있습니다. 그런데 문제는 수리적인 논쟁이 아닙니다. 일반적 이윤율의 저하경향은 자본주의의 평균적인 이윤율의 저하경향을 말하는 것이고, 평균적인 이윤율의 저하는 자본주의 전체 자본의 위기를 표현하는 체제적인 위기를 나타내는 것이며, 이 저하경향이 자본주의의 심각한 위기국면을 초래하고, 자본주의의 이행을 둘러싼 첨예한 계급투쟁을 가져온다는 점입니다. 이행은 위기와 계급투쟁 속에서 진행될 겁니다. 수리적으로 일반적 이윤율의 최종적 저하를 증명해야 자본주의가 붕괴하는 게 아닙니다. 일반적 이윤율의 최종적 저하가 자본주의의 붕괴로 이어진다는 사고는 일종의 자동붕괴론이죠. 이윤율의 저하경향 속에서 자본주의의 위기와 이행 그리고 계급투쟁을 이해하는 게 중요합니다.

마르크스는 이 법칙의 내적 모순들의 전개를 다루는 제3편 제15장(251-/289-)에서 가치증식의 위기와 공황, 생산과 소비의 대립적 발전, 과잉자본과 과잉인구, 과잉생산과 과잉자본, 공황을 통한 경쟁전과 자본파괴 그리고 축적조건의 회복 등 공황과 관련된 여러 문제들을 살펴보고 있죠. 이 때문에 이 법칙을 주기적 공황의 원인으로 해석하는 이론, 이른바 이윤율저하설이 등장하게 된 건데요, 이런 해석은 『자본』의 방법론과 추상수준을 잘못 이해한 대표적인 오류의 하나입니다. 『자본론』 제3권의 역자 서문에서 고故 김수행 교수가 이 법칙을 공황과 관련시키면서 해설한 것도 마찬가지로 잘못된 것이죠. 앞에서 언급한 일반적 이윤율의 저하와 체제적 위기는 자본의 이념적 평균에서 파악한 경향적 위기를 가리키는 것인 반면, 대략 7-10년 주기로 반복하는 공황과 경기순환은 이념적 평균을 넘어가는 현실경쟁의 분석대상이어서 『자본』에서 다룰 문제가 아닙니다. 바로 내가 여러 번 강조했던 방법론과 추상수준의 문제이죠. 그래서 이 장에서 공황에 관한 서술들은 그 자체로는 중요한 내용을 담고 있지만 제한적일 수밖에 없죠. 그것들은 주기적 공황에 대해 내적 관련을 갖고 체계적으로 정리된 것이 아니라 단편적이고 불완전한 것이라 그냥 그대로 읽어보고 넘어가면 됩니다. 『자본』 이후에 계획된 현실경쟁론(과 신용론)을 매개로 해야만 이 장의 텍스트들을 올바로 이해할 수가 있죠. 현실적으로 이윤율의 경향적 저하법칙은 자본들의 경쟁과 부문 간 이동, 수요와 공급의 변화, 시장가격과 시장가격 이윤율의 변동, 그리고 경기순환과 공황을 통해 전개되며, 그 과정의 평균적인 수준에서 평균이윤율과 생산가격이 형성되고, 이 평균이윤율이 경향적으로 하락하는 겁니다. 주기적 공황이론은 이 평균이윤율의 경향적 저하를 다루는 게 아니라, 전자의 문제 즉 이 법칙의 전개과정에서 나타나는 경기순환과 공황을 규명하는 것이죠. 이윤율의 경향적 저하법칙은 경기순환과 공황의 원인이 아니라 경기순환과 공황을 통해 경향적으로 관철되는 법칙입니다.[62]

---

62  대체로 구미권 네오마르크스주의 논자들이 자본의 유기적 구성의 고도화에 따른 이윤율의 경향적 저하로부터 공황을 설명합니다. 이것을 이윤율저하설이라고 하죠. 이들은 앞서 본 전형문제에서도 잘못된 해법을 가지고 자화자찬하고, 공황논쟁에서도 잘못된 공황론을 주장합니다. 반면 일본 마르크스주의 경제학에서는 이윤율의 저하법칙을 장기적, 경향적 법칙이라고 파악하기 때문에 이로부터 직접 공황을 설명하는 논자는 거의 없습니다. 이게 올바른 관점이죠. 일본에서도 이윤율저하설이 있기는 하지만, 그건 유기적 구성의 고도화에 따른 이윤율저하가 아니라 호황기의 임금상승에 따른 이윤율저하로 공황이 발생한다는 이론입니다. 똑같이 이윤율저하설이라 해도 그 이론구성은 전혀 다릅니다. 전자는 자본의 장기적, 경향적 법칙으로 직접 공황과 경기순환을 설명하고, 후자는 자본의 순환적, 단기적 운동에 주목하여 산업순환론으로서 공황론을 주장합니다. 이와 같은 후자의 공황론을 대표하는 논자가 우노 고조입니다. 일본에서의 공황논쟁은 오늘날까지도 정통파의 과잉생산공황론(또는 실현공황론/상품과잉설)과 우노 학파의 이윤율저하설(또는 자본과잉설)로 대립하고 있죠. 물론 정통파 내에서도 계보가 다른 논자들 간에 논쟁이 있지만, 그건 부차적인 문제입니다. 정통파의 논자들 중에는 도미즈카 료조富塚良三, 다마가키 요시노리玉垣良典처럼 기본적으로 과잉생산공황론에 입각하면서도 과잉생산공황론과 이윤율저하설, 양자를 종합하려고 시도한 인물들도 있습니다. 우노 학파의 이윤율저하설은 마르크스가 여기 제15장에서 하나의 극단적인 가정으로서 언급한 '자본의 절대적 과잉생산'(261~262/302)이라는 개념에 근거해서 공황론을 구성합니다. 자본의 절대적 과잉생산이란 추가로 자본을 축적해도 그전보다 잉여가치(이윤)가 증가하지 않거나 또는 심지어 감소하는 상태를 말하는데, 이 경우 이윤율의 갑작스런 하락은 자본이 너무 많이 축적되어서 추

일반적 이윤율의 저하경향은 생산가격에서 표현된 평균이윤율의 변동이고 말 그대로 점진적이고 장기적인 변화를 나타냅니다. 그것은 주기적 공황에서 나타나는 시장가격의 급락과 시장가격 이윤율의 급격한 저하와는 다른 것이고, 따라서 공황을 설명하는 원인이 아닙니다. 마르크스는 이 법칙의 상쇄력을 논하기도 전에 일반적 이윤율의 형성과 변동 자체가 장기적이고 점차적인 것임을

---

가축적으로 인한 노동수요 증대로 임금이 크게 등귀하기 때문입니다. 즉 자본의 과잉축적으로 임금이 등귀하고 이윤율이 하락해서 공황이 발생한다는 것인데, 그래서 이런 주장을 자본과잉설 또는 이윤율저하설이라고 부르는 겁니다. 그런데 호황국면에서는 임금만 등귀하는 게 아니라 상품가격들도 상승하기 때문에 임금등귀로 인해 꼭 이윤율이 하락한다고 말하기는 어렵습니다. 상품가격 상승은 이윤율을 개선하기 때문이죠. 무엇보다 이 이윤율저하설은 구미권 네오마르크스주의의 이윤율저하설과 마찬가지로 상품의 과잉생산과 판매불능의 문제를 부정하면서 공황론을 전개합니다. 왜냐하면 자본주의하에서는 가격기구가 작동해서 수요와 공급의 균형을 달성하기 때문이라고 하죠. 다만 노동력 상품은 일반상품들과 달리 가격이 오른다고 공급을 늘리는 데는 한계가 있다면서 호황기의 임금 등귀와 그로 인한 이윤율 하락을 말하는 겁니다. 그런데 가격기구에 대한 이러한 이해방식은 일면적이고 부르주아 경제학의 그것과 다를 바가 없습니다. 이들은 가격기구를 통한 가치법칙의 관철이 주기적 공황을 동반하는 폭력적 방식으로 이루어진다는 것, 즉 가격기구의 균형화 작용 속에서 오히려 수요와 공급의 불균형이 심화되고 결국 과잉생산공황으로 폭발한다는, 가격기구의 이중적 기능을 전혀 이해하지 못하고 있죠. 여하튼 다시 강조하자면, 이 장에서 공황과 관련한 마르크스의 여러 서술들을 그대로 공황의 원인으로 파악하여 이런저런 공황론을 구성하는 건 잘못된 시도라는 점입니다. 마르크스는 자본의 이념적 평균이라는 『자본』의 분석수준에 제한되어 여기서 공황과 경기순환을 체계적으로 전개할 의도가 없었던 점, 이 점을 인식하는 게 중요합니다. 다마가키도 『자본』에서 공황과 경기순환을 특별히 언급하는 개소로서 여기 제3권 제15장 외에도 뒤에서 보게 될 제30-32장(화폐자본과 현실자본), 그리고 제1권 제23장(자본주의적 축적의 일반법칙)을 거론하면서 이들 개소에서 공황과 경기순환은 모두 이념적 평균이라는 『자본』의 분석수준 때문에 장기적, 평균적으로 관철되는 경향법칙을 해명하는데 필요한 한에서 언급되든가 또는 신용현상과 관련해 경기순환의 국면과 조응해서 설명하지 않으면 너무 추상적이어서 적절치 않든가 하는 경우에 언급될 뿐이라고 합니다.(玉垣良典, 『景氣循環の機構分析』, 岩波書店, 1985, 340쪽 이하 참조.)

비교적 자세하게 밝히고 있습니다. 사회적 평균이 형성되는 과정에서 시간적으로 또 공간적으로도 반대되는 운동들과 영향들로 인해 이윤율에 미치는 효과들은 반작용을 받고 서로 상쇄된다는 거죠.(178-179/199-200) 시장가치, 잉여가치율, 자본의 유기적 구성, 생산가격, 일반적 이윤율은 모두 평균적인 개념입니다. 부문의 지배적인, 평균적인 생산방법에 의해 시장가치가 결정되고, 새로운 생산방법의 도입에도 불구하고 당분간 시장가치는 불변이고 특별 잉여가치(초과이윤)만을 획득하며, 이게 일반화되어서 그 부문의 지배적 생산방법이 된 다음에야 비로소 그 부문의 시장가치가 변동하고 잉여가치율, 유기적 구성도 변경되어서 부문의 특수이윤율이 변화합니다. 즉 시장가치 등 이것들의 크기는 기술변화에 따라 즉 각즉각 변하는 것이 아니라 일정기간 동안은 안정적이고 일정 기간이 지나야 변화하는 것이죠. 더구나 일반적 이윤율은 사회 전체 생산부문의 평균이윤율이어서 평균을 형성하는 시간도 필요합니다. 게다가 생산 각 부문의 기술변화와 그것의 일반화는 부문별로 서로 다르고, 각각 가치의 변화를 가져오는데 일정한 시간도 요구됩니다. 따라서 특정 시점에 어떤 부문들은 가치의 변화, (부문)이윤율의 변화를 겪지만, 다른 부문들은 변동이 없을 수도 있습니다. 또 부문들 간에 그 변화들이 서로 상쇄되기도 하죠. 그러면 그 변화들을 합산해서 평균을 내야 하는 사회 전체의 가치변화와 잉여가치율, 유기적 구성의 변화, 그에 따른 일반적 이윤율의 변동은 그야말로 점진적으로, 경향적으로만 이루어질 뿐입니다. 이 과정은 실제로는 앞서 말한 바처럼 시장가격 및 시장가격 이윤율의 변동과 경기순환 그리고 주기적 공황을 통해 전개되는 거죠.

우리가 현실에서 보는 시장가격과 이윤율의 변동이 생산가격과 평균이윤율의 변동이 아니라는 것을 이해하는데 매우 좋은 사례가 있죠. 다름 아닌 최근에 우리가 경험한 공동주택 즉 아파트 가격과 아파트 건설사들의 이윤율 상황입니다. 문재인 정권 4년 사이에 아파트 가격은 거의 두 배가 될 정도로 상승하였는데, 윤석열 정권으로의 교체 전부터 이제까지 1년도 채 안 된 사이에 그 가격은 대략 20~30% 정도 하락해서 2년 전의 가격으로 돌아왔습니다. 건설사들은 주택시장 호황을 구가하다가 갑자기 줄도산을 걱정하는 상황으로 돌변했고요. 이게 유기적 구성과 평균이윤율의 변화로 아파트의 생산가격이 변했기 때문인가요? 그렇지 않죠. 아파트의 비용가격이나 사회 전체의 평균이윤율이 이 짧은 기간에 그렇게 변동할 수가 없죠. 그건 아파트의 생산가격이 변동한 게 아니라 시장가격이 변동하고 시장가격으로 표시된 이윤율이 변동한 겁니다. 세계적인 통화긴축과 고금리로 아파트 수요가 급감했지만, 그렇다고 아파트 공급량이 줄어드는 건 아니고, 그래서 시장가격이 급락할 수밖에 없죠. 주택 호황기의 가격의 급등도 마찬가지로 생산가격이 급등한 게 아닙니다. 아파트 가격이 등귀한다고 해서 아파트 공급량이 빠르게 늘어나 가격이 다시 조정되는 건 아니죠. 아파트는 착공을 하고서도 3년은 넘어야 비로소 공급됩니다. 그동안에는 공급이 불충분해서 투기까지 겹쳐 가격은 더 오르게 됩니다. 그사이 아파트 건설은 더욱 추진할 거고요. 그러다가 결국 건설되던 아파트들이 시장에 공급되고 공급과잉이 현실화되면, 아파트 가격은 급락하는 거죠. 이렇게 시장가격의 변동을 통한 균형가격 즉 생산가격의 성립이란 이념적 평균에서 상정한 것이고, 현실적으로는 시장가격과 생산가격의 순환적 괴리와 공황을 통한 폭력적인 조정이라는 방식으로 경향적으로 실현될 뿐입니다.

이런 현상은 주택부문만이 아니라 일반 산업부문에서도, 특히 그 생산물의 공급이 비탄력적인 생산수단 생산부문에서 전형적으로 나타나죠. 예컨대 삼성전자의 평택 반도체공장은 하나의 생산라인을 건설해서 가동하는데 2년여의 시간이 걸립니다. 그에 앞서 투자결정을 하는데도 또 시간이 필요하죠. 그러다 보니 반도체 수요가 증대해서 가격이 등귀할 때 추가 투자를 하고 추가 생산라인을 건설했지만, 공장이 가동되는 지금은 반도체 공급과잉으로 반도체 가격의 하락과 함께 이윤율은 크게 하락해버렸죠. 이게 추가 공장 건설로 유기적 구성이 고도화되고 평균이윤율이 저하되었기 때문은 분명히 아니죠. 평균이윤율이란 말 그대로 가치와 잉여가치로 표시한 사회 전체 부문의 평균이고 유기적 구성도 마찬가지인데, 반도체 산업부문이 경제 전체에서 차지하는 비중이 좀 높더라도 반도체공장 증설에 따른 변화가 사회 전체의 평균에 미치는 효과는 미미할 겁니다. 설령 다른 부문들의 변화를 함께 고려한다 하더라도, 이 짧은 시간에 사회 전체의 평균이윤율은 별로 변화가 없을 겁니다. 평균이윤율의 변화가 아니라 실은 공장을 건설하는 동안 초과수요에 의해 가려졌지만, 그사이 과잉투자로 인해 잠재적으로 과잉생산이 진행되었던 것이죠. 그래서 공장건설의 완료 및 가동과 함께 과잉생산이 현실화되고 가격과 이윤율이 급락한 거죠. 최근 코로나 규제 완화 이후 IT부문의 경기 위축에 따른 반도체 수요 감소도 함께 작용했고요. 마르크스의 공황이론에 따르면 생산과 소비의 대립적 발전이 자본주의 공황을 야기하는 주요한 모순, 궁극의 원인입니다. 이 모순이 어떻게 과잉생산공황으로 현실화하는가라는 문제는 『자본』을 넘어 자본들의 현실경쟁이라는 보다 구체적인 수준에서 논해야 합니다만, 지금 언급하고 있는 이런 메커니즘이 그 핵심을 이룹니다. 다름 아닌 생산수단 생산부문에서의 시장가격과 생산가격의 괴리 및 불균형의 누적, 그리고 그 하에서 진행되는 과잉축적과 과잉생산이 전반적인 공황을 초래합니다. 이때의 가격변동과 이윤율의 변동을 생산가격과 일반적 이윤율의 경향적 저하로 설명하는 건 완전히 난센스입니다.

이것으로 이 소절이 끝납니다. 원고가 다소 길어졌습니다만 마르크스 경제학에서 가장 논쟁적인 쟁점 두 가지가 이 소절 중에 있어서 그렇죠. 가능한 한 이해할 수 있도록 했는데요, 더 이상 줄여서 압축적으로 설명하기는 어렵습니다. 그만큼 문제가 쉽지 않다는 거고, 마르크스 경제학의 전공자들조차 제대로 이해하지 못하고 있는 문제죠. 다음 두 번째 부분으로 넘어가기 전에 또 다른 문제 하나만 더 언급하겠습니다. 앞에서 본 마르크스의 이윤율은 $p'=m/(c+v)$였죠. 잉여가치(이윤)를 투하한 총자본으로 나눈 겁니다. 그런데 강단에 있는 자칭 마르크스주의자들이 자본주의 경제의 실증분석에서는 이 이윤율을 사용하지 않고 이윤율=이윤/자본스톡 즉 이윤/고정자본이라는 사이비 이윤율을 이용합니다. 고정자본에 대비한 이윤이란 아무 경제학적 의미도 없는 비율이죠. 또 이윤은 고정자본에서 나온다는 것이니 이건 물신화의 극치죠. 대체로 이윤율의 경향적 저하법칙으로 공황을 설명하는 구미권 마르크스주의 논자들과 이들을 추종하는 국내의 논자들, 예컨대 뒤메닐, 레비D. Lévy, 폴리, 브레너R. Brenner, 정성진, 윤소영 등이 그러합니다. 마르크스의 이윤율에서 총투하자본은 불변자본+가변자본이죠. 또 불변자본은 고정적 불변자본+유동적 불변자본이므로 총투하자본은 고정적 불변자본+유동적 불변자본+가변자본인데, 이들은 고정적 불변자본만 분모의 값으로 가져온 겁니다. 이런 이윤율로 자본주의의 위기를 분석하고 해석한 것이니까 이들의 자본주의 위기 분석은 더 볼 것도 없이 모두 잘못된 것입니다. 이윤율저하설이라는 이들의 공황론도 오류고 실증분석에서 이윤율 지표도 잘못된 것이어서 지난 2008년 세계금융위기의 분석과 전망에서 이들이 파탄을 맞이한 것도 너무나 당연한 거죠.

## 2) 상인자본(가), 대부자본(가), 지주계급과 이들 사이로의
## 잉여가치의 분배

이것으로써 제1권부터 분석한 산업자본의 운동을 총과정에서 총괄하는 것이지만, 산업자본이 생산한 잉여가치가 자본주의 생산 전체의 토대이기도 하기 때문에, 이상의 분석은 또한 자본주의 생산체제 전체를 총괄한다고 할 수 있죠. 이제 두 번째 부분, 제4편에서 제6편까지는 이렇게 생산된 잉여가치가 자본가계급의 여러 분파들과 나아가 지주계급에게 어떻게 분할, 분배되는가를 살펴봅니다. 처음에는 상인자본과 상업이윤, 그 다음 대부자본과 이자, 그리고 마지막에 토지소유와 지대를 봅니다. 이렇게 자본주의 경제의 표면, 현실로 보다 더 접근하는 겁니다.

### (1) 상인자본과 상업이윤

먼저 상인자본과 상업이윤을 보죠. 제4편(제16−20장)입니다. 상인자본에는 두 가지 형태가 있습니다. "상인자본 또는 상업자본은 상품거래자본과 화폐거래자본이라는 두 개의 형태 또는 아종亞種으로 분할되는데, 이제 우리는 핵심구조에서의 자본의 분석에 필요한 한에서 이것들의 특질을 더 자세하게 서술할 것이다." (278/323) 산업자본은 생산과정이 끝나면 상품자본으로서 유통과정에 들어가고 유통과정에서 판매되어 화폐자본으로 전환된 뒤에 다시 이것으로 생산과정에 투입될 상품의 구매를 통해 상품자본으로 전환합니다. 유통과정에서는 이렇게 상품자본과 화폐자본의 끊임없는 자태변환이 이루어지는데, 이 자태변환을 하나의 독립된 기능으로 수행하는 특수한 자본이 상품거래자본입니다. "유통과정에 있는 자본의 이 기능이 대체로 어떤 특수한 자본의 특수한 기능으로서 자립화되고 분업을 통해 어떤 특수한 종류의 자본가들에게 지정된 기능으로서 고정되는 경우, 상품자본은 상품거래자본 또는 상업자본으로 된다."(278/323-324) 상인자본의 이 고유한 기능은 종종 운송, 보관, 배달 같은 업무가 결부되어 있지만, 상인자본의 순수한 형태를 분석하기 위해 이하에서는 이런 업무들은 제거하고 자태변환을 매개하는 고유한 기능만 상정합니다. 이 자태변환은 상인자본의 특수한 업무로 독립했어도 전체적으로는 산업자본의 재생산과정의 한 단계를 이루는 것이고, 산업자본이 유통과정에서 수행해야 하는 이 기능을 상인자본이 대신 담당하고 있는 것뿐이죠. "그래서 상품거래자본은 어디까지나 상품자본의 화폐로의 전화과정을 통과하여야 하고 시장에서 상품자본으로서의 자신의 기능을 수행해야만 하는, 생산자의 상품자본 이외에 아무것도 아니며, 다만 이 기능은 생산자의 부수적인 활동으로서가 아니라 이제는 특수한 종류의 자본가인 상인의 배타적인 활동으로서 나타나고, 특수한 자본투하 사업으로서 자립화된다."(281/327) 이 기능이 상인자본의 특수한 업무로서 독립하게 되면, 대규모의 거래에 따른 상인자본의 전문성과 집중성 때문에, 사회 전체적으로 보면 산업의 개개의 자본이 각각 이 업무를 수행할 때보다 여기에 필요한 화폐자본을 감축할 수 있습니다. 그래서 사회 전체적으로 필요한 상업자본의 크기는 산업자본이 스스로 유통과정의 업무를 담당할 경우의 화폐자본보다 적게 됩니다. 상인자본은 유통부문에서만 활동하므로 그 운동 형태는 G-W-G′입니다. 구매와 판매에 전문적으로 종사하는 자본, 산업자본의 W-G 또는 G-W 즉 산업자본의 유통과정을 매개하는 일, 이것이 상인의 화폐자본의 전문적인 기능이죠. "이 기능에 의해 상인은 자신의 화폐를 화폐자본으로 전화시키고, 자신의 G를 G-W-G′으로 나타내며, 이 동일한 과정을 통해 그는 상품자본을 상품거래자본으로 전화시킨다."(285/331) 유통과정에서는 가치도 잉여가치도 생산되지 않습니다. "그러므로 상인자본은 다시 말해 직접적으로는 가치도 잉여가치도 생산하지 않는다."(291/338) 하지만 유통시간의 단축을 통해, 또 유통영역에 묶여있는 화폐자본을 감소시켜 생산자본을 증대시킴으로써 간접적으로는 잉여가치 생산에 기여합니다.

상인자본의 진정한 기능은 유통영역에서 판매와 구매의 매개이고, 유통과정은 생산과정과 함께 재생산과정의 한 단계이므로 산업자본과 마찬가지로 상인자본도 평균이윤을 얻습니다. 산업자본과 상업자본간 경쟁으로 양자의 이윤율은 균등화되죠. 상인자본이 산업자본의 이윤율보다 낮다면, 상인자본은 상업의 영역을 떠나서 산업부문으로 자본을 돌리겠죠. 그래서 상인자본은 잉여가치를 생산하지 않지만, 산업자본이 생산한 잉여가치 중 일부를 자신이 투하한 자본에 대한 평균이윤으로서 가져갑니다. 도대체 어떤 메커니즘을 통해 이런 결과가 달성되나요? 말할 것도 없이 상인 자본은 상품을 구매가격보다 더 높은 가격으로 판매함으로써 이윤을 얻는데요, 문제는 그렇게 간단하지가 않습니다. 유통과정에서 상품의 교환은 가치에 따라, 그리고 가치의 생산가격으로의 전화에 의해 생산가격에 따라 이루어지기 때문에, 문제는 가치 또는 생산가격보다 더 높은 가격으로 판매하지 않으면서도 어떻게 상인자본이 평균이윤을 얻을 수 있는가 하는 것이죠. 문제를 단순화하기 위해 먼저 상인자본은 순수한 유통업무 즉 상품자본의 변태를 매개하는 업무인 판매와 구매를 위해서만 자본을 투하한다고 하죠. 앞의 [표3]의 예를 이용해서 설명하면 숫자 예가 같아서 논의의 연속성을 따라가기에 좋겠지만, 마르크스가 여기서는 다른 숫자 예를 들고 있습니다.(295-/344-) 연간에 투하된(그리고 소비된) 총산업자본은 720c+180v=900, 잉여가치율 100%하에서 생산물가치는 720c+180v+180m=1080이죠. 이게 개별부문이 아니라 총생산물의 가치이므로 가치와 생산가격의 괴리는 없고 생산가격도 똑같이 1080입니다. 평균이윤율은 180/900=20%고요. 앞에서 보았던 내용입니다. 그런데 산업자본 외에 이제 유통부문에서 기능하는 상인자본이 100이라면, 이 100의 상인자본도 평균이윤을 얻어야 합니다. 따라서 평균이윤율 계산이 달라지죠. 총잉여가치 180을 산업자본과 상업자본의 합계 900+100=1000으로 나누면 평균이윤율은 18%가 됩니다. 이렇게 상인자본의 고찰과 함께

평균이윤율이 수정됩니다.[63] 그러면 산업자본의 평균이윤은 900×
0.18=162, 상업자본의 평균이윤은 100×0.18=18, 그래서 총잉여
가치(=총이윤) 180을 산업자본이 162, 상업자본이 18로 나눠 갖게
되죠. 그에 따라 산업자본이 상인자본에게 판매하는 상품의 생산
가격은 900+162=1062, 상업자본은 이 가격으로 구매한 뒤에 여
기에 상업이윤 18을 첨가해 이 상품을 1080으로 판매하죠. 이게
진정한 상품가격입니다. 상인자본이 산업자본의 상품판매를 매개
하며 상업이윤을 취득하지만, 이 상품은 가치(=생산가격)대로 1080
으로 판매되고 있죠. 이 가격은 상인자본의 매개가 없고 각각의
산업자본이 직접 자신의 상품을 판매할 경우의 생산가격과 같습
니다. "상인의 판매가격은 그렇게 구매가격보다 높은데, 그건 판매
가격이 총가치보다 높기 때문이 아니라 구매가격이 총가치보다 낮
기 때문이다."(297/346)

그런데 상인이 상품의 판매와 구매 활동을 하는 데는 상품구매
를 위한 자본만 필요한 게 아니라 이와 관련한 추가비용도 지출해
야 합니다.(299-/348-) 이 유통비용에는 순수한 상업적 업무를 위
한 것, 예컨대 회계, 부기, 마케팅, 통신 등에 사용되는 비용과, 발
송, 운수, 보관 등 유통과정 내부에서 수행되는 보충적인 생산과정
을 위한 비용도 있죠. 두 가지 비용의 구분이 중요한데요, 왜냐면

---

63   평균이윤율은 후에 토지소유와 지대를 고찰할 때 또다시 수정됩니다.

전자는 가치와 잉여가치를 생산하지 않는 비생산적 지출인 반면, 후자는 유통과정에서지만 가치와 잉여가치를 생산하기 때문이죠. 그에 따라 이런 비용요소가 평균이윤율을 수정하는 계산이 달라지게 됩니다. 후자의 경우에는 그 계산에서 특별한 것이 없습니다. 여기에 지출되는 자본은 그냥 산업자본처럼 처리해서 평균이윤율을 계산하면 됩니다. 불변자본과 가변자본이 투입되고 잉여가치가 생산되니까요. 마르크스도 특별히 이 문제를 거론하지 않죠. 문제는 전자의 경우인데요, 순수한 상업업무를 위해 고용되는 노동자는 가치와 잉여가치를 생산하지 않기 때문에, 여기에 지출되는 불변자본과 가변자본은 모두 산업부문에서 생산된 잉여가치로부터 공제되어야 한다는 겁니다. 물론 개별 상인의 관점에서 보면 이 지출된 자본은 상품의 판매가격으로부터 벌충되고 또 게다가 이 자본에 대한 평균이윤도 얻기 때문에, 이 지출은 생산적 투자이고 상인자본이 고용한 노동자도 생산적 노동이죠. 하지만 이 노동자가 받는 임금도, 또 불변자본에 지출한 비용의 회수금도 실은 산업부문의 잉여가치로부터 이전된 것입니다.

마르크스가 이 경우 평균이윤율의 계산방식을 보여주고 있는데, 여기에는 약간 착오가 있는 것 같습니다. 이에 대한 역자 주에서 계산을 정정해 놓았죠. 이걸 보도록 하죠.[III(상), 353] 앞의 예에서 본 상품구매에 지출하는 자본 100 외에 순수한 유통비용으로 50이 더 추가된다고 하죠. 이건 사무실, 종이, 통신 등에 지출되는 불변자본과 상업노동자 고용에 지출되는 가변자본으로 되어 있죠. 그럼 상인자본이 지출하는 자본은 150입니다. 이 중에서 50은 잉여가치로부터 공제되어야 하는 거죠. 그러면 총잉여가치 180 중에서 이 공제부분을 제외하고 전체 자본이 나눠 가질 수 있는 잉여가치는 (180-50)이고 이를 전체 자본 (900+100+50)으로 나누면 평균이윤율은 $12_{8/21}\%$가 됩니다. 산업자본이 생산한 상품들의 생산가격은 투하자본에 평균이윤을 더한 것, 즉 900+900× $12_{8/21}\%=1011_{3/7}$이 되고(산업이윤: $111_{3/7}$), 산업자본은 이 가격으로 상품들을 상인에게 판매하며, 상인자본은 여기에 상업이윤(평균이윤)을 첨가해서 최종소비자에게 다시 판매합니다. 순수 유통비용 50도 이 가격에서 벌충되어야 하죠. 그럼 최종 판매가격은 $1011_{3/7}+50+(100+50)×12_{8/21}\%=1080$(상업이윤: $18_{4/7}$), 여기서도 마찬가지로 이 상품들의 최종가격은 그 가치와 크기가 같죠. 그리고 총잉여가치 180은 산업이윤 $111_{3/7}$, 상업이윤 $18_{4/7}$, 그리고 상업자본 벌충 50으로 분할됩니다. 상품구매에 지출한 자본 100은 상품자본의 화폐자본으로의 전환을 매개할 뿐이고 이 전환 자체에서 그대로 회수되기 때문에, 상품가격에 추가로 들어가지는 않죠. 그것에 대한 이윤만 가격에 들어갑니다.

이렇게 결정되는 생산가격과 평균이윤율 그리고 상업이윤은 상인자본에게는 자신이 결정할 수 없는 외부적 여건입니다. 따라서 동일한 상인자본이 연간에 몇 번을 회전한다 하더라도 그로부터 얻는 상업이윤은 언제나 상인자본×평균이윤율일 뿐이죠. 상인자본의 크기와 평균이윤율이 정해져 있으면 이 값은 변화가 없죠.

산업자본의 회전과 다릅니다. 산업자본은 연간 회전수가 높을수록 그만큼 잉여가치 생산이 증가하고 그에 따라 이윤율이 증가했거든요. 상인자본의 경우에는 연간 회전수가 높을수록 동일한 자본에 의해 연간 거래되는 상품의 양과 금액이 증가할 텐데요, 반면 연간 상업이윤은 불변이므로 상품 1개당 생산가격에 상인자본이 첨가하는 상업이윤은 작아지고, 따라서 상품의 최종가격은 하락하게 됩니다. 이렇게 상인자본의 연간 회전수 여하에 따라 상품가격이 변동하게 되는 결과가 현상의 외관에서는 거꾸로 마치 상인자본이 상품의 가격을 결정하는 것처럼 보이게 되죠. 현상의 전도된 관계는 이렇게 상인자본에서 더 한층 전개됩니다. 상인자본의 이러한 평균적인 운동이 아니라 개별 상인들의 가격경쟁까지 보게 되면 더더욱 그렇습니다. "특히 회전들의 이러한 영향에 의해, 마치 유통과정 자체가 어느 정도의 한계 내에서는 생산과정과 독립적으로 상품들의 가격을 규정하는 것처럼 보인다. 재생산의 총과정에 관한 모든 피상적이고 전도된 견해는 상인자본의 고찰로부터, 그리고 상인자본의 고유한 운동들이 유통당사자들의 머릿속에서 불러내는 관념들로부터 끌어낸 것이다."(324/378)

상인자본은 산업자본의 운동 중에서 상품자본의 화폐자본으로의 전화 또는 화폐자본의 상품자본으로의 전화를 매개함으로써 상품의 생산자와 최종소비자 간의 직접적 연관을 분리시키죠. 산업자본이 상품을 상인에게 판매하고 상인이 그 상품을 최종소비자에게 다시 판매하기도 전에 산업자본으로부터 상품을 또 매입할 수도 있습니다. 그럼에도 산업자본은 자신의 상품은 시장에서 판매되었다고 생각하고 생산을 계속하거나 확대할 겁니다. 이렇게 상인자본에 의한 상품거래의 매개에 의해 "가공적 수요"가 창출되고 재생산과정의 탄력성은 크게 증대하는데, 문제는 상인자본의 자립적 운동에도 불구하고 그 운동은 결국에는 유통영역 안에서의 산업자본의 운동이라는 거죠. 이 재생산과정의 한계를 넘어가는 상인자본의 운동에서 마르크스는 공황을 현실화하는 하나의 주요한 계기를 보고 있습니다.(315-317/368-369) "내적인 의존성과 외적인 자립성은 내적 연관이 공황을 통해 폭력적으로 회복되는 지점까지 상인자본을 몰아간다."(316/368)

상품거래자본 외에 상인자본의 또 다른 형태는 화폐거래자본이라고 했죠. 화폐거래자본에 대한 마르크스의 설명을 보죠. "산업자본과 … 상품거래자본의 유통과정에서 화폐가 수행하는 순수기술적 운동들, 이 운동들이 어떤 특수한 자본(이 운동들을 그리고 오직 이 운동들만 자신에게 고유한 활동으로서 실행하는)의 기능으로 자립화되면, 이 자본은 화폐거래자본으로 전화된다. … 이제 총자본의 일정한 부분이 화폐자본의 형태로 분리되고 자립하는데, 그것의 자본주의적 기능은 전적으로 산업자본가와 상업자본가 계급 전체를 위해 이 기술적 활동들을 실행한다는 점에 있다. … 그러므로 이 화폐자본의 운동들은 재생산과정 중에 있는 산업자본의 자립화된 부분의 운동들일 뿐이다."(327/381) '유통과정에서 화폐가 수행하는 순수기술적 운동들'을 전문적으로 담당하는 특수한 자본이 화폐거래자본이다, 선뜻 다가오지 않는 정의죠. 이 특수한 자본이 담당하는 업무를 살펴보면 이해하기가 더 쉽습니다. 마르크스가 열거하고 있는 업무들입니다. 화폐의 지불 및 수납, 차액의 결제, 당좌계정의 처리, 축장화폐 또는 유휴화폐의 보관, 매매 및 지불수단의 준비 등의 기술적 활동이 자립해서 여기에 투하되는 자본이 화폐거래자본이라는 거죠. 요컨대 자본이 화폐자본의 형태로 수행하는 화폐의 각종 성격과 기능으로부터 이런 활동들이 유래하는데, 이게 특수한 사업 즉 화폐거래업으로 독립한다는 것이죠. 이런 일들은 산업자본이든 상업자본이든 수행하지 않으면 안 되고, 여기에는 노동과 비용 즉 유통비용이 들어갑니다. 화폐거래업이 이 업무들을 특수한 사업으로 하는 자본으로서 자립하면, 업무 자체가 대규모로 되고 그에 따른 전문성, 집중성을 갖게 되어 전체 자본가계급의 유통비용을 감축하게 되죠. 이런 업무, 화폐거래 업무는 먼저 국제무역으로부터 발달한 것인데, 대표적으로 환전상과 각국 환전상을 중개하는 환전업, 그리고 국가 간 금 또는 은(세계화폐)의 이전을 취급하는 지금거래업이 화폐거래업의 시초 형태라고 합니다. 제1권 제1편 제3장에서 본 바처럼 화폐유통은 상품유통의 단순한 결과이며, 이점은 자본의 유통과정으로서 상품유통에서도 마찬가지죠. 이 화폐유통 자체는 화폐거래업에 대해서는 주어진 여건이고, 화폐거래업이 결정하는 게 아닙니다. "화폐거래업이 매개하는 것은 화폐유통의 기술적 활동들이며, 이 활동들을 화폐거래업이 집중하고 단축하고 단순화시킨다."

(333/388) 화폐거래자본은 화폐유통의 기술과 기능에 관계할 뿐이어서 G-W-G′라는 유통형태를 갖고 있는 상품거래자본과 달리 자신의 독자적인 유통형태를 갖고 있지 않습니다. 반면 화폐거래자본이 얻는 이윤도 잉여가치로부터 공제되는 것입니다. 화폐거래자본은 이미 실현된 가치를 취급할 뿐이기 때문이죠. 화폐거래자본은 후에 은행업으로 꽃을 피우게 되는데 이에 대해서는 다음에 보도록 합니다.

### (2) 대부자본과 이자

이어서 제5편 대부자본과 이자로 넘어갑니다. 제5편은 제3권에서 분량이 가장 많죠. 16개 장(제21-36장)으로 되어있고, MEW판으로 무려 277쪽, 제3권 전체의 1/3 정도를 차지합니다. 분량도 분량이지만, 신용과 관련해서는 『자본』의 서술 대상인 자본의 일반적 분석의 수준을 넘어가는 내용도 많습니다. 금 유출이라든가 환율, 공황과 경기의 상황 및 이자율 변동 그리고 투기 등의 문제들이 이 편에 들어와 있는 거죠. 발췌노트라고 할 만한 많은 인용문들도 이 편의 분량이 커진 이유의 하나입니다. 정리되지 않은 연구노트 같은 메모들과 발췌문들로 엥겔스가 이 편의 편집이 제일 어려웠다고 서문에서 밝힌 바 있죠. 제5편은 역사적 보론인 마지막 장을 차치하면 대체로 두 부분으로 구성되어 있습니다. 모두 대부자본을 다루고 있기는 하지만 이론적 추상의 정도가 좀 다릅니다. 제21-24장은 대부자본을 일반적이고 추상적인 단순한 형태에서 고찰하고 있는 반면, 제25-35장은 대부자본을 신용제도 하에서 구체적이고 복잡한 형태에서 살펴보고 있습니다. 신용은 대부자본이 운동하는 형태고, 산업자본(및 상인자본)으로부터 대부자본의 분리는 은행제도의 성립과 은행신용 하에서 비로소 완성됩니다. 따라서 대부자본의 서술을 위해서는 신용론이 필요한 한에서『자본』에 들어올 수밖에 없었는데,『자본』의 분석수준을 넘어가는 측면이 있다는 거죠. 여기서는 대략『자본』의 범위를 넘어간다고 생각되는 장이나 주로 발췌문으로 되어있는 장(이런 장은 또한『자본』의 범위도 넘어가죠)은 제외하고 살펴볼 것입니다. 그래도 다루는 장들이 10개 장(제21-25장, 제27장, 그리고 제29-32장)이나 되어서 이 장들의 제목은 밝혀 놓는 게 보기에 좋겠습니다. 제21장 이자 낳는 자본, 제22장 이윤의 분할. 이자율. '자연적' 이자율, 제23장 이자와 기업가이득, 제24장 이자 낳는 자본 형태에서의 자본관계의 피상화, 제25장 신용과 가공자본, 제27장 자본주의적 생산에서의 신용의 역할, 제29장 은행자본의 구성부분들, 제30-32장 화폐자본과 현실자본 I, II, III.[64]

---

64  주로 발췌문으로 이루어진 장들은 읽어나가는 게 쉽지는 않은데요. 그건 단지 발췌문이기 때문만은 아닙니다. 부르주아 금융전문가들 자체가 일관된 정의도 없이 혼란스럽게 개념과 용어를 사용하고 있어 이걸 듣고 보는 사람들이 당연히 혼란스러울 수밖에 없죠. 마르크스가 이렇게 지적하고 있죠. "신용에 관한 화폐시장의 이런 알 수 없는 헛소리에서 어떻게 정치경제학의 모든 범주가 다른 의미와 다른 형태를 가지고 있는지, 놀랍기만 하다. 거기에서 부동자본(floating capital)은 유동자본(circulating capital)을 표현하고(당연히 이건 전혀 다른 것이다), 화폐는 자본이고 금 지금이 자본이며, 은행권은 통화고 자본은 상품이고 채무가 상품이고 고정자본은 매각되기 어려운 증권에

(제21장) 먼저 대부자본을 봅니다. 앞에서 상인자본이 이윤율균등화에 참여함으로써 산업자본만이 아니라 상인자본도 평균이윤을 취득하는 걸 보았죠. 산업과 상업에서 활동하는 이 자본가들은 가치증식이라는 자본의 기능을 실제로 수행하는 기능자본가인데요, 반면 대부자본은 산업자본이나 상업자본에 잠재적 자본인 화폐를 양도하고 그 대가로 이들이 취득하는 평균이윤의 일부를 이자로 취득하는 자본을 말합니다. 여기서는 화폐가 상품이 되고 그 상품의 가격이 이자인 것이죠. "잠재적 자본으로서의 이 속성, 이윤 생산의 수단으로서의 이 속성에서 화폐는 상품, 그러나 특별한 상품이 된다. 또는 같은 말이지만, 자본으로서 자본이 상품이 된다."(351/412) 대부자본의 운동은 다음처럼 표시됩니다.(353/414) G-G-W-G′-G′, 그리고 G′은 G+ΔG인데 ΔG는 가치증식분 즉 평균이윤(앞의 G′의 경우) 또는 이자(뒤의 G′의 경우)를 말하죠. 여기서 앞의 G-G와 뒤의 G′-G′은 대부자본가와 기능자본가 간 화폐자본의 양도와 환류를 가리키고, 중간의 G-W-G′는 기능자본가의 가치증식 운동을 가리킵니다. 대부자본에서 화폐는 이중으로 지출되고, 따라서 그 환류도 이중으로 이루어집니다. 화폐 G는 처음에 대부자본가 A가 기능자본가 B에게 양도하고 다음에는 B가 이 화폐를 실제의 가치증식을 위해 지출하죠. 그리고 이 화폐 G는

투하된 화폐이다."(513/612) 이들에게 있어서는 화폐, 상품, 자본, 금, 통화, 증권 등 기본 개념들이 온통 뒤죽박죽이라는 것입니다.

그 증식분 평균이윤과 함께 기능자본가 B에게로 환류되고 다시 B로부터 평균이윤의 일부인 이자와 함께 화폐 G가 대부자본가 A로 환류됩니다. 이렇게 화폐자본의 양도는 대부의 형태를 취하고 그 환류는 상환의 형태를 취하고 있죠.

G−G에서 화폐의 위치변환, 대부자본가와 기능자본가간의 거래는 자본의 재생산과정과는 관계가 없고, 일정한 법률상의 형식과 규정에 따라 이루어지는, A로부터 B로의 화폐의 단순한 이전 또는 인도에 불과합니다. 이 거래는 자본의 재생산과정에서 보았던 판매나 구매, 그에 따른 상품자본이나 화폐자본의 변태와 전혀 다르죠. 유통과정에서 자본은 상품자본과 화폐자본으로서 기능하지만, 거기서는 대부자본에서처럼 자본으로서 자본이 상품이 되는 건 아닙니다. 판매와 구매에서 상품자본과 화폐자본은 단순히 상품과 화폐로서 기능합니다. 자본가는 상품의 판매자, 구매자로 나타나고 그에 대한 등가로서 화폐를 수취하고 지불하는 거죠. 그런데도 상품과 화폐가 자본의 변태 즉 상품자본과 화폐자본으로서 기능하는 이유는 판매와 구매행위 때문이 아니라 그것들이 가치증식을 하는 자본의 총과정의 한 단계이기 때문입니다. 이와 달리 대부자본 운동에서 G−G는 판매나 구매에서 보는 자본의 자태변환이 아닙니다. 개념상 G−G는 판매나 구매 자체가 아니죠. 화폐자본이 가치증식하는 자본으로서 상품으로 거래되는 겁니다. 그래서 이 거래에서는 화폐자본이 상품으로서 양도되지만, 화폐자본의 소유자가 변경되는 것은 아니고 일정한 기간이 지난 후에 이자

와 함께 상환되는 조건으로, 다시 말해 가치증식과 함께 환류하는 자본으로서 양도됩니다.(355-356/418-419) G-G는 화폐자본의 점유자(사용자)만 변경하는, 대부의 형태를 취하고, 따라서 화폐자본의 양도에 따른 등가의 지불이 이루어지지 않으며, 현실자본으로서의 그 사용 즉 가치증식에 대한 대가가 가격을 이루는데, 그게 바로 이자인 거죠.

자본이 증식된 가치와 함께 출발점으로 복귀하는 건 자본의 특징적인 운동이고, 대부자본만의 특징은 아니죠. 대부자본만의 특징은 바로 이 복귀가, 매개하는 순환으로부터 분리된, 피상적인 형태를 취한다는 점에 있습니다. "일정기간 화폐를 양도하고 대부하는 것, 그리고 이자(잉여가치)와 함께 그것을 회수하는 것이 이자 낳는 자본 자체에 귀속되는 운동형태의 전부다. 대부된 화폐가 자본으로서 현실적으로 운동하는 것은 대부자와 차입자 사이의 거래 밖에 있는 활동이다. 이 거래 자체에는 이 매개가 지워져 있고 눈에 보이지 않으며, 직접적으로는 포함되어 있지 않다. … 우리는 다만 인도와 상환을 볼 뿐이다. 그 중간에 일어나는 모든 것은 지워져 있다."(361-362/424-425) 그래서 대부자에 있어 대부자본의 운동은 중간의 매개순환이 빠지고 단순하게 G-G'으로 나타나게 됩니다. 뒤에서 이 형태에 대해 다시 논할 겁니다.

통상적인 관념에서 보면 화폐자본의 가격이 이자라는 건 이해가 안 됩니다. 화폐자본은 일정한 화폐액으로 표현되는 자신의 가치를 가지고 있는데, 그 가치가 어떻게 또 다른 가격을 갖는가 하는 문제죠. 이자라는 가격은 불합리한 가격형태이고 가격개념과 모순되는 것으로 보이죠. 하지만 화폐가 가치증식하는 자본으로서의 상품 또는 상품으로서의 자본이라는 점을 인식하는 게 중요합니다. 여기서 그 가격은 가치증식에 대한 대가 즉 이자죠. "그러므로 가격이 상품의 가치를 표현한다면 이자는 화폐자본의 가치증식을 표현하며, 따라서 그 화폐자본의 대가로 대부자에게 지불되는 가격으로서 나타난다. 프루동이 했던 것처럼 판매와 구매라는 화폐에 의해 매개되는 교환의 단순한 관계들을 직접적으로 이런 관계에 적용하려고 하는 것이 얼마나 멍청한가가 이로부터 분명해진다. 기본전제는 바로 화폐가 자본으로서 기능한다는 것, 그리하여 자본 자체로서, 잠재적 자본으로서 제3자에게 양도될 수 있다는 것이다."(367/433) 상품의 가격에서는 그 변동의 중심에 생산가격이 있었죠. 비교적 긴 시간에 걸친 시장가격들의 평균이 생산가격과 같아집니다. 반면에 화폐자본의 가격인 이자의 경우에는 그 변동을 규제하는 중심가격, 평균가격이라는 게 없고, 오직 경쟁에서 화폐자본의 수요와 공급에 의해서만 이자율 수준이 결정됩니다. "… 왜냐하면 우리가 더 보게 되는 바와 같이 어떤 **자연적** 이자율도 존재하지 않기 때문이다."(369/435)

(제22장) 평균이윤의 일부가 이자로서 대부자본에 지불된다면, 그 분할이 어떻든 이자의 크기는 우선 평균이윤, 따라서 일반적 이윤율에 의해 그 한계가 결정되겠죠. 자본주의의 발전에 따라 일반적 이윤율은 저하하는 경향이 있으므로, 그것에 의해 그 한계

가 결정되는 이자율도 자본주의의 발전과 함께 저하하는 경향을 보입니다.(371-372/439) 게다가 후에 보는 바처럼 신용제도의 발달에 따라 사회의 유휴자본이 은행으로 집중, 집적되고 화폐자본이 대규모로 공급되는 것도 이자율이 저하하는 경향의 또 다른 원인입니다.(373-374/441) 반면 평균이윤으로부터 이자가 분할되는 비율 자체는 어떤 경제적 법칙에 의해 결정되는 게 아닙니다. 시장에서 그때그때 화폐자본의 수요와 공급에 의해 이자율이 결정될 뿐이고, 그에 따라 이자의 크기와 분할비율이 결정되는 거죠. 경쟁과 수요·공급의 변화에 따라, 그냥 이자율이 변동하는 겁니다. 하지만 이 변동은 특히 경기순환의 국면에 따라 특징적인 양상을 보이는 데요, 마르크스가 그 분석은 여기서의 대상이 아니라면서도 지나가면서 언급하고 있습니다.(372-373/440) 이자는 경기의 번영기 즉 이윤이 높은 시기에 낮고 공황기에 최고의 수준에 도달하며, 경기의 침체기에는 낮고 경기회복과 함께 적당히 상승합니다.[65]

---

[65] 마르크스가 이 문장에 이어 자산증식과 관련한 흥미로운 점도 언급합니다. 이자율은 공황기에 최고 수준에 이르기 때문에, 이자율과 반대 방향으로 움직이는 유가증권의 가격은 공황기에 최저 수준으로 하락할 것이며, 공황기가 지나면 이자율이 하락하고 유가증권 가격은 다시 회복할 것이므로 공황기에는 이자 낳는 증권을 헐값에 사들여 수익을 올릴 좋은 기회가 생긴다는 거죠.(373/440) 이자 낳는 증권만이 아니죠. 이윤과 같은 방향으로 움직이는 주식가격에 있어서도 마찬가지죠. 평균주가는 공황기에 폭락하고 번영기에 최고 수준을 보이므로 공황기에는 (평균주가에 연동된) 주식을 값싸게 매입해 자산을 증식할 절호의 기회가 됩니다. 이런 주장을 그냥 증권시장의 지나간 경험으로부터 말하는 게 아닙니다. 이건 어디까지나 경기순환의 법칙에 입각한 것이고, 오직 마르크스의 공황론만이 그 분석의 과학적 토대를 제공하죠. 부르주아 경제학이나 자산운용사의 펀드 매니저들은 결코 이 법칙을 설명하지도, 이해하지도 못하죠.

[번영기의 이자가 낮다는 건 좀 잘못 쓴 것 같죠. 마르크스는 뒤에 다른 곳(505-506/603)에서 명확하게 번영기의 이자율은 최저수준과 최고수준 사이의 중간수준인 평균수준에 도달한다고 서술합니다.]

변동하는 이자율의 평균을 구하면, 사회의 평균적인 이자율이 나옵니다. 한 나라의 특정한 시기를 지배하는 평균이자율이죠. 그런데 평균이자율은 시장에서 경험치로서 구할 수 있지만, 문제는 이 평균이자율을 규제하는 경제법칙은 존재하지 않는다는 겁니다. 왜 평균이자율이 하필이면 이 수준인가, 이것을 설명하는 법칙이 없다는 거죠. 시장이자율이든 평균이자율이든 그 변동을 규제하는, 이른바 자연적 이자율은 존재하지 않습니다. "평균이자율을 발견하기 위해서는 (1) 주요한 산업순환들에서 변동하고 있는 이자율의 평균을 계산해야 하며, (2) 자본이 비교적 장기간에 대부되는 그런 투자들에서 이자율을 계산해야 한다. 끊임없이 변동하는 시장이자율과는 구별되는, 한 나라에서 지배적인 평균이자율은 전혀 어떤 법칙에 의해 결정될 수 없다. 경제학자들이 말하는 자연적 이윤율과 자연적 임금률 같은 의미의 자연적 이자율은 존재하지 않는다."(374/442) 왜 그런가에 대한 설명이 길게 이어지고 있습니다.(374-382/442-450) 평균이윤율은 생산된 총잉여가치를 총자본으로 나눈 것이었죠. 또 임금은 노동력 가치의 화폐적 표현이고 노동력 가치는 노동력의 재생산비용이죠. 이렇게 평균이윤율이나 임금의 변동에는 그 토대가 되는 객관적 기준이 있는데, 이자율에서는 평균이윤을 분할하는 특별한 기준이 없다는 거죠. 동일한 자본에 대한 대부자와 차입자 간의 경쟁만 있을 뿐이고, 시장에서의 경쟁으로 이자율이 결정되면 그에 따라 평균이윤의 분할비율이 결정됩니다. "그러나 끊임없이 변동하는 시장이자율에 관한 한, 그것은 상품의 시장가격과 마찬가지로 매 시점에 고정된 크기로 주어져 있다. 왜냐하면 화폐시장에서는 항상 모든 대부가능한 자본이 총량으로서, 기능자본과 대립하고 있으며, 따라서 한편에서는 대부가능한 자본의 공급과 다른 한편에서는 대부자본에 대한 수요 사이의 관계가 그때그때 이자의 시장상태를 결정하기 때문이다." (378-379/447) 물론 이자율이 시장에 하나의 이자율로만 존재하는 건 아니죠. 화폐의 양도에 대한 차입자의 담보 및 그 등급에 따라, 또 대부기간에 따라 서로 차이가 있는 다양한 이자율이 존재합니다. 그러나 그 각각의 이자율은 어느 주어진 시점에도 각각 확정된 이자율로서 존재합니다.(378/446)

(제23장) 이렇게 자본이 화폐자본(대부자본)과 기능자본으로 분리되면, 기능자본이 재생산과정을 통해 획득하는 평균이윤의 일부가 이자로서 대부자본에 지불되며, 그 나머지 이윤은 기업가이득으로서 기능자본에 귀속됩니다. "이리하여 기능자본가가 총이윤으로부터 대부자에게 지불하는 이자에 대비해서, 기능자본가에게 귀속되는 나머지 이윤 부분은 필연적으로 산업이윤 또는 상업이윤의 형태를 취한다, 또는 이 두 개를 포괄하는 독일어 표현으로 말한다면, 기업가이득의 형태를 취한다."(386/456) 평균이윤은 이자와 기업가이득으로 분할되는데요, 평균이윤의 이와 같은 양적 분

할은 다음과 같은 의미에서 질적 분할로 전환됩니다. 즉, 기능자본가가 대부자본가에 지불하는 이자는 생산과정을 도외시한 자본소유 그 자체의 과실로서 나타나고, 반면 기업가이득은 기능하는 자본, 생산과정에서 활동하는 자본의 과실로 나타난다는 거죠. 원래 평균이윤의 두 개의 부분인 이자와 기업가이득이 이제 두 개의 본질적으로 다른 원천에서 발생한 것처럼 서로 자립해서 화석화된다는 것, 이게 바로 질적 분할의 의미입니다. 그리고 이 질적 분할은 화폐자본가와 기능자본가 두 당사자를 넘어 자본가계급 전체와 자본 전체에 투영되기에 이르죠. 대부자본을 사용하지 않는 자본가조차 자신의 평균이윤을 이 두 개의 부분으로 분할합니다. "즉 능동적 자본가에 의해 사용되는 자본이 차입되었든 아니든, 또는 화폐자본가 소유의 자본이 그 자신에 의해 사용되든 아니든 마찬가지다. 모든 자본의 이윤은, 따라서 자본들 사이의 균등화에 근거한 평균이윤도 두 개의 질적으로 상이한, 서로 자립적이고 독립적인 부분들, 즉 이자와 기업가이득으로 분할되며, 양자는 특수한 법칙들에 의해 규정된다. 자신의 자본으로 사업하는 자본가도 차입자본으로 사업하는 자본가와 마찬가지로 자신의 총이윤을, 소유자로서의 자신에게, 자기 자신에 대한 자본의 대부자로서의 자신에게 돌아오는 이자와, 능동적이며 기능하는 자본가로서의 자신에게 돌아오는 기업가이득으로 분할한다."(388/458-459)

평균이윤에서 이자를 지불하면 기업가이득이 되므로 이자와 기업가이득은 서로 대립물로서 존재합니다. 원래 이 두 형태는 평균이윤, 따라서 잉여가치의 부분들이었음에도 불구하고 이 대립관계에서는 잉여가치와 관계를 갖는 것이 아니라 상호간의 관계로서 나타납니다. 우선 이자라는 형태에서 대부자본의 대립물은 임금노동이 아니라 기능하는 자본이죠. "이자 낳는 자본은 기능으로서의 자본에 대비하여 **소유로서의** 자본이다. 그러나 자본은 기능하지 않는 한, 노동자를 착취하지 않으며 노동과 대립하지도 않는다."(392/464) 기업가이득도 임금노동과 대립하는 게 아니라 이자와 대립하고 있죠. 기업가이득은 기능자본가로서의 활동의 결과로서 발생하고, 따라서 기능자본가에 있어 기업가이득은 자본소유와 관계없는 것, 비소유자로서의 자신의 활동의 결과로서 나타납니다. 그건 곧 노동자로서의 자신의 기능에서 발생한다는 겁니다. "따라서 필연적으로 자본가의 머릿속에서 다음과 같은 관념이 생겨난다. 즉 … 그의 기업가이득은, 임금노동에 대한 대립을 이루고 타인의 부불노동에 불과한 게 결코 아니며, 심지어는 오히려 **임금**, 즉 보통 노동자의 임금보다 높은 임금인 '감독임금'이라는 것이다."(393/465) 노동력을 착취해서 잉여가치를 획득하는 자본가로서의 특수한 기능이 이제 감독임금이라는 형태에서 단순한 노동기능으로 치환되고 있죠. 결국 평균이윤이 분할되는 이 대립적 형태 때문에, 이 두 가지 형태가 모두 잉여가치의 부분들에 불과하다는 것, 분할의 토대인 평균이윤, 잉여가치가 타인의 노동력을 착취한 결과라는 것이 망각되는 겁니다. 급기야는 이윤 자체가 거꾸로 이 두 가지 대립적 형태로부터 생긴다는 견해, 즉 자본 그것의 속성

(이자)과 자본가의 노동(기업가이득)으로부터 생긴다는 견해까지 나타납니다. "그러나 이윤이 분할되기 전에, 그 분할이 문제이기 전에, 이윤은 생산된다."(394/466)

　기업가이득이 기능자본가의 임금, 이른바 감독임금이라는 주장은 정말 황당한 겁니다. 감독 및 관리노동은 생산과정이 생산자들의 고립된 노동이 아니라 집단적으로 결합된 노동의 형태를 취하는 생산방식에서는 필연적으로 나타날 수밖에 없죠. 그런데 자본주의 생산양식하에서 이 노동은 생산의 자본주의적 성격에 의해 부과되는 착취자의 노동이라는 측면이 중첩되어 있습니다. 감독임금이라는 주장에 대해 마르크스가 이렇게 말하고 있죠. "화폐자본가에 대해서 산업자본가는 노동자이지만, 자본가로서 즉 타인노동의 착취자로서의 노동자이다. 그가 이 노동의 대가로 요구하고 받는 임금은 타인노동의 취득량과 정확히 똑같고, 그가 착취를 위해 필요한 수고를 하는 한에서, 그의 임금은 직접적으로 이 노동의 착취도에 달려 있지 이 착취가 그에게 요구하는 노력(그는 적당한 보수를 지불하고 이 노력을 관리인에게 넘길 수 있다)의 정도에 달려 있지 않다."(400-401/474) 자본주의의 발전과 함께 주식회사 제도가 일반화되면, 감독임금이라는 견해가 설 자리는 더 이상 존재하지 않게 되죠. 자본가는 생산과정과는 관련이 없는 단순한 주주 즉 주식소유자로 남게 되고, 기능자본가의 기능은 모두 기업의 관리인 또는 관리계층이 떠맡게 되기 때문입니다. 자본가는 이제 주식소유에 근거해서 배당이윤만 받아가는, 생산에 불필요한 기생계급으로 전락하는 것이죠. 감독임금을 말할 근거가 없어진 겁니다. "노동자 측에서 협동조합, 그리고 부르주아 측에서 주식회사의 발달에 따라, 기업가이득과 관리임금을 혼동시키는 마지막 변명도 파탄이 났고, 이윤은 실제로도, 이론적으로 부정할 수 없었던 것으로서, 즉 단순한 잉여가치로서, 아무런 등가도 지불되지 않은 가치로서, 실현된 부불노동으로서 나타났다. 이리하여 기능자본가는 현실적으로 노동을 착취하며, 그가 차입자본으로 사업한다면, 그의 착취의 과실은, 이자와 기업가이득(이윤 중 이자를 넘는 초과분)으로 분할된다."(403/477)

(제24장) 대부자본에서 자본관계는 피상화, 외면화됩니다. 그 운동 형태는 G-G′로 나타나는데, 이 형태에서 자본물신이 완성됩니다. 화폐자본이 그 자체로 자기증식하는 거죠. 이에 대해서는 마르크스의 다음 서술들을 보는 것으로 끝내도록 합니다. 이 형태의 내용에 대해서는 앞에서 이미 살펴보았죠.

"이자 낳는 자본에서 자본관계는 가장 피상적이고 물신적인 형태에 도달한다. 여기에서 우리는 G-G′을 가지고 있는데, 두 극단을 매개하는 과정 없이 화폐는 더 많은 화폐를 낳고 있고 스스로 가치증식하는 가치다."(404/478)

"그러므로 이자 낳는 자본에서 이 자동적인 물신 즉 스스로 가치증식하는 가치, 화폐를 낳는 화폐가 순수하게 완성되며,

이 형태에서 그것은 더 이상 자신의 기원의 흔적을 지니고 있지 않다."(405/479)

"이것도 또한 왜곡된다. 즉, 이자는 단지 이윤의 한 부분, 다시 말해 기능자본가가 노동자에게서 짜낸 잉여가치의 한 부분에 지나지 않는데, 이제는 거꾸로 이자가 자본의 고유한 과실로서 본원적인 것으로서 나타나며, 이윤은 이제 기업가이득의 형태로 전화되어 재생산과정에서 부가되는 단순한 부속물과 첨가물로서 나타난다. 여기서 자본의 물신적 형태와 자본물신의 관념이 완성되어 있다. G-G′에서 우리는 자본의 무개념적 형태, 생산관계들의 최고의 전도와 사물화를 보게 된다. 또 자본의 단순한 형태인 이자 낳는 형태(이 형태로 자본은 자신의 재생산과정에 전제되어 있다), 재생산과 무관하게 자신의 가치를 증식시키는 화폐 또는 상품의 능력, 즉 가장 돋보이는 형태의 자본 신비화를 본다. 자본을 가치와 가치창조의 독립적인 원천으로서 묘사하려는 속류경제학에게 이 형태는 물론 좋아하는 먹이를 찾은 것이며, 이윤의 원천이 더 이상 인식될 수 없는, 그리고 자본주의적 생산과정의 결과가 과정 자체로부터 분리되어 자립적인 존재를 획득하는 형태이다."(405-406/480)

(제25장) 신용은 대부자본이 운동하는 형태입니다. 여기에는 상

업신용과 은행신용이 있고 또 국가신용이 있습니다. 이 장의 서두에서 마르크스가 다루는 대상을 엄격하게 한정하고 있죠. "신용제도와 이것이 만들어 내는 수단들(신용화폐 등)에 관한 상세한 분석은 우리의 계획 밖에 있다. 여기서는 단지 자본주의적 생산양식을 일반적으로 특징지우는 데 필요한 몇 가지 점만을 강조할 수 있다. 이때 우리는 단지 상업신용과 은행신용만을 다루며, 그것의 발달과 공적 신용의 발달 사이의 관련은 고찰하지 않는다."(413/490) 그럼에도 이 장은 신용거래의 방식과 관행뿐 아니라 호황기의 투기적 거래와 공황기의 신용 붕괴에 대해서까지 많은 발췌와 인용을 담고 있습니다. 제3권이 초고의 성격을 지우지 못한 저작이어서 그럴 겁니다. 그래서 후에 다룰 주제들이 아직 여기에 섞여 있고 '계획'의 범위도 넘어선 거죠.

상업신용은 우선 화폐의 지불수단으로서의 기능과 관련해 형성되고 발달합니다. 제1권 제3장 제3절 '화폐'에서 우리가 이미 살펴보았던 내용입니다. 상품의 판매가 유통수단으로서의 화폐가 아니라 채무증서나 어음 같은 신용에 기반해서 이루어지는 건데요, 그에 따른 채권·채무 관계는 어음 만기일에 화폐로 결제되어 해소됩니다. 이 경우 화폐는 지불수단인 거죠. 만기일이 될 때까지 화폐를 대신해서 채무증서와 어음이 상품세계를 유통합니다. 채무증서·어음의 형태로 상인들과 생산자들 간에 이루어지는 상호대부가 바로 상업신용의 토대를 이룹니다. 그리고 어음할인에 의한 만기일 이전의 어음인수라는 형태의 은행신용은 이 상업신용을 토대로 하는 거죠. 마르크스가 여기서 단순화를 위해 이런 채무증서, 지불약속서를 어음(Wechsel)이라는 일반적 범주로 총괄하고 있습니다. "어음만기일 및 지불일까지는 그러한 어음들 자체가 다시 지불수단으로서 유통하며 본래의 상업화폐를 이룬다. … 생산자들과 상인들 간의 이러한 상호대부가 신용의 본래의 토대를 이루는 것처럼, 그 상호대부의 유통수단인 어음은 본래의 신용화폐 즉 은행권 등의 기초를 이룬다. 이것들은[은행권 등은: 인용자] 금속화폐든 정부지폐든 화폐유통에 근거하는 것이 아니라 어음의 유통에 근거하고 있다."(413/490-491)

은행신용과 은행업은 앞의 제4편에서 보았던 화폐거래업의 특수한 기능과 업무로서 발달합니다. 화폐의 지불과 수납, 사업가의 준비금 보관, 국제적 지불과 그 중개, 국가 간 지급거래 등이 화폐거래업자들에 집중되면서 이자 낳는 자본 또는 화폐자본의 관리라는 신용제도의 다른 측면 즉 은행신용이 이들의 특수한 기능으로서 발달하는 거죠. "화폐의 차입과 대부가 화폐거래업자들의 특수한 업무가 된다. 이들이 화폐자본의 실제 대부자와 차입자 사이의 매개자로 등장한다. 일반적으로 말하면 이 측면에서 은행업자의 업무는 대부가능한 화폐자본을 대량으로 자신의 수중에 집중시키고, 그래서 개별적인 화폐대부자를 대신해 은행업자들이 모든 화폐대부자의 대표자로서 산업 및 상업자본가들과 상대하는 데 있다. 이들이 화폐자본의 일반적 관리자가 된다. 다른 한편에서 은행업자들은 상업세계 전체를 위해 차입함으로써 모든 대부자에 대해 차입자들을 집중시킨다. 은행은 한편에서 화폐자본의 집중 즉 대부자들의 집중을, 다른 한편에서는 차입자들의 집중을 표현한다. 일반적으로 말해 은행의 이윤은 대부할 때보다 더 낮은 이자로 차입하는 데에 있다."(416/494)

은행 대부는 다음과 같은 방식으로 행해집니다. "대부(여기서는 단지 상업신용과 관련된 것뿐이다)는 어음의 할인 즉 만기일 이전에 어음을 화폐로 전화시키는 것에 의해, 그리고 다음과 같은 여러 가지 형태의 대부를 통해 행해진다. 즉 개인신용에 의한 직접대부, 이자 낳는 증권·국채·모든 종류의 주식에 대한 담보대부, 또한 특히 선하증권·항만창고증권·기타 공증된 상품소유증서에 대한 대부, 당좌대월 등."(416-417/495) 그리고 대부를 위한 자본은 다음처럼 조달되죠. 이건 마르크스가 발췌하고 있는 글로부터의 인용입니다. "은행의 자본은 두 개의 부분, 즉 투하자본과 차입한 은행자본(Bankkapital, banking capital)으로 구성된다." "은행자본 또는 차입자본은 세 가지 방법으로 조달된다. 1. 예금을 받음, 2. 자체 은행권의 발행, 3. 어음의 발행."(418/497)

이 장의 제목이 '신용과 가공자본'인데요, 가공자본에 대해서는 별로 언급이 없습니다. 여기서 가공자본은 융통어음의 발행에서 나타나는 투기 또는 사기와 관련한 문제로서 간략하게 지적될 뿐입니다. 융통어음이란 상업거래에서 발행하는 진정한 상업어음과 달리 상업거래 없이 자금융통을 위해 발행하는 어음이죠. 또는 상업거래로 위장해서 융통어음을 발행하기도 하죠. 가공자본은 후에 제29장에서 자세하게 살펴볼 겁니다.

(제27장) 마르크스가 이 짧은 장에서 자본주의 생산에서의 신용의 역할과 의의를 요약하고 있는데요, 다음처럼 네 가지를 거론하고 있습니다.(451-457/540-548) I. 자본주의적 생산 전체의 기초를 이루는 이윤율의 균등화(또는 이 균등화의 운동)를 매개하기 위해 신용제도가 필연적으로 형성된다는 것, II. 유통비용을 절감시킨다는 것, III. 주식회사의 형성과 그것에 의한 사회적 자본과 사회적 기업의 등장, IV. 신용은 주식회사제도와 별개로 타인의 자본과 타인의 노동에 대한 지배력을 제공한다는 것. 이 중에서 대부분의 텍스트는 III과 IV에 관한 것이고, 그것도 모두 자본주의의 이행과 관련한 주식회사와 신용의 의의에 대한 것입니다. 주목할 만한 내용이죠. 그 텍스트 몇 개를 가져와 보죠.

"2. 그 자체가 사회적 생산양식에 기반해 있고 생산수단과 노동력의 사회적 집중을 전제하는 자본은 여기서[주식회사에서: 인용자] 직접적으로, 사적 자본에 대립하는 사회자본(직접적으로 연합된 개인들의 자본)의 형태를 획득하며, 이러한 자본의 기업은 사적 기업에 대립하는 사회적 기업으로서 등장한다. 그것은 자본주의적 생산양식 자체의 한계 내에서 사적소유로서의 자본을 지양하는 것이다. 3. 현실적으로 기능하는 자본가가 타인자본의 단순한 관리인으로, 또 자본소유자가 단순한 소유자 즉 단순한 화폐자본가로 전화한다. … 주식회사에서 기능은 자본소유와 분리되어 있고, 따라서 노동도 생산수단 및 잉여노동의 소유로부터 완전히 분리되어 있다. 이러한 자본주의적 생산의 최고의 발전의 결과는 자본을 생산자들의 소유로, 그러나 더 이상 개별화된 생산자들의 사적 소유로서가 아니라 연합된 생산자들의 소유로서 즉 직접적으로 사회적인 소유로서 재전화하기 위한 필연적인 통과점이다."(452-453/541-542)

"이것[주식회사: 인용자]은 자본주의적 생산양식 자체 내에서의 자본주의적 생산양식의 지양이며, 따라서 명백히 새로운 생산형태로의 단순한 이행점으로서 표현되는, 자기 자신을 지양하는 모순이다. … 주식회사는 일정한 분야들에서 독점을 낳고, 따라서 국가의 개입을 불러일으킨다. 주식회사는 새로운 금융귀족을 재생산하고, 프로젝트 기획자, 회사발기인, 그리고 명목뿐인 임원의 형태로 새로운 종류의 기생충을 재생산하며, 회사설립, 주식발행, 그리고 주식거래와 관련된 사기와 기만의 제도 전체를 재생산한다. 주식회사는 사적 소유의 통제 없는 사적 생산이다."(454/544)

"신용제도가 과잉생산과 상업에서의 지나친 투기의 주요한 지렛대로 나타난다면, 그것은 다만 그 성질상 탄력적인 재생산과정이 여기서 극단의 한계까지 강행되기 때문이다. … 그럼으로써 다만 이 점이 두드러질 뿐이다. 즉 자본주의적 생산의 대립적인 성격에 근거한 자본의 가치증식은 단지 어떤 일정한 점까지만 현실적인 자유로운 발전을 허용하며, 따라서 실제로 생산의 내재적 질곡과 장벽을 이루는데, 이것은 신용제도에 의해 끊임없이 돌파된다는 것이다. 따라서 신용제도는 생산력의 물질적 발전과 세계시장의 형성을 가속화하는데, 새로운 생산형태의 물질적 기초로서 이것들을 일정한 높은 정도까지 형성하는 것이 자본주의적 생산양식의 역사적 사명이다. 동시에 신용은 이 모순의 폭력적인 폭발 즉 공황을, 그리고 그와 함께 낡은 생산양식의 해체 요소들을 가속화한다."(457/547-548)

엥겔스도 여기서 첨언을 하고 있죠. 카르텔·트러스트 같은, 주식회사를 넘어가는 독점체와 생산의 사회화에 주목하고, 영국의 유나이티드 알칼리 트러스트의 사례를 들면서 이렇게 말합니다. "그렇게 영국에서는 화학산업 전체의 기초를 이루는 이 부문에서 경쟁이 독점으로 대체되었고, 장차 사회전체 즉 국민에 의한 그 수탈을 위해 가장 만족스럽게 준비되어 있다."(454/544)

(제29장) 앞에서 은행업은 모든 차입자에 대해 대부자본을 집중하고 모든 대부자에 대해서는 차입자를 집중시킨다고 하였죠. 은행은 차입자와 대부자 사이를 매개하는 거죠. 이렇게 자본을 차입해서 대출에 사용하고 차입이자와 대출이자의 차액으로부터 이

윤을 챙깁니다. 이제 은행자본에 대한 분석이 이어집니다. 이 장은 제목을 '은행자본과 가공자본'이라고 하는 게 더 좋을 만큼 주로 가공자본에 대해 살펴보고 있죠. 먼저 은행자본이 어떻게 구성되는가 보죠. "은행자본은 (1) 현금, 즉 금 또는 은행권과 (2) 유가증권으로 구성된다. 유가증권은 다시 다음 두 개의 부분으로 나눌 수 있다. 상업증권 즉 어음(이것들은 유통되고 그때그때 만기가 되며, 이것들의 할인이 은행업자의 고유한 업무이다)과, 국채·재무성 증권·모든 종류의 주식 같은 공적 유가증권, 요컨대 이자 낳은 증권(이것들은 그러나 본질적으로 어음과는 구별된다). 저당증서도 후자에 넣을 수 있다. 이러한 물적인 구성부분들로 이루어지는 자본은 다시 은행업자 자신의 투하자본과 (그의 은행자본 또는 차입자본을 이루는) 예금으로 구분된다. 은행권을 발행하는 은행의 경우에는 또 은행권이 여기에 추가된다."(481-482/573-574) 다시 말해 은행의 자본은 자기자본이나 예금 또는 은행권 발행으로 조달되며, 그것이 대출되어 상업어음과 유가증권 형태로, 또 나머지는 지불준비를 위한 현금으로서 존재합니다.

그런데 은행자본을 구성하는 유가증권 즉 국공채라든가 주식은 모두 가공적인 것, 즉 의제자본 또는 가공자본이며 실제적인 자본이 아닙니다. 이자에 대한 청구권 또는 소유권 증서가 이자율을 매개로 해서 자본화된 것이 가공자본이죠. 그 계산은 간단합니다. 이자율이 연 5%이고, 매년 500만 원의 수입을 가져오는 증권이 있다면, 이 증권은 1억 원의 자본으로 평가되는 겁니다.(500만 원을

5%로 나눈 값이죠.) 그래서 1억 원에 대한 연간 이자 500만 원, 이렇게 계산되는 겁니다. "사람들은 가공자본의 형성을 자본화라고 부른다. 규칙적으로 반복되는 모든 수입을 평균이자율에 따라 대출된 자본이 낳을 수익으로서 계산함으로써 그것들을 자본화한다. … 그렇게 자본의 현실적인 가치증식 과정과의 모든 관련은 그 최후의 흔적까지 없어지고, 자기 스스로 가치증식하는 자동기계로서의 자본이라는 관념이 확고해진다"(484/577) 만약 이자율이 하락하거나 수입이 증대한다면, 이 증권의 시장가치는 높아지고, 그 반대라면 낮아집니다.

가공자본은 말 그대로 환상적인 자본을 표현하는 겁니다. 국공채는 단순히 채무증서이고 거기에는 어떤 자본도 없죠. 국가가 채권을 발행하고 조달한 자본은 국가에 의해 이미 지출되고 사용된 상태죠. 주식은 현실의 자본을 대표하기는 하지만, 그러나 그 자본이 이중으로, 즉 한번은 주식의 자본가치로서 또 한번은 실제로 기능하는 자본의 가치로서 존재하는 것은 아니죠. 자본은 후자의 형태로만 존재하고, 주식은 다만 이 기능하는 자본에 의해 생산되는 잉여가치에 대한 소유권증서일 뿐입니다. "이 모든 것들은 현실적인 자본이 아니고, 자본의 어떤 구성부분도 이루지 않으며, 그 자체는 가치도 아니다."(474/568) "증권의 가격은 항상 자본화된 수익, 즉 현행 이자율에 따라 환상적인 자본에 대해 계산된 수익일 뿐이다. … 이 증권들의 감가 또는 가치증가가 이것들이 대표하는 현실적인 자본의 가치운동과 무관하다면, 한 국민의 부는 감가 또

는 가치증가 이전과 이후에 그 크기가 똑같다."(485-486/578-579)

　더군다나 자본주의 신용제도 하에서 가공자본은 두 배, 세 배로, 아니 몇 배로 부풀려서 나타나게 됩니다. 왜냐하면 동일한 자본 또는 동일한 청구권이 여러 사람들의 수중으로 돌아다니며 그때마다 또 가공자본을 만들어내기 때문이죠. 마르크스가 스미스의 『국부론』으로부터 인용하는 사례가 있습니다.(489/582-583) 화폐소유자 A가 W에게 1,000파운드를 빌려주고 W가 이것으로 B로부터 1,000파운드의 재화를 구매합니다. 그런데 B는 이 화폐로 재화를 구매하지 않고 X에게 빌려주며, X는 이것으로 C로부터 동일한 금액의 다른 재화를 구매하는 거죠. 그리고 C가 이 화폐를 다시 Y에게 빌려주고 Y는 이 화폐로 D의 재화를 구매합니다. 이런 과정이 계속되면, 동일한 화폐조각이 구매수단으로서 몇 번씩 상품의 유통을 매개하는 것처럼 몇 번씩 대부수단으로서 상이한 대부에 사용됩니다. 그러면 동일한 화폐가 자신의 가치의 몇 배나 되는 대부에 사용되고 그만큼의 이자 낳는 자본이 만들어지는 거죠. 마르크스는 스미스가 대부에 대해 말한 것이 예금에 대해서도 마찬가지라고 합니다. 예금은 예금주로서 일반 시민들이 은행업자에게 해준 대부의 특수한 명칭일 뿐이죠.(490/584) 마르크스가 익명의 저자의 책으로부터 인용하는 글에서 이런 사정을 볼 수 있습니다. 어떤 사람이 A은행에 1,000파운드를 예금하고, 다음날 A은행에서 재발행된 1,000파운드가 다른 사람에 의해 B은행에 예금되며, 그 다음날 다시 B은행에서 재발행되어 또 다른 사람에 의해 C

은행의 예금이 된다는 거죠. 이런 게 계속되면 은행의 예금은 계속 증대하지만, 그렇다고 그만큼의 현금이 실제로 은행들에 있는 건 아닙니다. 동일한 금액의 화폐가 몇 배의 예금을 만들었을 뿐이죠. "따라서 영국에서 모든 예금의 9/10는 그것을 증명하는 은행업자들(이들은 그 예금들에 대해 서로 청산해야 한다)의 장부기록 이외에는 존재하지 않을 수 있다. … 그렇게 예컨대 스코틀랜드에서 화폐유통[량: 인용자]은 결코 300만 파운드 스털링을 초과하지 않았으나, 예금은 2,700만 파운드 스털링이었다."(490/584)[66]

그러면 이제 다음과 같은 마르크스의 말을 이해할 수 있죠. "전체 예금은 준비금을 제외하고는 은행업자의 채무에 불과하며 결코 예탁금으로 존재하지 않는다."(488-489/581-582) 엥겔스도 하나의 각주에서 가공자본 팽창의 사례를 언급합니다.(488/582) 회사를 설립해 주식발행으로 자본을 조달하고 이것으로 이자 낳는 증권을 매입하거나 또는 회사 주식에 투자하고 다시 이 매입주식을 토대로 해서 그 명목가치만큼 새로운 주식을 발행한다는 거죠. 그러면 최초의 주식들은 이제 두 배로 증가한다는 겁니다. 실제로 자본주의 세계에서 벌어지는 일은 이것보다 더 복잡하죠. 주식발행으로 회사 설립하고 그 주식을 담보로 대출받고 또는 채권 발행하고 그

---

66    유통화폐량의 일부가 은행 준비금으로 있죠. "여기서 유통량은 한 나라에 있는 유통하는 모든 은행권과 귀금속 지금地金을 포함하는 모든 금속화폐의 총액을 말한다. 이 유통량의 일부는 은행의 준비금을 이루며 그 크기는 끊임없이 변동한다."(515/616)

렇게 조달한 자본으로 다른 회사 또 매입하고 그 회사 담보로 또 대출받거나 그 회사 자금으로 또 다른 회사 매입하고 이런 식이죠. 대출과 증권, 주식과 투기 그리고 사기가 서로 뒤엉켜 가공자본이 마냥 팽창합니다. 재벌의 문어발식 확장도 이런 메커니즘에 기반해 있죠. 또 리먼 브라더스 파산으로 촉발된 2008년 세계금융위기 때는 여기에 대출채권의 증권화에다 파생금융상품이라는 이른바 금융혁신이 덧붙여져서 가공자본의 팽창은 그야말로 가공스러운 수준이었죠. 결국 그 팽창은 파국으로 끝나면서 가공자본이 환상이었음을 여실히 보여주었습니다. 사실 공황 때마다 이게 자본이라는 환상은 사라져 버리죠.

(제30-32장) 동일한 제목으로 3개 장에 걸쳐 다루고 있는 문제는 화폐자본의 축적과 현실자본(상품자본과 생산자본)의 축적 사이의 관련과, 현실자본의 축적에 의한 화폐자본 축적의 제약입니다. 마르크스가 두 가지 문제를 제기하고 있죠.(493/588) 하나는 화폐자본의 축적이 어느 만큼 현실자본 축적의 표현인가 하는 것이고, 다른 하나는 화폐의 핍박 즉 대부자본의 부족이 어느 만큼 현실자본의 부족을 나타내는가 하는 겁니다. 앞에서 살펴본 화폐자본 축적의 특수한 형태는 국채든 주식이든 잉여가치에 대한 청구권의 축적을 말하죠. 하지만 국채나 주식 자체는 화폐자본이 대부되는 형태이지 대부자본 자체는 아닙니다. "국채, 주식, 그리고 기타 모든 종류의 유가증권은 대부 가능한 자본 즉 이자를 낳게 되도록 정해진 자본을 위한 투자영역이다. 그것들은 이 자본을 대부하

는 형태이다. 그러나 그것들 자체가 그것들에 투하되는 대부자본은 아니다. … 우리가 여기서 다루어야 하는 것은 대부자본의 **이러한** 축적, 그것도 특별히 대부 가능한 화폐자본의 축적이다."(495-496/591)

우선 어음 형태로 자본가들과 상인들이 상호 제공하는 상업신용에서는 대부자본과 산업자본이 동일합니다. 여기서 대부되는 자본은 상품자본이고, 재생산과정의 일정한 단계에 있는 자본이죠. 즉 이 신용은 판매와 구매라는 상품의 변태와 그에 따른 현실의 생산과정을 매개하는 것이며, 따라서 어음에서 표현되는 대부자본은 유휴 화폐자본이 아닙니다.(498-499/594-595) 만기가 되는 어음의 결제와 그에 따른 자본의 환류에 문제가 없는 한, 상업신용은 산업자본의 규모가 확대됨에 따라 함께 증대하죠. 상업신용의 확대는 자본의 재생산과정의 확장에 토대를 두고 있습니다. 그래서 재생산과정의 교란이나 위기 시에는 상업신용이 수축될 수밖에 없고, 상업신용의 수축은 역으로 재생산과정의 위기를 더 심화시키죠. 자본주의 공황 때 전형적으로 나타나는 현상입니다. 상품은 팔리지 않고 공장가동은 중단되며, 게다가 신용거래는 기피되고 만기가 돌아오는 채무상환을 위해 모두가 화폐를 찾게 됩니다. 은행의 어음할인율도 최고로 높아지죠. "재생산과정의 전체 연관이 신용에 근거하고 있는 생산체제에서는, 신용이 갑자기 중단되고 단지 현금지불만 통용된다면, 지불수단을 얻으려는 폭발적인 쇄도 즉 공황이 일어날 게 분명하다. 따라서 첫눈에는 모든 공황이 단지 신용공황과 화폐공황으로서 나타난다. 그리고 실제로 그것은 단지 어음들을 화폐로 전환시키는 문제일 뿐이다. 그러나 이어음들 대부분은 현실의 구매와 판매를 대표하며, 사회적 필요를 훨씬 초과하는, 이 구매와 판매의 확장이 결국 모든 공황의 토대로 되어있다."(507/604) 이에 앞서 마르크스가 자본주의 공황의 원인에 대한 중요한 서술을 남겨놓았죠. "언제나 모든 현실 공황의 구극의 원인은, 단지 사회의 절대적 소비력만이 그 한계를 이루는 것처럼 그렇게 생산력을 발달시키는 자본주의적 생산의 충동에 대비한, 대중들의 빈곤과 소비제한이다."(501/597)

그런데 은행제도의 확립에 따른 대부화폐자본의 증가는 꼭 재생산과정의 확대를 나타내는 지표는 아니죠. 산업순환의 국면에 따라 그 조응 여하가 달라집니다. "그러므로 이자율에서 표현되는 대부자본의 운동은 대체로 산업자본의 운동과는 반대의 방향으로 나아간다. 낮은, 그러나 최저수준보다 높은 이자율이 공황 뒤의 '호전' 및 신뢰의 증대와 함께 나타나는 국면[회복국면: 인용자], 그리고 특히 이자율이 평균수준 즉 최저수준과 최고수준 사이의 중간에 도달하는 국면[번영국면: 인용자], 단지 이 두 개 시기만 풍부한 대부자본과 산업자본의 커다란 팽창이 함께 나타난다. 그러나 산업순환의 최초국면[불황국면: 인용자]에서는 낮은 이자율[풍부한 대부자본: 인용자]과 산업자본의 수축이 함께 나타나며, 순환의 최종국면[공황국면: 인용자]에서는 높은 이자율[대부자본의 부족: 인용자]과 산업자본의 과잉이 함께 나타난다."(505-506/603)

마르크스가 산업순환을 넘어 이 문제 즉 화폐자본 축적과 산업자본 축적의 관련을 더 고찰하는데요, 이를 위해 다음 두 가지를 구별하고 있습니다. 즉, "1. 화폐가 대부자본으로 단순히 전화하는 것, 2. 자본 또는 수입이 (대부자본으로 전화되는) 화폐로 전화하는 것."(511/610) 전자는 산업자본과 관련 없이 대부화폐자본의 축적만을 나타내고, 후자는 산업자본의 축적과 관련을 갖는 대부화폐자본의 축적이라고 합니다. 먼저 현실자본의 축적이 없더라도 대부자본의 축적이 이루어지는 경우입니다. 여기에는 은행제도의 확장과 집중에 따른 예금증대, 유통준비금이나 개인의 지불수단 준비금의 절약 등이 거론되죠. 이런 대부자본은 단기 대부자본의 형태를 띠는 것이고, 금속이든 은행권이든 화폐형태로 대부되는 자본입니다. 이 대부화폐자본량은 유통화폐량과는 관계가 없고 그것과 다른 것이죠. 그 다음 산업자본의 축적과 관련있는 대부화폐자본의 축적이란 이런 겁니다. 산업자본가의 이윤 중 축적에 사용되는 부분은 실제로 생산수단으로 재전환되기까지는 화폐형태로 존재하며 은행에 예금되어서 대부자본을 형성하죠. 또 이윤 중에서 수입으로서 자본가의 소비에 지출되는 부분도 점차적으로 모두 소비될 때까지는 은행에 예금되어서 그 대부자본을 형성합니다.(엄밀하게 말하면 이 부분은 자본으로 전환되는 게 아니라서 산업자본의 축적과는 구별해야 하지만, 이윤 자체가 자본축적의 결과이므로 그 연관을 말할 수 있죠.) 산업자본가의 수입만이 아니라 점진적으로 소비되는 모든 수입, 예컨대 지대, 봉급, 기타 비생산계급의 수입도 마찬가지입니다. 이상에 대해 요약적으로 정리된 문단이 있는데요(523-524/626), 그걸 다시 옮겨올 필요는 없습니다.

(은행자본으로 대표되는) 화폐자본가는 타인의 저축을 대부자본으로 삼아 부를 축적하는 것이기 때문에, '자본은 노동과 절약'이라는 오래된 이데올로기, 환상도 이와 함께 깨지게 됩니다. 다음 인용문을 보고 이 3개 장을 마무리합니다. "한편에서 산업자본가는 스스로 자본을 저축하지 않고 자신의 자본 크기에 비례해 타인의 저축을 처분하며, 다른 한편에서 화폐자본가는 타인의 저축을 자신의 자본으로 삼고 또 재생산적 자본가들이 상호 제공하는 신용과, 시민들이 그들에게 제공하는 신용을 자신의 사적인 치부의 원천으로 만든다. 그럼으로써 자본이 자신의 노동과 저축의 산물이라는 자본주의 체제의 최후의 환상은 깨어진다. 단지 이윤이 타인노동의 영유일 뿐 아니라, 타인노동을 운동시키고 착취하는 자본도 타인의 재산(화폐자본가가 이것을 산업자본가의 처분에 맡기고 이것을 위해 전자가 후자를 착취한다)으로 구성된다."(524/627)

### (3) 토지소유와 지대

제6편(제37-47장)은 토지소유와 지대입니다. 이 편은 제5편에 이어 제3권에서 두 번째로 많은 분량을 차지하죠. MEW판으로 195쪽입니다. 하지만 이 편은 제5편과 달리 원고가 잘 정리되어 있고 집필의 성숙도가 상당히 높은 편입니다. 마르크스가 그 이전의 초고인 『잉여가치학설사』에서 지대론에 대한 연구를 심도 있게 수행

한 결과라고 생각됩니다. 마르크스의 독창적인 지대론은 사실상 거기서 거의 완성된 것으로 평가되고 있죠. 이 편에서는 지대의 두 가지 형태 즉 차액지대와 절대지대를 살펴보는데요, 차액지대에는 또 두 가지 형태가 있고, 거기에는 여러 가지 경우에 차액지대를 계산하는 약간 복잡한 표들이 많이 등장합니다. 개관에서는 다루기 힘든 내용입니다. 여기서는 지대의 두 가지 기본형태만 정리하고 넘어갈 생각입니다. 이 편의 제목이 '초과이윤의 지대로의 전화'인데, 여기서 말하는 초과이윤은 두 가지 서로 다른 성격의 초과이윤을 총괄하고 있죠. 하나는 우리가 이미 보았던 특별잉여가치를 말합니다. 한 생산부문에서 보다 우월한 생산조건으로 생산하는 자본은 그 부문의 평균가치인 시장가치보다 낮은 개별가치로 상품을 생산하고 그 차액인 특별잉여가치를 획득하죠. 이 특별잉여가치가 이윤으로 실현된 게 초과이윤입니다. 농업부문에서는 이 초과이윤이 지대로 전환된다는 것이고, 이게 차액지대입니다. 또 하나는 부문 간 경쟁과 자본이동을 통해 성립하는 평균이윤을 초과하는 이윤을 가리킵니다. 농업부문의 특수한 사정으로 여기서는 이윤의 평균이윤으로의 전화가 저지되어 생산가격이 아니라 그보다 큰 (시장)가치가 시장가격을 지배하는데, 그때 생산가격을 넘는 초과분(=가치−생산가격) 즉 평균이윤을 넘는 초과이윤은 지대로 전환되며 이것이 절대지대입니다. 자세한 내용은 이하에서 다루게 됩니다.

제37장은 토지소유와 지대에 대한 총론적인 장이죠. 자본주

의 생산양식은 『자본』 제1권 제7편 제24장 '이른바 본원적 축적'에서 본 바처럼 농민으로부터의 토지수탈을 토대로 해서 성립합니다. 이 토지수탈의 법률적인 재가를 통해 근대적 토지소유와 지주계급에 의한 독점적 토지소유가 확립되죠. 토지소유의 독점은 자본주의 생산양식의 역사적 전제입니다. 농업부문도 이제 자본주의 생산양식에 의해 지배되죠. "자본주의 생산양식이 한편에서 농업을 단순히 경험적이고 관습적으로 이어져 내려온 방식, 사회의 가장 미발달한 부분의 방식으로부터, 사적 소유와 함께 주어진 관계들 내에서 가능한 한, 의식적이고 과학적으로 농학을 적용하는 것으로 전화시킨다는 것, 이 생산방식이 한편에서 토지소유를 지배·예속관계로부터 완전히 단절시키고 다른 한편에서 노동조건으로서의 토지를 토지소유와 토지소유자로부터 완전히 분리시킨다 (토지소유자에게 토지는 그가 토지독점에 의거해 산업자본가 즉 차지농업자로부터 징수하는 일정한 화폐조세를 나타낼 뿐이다)는 것"을 마르크스가 "자본주의 생산양식의 위대한 성과들의 하나"라고 말합니다.(630-631/760-761) 농업부문에서 자본주의 생산양식은 다음처럼 나타납니다. "따라서 자본주의 생산양식에서 전제는 이러하다: 현실적인 경작자는 자본가 즉 차지농업자에게 고용된 임금노동자이며, 차지농업자는 농업을 단지 자본의 하나의 특수한 착취영역으로서, 하나의 특수한 생산 분야에 대한 그의 자본의 투자로서 경영할 뿐이다. 이 차지자본가는, 화폐자본의 차입자가 일정한 이자를 지불하는 것처럼, 이 특수한 생산영역에 그의 자본 사용을 허락한 대가로 토지소유자 즉 그가 이용하는 토지의 소유자에게 일정한 기간에, 예컨대 매년 계약상으로 확정된 화폐액을 지불한다. 그것이 경작지, 건축부지, 광산, 어장, 삼림 등 어느 것에 대해 지불되든 간에 이 화폐액이 지대라고 불린다. 지대는 토지소유자가 계약상 토지를 차지농업자에게 임대한 기간 전체에 대해 지불된다. 따라서 지대는 여기서 토지소유가 경제적으로 실현되고 가치증식되는 형태이다. 나아가 여기에서 우리는 근대사회의 틀을 함께 그리고 서로 대립하며 구성하는 세 개의 모든 계급 즉 임금노동자, 산업자본가, 토지소유자를 보게 된다."(631-632/762)

지대와 관련해서는 우선 다음과 같은 혼동을 피해야 한다고 마르크스가 지적하는데요, 하나는 지대와 이자의 혼동, 다른 하나는 지대가 평균이윤 또는 임금으로부터의 공제라는 혼동, 그리고 나머지 하나는 잉여노동 일반과 지대의 혼동입니다.(632-646/762-780) 첫째, 지대와 이자의 혼동은 차지농업자에 의해 배수로나 관개시설 또는 경지정리, 농장건물 등 토지에 투하되어 토지와 합체되는 고정자본과 그에 따른 토지개량이 토지임차 기간의 종료와 함께 토지의 불가분의 부속물로서 토지소유자의 소유로 되는 것에서 비롯됩니다. 토지개량에 의해 동일한 차지농업자든 다른 농업자든 새로운 차지계약이 체결될 때는 지대가 올라가게 되지만, 이는 진정한 지대가 아니라 토지소유자가 아무 비용도 들이지 않은 고정자본에 대한 이자가 지대에 추가된 것이죠. 이게 농업에서의 생산력 발전에 질곡이 될 것임은 두말할 것도 없습니다. 차지농업자가 토지개량을 위한 투자를 하지 않을 테니까요. 당시에 이에 대한 원망과 비판이 들끓었습니다만, 또한 이로부터 지대가 이자다, 또는 이자가 지대라는 주장들도 나오게 됩니다. 지대와 이자가 혼동되는 또 하나의 계기는 토지가격이 지대수입의 자본화를 통해 가공자본이 되고 지대는 가공자본에 대한 이자로 간주되는 데 있습니다. 매년 지대가 1,000만 원이고 이자율이 5%면 토지가격은 2억 원이 되며, 2억 원을 투하해서 토지를 매입하면 1,000만 원의 지대는 2억 원의 자본에 대한 연 이자가 되는 거죠. "그렇게 자본화된 지대(이것이 토지의 구매가격 또는 가치를 형성한다)는 노동의 가격이 불합리한 것과 완전히 마찬가지로 명백히 불합리한 범주이다. 왜냐하면 토지는 노동의 생산물이 아니고 따라서 가치도 가지지 않기 때문이다. 그러나 다른 한편 이 불합리한 형태 뒤에 현실의 생산관계가 숨겨져 있다. … 그것은[토지의 구매가격은: 인용자] 사실 토지의 구매가격이 아니라, 토지가 가져오는 지대를 통상적인 이자율에 따라 계산한, 지대의 구매가격이다. 지대의 이러한 자본화는 그러나 지대를 전제하는 것이며, 반면 지대가 거꾸로 그 자신의 자본화로부터 도출되고 설명될 수는 없다. 여기서는 오히려 판매와는 무관한 지대의 존재가 출발의 전제이다."(636/767-768) 토지가격은 지대가 불변이라도 이자율과 반비례해서 등락하게 됩니다. 그런데 이자율은 이윤율에 의해 규제되고 이윤율은 자본주의의 발전과 함께 하락하는 경향이 있기 때문에, 토지의 가격은 지대의 운동과 관계없이 상승하는 경향을 보이게 되죠.

둘째, 토지에 합체된 자본에 대한 이자가 지대의 구성부분으로 나타나듯이 평균이윤으로부터의 공제분이나 임금으로부터의 공제분이 지대로 나타날 수 있는데요, 이런 부분이 지대의 형태로 나타나는 것은 그 부분이 정상적인 경우처럼 산업자본가나 임금노동자에게 귀속되지 않고 토지소유자에게 귀속되기 때문입니다. 이런 경우는 높은 지대로 말미암아 차지농업자가 평균이윤조차도 얻지 못하고, 이를 보상하기 위해 차지농업자가 노동력의 재생산도 보장하지 않는 저임금으로 노동자를 초과착취하기 때문에 일어납니다. 여러 자료들에서 토지소유자에 의해 수탈되고 몰락으로 내몰리는 차지농업자들과 초과착취를 당하는 노동자들의 처참한 상태를 마르크스가 확인하고 있죠. 이 공제분은 사실 지대를 구성하지 않지만, 토지소유자가 차지료의 형태로 징수하는 것은 모두 지대로 나타난다는 점에서 진정한 지대와 다를 바 없이 지대로 보이는 겁니다.

셋째, 지대는 잉여노동과 잉여가치의 하나의 부분인데도 지대가 잉여가치이고 잉여노동의 생산물이라고 혼동한다는 거죠. 그래서 잉여가치와 이윤의 일반적 조건을 설명하면 지대도 설명될 수 있다고 잘못 생각한다는 겁니다. 그러나 잉여가치의 일반조건(직접적 생산자가 자신의 노동력을 재생산하는데 필요한 노동시간보다 긴 시간을 노동해야 한다는 조건, 이런 조건을 가능케 하는 사회적 생산력의 발전)을 해명하는 것은 잉여가치의 일부, 그 특수한 형태인 지대의 설명과 아무 관련이 없죠. 또한 농업부문의 노동은 필요노동이고 공업부문의 노동은 잉여노동이라는 혼동도 언급합니다. 사회 전체적으로 보면, 노동자계급의 생활필수재 및 이를 위한 생산수단을 생산하는 부문의 노동은 사회전체를 위한 필요노동이고, 나머지 부문의 노동은 잉여노동으로 간주될 수 있지만, 그렇다고 농업노동은 필요노동이고 공업노동이 잉여노동인 건 아닙니다. 공업노동도 노동자계급의 생활필수재나 그 생산수단을 생산하거든요.

지대는 "자본주의적 생산양식의 토대 위에서 토지소유의 자립적인 특수한 경제적 형태"(637/769)이며 잉여가치로부터 떨어져 나온 파생적 형태입니다. 이에 대한 경제학의 분석은 지금까지 보았던 가치법칙과 잉여가치법칙 그리고 평균이윤의 법칙에 입각해 수행해야 하죠. 즉 지대를 경제학의 원리에 따라, 또 법칙적으로 해명하는 겁니다. 그래서 자본가계급 분파들 사이의 잉여가치 분할을 다루는 제4편과 제5편의 분석에 이어서 제6편은 지대를 지주계급에게로의 잉여가치의 분할의 문제로서 분석합니다. 먼저 차액지대를 살펴보고 그 다음 절대지대를 봅니다. 차액지대는 리카도가 기본적으로 해명하였지만, 평균이윤과 잉여가치의 차액이 지대로 전화되는 절대지대는 리카도도 해명하지 못하고 이론적 곤란에 빠지고 맙니다. 평균이윤과 잉여가치의 차액을 이해하기 위해서는 생산가격과 상품가치(시장가치)를 구별해야 하는데, 리카도를 비롯한 고전학파 경제학자들은 양자를 구별하지 못하고 동일하다고 보았던 거죠. 그러면 시장가격을 지배하는 생산가격이 (시장)가치와 괴리하는 현실을 마주하게 될 때, 이를 설명하지 못하는 이론적 곤란이 결국 가치론은 타당하지 않다고 폐기하면서 속류경제학으로 가는 길을 열어주게 되죠. 그 오류는 고전학파가 해체되는 주요한 계기였습니다. 우리는 이미 앞의 제2편에서 부문 간 자본경쟁을 통해 평균이윤율이 형성되면 (시장)가치는 생산가격으로 전화된다는 것을 본 바 있습니다. 거기서 양자의 괴리는 법칙이고 이는 노동가치론의 오류가 아니라 현실경쟁을 통한 본질의 왜곡, 전도된 외관임을 보았죠. 반면 스미스는 상품가치를 벗어나는 독점가격의 문제로서 절대지대를 고찰하고자 했습니다. 가치를 초과하는 가격 부분이 절대지대를 가져온다는 것인데요, 이런 논의는 기본적으로 지대를 경제학의 원리, 법칙에 입각해서 설명하는 게 아니라 원리와 법칙으로부터의 이탈로서 즉 예외적인 현상으로서 설명하는 게 됩니다. 독점가격과 지대는 서로 다른 범주고 절대지대와 독점가격을 구별할 것을 마르크스가 특별히 강조하죠.

그러면 이제 다음 장(제38장)에서 차액지대를 보도록 합니다. 그 문제의식이 이렇습니다. "지대의 분석에서 우리는 우선 다음과 같은 가정에 근거하고자 한다. 즉, 잉여가치의 일부 따라서 총가격의 일부가 지대로 전화되는, 그러한 지대를 지불하는 생산물은 … 따라서 토지 또는 광산 생산물은 다른 모든 상품과 마찬가지로 그것의 생산가격으로 판매된다는 것이다. 다시 말해 그 생산물의 판매가격은 그것의 비용요소(소비된 불변자본과 가변자본의 가치)+(총투하자본 즉 소비된 자본과 소비되지 않은 자본 모두에 대해 계산되고 일반적 이윤율에 의해 결정되는) 이윤[평균이윤: 인용자]과 같다. 그래서 우리는 이 생산물의 평균적인 판매가격은 그것의 생산가격과 일치한다고 가정한다. 그러면 이러한 가정하에 어떻게 지대가 전개될 수 있는가, 즉 이윤의 일부가 지대로 전화할 수 있는가, 따라서 상품가격의 일부가 토지소유자에게 돌아갈 수 있는가가 문제이다."
(653/788)

이 장에서는 차액지대의 일반적 개념을 살펴볼 뿐입니다. 마르크스가 농업에서의 전형적인 사례 대신 자연적 폭포를 사용하는 공장의 사례를 들어 설명하죠. 대부분의 공장들은 증기기관을 사용하고 있고 소수의 공장만 폭포(자연력)를 동력으로 이용하고 있습니다. 가치는 평균적인 생산조건에서 그 상품을 생산하는데 필요한 노동시간이고, 이 가치는 평균이윤율에 따라 생산가격으로 전화되므로 생산가격이 시장가격을 지배하죠. 따라서 평균적인 생산조건인 증기기관을 사용하는 자본의 개별적 생산가격, 즉 그 자본이 생산하는 상품의 생산가격이 이 부문 상품의 생산가격이 되겠죠. 그런데 폭포를 동력으로 사용하는 자본은 불변자본도 절감하고 산 노동도 적게 사용하기 때문에, 이 자본의 개별적 생산가격은 부문의 생산가격보다 낮고 이 자본은 그 차액인 초과이윤을 획득합니다. 이 경우 초과이윤은 이 자본이 상품을 이 부문의 생산가격보다 높은 가격으로 판매하기 때문이 아니라 생산가격으로 판매하는데도 이 자본의 개별적 생산가격이 그것보다 낮기 때문에 발생하는 거죠. 이러한 성격의 초과이윤은 이미 이전에 보았던 것이라 전혀 새로운 게 없습니다. 그런데 여기서 폭포를 이용하는 자본의 특별한 점은 이런 겁니다. 이전에 보았던 초과이윤(특별잉여가치)은 다른 자본들이 생산성이 높은 생산방법을 도입해서 이 생산방법이 평균적인 생산조건이 되면 사라지게 되지만, 이 자연력은 다른 자본들이, 생산성이 높다며 도입할 수 있는, 그래서 이게 평균적인 생산방법이 되는 그런 생산방법이 아니라는 점이죠. 그래서 초과이윤은 사라지지 않는다는 겁니다.

"그것은[폭포를 사용하는 공장의 높은 노동생산력은: 인용자] 자연력의 이용과 결부된, 노동의 더 큰 자연발생적 생산력으로부터 생긴다. 그러나 이 자연력은 동일한 생산 분야의 모든 자본에게 이용가능한 자연력이 아니며, … 오히려 폭포처럼 특수한 토지 조각과 그것의 부속물들을 마음대로 처분할 수 있는 사람들에게만 이용가능한, 독점될 수 있는 자연력이다. … 폭포를 소유한 공장주들은 소유하지 않는 다른 공장주들을 이 자연력의 이용으로부터 배제한다. 왜냐하면 토지는, 그리고 수력이 주어진 토지는 더더욱 제한되어 있기 때문이다. …그러한 자연력은 해당 생산 분야의 일반적 조건들에 속하지 않고, 또 이 분야의 일반적으로 생산될 수 있는 조건들에 속하지 않는다."(658/793-794) 이 폭포가 그것이 위치한 토지와 함께 특정한 토지소유자의 소유물이라면, 이 토지소유자는 공장주들에게 폭포의 사용을 배제할 수 있고 지대를 대가로 해서만 허용할 것입니다. "따라서 이 폭포의 이용으로부터 생기는 초과이윤은 자본으로부터 생기는 게 아니라, 독점될 수 있고 독점되어 있는 자연력을 자본을 통해 사용하는 것으로부터 생긴다. 이러한 상황에서 초과이윤은 지대로 전화된다. 즉 초과이윤은 폭포의 소유자에게로 들어간다."(659/794-795) 그래서 일반적으로 초과이윤이 특별한 생산방법을 사용하는 자본에게 돌아가는 것과 달리 이 경우에는 지대로서 토지소유자에게 돌아가게 되죠.

이러한 차액지대의 일반적 개념을 마르크스가 다음처럼 특징짓고 있습니다.(659-661/795-797) (1) 이 지대는 부문의 일반적 생산가격과 특정한 자본의 개별적 생산가격의 차액으로부터 발생하는 차액지대라는 것. (2) 이 지대는 투하자본의 생산력이 절대적으로 증대하기 때문이 아니라 부문의 평균에 대비한 특수한 개별자본의 상대적인 생산력 우위 때문에 생긴다는 것, 따라서 증기기관과 자연력 간에 생산력의 상대적 우위에 역전이 일어난다면 수력은 사용되지 않고 초과이윤과 지대도 사라진다는 것. (3) 자연력은 초과이윤의 원천이 아니라 그 자연적 토대라는 것, 자연력은 어디까지나 자연력일 뿐이고 자본의 사용에 의해 즉 생산관계의 매개에 의해 초과이윤이 발생한다는 것. (4) 토지소유는 초과이윤의 발생의 원인은 아니지만 초과이윤의 지대로의 전화 즉 토지소유자에 의한 초과이윤 획득의 원인이라는 것. (5) 지대가 정기적으로 들어옴으로써 지대는 토지가격(자본화된 지대)이라는 비합리적인 범주를 낳는다는 것, 따라서 초과이윤이 없어지면 지대도 토지가격도 사라진다는 것.

다음 장들부터 농업부문에서의 차액지대를 살펴보고 있는데, 이 개관에서는 더 이상 다루기 어렵다고 했죠. 차액지대의 제1형태인 기본적인 차액지대 형태를 상정해서 이상의 논의가 농업부문에 어떻게 적용되는가에 대해서만 잠깐 보도록 하죠. 차액지대 제1형 태는 동일한 면적의 여러 토지에 같은 양의 자본이 투입되어 그 생 산물의 양이 서로 다른 경우 경작지 중 비옥도가 가장 낮은 최열 등지에 대비한 그 차액(초과이윤)이 지대로 전환되는 경우를 말합 니다.(반면 차액지대의 제2형태는 동일한 토지에 자본을 추가로 계속 투 입할 때 마지막 자본에 대비한 각 자본의 생산량 차이가 지대로 전화되 는 겁니다.) 최열등지가 차액지대를 계산하는 기준이므로 최열등지 의 차액지대는 0이죠. 생산되는 생산물 양의 차이를 가져오는 본 질적인 계기로서는 토지의 비옥도와 토지의 위치를 들고 있죠. 마 르크스가 토지의 위치는 간략하게 언급하고 주로 비옥도의 차이 를 문제로 삼고 있습니다. 농업부문에서 토지는 기본적인 생산요 소이어서 위에서 본 자연적 폭포와 달리 농업에 투하된 자본이 모 두 이용하는 생산요소입니다. 문제는 토지의 비옥도의 차이로 인 해 최열등지에 비해 비옥도가 높은 토지(우등지)에 투하된 농업자 본은 평균이윤 외에 초과이윤을 얻게 되고, 이 비옥도의 차이와 초과이윤은 위의 예에서의 자연적 폭포(자연력)처럼 해소될 수 없 다는 것이죠. 여기서 자연적 폭포에 대응하는 것이 바로 비옥도가 높은 우등지입니다. 우등지는 그 토지소유자에 의해 독점되고 있 기 때문에, 토지를 사용하기 위해서는 지대를 지불해야 하고 이렇 게 초과이윤은 지대 즉 차액지대로 전화됩니다. 우등지에 투하된 자본이든 최열등지에 투하된 자본이든 농업자본은 이렇게 평균이윤만 취득하고 초과이윤은 모두 차액지대로서 우등지의 토지소유자에게 돌아갑니다. 그러면 최열등지의 토지는 지대를 취득하지 못하는가, 이런 질문이 제기되죠. 그렇지 않습니다. 최열등지도 토지소유자에 의해 독점되어 있는 것이고 그 사용을 위해서는 지대가 지불되어야 합니다. "그러나 차액지대에는 토지소유의 독점 즉 자본의 제한으로서 토지소유가 전제되어 있다. 왜냐하면 토지소유가 없다면 초과이윤은 지대로 전화되지 않을 것이고 차지농업자 대신 토지소유자에게로 돌아가지 않을 것이기 때문이다. 그리고 차액지대로서 지대가 사라지는 곳에서도, 즉 토지 A[최열등지: 인용자]에서도 [자본의: 인용자] 제한으로서 토지소유는 계속 존재한다." (759/913) 이것이 이제 제45장에서 살펴볼 절대지대입니다.

차액지대를 설명할 때에는 토지의 생산물(밀)이 그 생산가격, 즉 비용가격에 평균이윤을 더한 가격으로 판매된다는 것을 전제합니다. 밀 시장을 지배하는 가격은 생산가격이고, 비옥도가 높은 우등지의 개별적 생산가격은 이 시장지배적인 생산가격보다 낮아 그 차액인 초과이윤이 차액지대로 전환되는 거죠. 최열등지에서는 차액지대가 지불되지 않죠. 최열등지 밀의 생산가격이 바로 시장을 지배하는 밀 생산가격이기 때문입니다. 그래서 이 토지에서는 초과이윤이 발생하지 않고 따라서 차액지대도 없습니다. 토지생산물 시장에서는 지금까지의 일반적인 정의와 달리 평균적인 자본이 아니라 최열등지라는 한계지 자본의 생산물의 생산가격이 시장을 지배하는데요, 그건 기본적으로 토지의 독점적 소유라는 농업부문의 특수한 사정에 기인하는 겁니다.[67] 최열등지에서 차액지대가 없는데도 지대가 지불되기 위해서는 그 생산물이 생산가격보다더 높은 가격으로 판매되는 경우뿐입니다. 즉 시장을 지배하는 가격이 생산가격보다 더 높아야 한다는 겁니다. 시장지배적인 가격이 생산가격보다 더 높아야 하는 이유는 지대를 지불해야 하기 때문이고, 지대는 경작지가 토지소유자에 의해 독점되어있기 때문에지불해야 하는 거죠. 즉 토지소유가 토지생산물의 가격을 상승시키는 원인입니다. "토지소유자는 그에게 임대료가 지불될 수 있을 때 비로소 임대한다. 따라서 토지소유자에게 지대가 지불될 수 있도록 시장가격은 생산가격을 초과해서 P+r로 등귀하였을 것이다." (P: 생산가격, r: 지대, 766/921)

그러면 생산가격보다 더 높은 이 가격이 독점가격인가 하는 질문이 제기되죠. 독점가격으로 지대를 설명한다면, 그건 가치법칙과 생산가격 법칙에 따라 원리적으로 지대를 설명하는 게 아니죠. 이 가격은 생산가격보다 높지만 (시장)가치를 이탈하는 게 아닙니다. 이 가격은 생산가격보다 높지만 가치보다는 낮거나 또는 가치

---

67  그러면 밀의 총 시장생산가격은 개별적 생산가격들의 합계보다 더 높게 됩니다. 차액지대로 돌아가는 이 차액(초과이윤)을 마르크스가 "허위의 사회적 가치"라고 말하죠.(673/811) 이러한 토지생산물의 가치 또는 생산가격 결정이 한계원리에 따른 것인지 아닌지, 또 한계원리라면 평균원리에 입각한 가치법칙과 모순되는 게 아닌가, 또 허위의 사회적 가치의 원천은 무엇인가 등을 둘러싸고 마르크스 경제학내에서 많은 논의가 있습니다.[久留島陽三, 「差額地代をめぐる論争」, 久留島陽三·保志恂·山田喜志夫 編, 『地代·収入』, 『資本論体系』 第7巻, 有斐閣, 1984, 244쪽 이하 참조.]

와 동일한 가격입니다. 반면에 '본래적 독점가격'이란 "상품의 생산 가격에 의해서도 가치에 의해서도 규정되지 않고 구매자의 욕구와 지불능력에 의해 규정"되는, 가치보다 높은 가격을 말하고, 그에 대한 고찰은 『자본』에서가 아니라 "시장가격의 현실적 운동을 분석하는 경쟁이론에 속한다"고 하죠.(772/929) 생산가격보다 높지만 가치보다는 낮거나 동일한 가격이 어떻게 농업부문에서 지배적인 가격이 되는가를 보아야죠. 이것을 이해하기 위해서는 제2편에서 보았던 가치의 생산가격으로의 전화라는 문제로 돌아가야 합니다.(767~/923~) 부문 간 경쟁과 자본이동을 통해 각 부문의 이윤율이 평균이윤율로 균등화되면, 가치는 생산가격(=비용가격+평균이윤)으로 전화되죠. 각 부문의 생산가격은 가치와 괴리되고 각 부문의 평균이윤도 그 부문에서 생산된 잉여가치와 달라집니다. 생산된 총잉여가치가 평균이윤율에 따라 각 부문에 재분배되는 겁니다. 이때 자본의 유기적 구성 즉 가변자본과 불변자본의 비율이 생산가격과 가치의 관계를 결정한다고 했죠. 사회의 평균적 자본구성을 갖는 부문의 생산물은 이 전화에도 불구하고 가치와 생산가격이 같고 잉여가치와 평균이윤도 같습니다. 그러나 평균적 자본구성보다 높은 자본구성을 갖는 부문은 그 부문에서 생산한 잉여가치보다 평균이윤이 높고, 따라서 가치보다 생산가격이 더 높은 반면, 평균적 자본구성보다 낮은 자본구성을 갖는 부문은 그 부문에서 생산한 잉여가치보다 평균이윤이 낮고, 따라서 가치보다 생산가격이 더 낮게 됩니다. 농업부문은 대체로 자본의 유기적 구성이 사회의 평균자본보다 낮은 부문이죠. 여기는 불변자본보다 가변자본이 상대적으로 더 많이 투하되고, 잉여가치율이 동일하다면 평균보다 더 많은 잉여가치가 생산되어 이윤율이 다른 부문보다 높습니다. 그래서 부문 간 자본경쟁에 따라 평균이윤과 생산가격이 성립되면, 이 부문의 평균이윤은 잉여가치보다, 또 생산가격은 가치보다 낮겠죠.[68] 그런데 농업부문에서 지배적인 가격이 생산가격이 아니라 생산가격보다 높고 가치보다 작거나 동일한 가격이 된다는 것은 부문 간 이윤율균등화를 저지하는 힘 또는 장벽이 존재한다는 말입니다. 그게 바로 토지소유자에 의한 경작지의 독점이죠. 사회의 평균적인 자본구성보다 낮은 부문은 농업부문 외에도 또 있지만, 이 부문들은 이윤율균등화를 저지하는 특별한 장벽이 없고 이윤율균등화가 관철됩니다. 농업부문에서도 생산가격이 관철된다면, 최열등지에서는 어떤 초과이윤도 없고 따라서 지대도 없어서 이 토지는 경작될 수 없겠죠. 이렇게 농업부문에서는 시장지배적 가격이 생산가격(최열등지의 생산가격)보다 높게 되고 생산가격을 넘는 초과분 즉 초과이윤은 지대로 전화되어 토지

---

68  이와 관련해 마르크스가 사례를 하나 들고 있는데, 이걸 보는 게 더 이해하기 쉽죠.(771-772/928) 비농업자본의 평균구성은 85c+15v, 잉여가치율 100% 하에서 생산물가치는 85c+15v+15m=115, 그리고 농업자본의 평균구성은 75c+25v, 그 가치는 75c+25v+25m=125입니다. 이윤율이 균등화된다면, 평균이윤율은 총잉여가치/총자본=40/200=20%가 되고, 평균이윤은 각 부문 모두 20, 생산가격은 모두 120이 됩니다. 그래서 농업부문의 잉여가치는 25였지만 평균이윤은 20으로, 생산물 가치는 125였지만 생산가격은 120으로 낮아졌습니다. 반면에 비농업부문은 그 반대가 되죠.

소유자에게 돌아갑니다. 이게 최열등지에도 존재하는 지대 즉 절대지대입니다.[69] 그리고 이에 따라 우등지의 지대도 그만큼 증가하게 되죠. "최열등지 단위면적의 생산물 가격이 P+r이라고 하면, 모든 차액지대는 r의 상응하는 배수만큼 증가할 것이다. 왜냐하면 [우리의: 인용자] 전제에 따라 P+r이 지배적인 시장가격이기 때문이다."(771/928)[70]

농업생산물의 지배적 시장가격이 생산가격을 넘어 어디서 결정되는가는 물론 그 생산물에 대한 수요와 공급의 상태에 달려 있습니다. "비록 토지소유가 토지생산물의 생산가격보다 더 높게 그 가격을 등귀시킬 수 있다 하더라도, 시장가격이 생산가격을 넘어 얼마나 가치에 접근하는가, 그리고 주어진 평균이윤을 넘어 농업에서 생산된 잉여가치가 어느 정도 지대로 전환되는가 또는 평균이윤으로의 일반적 균등화에 들어가는가는 토지소유에 달려 있

---

69  농업부문의 잉여가치의 일부가 이윤율균등화로부터 벗어나서 절대지대로 전환되면, 평균이윤율과, 그에 따라 생산가격도 다시 수정됩니다. 상인자본에 의한 평균이윤율 수정의 문제를 차치하면, 그것은 이렇게 되죠. (수정된) 평균이윤율=(총잉여가치-지대)/사회의 총자본. 앞의 각주의 사례에서 농업부문의 잉여가치 중 이윤율균등화에 들어가지 않고 지대로 전환되는 부분이 r이라면, 평균이윤율 p'=(40-r)/200.

70  그런데 차액지대라는 개념은 최열등지에 대비한 차액(초과이윤)을 지대로 가져간다는 의미여서 절대지대로 인한 우등지에서의 지대의 증가를 차액지대의 증가로 보기는 어렵습니다. 생산가격을 넘는 이 초과분은 최열등지에도 발생하고 우등지에도 발생하므로 이건 최열등지에 대한 차액에 들어가지 않기 때문이죠. 이 초과분은 우등지에서도 절대지대가 됩니다. 즉 생산가격을 넘는 시장지배적 가격이 성립하면 모든 경작지에 대해 절대지대가 생기며, 최열등지 소유자는 절대지대만, 우등지 소유자는 절대지대와 차액지대 모두를 취득합니다.

는 게 아니라 일반적인 시장상황에 달려 있다."(772/928-929) 그런데 농업생산물의 생산과 공급에는 토지라는 생산요소가 절대적이고, 따라서 경작지의 공급은 제한될 수밖에 없으며, 기후조건에도 크게 의존합니다. 또한 농업부문은 공업부문에 비해 생산력의 발전이 상대적으로 지체되고 있다는 요인도 추가되죠. 그래서 농산물시장에서의 상대적인 공급제한의 조건들이 아마도 지배적 시장가격이 생산가격보다 높게 되는 이유가 아닐까 합니다. 여기에 토지소유의 독점에 의한 지대의 강제가 농산물의 시장지배적 가격이 생산가격을 넘어가는 또 다른 기본조건을 이룹니다. 통상의 경우처럼 평균적인 자본이 아니라 최열등지의 자본이 생산한 생산물의 생산가격이 시장을 지배하는 생산가격으로 되는 것도 같은 이유 때문이겠죠. 만약 시장상황 여하에 따라 농산물의 시장가격이 그 가치보다도 높게 형성된다면, 지금까지 본 두 개의 기본적인 지대형태 외에 또 다른 지대가 생기는 것인데요, 이 지대 부분은 독점가격에서 비롯되는 지대죠. 이 지대는 앞에서 『자본』의 고찰대상이 아니라고 하였죠. 그런데 농업에서의 생산력 진보가 농업자본의 평균구성을 사회적 평균자본의 유기적 구성과 같은 수준이거나 또는 그보다 더 높게 만든다면(이 경우 농산물의 가치는 생산가격과 같거나 또는 더 낮게 됩니다), 농업생산물의 시장지배적 가격도 생

산가격이 되고, 따라서 절대지대는 사라지게 됩니다.(773/930)[71]

이상으로 두 번째 부분(제4-6편)이 끝나는데요. 제4-6편의 마지막에는 각각 자본주의 이전의 상인자본, 대부자본, 지대를 역사적으로 고찰하는 보론 장이 실려 있습니다. 자본주의하에서 산업자본에 의해 그 위치가 규정되는 상인자본, 대부자본, 지대와는 다른, 그것들의 역사적 형태들을 살펴보고 있죠. 역사책 본다는 생각으로, 아니 그 정도까지는 아니지만 그런대로 읽어나갈 수 있는 내용입니다. 이 개관에서는 그냥 넘어가죠.

## 3) 수입들과 그것들의 원천들

이제 제3권의 마지막 부분, 제7편(제48-52장)을 보도록 하죠. 제3권의 총괄이자 『자본』 전 3권의 총괄이기도 합니다. 제7편 첫머리(제48장)에 삼위일체 공식이 나옵니다. 여기서 삼위일체란 성부, 성자, 성령이 하나라는 기독교의 삼위일체설에서 가져온 비유적 용어죠. "자본-이윤(기업가이득+이자), 토지-지대, 노동-임금; 이것은 사회적 생산과정의 모든 비밀을 포함하고 있는 삼위일체의 형

---

71　이 경우에도 토지소유의 독점이 사라지는 건 아니므로, 최열등지에 대한 절대지대가 없고 차액지대가 0이라면 토지소유자는 이 토지를 경작지로 사용하도록 허락하지 않겠죠. 그 결과 경작지의 공급감소로 인해 농산물의 시장가격이 생산가격 이상으로(가치가 생산가격보다 낮으니까 당연히 가치 이상으로) 상승해서 최열등지도 지대를 받게 된다면, 이 지대는 일종의 독점가격에서 비롯되는 지대가 될 겁니다.

태이다."(822/991) 자본주의 생산양식의 특정한 생산관계를 표현하는 자본, 토지소유, 임노동이 이 공식에서는 서로 무관한, 생산과정의 별개의 요소들로서 등장할 뿐입니다. 생산수단이라는 사물이 자본으로서 나타나고, 토지소유와 임노동은 그 사회적 형태와는 무관한 자연 그대로의 토지, 인간의 노동으로서 취급되며, 이 각각의 생산요소가 각각 서로 다른 수입, 즉 이윤, 지대, 임금을 가져오는 것으로 되어있죠. "자본—이자, 토지—지대, 노동—임금이라는 공식에서 자본, 토지, 노동은 각각 그것들의 생산물 또는 과실인 이자(이윤을 대신하여), 지대, 임금의 원천으로서 나타난다. 전자는 근거이고 후자는 귀결이며, 전자는 원인이고 후자는 결과이다. 더욱이 각각의 개별적인 원천이 자신의 생산물(그 원천에 의해 내뿜어지고 생산된 것으로서)과 관련되어 있다."(824/993-994) 자본주의 생산하에서는 임금노동자가 자신의 노동을 통해 새로운 가치를 창출하고, 그 가치의 일부를 노동력의 재생산을 위한 임금으로서 지불받고, 나머지는 잉여가치로서 자본가가 무상으로 취득하며, 이 잉여가치가 자본들 간의 경쟁을 통해 평균이윤으로 전화하고, 평균이윤은 또 대부자본가와 기능자본가 간에 이자와 기업가이득으로 분할됩니다. 나아가 토지소유자도 자본가로부터 잉여가치의 일부를 지대의 형태로 빼갑니다. 이런 관계들이 이 공식에서는 모두 사라질 뿐 아니라 오히려 거꾸로 된 형태로 나타난다는 것이죠. 바로 이런 문제를 마르크스가 여기서 지적하고 있는 겁니다. "그러나 이 사실은 생산과정의 여러 기능의 담지자들인 생산담당자들에게 이런 형태가 아니라 전도된 형태로 나타난다. … 자본, 토지소유, 노동은 그 생산담당자들에게, 매년 생산되는 가치 (그리고 이 가치가 존재하는 생산물)의 세 개의 다른 구성부분이 생기는, 따라서 이 가치의 여러 형태들(사회적 생산과정의 특수한 요소들에 돌아가는 수입들)뿐만 아니라 이 가치 자체, 이 수입형태들의 실체가 생기는, 세 개의 다른 독립적인 원천으로 나타난다."(830–831/1001)

이런 전도된 관계들, 특수한 역사적, 사회적 형태들을 직접 생산의 소재적 관련과 융합하는 것, 사회적 관계의 사물화, 자본주의 생산양식의 신비화(838/1010)를 비판적으로 분석하기 위해서 과학이 필요한 거죠. 현상형태가 본질을 그대로 드러낸다면 과학은 필요하지 않죠. 우리가 난해한 『자본』을 제1권만이 아니라 제3권까지 보아야 하는 이유도 여기에 있는 겁니다. "… 만약 사물의 현상형태와 본질이 직접적으로 일치한다면, 모든 과학은 불필요하게 될 것이다."(825/995) 속류 부르주아 경제학은 바로 이런 현상형태들에 매몰되어있고, 생산관계의 본질과 현상형태에서의 전도된 관계를 인식하지 못하며, 현상의 관계들을 이론이라고 떠들고 있는 거죠. 따라서 속류경제학은 과학이 아니죠, 가짜 과학입니다. 과학의 외양을 취한 자본주의 변호 이데올로기일 뿐이죠. 이윤과 이자, 임금, 지대는 그게 어떻든 모두 자연스럽고 정당한 대가고 그냥 받아들이라고 가르칩니다. "그러므로 (현실의 생산담당자들의 일상적인 관념들을 교수법에 따라 다소 교의적으로 번역한 것에 불과한, 그리고 그것에 어떤 지적인 질서를 가져오는) 속류경제학이 바로 이 삼위일체(거기서는 모든 내적 관련이 지워져 있다)에서 그 천박한 현자 행세를 위한 자연적이고 의심할 바 없는 토대를 발견하는 것은 똑같이 당연하다. 이 공식은 또한 지배계급들의 수입원천들에 대해 자연필연성과 영원한 정당성을 선언하고 하나의 교리로 격상시킴으로써 그들의 이익과 일치한다."(838-839/1011)

제49장에서는 수입범주들하에서 사회적 총자본의 재생산 문제를 거론하고 있습니다. 이 장의 제목이 '생산과정의 분석을 위하여'인데요, 내 생각으로는 '재생산과정의 분석을 위하여'가 적합한 것으로 보입니다. 『자본』 제2권에서 이미 살펴보았던 사회적 총자본의 재생산 문제를 왜 여기 총괄적 부분에서 다시 다루는가에 대해 이렇게 말하고 있죠. "우리는 여기에서 제기된 문제가 제2부 제3편 사회적 총자본의 재생산을 고찰할 때 이미 해결되었다는 것을 알고 있다. 여기서 우리가 이 문제로 다시 돌아가는 것은, 우선 거기에서는 잉여가치가 아직 그것의 수입형태들 즉 이윤(기업가이득+이자)과 지대라는 형태로 전개되지 않았고, 그래서 이 형태들로 취급될 수 없었기 때문이며, 또한 그 다음에는 애덤 스미스 이래 모든 정치경제학을 관통하고 있는 믿을 수 없는 분석의 오류가 바로 임금, 이윤, 지대의 형태와 결부되어 있기 때문이다."(844/1018) 여기서 제기된 두 가지 문제는 이런 거죠. 한편에서는 연간에 투입된 노동에 의해 생산된 가치(신가치) 총계는 이윤+지대+임금이고, 이것을 수입으로 해서 자본가, 지주, 노동자가 연간 소비를 하는데,

연간 생산된 생산물의 가치에는 노동에 의해 새로 생산된 가치 외에도 불변자본의 가치가 포함되어 있습니다. 그럼 이 불변자본은 어떻게 구매되어 소비될 수 있는가 하는 문제입니다.[72] 또 다른 한편에서는 연간에 마모되고 소비된 불변자본은 다음 연도의 생산을 위해 보충되어야만 하는데요, 연간에 투입된 노동이 모두 자본가, 지주, 노동자의 연간 소비를 위한 수입을 창출하는 것이라면, 이 불변자본을 생산하기 위한 여분의 노동이 어디에 있는가 하는 겁니다.(842-844/1016-1017) 여하튼 여기서 제기된 이 문제는 가치와 잉여가치로 표시된 제2권 제3편의 재생산표식에서 이미 해명되었죠. 다만 마르크스가 수입범주들을 고찰하면서 이 문제를 중심으로 재생산의 문제를 소환해서 그 연관을 다시 총괄하는 겁니다. 그리고 이 문제를 둘러싼 부르주아 경제학의 혼란을 지적합니다. 예컨대 상품의 가치는 아예 이윤+지대+임금 즉 수입의 합계로 구성된다는 '스미스의 도그마'가 나오죠. 또는 방적업자에게 면사의 일부는 이윤을 나타내지만 이 면사를 구매하는 방직업자에게는 그것이 불변자본인 것처럼, 어떤 자본가의 관점에서는 수입인 것이

---

72 "따라서 그것의[연간생산물의: 인용자] 가치는 임금+이윤+지대+C이며, C는 불변자본의 가치를 가리킨다. 그러면 단지 (임금+이윤+지대)인 연간 생산된 가치가 어떻게 그 가치가 (임금+이윤+지대)+C인 생산물을 구매할 수 있는가?"(843/1016) 이건 과소소비론과는 좀 다른 문제죠. 과소소비론에서는 생산된 잉여가치가 어떻게 실현될 수 있는가 하는 문제를 제기하거든요. 즉, 노동자가 생산하는 가치는 v+m인데 임금으로 v만 받으면 m은 어떻게 실현되는가, 또는 불변자본까지 고려하는 경우 투하자본 가치 즉 자본지출은 c+v인데 이를 초과하는 생산물가치 c+v+m이 어떻게 실현되는가, 이게 과소소비론의 문제죠.

다른 자본가에게는 자본일 수가 있어 사회 전체적으로 보면 문제가 아닌 게 문제로 제기된다는 식입니다.

마르크스가 제2권 제20장에서 보았던 단순재생산 표식(846/1020)을 가져와서 그 해명을 다시 환기시켜 주는데요, 표식에 대한 이해가 없으면 이해하기 어려운 문제죠. 내가 알기 쉽게 요점만 정리하겠습니다. 우선 생산과정에서 노동의 이중성을 봐야 합니다. 즉, 노동은 추상적 인간노동으로서 신가치를 창출하면서 동시에 구체적 유용노동으로서는 생산과정에서 마모, 소비되는 생산수단(불변자본)의 가치를 새로운 생산물로 이전합니다. 그래서 생산물의 가치는 신가치+이전된 불변자본 가치 즉 (이윤+지대+임금)+C이며, 후자를 위해서는 별도의 추가적 노동이 필요한 게 아니죠. 생산물의 가치가 전부 신가치로 구성되는 게 아니라는 겁니다. 그래서 신가치(=연간에 투입된 노동) 즉 이윤+지대+임금을 수입으로 해서 자본가, 지주, 노동자가 소비하는 연간 생산물(소비수단)의 생산에는 연간 노동 전체가 투입될 필요가 없습니다. 노동 전체가 투입되면 이 생산물의 가치는 신가치에 소비되고 이전된 불변자본 가치가 더해져서 신가치, 즉 수입총액보다 커지게 되고 수입으로 지출할 수 없는 과잉부분이 생기게 되죠. 반면에 마모되고 소비된 불변자본의 가치를 보충하기 위한 노동은 없게 되고요. 그래서 연간 노동의 일부만 소비수단 생산에 투입되고 나머지 다른 일부는 생산수단의 생산에 사용할 수 있는 겁니다. 그러면 양 부문의 연간 노동(신가치 총액)=수입총액=연간 생산된 소비수단의 가치=소비수단 부문에 투입된 노동(이 부문의 신가치)+이전된 불변자본 가치가 됩니다. 이것으로써 두 번째 문제가 해명된 거죠.

다음에는 생산물 가치 중 이윤+지대+임금이 수입으로서 모두 소비에 지출된다면, 이것 외에 남아 있는 불변자본 가치는 무엇으로 구매해서 소비되는가, 첫 번째 문제가 남아 있습니다. 단적으로 말하면 불변자본 가치는 불변자본 가치로 구매되고 소비됩니다. 하지만 생산물 중 소비수단의 경우는 수입의 지출이 이 과정을 매개하고 있죠. 바로 앞에서 본 것처럼 불변자본 가치 부분을 포함해서 이 생산물 가치 전체가 수입총액으로 구매되어 소비되거든요. 좀 더 상론하자면, 생산수단과 소비수단 생산에 투입된 노동으로 수입이 창출되어 이게 각각 소비에 지출되는데요, 소비수단 생산부문에서는 이것으로 그 생산물을 소비할 수 있지만, 생산수단 생산부문에서는 이 수입으로 자신의 생산물을 소비할 수가 없죠. 왜냐하면 이 부문 생산물은 생산수단 형태로 존재하거든요. 반면 소비수단 생산부문은 그 생산물 가치 중 수입으로 소비된 부분을 제외하면 불변자본 가치가 남아있습니다. 그런데 이건 마모되고 이전된 생산수단의 가치이고, 재생산을 위해서는 다시 생산수단으로 전환되어야 하지만, 소비수단의 형태로 존재하기 때문에 가능하지가 않죠. 이 문제는 양 부문간의 교환을 통해서 해결됩니다. 즉 생산수단 형태로 존재하는 생산수단 부문의 수입과, 소비수단 형태로 존재하는 소비수단 부문의 불변자본이 상호 교환함으로써, 생산수단 형태의 수입은 소비수단에 지출되고, 소비수단 형태의 불변자본은 생산수단(소비수단을 생산하기 위한 생산수단)으로 전환되는 겁니다. 부문 간 교환과 수입의 지출을 매개로 하고 있지만, 결국 소비수단의 불변자본 가치는 그 자체에 의해 구매되고 소비되는 거죠. 직접적으로는 생산수단 부문의 수입이 이 불변자본 부분에 지출되지만, 그렇게 실현된 화폐(자본)로 소비수단 생산자는 생산수단을 구매하여 불변자본을 생산수단 형태로 전환합니다. 매개하는 교환을 차치하면, 불변자본 가치로 불변자본(의 현물 형태)를 구매하고 소비하는 것이죠.

그럼 생산수단 형태의 생산물 중 마모되고 이전된 불변자본 가치는 무엇으로 지출되어 소비되는 건가요? 이건 소재적으로 보면 생산수단 생산을 위한 생산수단이고요, 수입의 지출과는 직접적으로 관련이 없습니다. 이 부분은 이 생산수단 생산자들 상호간에 교환을 통해 지출되고 소비됩니다. 한편에서 마모되고 이전된 불변자본 가치가 생산수단 형태로 공급되고, 다른 한편에서 마모되고 소비된 불변자본을 보충하기 위해 필요한 생산수단이 구입됩니다. 이렇게 이 생산자들 서로가 수요와 공급을 제공하고 또는 각 생산자가 한편에서는 수요자고 동시에 다른 한편에서는 공급자로 나타나는 교환에서 불변자본 가치가 실현됩니다. 단순재생산을 가정하면, 생산의 처음에 각각의 생산자가 불변자본의 구입에 투하하는 화폐자본이 다른 생산자들의 마모된 불변자본 가치가 다시 동일한 가치의 현물형태로 보충되는 교환과정을 매개하고 그 화폐가 돌고 돌아 종국에는 원래 화폐자본을 투하한 생산자의 마모된 불변자본 가치(그 가치를 나타내는 생산물)에 지출되어 그 생산자에게로 환류하는 거죠. 요컨대 불변자본 가치는 이 경우 수입의 지출과 관계없이 불변자본에 투하되는 화폐자본으로, 다시 말해 불변자본 가치로 지출되고 소비되는 겁니다.

현실경쟁에서 나타나는 전도된 외관들로부터 상품의 가치가 상품에 대상화되어있는 노동량에 의해 결정되는 게 아니라 이 가치가 분해되는 세 가지 수입형태 즉 임금, 이윤, 지대의 합계에 의해 결정된다는 환상이 지배하게 됩니다. 그리고 이런 환상적인 관념을 이론화하는 게 다름 아닌 속류 부르주아 경제학이죠. 마르크스가 이 문제를 하나의 장(제50장) 전체에 걸쳐 논하고 있는데요, 다음 인용문에서 그 핵심을 지적하고 있습니다. "따라서 상품가치 중 생산수단의 가치에 새로 부가되는 노동을 나타내는 부분이 여러 부분들로 분해되고 이것들이 수입들의 형태로 상호독립적인 형태를 취한다면, 그 때문에 임금, 이윤, 지대가 이제, 그것들의 합성 또는 합계로부터 상품의 규제적 가격(자연가격, 필요가격) 자체가 생기는, 그런 구성적 요소들로 간주되어서는 결코 안 된다. 그래서 불변적 가치 부분의 공제 후의 상품가치가 원래의 단일체이고 이것이 이 세 개의 부분으로 나누어지는 게 아니라 거꾸로 이 세 개 부분의 각각의 가격이 독립적으로 규정되고 이 세 개의 독립적인 크기의 합산으로부터 비로소 상품의 가격이 형성된다고 보아서는 안 된다. 실제로는 상품의 가치는 전제된 크기이며, 임금, 이윤, 지대의 상호간 상대적인 크기가 어떠하든, 이것들의 총가치 전체이다. 그러나 위의 잘못된 해석에서는 임금, 이윤, 지대가 세 개의 독립적인 가치량이며, 이것들의 총량이 상품가치의 크기를 생산하고 제한하며 규정한다. 임금, 이윤, 지대가 상품의 가격을 형성한다면, 이것은 상품가치 중 가변자본과 잉여가치가 표현되는 부분에 대해서 그런 것처럼 상품가치의 불변적 부분에 대해서도 똑같이 타당하다는 것, 이 점은 우선 명백하다. 따라서 이 불변적 부분은 여기서 완전히 고려하지 않아도 좋다. 왜냐하면 불변적 부분을 구성하는 상품들의 가치도 마찬가지로 임금, 이윤, 지대의 가치총액으로 해소될 것이기 때문이다. 이미 지적한 바와 같이 이 견해는 참으로 그러한 불변적 가치부분의 존재를 부정한다."(869-870/1047) 이런 환상, 관념이 개별자본가들에게 자연스럽고 당연하게 다가가는 이유들에 대해서 마르크스가 부연 설명도 하고 있죠.(875-/1053-) 그리고 이런 가치결정이론이 순환론에 빠져 있는 건 분명합니다.(870-/1047-) 예컨대 가치를 결정한다는 첫 번째 요소인 임금만을 보면, 어떤 상품의 가치 또는 가격은 임금에 의해 결정되고, 임금은 또 노동자들의 생활필수재의 가격에 의해 결정되며, 이 생활필수재의 가격도 또 임금에 의해 결정됩니다. 그 상품의 가치 또는 가격은 결국 다른 상품들의 가격에 의해 결정되는 순환론이죠. 이런 이론으로는 상품가치를 설명하지 못하는 겁니다.

상품의 가치에서 불변자본의 가치를 빼고 임금, 이윤, 지대의 합계가 가치를 결정한다는 이론은 이른바 '스미스의 도그마'로 알려진 문제입니다. 불변자본도 그 생산단계를 계속 소급해가면 결국 노동으로 환원되고 필요노동과 잉여노동이 임금, 이윤, 지대로 분할되므로 상품의 가치는 임금, 이윤, 지대의 합계로 된다는 겁니다. 자세한 내용은 『자본』 제2권 제19장[MEW 24, pp. 362 ff./『자본론』 II, 비봉출판사, 2004(제1개역판) 435쪽 이하]에 나와 있습니다. 이 오류는 오늘날 현대 부르주아 경제학에서도 되풀이되고 있죠. 즉, 국내총생산(GDP)의 정의에서 'GDP=부가가치 합계=최종재 가치의 합계'라는 주장이 그것이죠. 어떤 경제학개론 교과서에서도 나와 있는 겁니다. 최종재(최종생산물)의 가치 또는 가격은 부가가치 합계 즉 임금+이윤+지대라는 것인데, 왜냐하면 최종재 생산에 들어간 중간생산물은 계속 소급해가면 모두 부가가치로 환원되기 때문에 이 부분은 가격에서 빠진다는 거죠.[73] 여기에는 원재료 등 중간

---

73  또한 생산물가치에서 중간생산물이 사라지는 것에 대응해서 생산함수에서도 아예 중간생산물 자체가 빠져있습니다. 산출량을 노동과 자본의 함수로 나타내는 생산함수는 미시이론에서는 $Q=f(L,K)$, 거시이론에서는 $Y=f(L,K)$[Q: 산출량, Y: 실질 GDP, L: 노동량, K: 자본량]로 표시하는데요, 단기에서는 $K$가 고정되어 있다고 합니다. 그 말은 $K$가 고정자본이라는 것이고, 고정자본과 노동만으로 생산물을 생산한다는 것, 즉 중간생산물은 생산에 투입되지 않는다는 것이죠. 말이 안 되는 생산함수죠.[이것을 단지 두 개의 요소만 상정하고 예시한 생산함수라고 변명할 수는 없습니다. 단순화를 위한 추상은 경제학의 방법이지만, 그러나 그 추상은 현실적 관계를 반영해야 하는 것이지 임의로 두 개를 선택하는 문제가 아니거든요.] 이 생산함수와 연계된 비용함수도 마찬가지입니다. 총비용(TC)은 자본비용[이자율(=자본가격)×자본량]과 노동비용(임금×노동량)의 합, 즉 $TC=r\cdot K+w\cdot L$[r: 이자율, w: 임금]이라고 하면서 총비용에서 중간생산물의 비용은 고려하지 않습니다. 이런 비용함수를 가지고 기업이 비용 최소화와 이윤 극대화를 도모한다고 하죠. 자본가들이 얼빠지지 않고서야 원재료 같은 중간생산물을 빼놓고 비용 계산, 이윤계산을 할까요? 절대로 그럴 리가 없죠. 정말로 얼빠진 자들은 세상 물정 모르고 강단에서 이런 교리를 가르치고 있는 부르주아 경제학자들입니다. 이론적 오류가 이렇게 심각하고 명백한데도, 경제원론을 강의하는 수많은 대학의 어떤 경제학 교수도 이런 문제를 인식조차 하지 못하죠. 당연히 학생들에게도 이를 사고할 수 있는

생산물만 빠진 게 아니라 고정자본의 마모분도 빠져서 가치 또는 가격의 구성에서 생산수단의 가치 즉 불변자본의 가치 전체가 빠져 있습니다. 스미스의 오류를 이어가는 잘못된 주장이죠. 사무엘슨P.A. Samuelson 공저의 『경제학』에서는 국민총생산(GNP)이 '부가가치 합계+감가상각', 즉 '최종재 가치의 합계+감가상각'으로 되어있어 GNP 정의에 고정자본의 마모분이 들어갑니다. GNP는 한 나라의 국민이 생산한 것, GDP는 한 나라의 영토 내에서 생산한 것이라는 차이만 있을 뿐 같은 의미의 용어인데요, GNP 또는 GDP 정의 자체는 그래도 사무엘슨의 정의가 맞는 겁니다. 하지만 여기서도 최종재의 가치는 부가가치의 합계라는 거죠. 그런데 이 정의에

---

비판과 토론의 여지가 없습니다. 맹종만 있을 뿐이죠. 미시이론에서는 이 비용함수를 전제로 해서 비용 최소화와 이윤 극대화로부터 기업의 공급함수와, 나아가 사회의 공급함수가 도출됩니다. 그러면 공급함수도 잘못된 것이죠. 현대 부르주아 경제학의 알파이자 오메가인 수요공급이론의 토대가 이렇게 무너집니다. 거시이론의 생산함수는 문제가 더 심각합니다. 생산의 투입요소로 중간생산물이 들어가지 않는다는 문제 외에도 여기서는 고정자본과 노동의 특정량을 투입하면 (총)생산물의 일정량이 아니라 일정금액의 부가가치(GDP)가 생산된다는 신기한 생산함수가 가정되어 있습니다. 과학의 영역에 일종의 마법을 불러들인 거죠. 뿐만 아니라 투입되는 생산요소는 1단위, 2단위 등으로 양적 표시를 하고 있습니다. 그런데 노동시간 또는 노동인원으로 측정할 수 있는 노동량과 달리, 고정자본은 여러 가지 형태의 물적요소로 구성되어 있어 총량집계를 하는 거시모형에서는 결코 그 투입량을 1단위, 2단위 등 어떤 공통의 단위로 나타낼 수가 없습니다. 총생산물의 양도 마찬가지입니다. 다양한 생산물로 구성되는 총생산물을 합산해서 1단위, 2단위 등 공통의 단위로 표시할 수가 없죠. 따라서 생산함수의 산출량을 설령 부가가치액이 아니라 총생산물의 양으로 상정한다 하더라도 말이 되지 않는 생산함수입니다. 요컨대 이 생산함수는 그야말로 머릿속에서 자의적으로 그려낸 것입니다. 생산함수를 미분하면 한계생산물을 나타내는 함수가 되는데요, 이것도 똑같은 문제를 갖고 있죠. 이런 오류만으로도 거시이론 역시 그 토대가 무너지고 맙니다. 생산함수 자체도 그렇고 미분도 그렇고 현대경제학은 수학을 많이 사용하고 있습니다만, 이런 경제학에 수학을 도입한다고 해서 그게 과학이 되는 건 아니죠.

서는 감가상각이 부가가치 외의 별도의 부분이어서 부가가치로 환원되지 않는 건데, 상품 가치에서는 왜 이 요소가 빠지는 건지 이해할 수가 없죠. 부르주아 경제학에서는 가치, 가격 같은 기본적인 정의마저 엉망진창입니다. 생산단계를 계속 소급해서 농업과 광업으로까지 올라가더라도 생산수단 없이 노동만으로 곡물이나 광석을 생산하지는 않습니다. 부가가치로 환원될 수 없는 생산수단 가치가 남는 거죠. 그래서 그 생산물의 가치에는 부가가치 외에 생산수단의 가치가 들어있습니다. 곡물 생산의 경우는 종자가 필요해서 곡물의 가치는 노동 즉 부가가치로 환원되지 않죠. 종자의 생산을 위해서는 다시 종자가 들어가야 하거든요. 석탄을 생산하기 위해서는 석탄이 연료로 사용되어야 하는 것과 마찬가지입니다. 석탄도 그 가치는 부가가치로 환원되지 않고 그 생산에는 연료용으로 다시 석탄이 들어가죠. 고정자본의 마모분도 어떻게 소급해도 이런 문제가 남습니다. 결국 최종생산물의 가치에는 부가가치 합계 외에 생산수단의 가치가 한 요소로서 포함됩니다. 개별상품의 가치든 연간 총생산물의 가치든 마찬가지죠. 우리는 제2권 제3편의 재생산표식에서 사회의 연간 총생산물의 가치가 '소모된 불변자본 가치+가변자본 가치+잉여가치'로 구성되어있음을 이미 본 바가 있습니다.[74] 소모된 불변자본은 바로 고정자본의 마모분과 원재료

---

74  재생산표식에서 균형조건은 IIc=I(v+m), 즉 'II부문의 소모된 불변자본 가치=I부문의 부가가치'였죠. 그래서 II(c+v+m)은 I(v+m)+II(v+m)과 같고, 다시 말해 'II부문의 생

등 중간재죠.

연간 새로 추가되는 노동에 의해 생산되는 신가치는 임금, 이윤, 지대라는 수입형태들로 분할되는데, 이것들은 곧 분배형태들이고 분배관계를 나타내죠. 마르크스가 제51장에서 분배관계를 생산관계와 관련하여 총괄하고 있습니다. 이 분배관계는 모든 사회적 생산에서 발생하는 자연적인 관계가 아니라 자본주의 생산양식이라는 역사적으로 규정된 특수한 생산양식에 조응하는 관계라는 거죠. 자본주의 생산양식은 한편에서 화폐와 생산수단을 독점적으로 소유하는 자본가계급과, 다른 한편에서 생산수단으로부터 자유로운 임금노동자 계급이라는 생산수단의 특정한 분배관계를 전제하고 있죠. 이러한 분배관계의 역사적 형성과정을 『자본』제1권 제7편 제24장 '이른바 본원적 축적'에서 살펴본 바 있습니다. 자본주의 생산관계, 자본-임노동 관계는 바로 이러한 생산수단의 특정

---

산물가치=양 부문의 부가가치 합계'가 됩니다. 부르주아 경제학에서 말하는 최종재라는 게 II부문 생산물인 소비수단이므로 이 식은 곧 '최종재의 가치=양 부문의 부가가치 합계'가 되죠. 그러면 스미스의 도그마, 부르주아 경제학의 주장이 맞는 거네 하는 생각이 들지도 모릅니다. 하지만 'II부문의 소모된 불변자본 가치=I부문의 부가가치'라는 이 등식은 II부문의 소모된 불변자본 가치가 I부문의 부가가치로 환원된다는 것을 의미하는 게 아니고, 재생산의 균형을 위해서는 II부문의 소모된 불변자본 가치와 I부문의 부가가치가 서로 같은 크기로 교환되어야 한다는 것을 말할 뿐입니다. 양자는 전혀 다른 성격의 문제입니다. 재생산표식에서 '소비수단의 가치=양 부문의 부가가치 합계'도 마찬가지죠. 그건 단지 부가가치 합계가 각종 수입의 형태로 분할되어 소비수단(최종재)의 소비에 지출된다는 것, 두 개의 크기가 서로 같아야 소비수단의 수요와 공급이 균형을 이룬다는 것을 나타냅니다. 소모된 불변자본의 가치가 부가가치로 환원된다는 말이 아니죠. II부문의 생산물가치 즉 최종재의 가치에는 어김없이 소모된 불변자본 가치가 하나의 구성요소로 들어갑니다.

한 분배관계를 기반으로 하는 겁니다. 그리고 생산관계가 자본주의적 생산관계이기 때문에 분배관계가 이렇게 임금, 이윤, 지대라는 수입형태들로 나타나는 거죠. "임금은 임노동을 전제하고 있고 이윤은 자본을 전제하고 있다. 따라서 이러한 특정한 분배형태들은 생산조건들의 특정한 사회적 성격과 생산담당자들의 특정한 사회적 관계들을 전제하고 있다. 그러므로 특정한 분배관계는 단지 역사적으로 규정된 생산관계의 표현일 뿐이다."(889/1070) 또한 역으로 이런 분배관계를 통해 생산과 재생산 즉 자본축적이 진행되며, 자본축적의 결과로서 이 생산양식의 전제 즉 자본-임노동 관계가 다시 확립됩니다. 전제가 결과를 낳고 결과가 다시 전제가 되는 거죠. "따라서 이른바 분배관계들은, 생산과정과 (사람들이 자신들의 인간생활을 재생산하는 과정에서 서로 간에 맺게 되는) 관계들의 역사적으로 규정된, 특수한 사회적 형태들에 조응하며, 또 그 형태들로부터 기인한다. 이 분배관계들의 역사적 성격은 생산관계들 (분배관계들은 이것들의 단지 한 측면만을 표현한다)의 역사적 성격이다. … 각각의 분배형태는 (이 분배형태가 유래하고 조응하고 있는) 생산의 특정한 형태와 함께 사라진다."(890/1071-1072)

그리고 마지막 장, 제52장은 '계급들'입니다. "각각의 수입의 원천이 임금, 이윤, 지대인 단순한 노동력의 소유자, 자본의 소유자, 토지의 소유자, 즉 임금노동자, 자본가, 토지소유자는 자본주의적 생산양식에 근거한 근대사회의 3대 계급을 이룬다."(892/1073) 이 장은 완성되지 못했죠. 1쪽 약간 넘는 분량으로 남아 있었습니다.

엥겔스가 "여기서 원고가 중단된다"(893/1074)고 명시해 놓았습니다.[75]

이상에서 한 편의 글이지만 제3권을 직접 읽는 것 못지않은 수준으로 개관하고자 했고요, 특별히 제3권 독해를 위한 방법론을 강조하였으며, 이 방법론 위에서 제3권과 관련된 논쟁들도 이해할 수 있도록 보충적 설명을 곁들였습니다. 이 글이 『자본』 독해의 중압감을 덜어내는 데 도움이 되기를 바랍니다.

---

75　F. Engels라는 독일인 이름을 엥겔스로 표기하는 건 잘못된 겁니다. 독일어 이름을 영어식으로 부른 거죠. 정확하게는 엥엘스라고 해야 합니다. 워낙 엥겔스라는 이름이 우리에게 익숙하게 받아들여지고 있어서 나도 이 원고에서만이 아니라, 이전에 썼던 다른 글들에서도 모두 엥겔스라고 썼습니다.

# 마르크스주의
# 경제학 개요

# 제1장 마르크스(주의) 경제학

## 1. 잉여가치론(착취론)

마르크스 경제학은 제1부 '자본'으로부터 시작해 제6부 '세계시장과 공황'으로 끝나는 정치경제학 비판 6부작 체계로 구성되고, 그 체계의 일부로서 실현된 『자본』은 상품과 화폐로부터 시작해 수입들과 그 원천들, 그리고 계급들로 끝나는 전 3권으로 구성된다. 상품·화폐론부터가 마르크스의 독보적인 이론 부분이지만, 이하에서는 강의 주제("자본주의의 위기 및 이행과 국가독점자본주의")와 관련해 다음 세 가지 이론 부분, 즉 잉여가치론, 위기론, 이행론에 주목해서 마르크스 경제학의 독보적인 이론 체계를 살펴보도록 한다.[76]

---

76  마르크스 경제학의 전반적인 개관은 N. A. 짜골로프 외, 『정치경제학』, 새길, 2000 참조. 주지하다시피 마르크스 경제학은 변증법적 유물론과, 이를 역사와 사회에 적용한 역사유물론에 기반해 있다. 변증법적 유물론과 역사유물론의 이해를 위해서는 마르크스, 「포이에르바흐에 관한 테제들」, MEW 3; 엥겔스, 「루드비히 포이에르바흐와 독일 고전철학의 종말」, MEW 21; 엥겔스, 「반듀링론」, MEW 20; 레닌, 「유물론과 경험비판론」, LW 14 참조.

2018년 마르크스 탄생 200주년 기념 기사들에서도 보다시피 흔히들 마르크스주의를 자본주의 사회의 불평등에 문제를 제기한 사상, 이론으로 이해하지만, 자본주의의 불평등 문제를 제기한 논자들은 근년에 크게 주목받은 피케티T. Piketty를 비롯해 차고 넘쳐 난다.[77] 마르크스의 고유한 이론적 기여는 자본주의하 불평등의 근원이 자본가계급에 의한 노동자계급의 착취에 있다는 점을 규명한 데 있다. 따라서 마르크스에게 있어 자본주의의 불평등은 여타 논자들 주장처럼 소득과 부의 재분배를 통해 해소될 수는 없고, 착취관계의 폐지를 통해서만 극복할 수 있다. 물론 리카도파 사회주의자들을 비롯해 여러 논자가 자본주의의 착취를 논한 바가 있다. 마르크스 경제학의 독자적인 기여는 자본가와 노동자의 교환을 부등가 교환에 따른 착취나 수탈로 파악하는 이들과 달리 가치론과 가치법칙에 입각해 자본주의의 착취를 과학적으로 규명했다는 점이다. 즉 노동자가 자신이 생산한 가치보다 더 적은 부분만 임금으로 받는다는 점에서 이들이 자본가와 노동자의 교환을 부등가 교환과 착취로 설명하는 데 반해, 마르크스는 노동력과 노동, 노동력의 가치와 사용가치를 구별함으로써 자본가와 노동자

---

77   피케티의 『21세기 자본』은 21세기의 『자본』이 아니며, 마르크스의 『자본』과 아무 관련이 없는 저작이다. 이런 저작이 『자본』을 연상시키며 선풍적인 인기를 끈 것은 신자유주의가 가져온 자본주의의 불평등 심화가 배경이겠지만, 불평등 문제를 부와 소득의 재분배 문제로 한정하고자 하는 부르주아 언론의 선정적인 보도들이 크게 작용했을 것이다.

간의 등가교환 속에서 이뤄지는 노동자 착취와 잉여가치를 해명했다. 마르크스가 설명하는 착취의 관계는 다음과 같다. 자본가와 노동자의 교환 대상은 노동이 아닌 노동력이며, 노동력 가치는 노동력의 재생산비용이고, 그 가격이 임금이다. 따라서 노동력의 재생산비용을 커버하는 임금(가변자본)과 노동력의 교환은 등가교환이다. 그런데 이 교환으로 자본가는 노동력을 사용할 권한을 갖는데, 노동력의 사용가치는 다름 아닌 노동을 통한 가치의 생산에 있다.

노동자는 자본가의 지휘와 통제하에 자신의 노동력 가치(임금)를 보전하는 필요노동 이상으로 노동함으로써 그만큼 자본가에게 무상으로 잉여노동을 제공하며 자본가에게 착취당한다. (예컨대 1일 노동시간이 12시간, 필요노동시간이 6시간이면, 잉여노동은 6시간이 된다.) 이 잉여노동이 곧 잉여가치의 원천이다. 노동자가 노동력 가치(노동력 재생산비용)에도 미치지 못하는 임금을 받으면 초과착취가 된다.

마르크스의 설명과 달리 고전학파처럼 자본가와 노동자의 교환 대상을 노동으로 파악하면, 자본가는 노동자에게 임금(6시간 노동)을 주고 노동자는 자본가에게 12시간 노동을 주는 것이 되어서 자본가와 노동자의 교환은 부등가교환이 되며, 이것은 상품교환의 원칙인 등가교환을 훼손하게 된다. 따라서 가치론과 등가교환에 입각해 잉여가치를 해명할 수 없는 것이다. 고전학파가 이러한 혼란에 빠진 것은 임금은 노동의 가격이라는 현상형태에 매몰됐기 때문이다. 나아가 임금 형태에 매몰되면 자본가와 노동자의 교환은 공정한 교환이 되고 착취는 사라져 버린다. 즉 임금은 본질적으로 노동력의 가격이지만, 경쟁의 외관에서는 본질적 관계가 전도되어 노동의 가격(=노동시간×시간당 임금)으로 나타난다. 그러면 시간당 임금이나 노동시간에서 이 산식을 따르는 한 모든 임금은 공정한 가격이 되고 착취는 없게 된다. 이렇게 함으로써 고전학파는 등가교환의 원칙에서 자본가에 의한 노동자 착취를 규명하지 못하고, 노동의 평균가격은 자연가격, 즉 자연적인 질서에 따른 가격이라고 주장하며, 결국 자본주의 질서를 영원한 질서로 간주했던 것이다.

산업자본가계급이 생산과정에서 착취한 이 잉여가치가 자본주의 사회에서 자본가계급과 지주계급이 획득하는 모든 불로소득의 토대를 이룬다. 여러 자본가 분파(산업자본·상인자본·대부자본, 기능자본·소유자본)의 다양한 소득(이윤·평균이윤·이자·기업가 이득·배당이윤·사내유보)과 지주계급의 지대소득은 모두 자본 간 경쟁과 자본가–지주 간 경쟁을 통해 이 잉여가치가 분배된 형태들이다([표 4] 참조). 우선 산업자본가들도 생산 부문에 따라 이윤율(총투하자본 대비 잉여가치의 비율)의 차이가 있지만, 경쟁을 통한 부문 간 자본 이동을 통해 동일한 평균이윤율을 실현하며(이에 따라 형성되는 가격이 생산가격이고, 이렇게 부문 간 경쟁을 통해 가치는 생산가격으로 전화된다), 상업자본 또한 유통과정에서 상품의 가치와 잉여가치 실현을 매개하면서 평균이윤을 획득한다. 산업자본과 상업자본, 즉 산업과 상업에서 활동하는 이 기능자본은 차입자본(대부자본)에 대한 이자를 지급해야 하는데, 평균이윤에서 이자를 지급하고 나면 기업가 이득이 남는다. 그리고 기업가 이득으로부터 주식 소유자(이들은 자본의 기능을 수행하지 않는 단순한 자본의 소유자일 뿐이다)에 대한 이윤을 배당하고 남는 것이 사내유보로서 기업에 축적된다. 한편 토지의 사적 독점에 근거해 지주계급은 지대를 취득한다. 토지의 사적 독점이라는 농업생산에서의 특성 때문에 농업생산물 가격은 평균이윤이 실현되는 생산가격 이상으로 높은 가격이 형성되며, 그 차액이 지대로서 지주에게 돌아간다(이것이 절대지대며, 최열등지에 대비한 우등 경작지에서의 초과이윤은 차액지대가 된다).

**[표4] 잉여가치의 생산과 잉여가치의 분배 형태들**

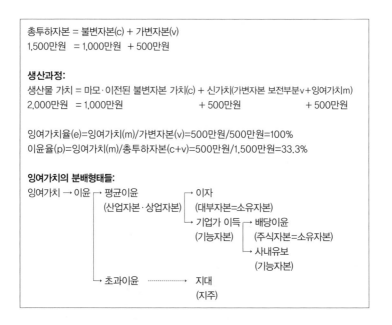

## 2. 위기론

　자본주의의 위기는 임노동 관계와 착취에 기반한 자본주의 사회의 모순들로부터 발전한다. 자본 간 경쟁에 의해 추동되는 자본의 무제한적 이윤 추구와 노동자 착취, 이로부터 발전하는 모순들로부터 자본주의 위기가 불가피하며, 임노동 관계와 착취의 폐지 없이 자본주의 위기 극복은 불가능하다. 자본주의 위기는 이 체제가 모순들로 가득 찬 사회이며, 자본주의에 선행하는 사회구성체들과 마찬가지로 생성, 발전, 소멸의 역사법칙에 따라 다음 사회로의 이행이 불가피한, 하나의 과도적인 역사적 사회구성체임을 말해 준다. 자본주의 위기로부터 이행은 불가피하며, 다음 사회로의 이행은 자본주의 위기 속에서 전개될 것이다.

　자본주의 위기에는 차원이 다른 두 개의 위기가 있다. 이를 구별해 이해하는 것이 위기론의 핵심 쟁점이다. 하나는 대략 10년 주기로 반복되는 경기순환상의 위기다. 이 위기는 통상 신용 경색과 은행 도산, 그리고 금융시장 붕괴를 동반해 패닉(공포)처럼 다가오기 때문에 공황이라 부른다. 자본 축적은 경기순환 리듬을 타고 전개하며, 하나의 경기순환은 공황으로부터 시작해 불황, 활황, 호황, 그리고 다시 공황으로 끝난다. 공황은 경기순환의 시작점이자 종착점이고, 하나의 경기순환은 이렇게 공황-불황-활황-호황-공황이라는 4개의 국면으로 구성된다. 19세기 초 영국에서 자본주의가 확립되자마자 경기순환과 공황은 오늘날에 이르기까지 거의 예외 없이 반복됐다. 이는 자본주의 체제에 공황을 야기하는 내재적 원인이 존재하고, 또한 경기순환의 각 국면이 다음 국면으로 전환하는 내적 논리가 작동함을 말해 준다. 주기적 공황의 원인은 한편으로 자본주의 생산의 무정부성과 부문 간 불균형의 모순, 다른 한편으로는 생산과 소비의 모순에서 비롯된다. 자본 간 경쟁에 의해 추동되는 무제한적 이윤 추구와 자본 축적은 부문 간 불균형의 모순을 심화하고, 생산의 무제한적 확장과 대중소비의 제한이라는 모순을 심화해 과잉생산과 과잉자본, 그리고 공황을 불가피하게 한다. 공황은 호황 국면에서 초과수요에 은폐되어 과도하게 축적된 과잉자본과 과잉생산이 현재화함으로써 폭발한다. 공황은 일거에 자본주의 생산을 마비시키고 자본주의 사회를 충격으로 몰아가지만, 그렇다고 공황이 자본주의 체제의 종말을 가져오는 건 아니다. 공황은 자본주의 생산의 모순들의 폭력적인 표출임과 동시에 이 모순들의 일시적 해결 형태이기 때문이다. 즉 공황은 과잉생산과 과잉자본을 파괴, 청산하고, 그럼으로써 부문 간 균형, 생산과 소비의 균형을 새롭게 회복함으로써 이윤율의 조건을 개선하고 자본 축적의 재개가 가능하도록 한다. 그러면 자본주의 경제는 공황과 불황을 통해 다시 경기회복(중간 수준의 활황)과 호황으로 나아가고, 이렇게 경기순환과 공황이 반복된다.

경기순환과 공황의 반복은 단순한 반복이 아니라 점점 더 높은 생산 수준과, 그에 따른 더욱 심화된 모순 위에서 전개된다. 따라서 반복되는 공황 속에서 공황은 점점 더 규모가 확대되고 심화된다. 경기순환과 공황의 반복하에서 자본주의 생산력은 점점 더 고도화되며, 생산력의 고도화와 사회화는 더욱 첨예하게 자본주의적 사적 생산관계와 모순에 빠진다. 이 자본의 모순을 표현하는 것이 다름 아닌 마르크스의 이윤율의 경향적 저하 법칙이다. 생산력 발전이란 생산수단의 거대화와 이를 통한 생산과정에서의 노동력 방출을 의미한다. 자본의 관점에서는 생산수단을 구입하는 불변자본이 거대화되고, 노동력을 고용하는 가변자본은 상대적으로 감소하게 되는바, 잉여가치 생산의 원천은 노동력 사용에 있으므로 이는 곧 총투하자본에 대비한 이윤율저하로 귀결된다. 즉 생산력 발전이라는 사회적 진보가 자본주의 생산관계하에서는 이윤율의 경향적 저하라는 위기 양상을 띠는 것이다. 이윤율은 자본주의 생산의 자극제이자 추동력이기에 이윤율저하는 당연히 자본 축적을 위기로 가져간다. 여기에서 이윤율은 부문 간 경쟁을 통해 형성되는 일반적 이윤율, 평균이윤율[78]이기 때문에 자본주의 생산의 고도화에 따라 자본 전체의 평균이윤율이 장기적으로 저하한다

---

78  일반적 이윤율은 경기순환에 따른 시장가격 이윤율 변동의 중심이지만, 다만 시장가격 이윤율의 변동을 통해 사후적으로, 경향적으로 실현될 뿐이다. 시장가격 이윤율도 평균적인 시장가격 이윤율이 경기 상황에 따라 등락하는 것이 아니며, 경기순환을 통해 사후적으로, 경향적으로 형성되는 방식으로 운동한다. 즉 호황 국면에서는 시장가격 이윤율이 전반적으로 상승해도 제I부문(생산재 생산 부문)의 이윤율이 제II부문(소비재 생산 부문)의 이윤율보다 더 상승하며, 그 반동으로 공황 국면에서는 전반적으로 이윤율이 하락하면서도 제I부문의 이윤율이 제II부문의 이윤율보다 더 하락한다. 이렇게 시장가격 이윤율의 균등화는 공황을 통해 경향적으로 실현되며, 시장가격 이윤율의 균등화·평균화와 일반적 이윤율의 형성은 하나의 경기순환 전체를 이념적 평균에서 파악한 관계임에 유의해야 한다.

는 것은 이 생산체제의 역사적 한계를 노정하는 것이며, 생산체제 자체를 위협하는 체제적 위기가 아닐 수 없다. 이것이 주기적으로 반복되는 일시적인 위기(시장가격 이윤율의 갑작스러운 하락)인 공황과 다른, 두 번째 차원의 체제적 위기다. 주기적 공황의 반복 속에서 공황이 심화되는 근저에는 생산력 고도화에 따른 이윤율의 경향적 저하가 자리 잡고 있다. 물론 이윤율의 경향적 저하는 단선적인 저하가 아니라, 이윤율저하를 상쇄시키는 요인들의 작용 여하에 따라 이윤율 상승도 동반할 수 있는, 말 그대로 경향적 저하다. [표4]에서의 이윤율 공식을 이용하면 이윤율의 경향적 저하 법칙은 다음과 같이 설명할 수 있다.

이윤율(p)=잉여가치(m)/총투하자본(c+v)=(m/v)/[(c/v)+1],
m/v: 잉여가치율(착취율), c/v: 자본의 유기적 구성

생산력 발전에 따라 자본의 유기적 구성이 높아지면, 잉여가치율이 불변인 경우 이윤율이 저하한다. 그러나 생산력 발전에 의해 상대적 잉여가치 생산이 증가하고 절대적 잉여가치 생산도 증가할 수 있기에(즉 잉여가치율은 증가할 수 있기에), 또한 불변자본 가치도 저렴화되어 자본의 유기적 구성의 고도화도 일정 정도 상쇄되므로, 이렇게 상쇄력이 작용하면 이윤율저하는 단지 경향적으로만 관철될 뿐이다.

이윤율의 경향적 저하는 자본주의의 체제적 위기와 다음 사회

로의 이행을 예고한다. 자본주의는 이 체제적 위기에 직면해 체제 재편을 통한 이윤율 회복을 도모함으로써 이행을 저지하려 하지만, 위기에 대한 자본주의의 이러한 대응조차도 모순적이며, 궁극적으로 이행의 위기에서 벗어날 수 있는 것은 아니다. 자본주의 역사를 보면, 이윤율의 경향적 저하는 자본주의의 구조위기 또는 장기불황을 가져오고, 이에 대한 대응으로서 이윤율 개선을 위한 자본주의 구조 재편은 자본주의의 새로운 발전단계, 즉 독점자본주의와 국가독점자본주의 단계로의 이행을 가져왔다. 그러나 독점자본주의와 국가독점자본주의란 자본주의로부터 사회주의(공산주의의 낮은 단계)로의 이행 형태이며, 현대자본주의는 이행기의 자본주의를 나타낼 뿐이다. 자본주의의 이행이라는 위기까지 고찰하면, 이제 자본주의 위기는 세 가지 차원에서 논할 수 있다. 즉 주기적 공황, 구조위기 또는 장기불황, 이행의 위기다. 세 가지 차원의 위기의 관점에서만 비로소 현재 또는 특정한 단계 또는 국면에서의 경제 상태를 올바로 파악할 수 있다.[79]

---

79 우리가 사는 21세기의 현재 시기를 위기의 세 가지 차원에서 보면, 다음과 같이 규정할 수 있다. 우선 20세기 중반 이래 우리는 국가독점자본주의 단계의 자본주의에서 살고 있다. 이 시기는 자본주의로부터 사회주의로의 역사적 이행 시기이다. 특히 1980년대 이래, 이행의 위기 속에서 자본주의 반동이 강화되는 신자유주의적 국가독점자본주의 단계에 있다(한국 자본주의도 제국주의 지배하에 종속적 지위에 있으면서도 1970년대 이래 완연한 국가독점자본주의 단계에 들어섰다). 둘째, 현재 시기는 1970년대 이래 계속되는 장기불황 국면에 있다. 이 장기불황은 1980년대에 케인스주의로부터 신자유주의로 국가독점자본주의 형태를 변모시켰으며, 신자유주의적 국가독점자본주의에 의해 더욱 심화되고 있는 상태다(한국도 1980년대 이래 신자유주의로의 전환이 모색됐지만, 특히 1997년 외환위기를 계기로 IMF로부터 구제금융을 받고, 그 조건으로 신자유주의 경제

## [보론1] 두 개의 마르크스주의 공황론

주기적 공황에 대한 마르크스주의의 설명과 관련해서는 두 개의 견해가 대립한다. 하나는 위에서 제시한 구 정통파의 견해, 즉 자본주의의 무정부적 생산과, 생산과 소비의 모순으로 공황을 설명하는 과잉생산공황론이고, 다른 하나는 이윤율의 경향적 저하법칙으로 공황을 설명하는 네오마르크스주의의 이윤율저하설이다. 구 정통파란 현실사회주의와 서구, 일본 등의 공산당 전통(마르크스-레닌주의)을 지칭하며, 반면 네오마르크스주의는 1970년대 구미권에서 마르크스주의가 복원되던 시기 현실사회주의와 마르크스-레닌주의를 비판하고 마르크스로 돌아가자는 이론적 흐름을 말한다. 1990년대 현실사회주의 붕괴와 함께 영미권에서는 네오마르크스주의가 크게 득세했다. 그러나 이윤율의 경향적 저하법칙은 위에서 설명한 것처럼 자본주의하 생산력 발전이 장기적으로 평균이윤율에 미치는 효과를 다루는 것이어서 10년 주기로 반복되는 경기순환상의 공황을 설명하는 데 이 법칙을 원용하는 것은 명

---

정책을 수용하면서 이른바 개발독재, 즉 종속국형·파시즘형 케인스주의로부터 신자유주의적 국가독점자본주의로 전환했으며, 그 이래 고도성장이 꺾이고 장기불황 국면으로 진입했다. 제국주의 지배를 받는 종속국 지위는 변함이 없다). 셋째, 경기순환 측면에서는 2020년 현재의 세계 경제는 2008/09년 세계금융위기와 공황으로 시작된 산업순환의 종료, 즉 새로운 공황으로 진입했고, 이 불황 속에서 다시 경기회복이 진행될 것이다(한국 경제도 마찬가지로 현재 경기순환상 공황과 불황 국면에 있고, 점차 경기회복으로 나아갈 것이다). 이행은 장기에 걸친 것이며, 중·단기적으로 말하면 우리는 현재 장기불황하의 공황 국면에 있다. 이는 말 그대로 진정한 위기 국면이다.

백한 이론적 오류가 아닐 수 없다.[80] 이 문제는 일본의 논쟁에서는 너무도 당연해서 다시 거론하는 것 자체가 사족이지만, 영미권 문헌에서는 이에 대한 이해가 완전히 결여되어 있다. "공황, 즉 **경기 순환론의 논리 차원**에서 이윤율을 문제로 할 때, 그것은 보다 추상적 원리 차원에서의 생산가격 및 평균이윤율일 수 없고, 바로 **시장가격** 및 그 변동과의 대응적 연관하에서 움직이는 **시장이윤율**이 아니면 안 된다. 새삼스럽게 이 점을 말하는 것은 사족이지만, 이들 범주가 어떤 차원의 범주인지 명확히 하지 않은 채 양자를 뒤섞는 논의조차 간혹 보이기에 차제에 굳이 확인해 둔다."[81] 마르크스의 공황론은 과잉생산공황론이라는 구 정통파의 견해가 마르크스 이론을 올바르게 해석한 것이다. 특히 일본의 구 정통파 경제학자들이 마르크스의 정치경제학 비판 체계의 방법론에 입각해 과잉생산공황론의 이론적 쟁점들을 해결하고 경기순환론으로까지 공황론을 발전시켰다. 오늘날 일본 구 정통파의 공황론은 마르크

---

80   영미권 네오마르크스주의와 이윤율저하설은 특히 트로츠키파 및 평의회 공산주의 인물들의 이론 작업에 의해 크게 영향을 받았다. 이들은 해괴망측한 붕괴론의 주창자인 그로스만H. Grossmann을 마르크스 이래 처음으로 이윤율의 경향적 저하법칙으로 공황을 설명한 논자, 즉 마르크스의 공황론을 복원한 논자로 치켜세웠는데, 그로스만을 계승한다는 로스돌스키R. Rosdolsky―마틱P. Mattick―야페D. Yaffe―쿤R. Kuhn 등 트로츠키파 또는 평의회 공산주의 라인이 바로 이윤율저하설의 확산의 토대였다(정작 그로스만은 소련 공산당에 비교적 우호적이었고, 말년에는 동독 공산당SED에도 가입했다). 다만 로스돌스키는 그로스만의 자본주의 붕괴론을 변호하면서도 다른 논자들과 달리 주기적 공황은 생산과 소비의 모순, 과잉생산으로서 설명했다.

81   高山満, 「信用と恐慌」, 浜野俊一郎·深町郁彌 編, 『利子·信用』(『資本論体系』第6巻), 有斐閣, 1985, 331쪽.

스주의 공황론 연구의 최고봉을 나타내고 있다.[82]

## 3. 이행론

자본주의는 이윤율의 경향적 저하라는 체제적 위기에 직면하여 독점자본주의와 국가독점자본주의로의 체제 재편을 통해 붕괴와 이행을 저지하려 했다. 하지만 이러한 재편은 자본주의에 미래 사회의 사회주의적 요소들을 도입하고 자본주의의 본질적 요소들을 자본주의 내에서 일정하게 지양하는 것이므로 그만큼 모순적이며 결국 이행으로부터 벗어나는 것은 아니었다. 독점과 국가독점은 (잠재적으로) 이행의 형태이며(그 자체로 사회주의는 아니다), 독점자본주의와 국가독점자본주의로의 단계 이행과 함께 자본주의가 역사적으로 이행기에 들어선 것이다. 자본주의는 발전의 정점을 지났고, 이제 국가라는 지팡이에 의존해서만 연명할 수 있게 됐다. [여기서부터는 마르크스의 경제학을 넘어 구 정통파 마르크스주의 경제학의 독점자본주의론과 국가독점자본주의론으로 넘어간다. 마르크스는 다만 『자본』 제1권에서 자본주의적 축적의 역사적 경향이 독점화를 가져온다고 했고, 제3권에서는 독점과 주식회사가 자본의 부분 부정이며 다음 사회로의 이행의 통과점이라고 파악했다. 마르크스에 따르면, 자본주

---

82  마르크스의 공황론과 마르크스주의 공황 논쟁에 대한 상세한 논의는 김성구, 『마르크스의 정치경제학 비판과 공황론』, 나름북스, 2018 참조.

의적 축적의 역사적 경향은 독점화를 넘어 자본주의 지양과 다음 사회로의 이행을 가져온다.] 그에 따라 자본주의의 구조와 일반 법칙은 아래 [도해3]과 같이 독점과 국가독점에 의해 일정하게 수정되고 변용된다. 독점자본주의와 국가독점자본주의는 자본주의 발전의 최고 단계이자 최후 단계이며, 이행기의 몰락하는 자본주의를 나타낸다. 실로 이 시기에 러시아에서 사회주의 혁명이 일어났고, 현실사회주의 체제가 성립했다. 1990년대 이래 현실사회주의가 붕괴한 뒤 자본주의로의 재통합이 이뤄지고 신자유주의의 지배가 극성을 부리고 있어도 현대자본주의의 이행기 성격에는 변함이 없다. 자본주의 발전의 최고 정점은 1914년 제1차 세계대전이었으며, 그 후 100년이 넘는 시간 동안 자본주의가 번영했던 시기는 고작 1950년대와 1960년대 20년뿐이고, 나머지는 구조위기와 장기불황의 시대라는 것이 이행기의 특징을 보여준다. 1970년대 이래의 현대 불황을 보더라도 오늘날 위기는 국가채무 위기든 달러 위기든 고용위기든 1970년대 케인스주의 위기와는 비교도 안 될 만큼 심화됐다. 전후 브레턴우즈 체제를 뒤흔든 케인스주의 위기 시대가 지금 되돌아보면 오히려 좋았던 시절이었던 것이다.

　어차피 이행이란 장기간에 걸쳐 진행되는 과정이다. 봉건제 사회가 붕괴하고 자본주의로 이행하는 데도 500년의 세월을 요구했다. 14~15세기에 봉건제 위기가 시작됐으며, 16세기 이래 동유럽에서는 봉건제 반동(재판농노제)이 지배했다. 16~18세기에 자본주의의 직접적 전사인 중상주의 시대를 거쳐 19세기 초에 이르러 비로소 영국에서 근대적 자본주의 사회가 확립됐다. 자본주의로부터 사회주의로의 이행도 마찬가지다. 20세기 이래 독점자본주의와 함께 자본주의의 이행이 시작됐다는 것은 유물론적 역사관으로부터 긴 시간 지평에서 파악하는 역사 규정이며, 자본주의 붕괴가 임박했다는 등의 정세적 평가와는 다르다. 다음 사회로의 이행의 긴 시간 동안 현실사회주의가 성립했던 지난 역사처럼 자본주의 해체가 가속화되는 시기도 존재하고, 또 현재와 같이 신자유주의하에서 자본주의 반동이 강화되는 시기도 존재한다.[83] 마르크스는 자본주의로부터 다음 사회로의 이행이 '인민대중에 의한 소수 강탈자의 수탈'이라는 점에서 '소수 강탈자에 의한 인민대중의 수탈'인 본원적 축적을 통한 자본주의로의 이행보다 훨씬 빠르고 어렵지 않게 진행될 것으로 전망했지만(실제로 러시아혁명은 이미 1917년에 성공했지만), 앞으로 이행 시간이 100년이 걸릴지 300년이 걸릴지, 또 어떤 과정을 거칠지 모르는 일이다. 중요한 것은 자본주의가 위기에 직면해 그 위기를 극복할 수단을 사회주의에서밖에 찾을 수 없었으며, 그렇게 자본주의의 위기 자체로부터 다음 사회로의 이행의

---

83  이런 점에서 현재의 신자유주의 정세에 근거해 "현대자본주의가 몰락하는 자본주의인가, 국가독점자본주의가 '사회주의로의 직접적 전前 단계'인가" 하며 레닌의 이행기 규정을 부정하거나 폐기하는 논자들은 모두 얼빠진 소리를 하는 것이다. 레닌은 다만 장기의 이행기 중 혁명적 정세하에서 활동했고, 그 때문에 그에게는 자본주의의 붕괴와 이행이 임박한 현실로 다가올 수밖에 없었다. 그러한 정세 인식과 이행 전략 속에서 비로소 러시아의 사회주의 혁명이 성공할 수 있었다. 그 정세 인식과 이행 전략도 기본적으로는 당대 자본주의를 이행기 자본주의라는 이론적 관점에서 파악했기 때문에 가능했다.

물질적 토대가 형성됐다는 것이다. 또 마르크스주의 좌파는 혁명 후 이 이행의 토대를 장악하고 그 자본주의적 성격을 지양함으로써 사회주의로의 이행을 실현할 수 있다는 것이다. 이로부터 독점 자본의 사회화, 재벌의 사회화라는 이행 강령이 제출된다. 자본주의 사회로부터 독점과 국가독점 같은 이행의 형태가 발전하지 않는다면, 자본주의로부터 사회주의로의 이행은 실로 해결하기 힘든 난제에 직면하게 된다. 왜냐하면 사적 소유와 시장경쟁을 통해 조절되는 자본주의 시장경제, 즉 시장 교환으로 연결된 무수히 많은 경쟁하는 개별자본들을 일거에 사회적 소유와 계획에 의해 조절되는 사회주의 경제로 전환하는 것은 거의 불가능에 가까운 과제이기 때문이다([표5] 참조).

**[도해3] 자본주의의 구조와 동학, 그리고 역사적 경향 및 변용**

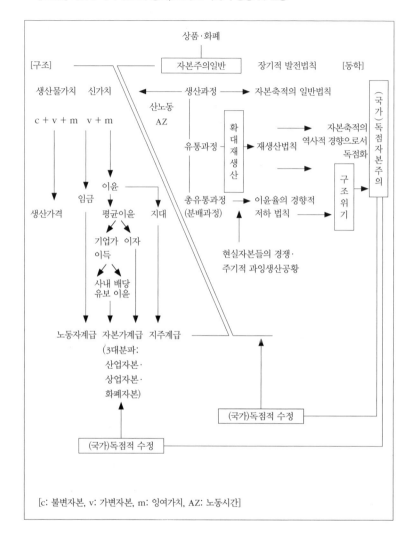

[c: 불변자본, v: 가변자본, m: 잉여가치, AZ: 노동시간]

**[표5] 자본주의의 이행과 역사 단계**

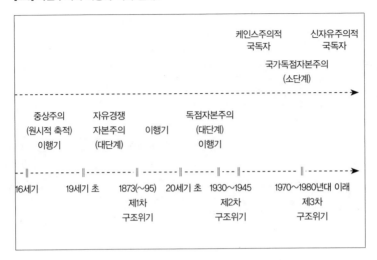

## [보론2] 두 개의 마르크스주의 현대자본주의론

현대자본주의 분석과 관련하여 마르크스주의 이론은 두 가지 이론만이 존재한다. 물론 두 가지 이론 중 이것도 저것도 아닌 마르크스주의 이론도 있지만, 그런 것은 이론사적으로 정체불명의 이론이다.[84] 하나는 구 정통파의 독점자본주의론·국가독점자본주의론으로, 현대자본주의의 새로운 현상인 독점과 국가독점을 분석하기 위해서는 마르크스의 『자본』에 기반하면서 이 새로운 변화

---

84 그밖에 마르크스주의 이론인 것처럼 잘못 알려진 여타 현대자본주의론. 예컨대 세계체제론이나 역사적 자본주의론, 조절이론 등은 마르크스주의 이론이 아니다. 한국에서 이들 이론이 마르크스주의와 관련된 이론으로 알려지게 된 것은 마르크스주의 논자들. 그 대부분인 국가독점자본주의론 논자들이 마르크스주의나 국가독점자본주의론의 청산에 대한 명확한 입장 개진 없이 두리뭉실하게 이들 이론으로 전향했기 때문일 것이다.

를 이론적으로 포착하기 위한 독점자본주의론과 국가독점자본주의론의 발전이 필요하다는 것이다. 왜냐하면 『자본』은 자본주의 일반의 이론 체계이므로, 여기에는 독점이나 국가의 경제 개입을 분석할 이론이 없어서 독점에 의한 총자본의 구성 변화와, 그에 따른 자본주의 운동법칙의 일정한 수정을 분석할 수 없기 때문이다. 반면 네오마르크스주의 논자들은 여전히 『자본』으로 현대자본주의를 분석할 수 있다고 주장한다. 이들은 독점과 국가독점의 출현에 의해 자본주의의 새로운 발전 단계를 상정하는 것을 비판하고, 자본주의는 언제나 자본주의이며, 그 분석은 『자본』으로 환원될 수 있다고 한다. 그러나 오늘날의 경제 현실을 보면, 시장을 지배하는 재벌과 이에 종속된 중소자본 간의 수탈관계가 너무나 분명한데, 재벌과 중소자본이 『자본』의 세계가 그리는 바와 같은, 균등한 자본력을 갖고 서로 경쟁하는 개별자본으로 파악하는 것은 커다란 이론적 오류가 아닐 수 없다. 또한 부문 내, 부문 간 경쟁하는 자본들 사이에서 균등한 평균이윤율이 형성된다는 『자본』의 법칙도 오늘날의 독점자본주의에서는 성립하지 않는다. 재벌과 중소자본 사이에 이윤율의 격차가 구조화됐기 때문이다.[85] 평균이윤

---

85  이들도 재벌을 독점이라고 말하지만, 독점에 대한 이해 방식이 전혀 다르다. 국가독점 자본주의론에서 말하는 독점이란, 현대자본주의의 '구조화된 독점'이다. 반면 이들에 게 독점은 항상 경쟁에 의해 해체, 소멸하는 일시적인 독점, 즉 '경과독점'일 뿐이다. 따라서 이들은 지금도 자유경쟁의 세계, 평균이윤율의 법칙, 그에 따라 『자본』에 입각한 현대자본주의 분석을 주장하는 것이다. 그러나 오늘날 재벌은 경과독점이 아니며, 일시적 독점 형태로 재벌기업들이 존재하는 것이 아니다. 재벌 간의 경쟁에 의해 재벌

율은 이제 실제적인 평균이 아니라 계산상의, 관념적인 평균일 뿐이다. 노동시장에서도 재벌과 중소기업 간에는 분단이 존재하고, 노동력의 자유로운 이동을 통한 잉여가치율의 균등화도 달성되지 않는다(재벌 노동자들의 과소착취와 중소기업 및 비정규 노동자들의 초과착취). 나아가『자본』에 입각해서는 국가의 전면적 경제 개입과, 특히 공황 시 도산 위기에 빠진 재벌과 금융기관에 대한 국가의 구제 같은 현대자본주의의 주요 문제도 전혀 분석할 수 없다.『자본』으로의 환원을 주장하는 한 네오마르크스주의 현대자본주의론은 이와 같은 심각한 이론적 결함에서 벗어날 수 없다.

### [보론3] 한국의 마르크스주의

한국 강단의 마르크스주의는 연구자층도 취약하고 이론적 전통도 빈약하지만, 대체로 영미권에서 수학하거나 영미권 문헌만 편식하는 관계로 영미권 네오마르크스주의 경향의 이론을 따라가는 실정이다. 그 결과 공황론에서는 이윤율저하설에 입각해 있고, 현대자본주의론에서는『자본』환원주의가 대세를 이룬다. 물론 1980년대는 강단 이론가들이 대부분 국가독점자본주의론자였다. 현실 사회주의 붕괴 이후 대부분 이론가가 국가독점자본주의론을 청산

---

기업이 도산하는 경우에도, 그것이 경쟁 질서를 강화하거나 자유 경쟁으로 회귀하지는 않는다. 우리가 현실에서 보는 바와 같이 재벌기업의 도산은 분할되거나 통째로 다른 재벌기업에 의해 인수합병되며, 그에 따라 독점적 지배구조는 더욱 심화된다. 독점의 지배는 오늘날 구조화되어 있다.

하거나 비마르크스주의 이론으로 전향했고, 지금도 국가독점자본
주의론을 견지하는 것은 필자 외에 1~2명 정도다. 다만 운동권에
서의 국가독점자본주의론의 상태는 강단보다 훨씬 양호한 상태다.
사회운동과 정치운동에는 아직도 적지 않게 국가독점자본주의론
이 자리 잡고 있다. 한국의 네오마르크스주의 이론은 고故 김수행
과 정성진이 대표적이다. 김수행은『자본』역자로서, 또 서울대 교
수라는 특별한 지위 때문에 대중에게 마르크스주의를 확산하는
데 크게 기여했고, 정성진은 마르크스주의가 척박한 현실에서 제
도권에 마르크스주의 잡지『마르크스주의 연구』발행을 정착시켜
마르크스주의 논의를 활성화하는 데 지대한 공헌을 했다. 하지만
이들에 의해 확산되고 활성화된 마르크스주의는 네오마르크스주
의의 편향된 이론이어서 자본주의의 위기를 제대로 분석하고 현대
자본주의의 이론적 문제들을 올바로 파악하기 어렵다. 따라서 현
실 대중운동에서 제기되는 경제정책적 문제들에 이들이 이론적으
로 개입하는 데는 근본적 한계가 있다.

무엇보다 재벌 문제를 어떻게 바라보며, 어떤 대안을 갖고 개입
하는가의 문제다. 네오마르크스주의 이론에는 독점자본 이론이 결
여됐기에 기본적으로 재벌 문제에 대한 이론적 접근이 어렵다. 재
벌 문제도 균등한 개별자본 간의 경쟁이라는 문제로 해소되므로
특별히 재벌 문제가 제기되지도 않는다. 따라서 재벌에 대한 사회
주의적 대안도 '재벌의 사회화'가 아닌 '자본의 사회화'가 되는데,
이는 이행론과 관련해서 보면 심각한 이론적 오류다. 재벌의 사회

화가 아닌 자본 전체를 일거에 사회화한다는 것은 혁명적인 주장처럼 들리지만, 실은 그 혁명을 필연적으로 실패하게 만드는 모험적인 시도일 뿐이다. 여기에 바로 재벌의 사회화가 갖는 이행론적의의가 있다. 물론 재벌의 사회화는 사회주의 운동의 대중적 발전과 특정한 정세에서나 현실화될 수 있고, 그렇지 못한 경우는 현실적으로 재벌 규제를 요구하지 않을 수 없지만, 그 경우에도 사회화관점에서 재벌 규제를 도모하는 것이 중요하다. 그렇지 않으면 재벌 규제는 신자유주의 시민운동의 재벌개혁론과 재벌해체론에 빠지기 쉽다. 재벌을 해체해 경쟁 질서를 확립하겠다는 것은 독점화로 가는 자본주의 역사를 거꾸로 돌려세우겠다는 반동적 요구인데, 진보운동에서도 그런 주장을 볼 수 있다. 심상정이나 이정희처럼 이 신자유주의적 반동의 요구를 진보적 대안으로 내세우는 것은 자본주의 역사와 이행, 그리고 재벌 사회화의 이행론적 의의에 대한 완전한 몰이해를 드러낸다.

두 번째로, 국가의 개입주의 정책의 문제다. 현대 국가의 전면적국가 개입을 이론적으로 설명하는 데는 국가독점자본주의론 없이는 불가능하다. 네오마르크스주의 이론은 자본 전체와 국가의 관계에서 개입주의 정책을 설명할 뿐이고, 특별하게 재벌과 국가의유착관계, 공황과 위기 시 국가를 통한 재벌과 대형 금융기관의구제 등을 '이론적으로' 설명하지 못한다. 현실에서는 누구라도 목도하는 현상이기 때문에 네오마르크스 논자들도 이런 현상을 지적하기는 하지만, 자신의 이론에 기반한 비판은 아니다. 전반적으

로 독점자본주의 국가의 개입 정책에 대한 이론 체계가 결여되어
있고, 특히 국가독점이 다음 사회로의 이행을 위한 물질적 토대이
며, 이를 둘러싼 투쟁이 이행기 투쟁과 관련되는 문제임을 인식하
지 못한다. 따라서 경제정책과 관련된 주요 쟁점들, 예컨대 민영
화·국영화라든가 신자유주의와 구제금융 등에서 한국 강단의 네
오마르크스주의 논자들은 일관된 관점을 제시하지 못하고, 대중
운동에 도움이 되는 이론적 기여도 별로 없다.

   셋째로 반反 공황정책 문제에서도 마찬가지다. 여기에는 공황과
위기 시 국가 개입 정책의 성격을 이론적으로 포착하지 못하는 문
제 외에도 공황론의 오류도 덧붙여져 있다. 이윤율저하설에 입각
하는 한, 공황은 자본의 유기적 구성의 고도화를 상쇄 요인들로
상쇄하지 못해 이윤율이 저하함으로써 발생한다. 그러면 자본주의
하에서 이윤율저하 공황에 노동자계급이 대처할 방안은 존재하지
않는다. 공황을 극복하려면 이윤율을 회복해야 하는데, 모든 이
윤율 회복 수단은 노동자계급의 상태를 더욱 악화시킬 것이기 때
문이다. 이윤율저하설은 사실상 공황에 대한 무대책, 이론적인 무
능력을 노정할 뿐이다. 공황 시에 방어 투쟁을 선동한다 해도, 이
는 공황을 지연시키는 것이기에 공황 대책이 아니다. 아니면 공황
대책은 자본주의 체제를 전복해야만 공황을 극복할 수 있다는 급
진적인 공문구에 머물 수밖에 없다. 공황을 그대로 내버려 두든
가, 아니면 혁명하든가 둘 중 하나뿐이다. 이에 반해 과잉생산공황
론과 국가독점자본주의론에 기반해서 필자는 과잉생산을 완화하

기 위한 확장정책과, 위기에 빠진 재벌과 금융기관의 소유자 및 채권자의 손실 처리(과잉자본 청산) 및 공적자금 투입 최소화, 국영화 등을 진보적인 공황 대책으로 제출했던 것이다. 이러한 정책적 개입 없이 손실의 사회화에 입각한 자본주의 국가의 위기 대응책에 좌파가 어떤 대안을 갖고 대처하겠는가?

한국사회경제학회 '주변'에 모여 있는 마르크스주의 논자들(물론 한국사회경제학회뿐 아니라 이른바 신좌파 등을 포함한 전반적인 문제다)의 이러한 이론적 결함 때문에 이들로부터 현실의 주요 쟁점들에 대한 이론적 기여를 기대하기 어렵다. 이들은 근본적으로 이행기의 경제정책 문제를 인식하지 못하며, 이행기의 경제 문제를 감당할 이론적 수준도 갖추지 못했다. 재벌 및 금융기관의 국영화와 사회화의 문제를 부정하면서 무책임하게 '자유로운 개인들의 연합'이나 코뮌을 주장하는 것, 다시 말해 '국유화 없는 사회화'와 '사회화 없는 코뮌'의 주장은 마르크스의 과학적 사회주의를 공상의 수준으로 퇴락시키는 것이고, 결국에는 무정부주의로 귀결될 뿐이다.[86] 자칭 마르크스주의자라면서 대안사회로의 이행을 모색하기는커녕 소득주도성장이니 기본소득이니 하며 문재인 정권과 연대

___

86  신좌파나 사회진보연대 일각에서 제기되는 이런 주장들에 대해서는 사회화의 관점에서 이미 여러 번 비판이 제기된 바 있는데, 그럼에도 이에 대한 합당한 답변 없이 제대로 알지도 못하는 주장을 그냥 반복하는 건 이들의 이론적 궁핍함을 나타내는 것이다. 핵심적인 쟁점을 회피하고 구름 위에서 공상적인 토론이나 하는 것만큼 노동자 운동에 해악이 되는 것도 없을 것이다.

해 신자유주의 지배를 뒷받침하는 것도 근본적으로 이런 한계 때문이다.[87] 이런 상태를 감안하면, 한국의 사회주의 운동이 지체되어 권력 장악 문제가 현안이 아니라는 게 역설적이지만 다행스러운 일이다. 이런 논자들이 새로운 권력의 경제정책을 담당하게 된다면, 한국 사회주의는 틀림없이 망할 것이기 때문이다.

---

87  문재인 정권의 경제정책과 관련해서는 김성구, 「현대 장기불황과 문재인 정권의 경제정책: 시장주의 재벌개혁론, 소득주도 성장정책, 기본소득론 비판」, 『진보평론』 제80호, 2019 참조. 유럽 보수주의의 아성인 독일 기독교민주연합(CDU)보다 더 우익 정당인 더불어민주당과 문재인 정권을 마르크스주의자가 비판적 지지라는 이름으로 연대하는 것은 정말로 역겨운 일이 아닐 수 없다.

[참고 자료] 자본주의의 역사와 경제학의 역사[88]

| 시기 | 자본주의 발전 | |
|---|---|---|
| 16c<br>~<br>18c초 | **\* 원시적 축적 단계**<br>– '자본–임노동'이라는 자본주의적 생산관계가 성립되기 시작한 시기.<br>– 원시적 축적은 ① 자본 축적이 자립적으로 진행될 수 있을 수준까지의 최소자본량이 강제적으로 형성되는 것, ② 임노동관계로의 고용을 통해 잉여가치를 착취할 수 있는 임금노동자의 형성을 일컬음.<br>– 이러한 생산관계 형성은 자연적인 것이 아니며, 역사적으로 매우 강제적이고 폭력적인 방식으로 성립됨(예: 인클로저, 식민지 약탈 등).<br><br>**\* 생산방식 변화**<br>– 농촌에서는 영주와 농노라는 봉건적 관계에서 지주–농업자본가–농업노동자라는 자본주의적 농업 생산관계로 변화.<br>– 도시에서는 독립적 수공업자들의 연합인 길드가 해체되면서, 상인들이 수공업자들에게 자본을 대고 생산물을 취하는 '선대제' 방식, 또는 자본을 축적한 이들이 수공업자들을 임금노동자로 고용해 단순협업 형태나 분업을 통한 매뉴팩처(공장제 수공업) 형태로 점차 변화.<br>– 이러한 변화 과정에서 가내수공업, 독립수공업, 소경영 농업 등의 전前자본주의적 생산방식들이 점차 해체되거나 자본주의적 생산방식의 하위파트너로 과잉착취되기 시작. | |

---

88   출처: 長島誠一,『經済と社会』, 桜井書店, 2004. 류승민 박사가 정리한 자료를 가져온 것이다. 이 또한 개관이지만, 본문의 자본주의 역사에 대한 훌륭한 보충이 될 것이다. 자본주의 발전 단계에 관한 나가시마 세이이치長島誠一의 더 자세한 논의는 다음 글들을 참조. 長島誠一,「資本主義の発展段階(1)」,〈東京経大学会誌〉291호, 2016, http://repository.tku.ac.jp/dspace/bitstream/11150/10871/3/keizai291-08.pdf#search=%27E6%96%B0E8%87%AA%E7%94%B1%E4%B8%BB%E7%BE%A9%E3%81%A8E5%9C%8B%E5%AE%B6%E7%8D%A8%E5%8D%A0%E8%B3%87%E6%9C%AC%E4%B8%BB%E7%BE%A9%27; 長島誠一,「資本主義の発展段階(2)」,〈東京経大学会誌〉293호, 2017, http://repository.tku.ac.jp/dspace/bitstream/11150/10891/1/

| 사회구조 및 세계체제 | 경제학 |
|---|---|
| **\* 네덜란드 헤게모니**<br>– 네덜란드를 중심으로 한 유럽 경제가 대서양 연안에 하나의 경제권을 형성. 네덜란드는 일찍이 시민사회를 형성함에 따라 자본–임노동관계가 성립했으며, 이를 기반으로 당시 첨단산업인 '모직물 공업' 확립.<br>– 선진국인 네덜란드는 자유무역 정책을 펴고, 이를 쫓아가는 영국과 프랑스는 보호무역 정책을 펴게 됨.<br><br>**\* 국가의 역할**<br>– 원시적 축적 과정에서 국가는 법률이나 경찰력을 이용해 임금노동자를 강제적이고 폭력적으로 형성하는 역할을 함.<br>① 강제적인 조세 부과나 사적소유권 확립을 통한 토지 분배에 개입함으로써 농민을 토지로부터 추방해 도시 임금노동자의 저수지를 형성하고, 자본 축적을 가속함.<br>② 근대적 임노동관계에 적응하지 못한 도시의 빈민, 유랑민 등을 구빈원이나 수용소에 가둠으로써 근대적 노동 규율을 내면화함.<br>③ 식민지 개척(약탈)을 적극 장려함으로써 자본의 원시적 축적에 앞장섬. | **\* 중상주의 경제학**<br>– 경제학 역사가 영국과 미국을 중심으로 쓰였기에, 이 시기 경제학은 네덜란드가 아닌 영국의 보호무역 정책을 이론화한 '중상주의 경제학'이 주류를 이룸.<br>– 상업활동을 통한 화폐(금) 축적이 곧 국부를 이룬다는 사고에서. 국내적으로 상업활동을 활발히 하고 대외적으로 외국무역을 진흥해 수출을 늘리되 수입은 금지하거나 관세를 부과하는 방식으로 순이익을 남김으로써 국부를 늘려가야 한다는 보호무역 정책 전개.<br>– 당시 절대왕정하에서의 관변 이론이었음.<br><br>**\* 중농주의 경제학**<br>– 중상주의에서 고전파 정치경제학으로 넘어가는 과도기에 소농이 인구 다수를 차지했던 프랑스에서 발전한 경제 이론.<br>– 부의 원천은 농업, 즉 토지와 농민의 노동이기에 농민이 잉여를 생산하고, 귀족(지주)이 이를 취득해 소비한다고 사고. 이에 잉여를 가로채는 귀족에게 세금을 매겨야 한다는 정치적 결론이 이후 프랑스혁명에서의 주장으로 발전.<br>– 농민과 직인, 귀족 사이의 생산과 분배, 소비의 순환을 정리한 케네의 '경제표'는 이후 마르크스의 재생산 표식(『자본』 제2권 제3편)으로 이어짐. |

keizai293–08.pdf#search=%27%E9%95%B7+%E5%B3%B6+%E8%AA%A0+%E4%B8%80%2C+%E8%B3%87%E6%9C%AC%E4%B8%BB%E7%BE%A9%E3%81%AE%E7%99%BA%E5%B1%95%E6%AE%B5%E9%9A%8E%281%29%27; 長島誠一, 「資本主義の発展段階(3)」, 〈東京経大学会誌〉 295호, 2017, https://repository.tku.ac.jp/dspace/bitstream/11150/10963/1/keizai295–06.pdf#search='%E9%95%B7+%E5%B3%B6+%E8%AA%A0+%E4%B8%80+%E8%B3%87%E6%9C%AC%E4%B8%BB%E7%BE%A9%E3%81%AE%E7%99%BA%E5%B1%95%E6%AE%B5%E9%9A%8E%283%29'; 長島誠一, 「資本主義の発展段階(4)」, 〈東京経大学会誌〉 297호, 2018, https://repository.tku.ac.jp/dspace/bitstream/11150/11022/1/keiei297–16.pdf.

| | | |
|---|---|---|
| 18c 중반<br>~<br>19c 중반 | **\* 자유경쟁 자본주의 확립**<br>**\* 자본주의의 자립화 –기계제 대공업**<br>– 기계의 자율적 생산과정에서 노동자의 노동을 기계의 작동을 보조하는 객체적 위치로 끌어내림으로써 노동자의 숙련을 효과적으로 박탈하는 기계제 대공업 발전.<br>– 기계 도입에 의해 생산과정이 노동자의 주체적 특징에 구애받지 않고 계속될 수 있었기에, 가용한 노동력 구성이 다양해지고 수가 증대함에 따라 여성 및 아동노동 증대, 교대제 근무, 초과근무, 노동강도 증대 등이 손쉽게 이뤄짐.<br>– 국가 도움 없이도 자본주의가 스스로 노동력을 재생산하고 조절할 수 있게 됨.<br><br>**\* 자본주의의 자율화 –경기순환**<br>– 심리적 요인에 의한 버블이나 전쟁과 같은 정치적 상황에 의한 경제위기가 아니라, 자본주의 경제에 내재한 요인(모순)에 의해 순환적·주기적으로 호황과 불황이 반복되는 경기순환 확립.<br>– 경기순환과 공황을 일으키는 요인은 자본주의하에서 생산력의 무제한적 확장과 대중의 제한적 소비에 의해 발생하는 과잉생산임.<br>– 산업예비군: 실업 상태에 놓인 노동자들. 산업예비군이라는 '저수지'가 존재해야 경기순환에 따른 고용과 해고가 용이해 자본 축적을 지속할 수 있음. 또한 경기순환 자체가 산업예비군을 배출하고 흡수하는 역할을 함으로써 자본주의 경제가 자율적인 운동을 확립하게 됨. | |

* 영국 헤게모니
– 새로운 첨단산업으로 면공업(아마포와 저고리)이 선진산업이 되고, 산업혁명을 거치며 기계제 대공업을 통해 양산된 면공업을 발전시킨 영국이 세계의 공장으로 우뚝 섬.
– 영국이 세계 금융의 중심에 서고, 파운드화를 중심으로 하는 금본위제 확립.
– 산업자본이 상업자본, 토지소유 계급에 대한 우위를 점함으로써 자유무역 정책으로의 전환이 가능해짐.

* 자유방임(자유주의)적 국가의 역할
– 국가는 가능한 한 경제 과정에서 물러나 작은 정부로 기능. 민간의 사적 영리활동을 자유경쟁에 맡기는 것이 최적의 사회 상태를 달성할 수 있다고 봄.
– 그러나 사유재산(사적소유)의 법적·제도적 확립, 그것의 침범에 대한 적극적 통제로서의 경찰국가적 성격, [화폐제도의 정비], 민간에 의해 행해질 수 없는 최소한의 기초 영역(학교, 상하수도, 도로 등)에 한정된 공동관리 업무 등 국가의 역할이 인정됨.

* 고전파 정치경제학
– 스미스, 리카도로 대변되는 자본주의 '확립기'의 경제학. 중상주의에 반대해 국부의 원천이 산업노동에 있다는 사고를 바탕으로 '노동가치론' 전개. 시장경제하에서 이기심에 기초한 자유로운 영리활동이 사회진보를 낳는다는 사고(스미스)와 자본가·노동자·지주의 각 계급이 어떤 방식으로 분배하고 교환하는가에 대한 논의(리카도) 전개.

* 마르크스 경제학
– 이와 같은 자유주의적 고전파 정치경제학의 주장은 그들이 과학적 기초로 삼던 노동가치론의 방법과 상충하는 것이 많았음. 노동자계급이 점차 정치력 역량을 강화하고 세력을 확장함에 따라 노동가치론을 노동계급의 이론으로 해석하는 시도들이 존재함.
– 마르크스는 노동가치론을 더욱 철저하게 전개함으로써 가치의 실체로서 '노동'에 관한 명확한 관점을 통해 노동자의 노동에 의해 창출된 새로운 가치 중 지불되지 않은 부분인 '잉여가치'가 노동자를 고용한 자본가에 의해 착취된다는 잉여가치론을 전개함.
– 노동가치론 및 잉여가치론을 통해 자본주의적 생산관계, 나아가 상품 생산관계의 폐지를 통해서만이 노동해방이 이뤄질 수 있다며 과학적 사회주의 혹은 공산주의 사상을 발전시킴.

| | | |
|---|---|---|
| 19c 후반<br>~<br>20c 초반 | **\* 중화학공업 중심의 기술 발전과 주식회사**<br>– 모직물→면직물→중화학공업으로 첨단산업 변천. 철강·전기·기계·화학의 시대가 열림(제2차 산업혁명). 이러한 기술 혁신은 영국이 아닌 후발 선진국인 독일과 미국에서 시작됨.<br>– 중화학공업은 장기간에 걸친 거액의 설비 및 건축 투자를 요구하기에, 개별자본가들의 자기자본 투자로는 불가능. 따라서 다수의 자본가가 주주로 참여하는 주식회사가 형성되고, 은행들 역시 산업자본에 막대한 자금을 대출하면서 산업활동에 대한 감시와 통제 강화. 이에 따라 은행과 산업을 결합시키는 거대한 독점체가 형성됨.<br><br>**\* 독점자본주의 발전**<br>– 자본 축적의 일반적 경향으로 나타나는 자본 집적과 집중의 결과로 자유경쟁에서 독점으로의 전화가 이뤄짐. 또한 산업독점과 은행독점의 융합으로 '금융자본'이 지배적 자본으로 등장.<br>– 상품 수출과 더불어 자본 수출(해외 직접투자 혹은 대부자본)을 통해 해외시장을 개척하고 제국주의 정책으로 확장함.<br>– 국내적으로 소수 독점기업 간 결합인 카르텔 등이 형성되어 시장을 장악하고 독점적인 가격 및 생산량을 책정해 비독점자본이나 노동자들에게서 초과이윤을 착취함. 국제적으로도 각국 독점자본이 결합해 국제 카르텔을 형성하고 생산량과 가격 협정이 이뤄짐. | |

**\* 제국주의 체제**
– 급격히 팽창하는 독점자본의 생산력으로 인해 과잉축적 경향이 나타나고, 국내에서 투자처를 찾기 힘든 과잉자본들이 새로운 시장 개척을 위해 해외로 눈을 돌림. 자본주의가 발전하지 않은 주변부 국가들에 직접 자본을 투자하고 자국의 생산물을 수입하게 하여 손쉽게 이윤을 획득할 방안으로서 중심부 국가들 사이의 식민지획득 경쟁이 치열해짐.

**\* 전쟁과 혁명, 대공황의 시대**
– 제국주의 국가 간의, 정확히는 각국 독점자본 간의 이윤 추구, 즉 식민지 획득 경쟁이 1914년부터 시작된 제1차 세계대전을 촉발함.
– 제국주의 전쟁의 혼란 속에서 '제국주의 전쟁을 사회주의 혁명을 위한 내전으로!'라는 구호를 내걸며 러시아에서 사회주의 혁명 성공. 다른 국가들에서도 혁명 시도가 있었으나 부르주아 정권에 처참히 진압됨.
– 종전 이후 1920년대 중반 자본주의 세계가 상대적 안정기로 돌입. 제1차 세계대전의 최대 수혜자였던 미국에서는 독점자본주의의 과잉축적 모순이 누적되면서 1929년 호황에서 급격한 대공황으로의 반전이 일어남.
– 세계대공황은 자본주의 체제의 존립을 위협할 정도로 격심했음. 뉴딜정책 등의 국가 개입도 큰 효과를 거두지 못하고, 결국 제2차 세계대전에 의한 군수 수요 확대와 완전 고용, 살육과 파괴를 통한 과잉생산과 과잉축적 해소가 대공황을 벗어나게 하는 근본적 해결책이 됨.

**\* 마르크스주의 내부 논쟁**
– 자유경쟁 단계의 자본주의 시기에 성립한 마르크스 경제학이 독점단계에 와서 어떻게 적용될지를 놓고 마르크스주의 진영 내부에서 베른슈타인을 중심으로 한 '수정주의'가 대두함. 이에 대해 마르크스 명제를 그대로 옹호하는 카우츠키 중심의 '정통파'가 존재했고, 자본주의의 일반 법칙에 대한 마르크스의 분석은 여전히 유효하지만, 그것이 독점 시대에 어떻게 변화된 방식으로 발현되는지를 규명하도록 이론을 발전시켜야 한다는 '법칙변용론'이 제기됨(힐퍼딩, 레닌 등).
– 제국주의에 관한 평가에서도 의견이 양분됨. 카우츠키는 제국주의를 '정책'으로 판단하고 평화적 정책으로 전쟁을 우회할 수 있다고 믿었으며, 조국 '방어'를 위한 전쟁은 찬성함. 이에 반해 레닌, 룩셈부르크 등은 제국주의가 단순히 정책이 아닌 독점자본의 '본질'이므로, 이를 타도하고 사회주의 혁명을 성공시키지 않으면 피할 수 없다고 판단하며 반전혁명운동으로 나아감(전자는 사민주의, 후자는 공산주의로 마르크스주의가 분열함).

**\* 근대경제학의 발전(미시경제학+거시경제학)**
– 노동가치론이 혁명적 이론으로 발전하자 주류경제학은 자본주의 시장경제를 직접적으로 정당화하고 옹호하는 '신고전파 경제학'으로 선회('한계'분석론과 효용가치론의 결합). 마샬과 왈라스에 의해 완성.
– 대공황 이후 거시적 차원에서의 유효 수요 부족이 정체와 실업을 가져오므로 국가의 재정지출을 통한 경기 조절이 필요하다는 '케인스주의 경제학'이 등장함.

| 20c 중반<br>~<br>현재 | * 국가독점자본주의 형성<br>– 제2차 세계대전 종전 이후의 자본주의는 본질적으로는 독점자본에 의해 주도되는 '독점자본주의' 단계에 있지만, 국가가 독점자본의 이해와 밀접하게 결합되어 대대적으로 경제 과정에 개입하는 '국가독점자본주의'로 심화·발전함.<br>– 현대자본주의에서 국가의 제1의 경제적 역할은 '공황 구제 및 관리정책'이 됨. 경제 규모가 비대해지고 독점자본을 중심으로 한 사회적 결합도가 높아지면서 공황 규모 역시 자본주의를 위협할 수준까지 발전하자 현대자본주의는 국가의 지원과 관리 없이는 자립할 수 없는 자본주의 단계에 오게 됨.<br><br>* 장기호황에서 장기불황으로<br>– 제2차 세계대전 종전 이후부터 1970년대 경제위기까지의 세계경제는 테일러주의적 노동관리와 포드주의적 생산관리, 제3차 산업혁명 등의 기술혁신에 힘입어 생산성이 장기적으로 상승했고, 이러한 장기호황과 노동자계급의 조직화를 기반으로 복지국가가 형성됨(케인스주의적 국가독점자본주의).<br>– 케인스주의적 국가 개입은 공황구제 정책을 실행함으로써 과잉자본 청산과 실업 및 임금삭감을 통한 이윤율 회복이라는 공황의 '순기능'을 억제해 과잉생산의 모순을 누적시켜왔고, 이는 1970년대 세계경제 위기와 이후의 장기적 정체를 가져옴. 혁신적인 생산성 발전 계기도 나타나지 않는 상황에서 독점자본은 노골적으로 이윤율 회복을 위해 노동자계급에 대한 과잉착취로 나아갔고, 국가는 이를 뒷받침하는 신자유주의 정책을 적극 수행함(신자유주의적 국가독점자본주의). | |

## * 미국 헤게모니

– 제1차 세계대전 이후 영국의 헤게모니가 점차 쇠퇴하고 제2차 세계대전을 통해 미국이 세계에서 유일한 순채권국으로 돌아서면서 경제·정치·군사적으로 독보적인 헤게모니 국가가 됨. 미국을 중심으로 한 자본주의권과 소련을 중심으로 한 사회주의권 간의 냉전체제가 이뤄짐.

– 미국의 막대한 금 보유량을 기초로 미국 주도의 IMF(국제통화기금)가 설립되고, 달러를 기축통화로 하는 '금—달러 본위제'와 고정환율제도가 확립됨. 또한 GATT(관세와 무역에 관한 일반협정)가 체결, 비준되어 미국 중심의 자유무역제도가 확립됨.

– 군수산업 발전을 토대로 막대한 유효수요를 창출해 경기를 부양하는 '군사적 케인스주의'를 지속하면서, 미국은 끊임없이 전쟁을 일으키고 개입하는 제국주의 정책을 펼침.

## * 1970년대 경제위기 이후의 변화

– 막대한 국제수지 적자와 재정적자에 시달리던 미국은 결국 금태환을 정지시켰고, '금—달러본위제'가 폐기됨. 여전히 기축통화는 달러지만, 각국의 환율은 기준 없이 변동하는 불안정한 변동환율체제로 전환됨.

– 신자유주의로 선회하면서 국가 개입 방식이 변화됨. 여전히 '공황구제'라는 국가독점자본주의의 기본 역할은 변하지 않았지만, 복지국가 및 친노동정책을 통한 체제안정 역할로부터, 독점자본의 이익에 대한 노골적인 지원(구조조정, 노조탄압, 감세, 복지지출 감소 등)이라는 **새로운 방식의 '개입'**으로 변화함.

## * 케인스주의—신고전파 종합(올드 케인지언)

– 신고전파의 미시경제적 관점과 케인스경제학의 거시경제적 관점이 새뮤얼슨을 중심으로 한 '케인스주의—신고전파 종합'으로 통합됨. 미시경제학은 개별시장의 균형 및 시장들 간의 일반균형을 논증하는 것을 목표로 하고, 이는 1960년대에 완결된 논리로서 완성됨. 거시경제학은 미시경제 영역과 별도의 '전체경제'를 상정하고, 이를 관리하는 정책이론의 성격이 강했음. 따라서 양자는 유기적으로 결합되지 못한 애매한 통합임.

## * 새고전학파와 새케인스학파

– '스태그플레이션'으로 대표되는 1970년대 경제위기로 케인스주의가 파산하고, 거시경제학 내부에서 소위 '루카스 혁명'이 일어남. 이는 (이미 완성된) 미시경제학 토대 위에 '일반균형적 거시경제학'을 새롭게 구성해야 한다는 주장으로, 이후 미시경제학과 거시경제학이 유기적으로 결합된 '새고전학파'로 이어짐.

– 일반균형적 거시경제학의 틀을 받아들이면서도 여전히 단기적 불균형과 케인스주의적 정책의 유효성을 일반균형이론 내에 접목시킨 그룹인 '새케인스학파'가 등장함.

## * 비마르크스주의 비주류 경제학

– 포스트 케인스주의, 네오 리카도주의(스라파주의), 제도주의, 조절이론 등

# 제2장 자본주의 공황과 경기순환

## 1. 주기적으로 반복되는 공황

사람들은 공황이 오면 잘 나가던 경제에 느닷없이 벼락이 떨어진 듯 충격을 받지만, 사실 공황과 대량실업은 자본주의의 피할 수 없는 질병처럼 주기적으로 반복되는 현상이다. 그럼에도 호황국면이 되면 지난 공황은 망각 속에 사라지고 호황의 흥청망청에 열광하다가 또다시 공황의 파국을 맞이한다. 자본주의의 특징적인 주기적 과잉생산공황은 19세기 초 산업혁명 완성과 함께 시작했다. 마르크스는 자본주의 공황의 성립 조건으로 기계제 대공업 확립, 세계시장 형성, 세계시장에서의 공업국 간 경쟁을 거론했으며, 자본주의 생산은 필연적으로 10년을 주기로 하는 산업순환 형태를 취한다고 했다(MEW 23, 661-662/김수행 역, 『자본론』I(하), 863-864). "공장제도의 방대하고 비약적인 확장력과 세계시장에 대한 그 의존성은 필연적으로 열병 같은 생산과 그에 뒤따르는 시장의 과잉공급을 야기하며, 시장의 축소와 함께 생산의 마비가 나타난다. 산업의 생애는 중간 정도의 활황, 번영, 과잉생산, 공황, 불황이라는 일련의 시기들로 전화된다."(MEW 23, 476/『자본론』I(하), 607)

물론 공황의 역사는 19세기 초보다 훨씬 이전으로 거슬러 올라간다. 자본주의가 아직 지배적인 생산양식으로 확립되지 않았어도 상품과 화폐경제가 발전하고 상업이 번창하면, 유통수단으로서의 화폐 기능(판매와 구매의 시간적·공간적 분리)과 지불수단으로서의 화폐 기능(지불 불능)으로부터 이미 공황이 발발할 가능성이 주어지며, 상업자본의 투기에 의해서도 공황이 발생할 수 있기 때문이다. 그밖에 전쟁 등 정치적 요인에 의해서도 공황이 발생한다. 그러나 이 시기 공황들은 공장제 대공업의 물질적 토대를 결여하고 있어 주기적으로 반복되는 과잉생산공황의 성격을 지니지 못했고, 다음 [표6]에서 보는 바처럼 여러 특별한 요인에 의해 불규칙하게 발생했다. 19세기 초 산업혁명의 진전과 함께 공황은 점차 과잉생산공황으로서의 면모를 갖춰갔고, 1825년 영국 공황 이래 비로소 과잉생산공황으로서 주기적으로 반복됐다. 일련의 선진공업국에서 산업혁명이 완성되면서 주기적 공황도 이들 국가로 확대됐고, 1857년 공황은 명실상부하게 세계공황으로서의 성격을 분명히 드러냈다. [표7]은 1825년 이래의 주요 선진국의 주기적 공황을 요약·정리한다([표7]에는 빠져 있지만, 1969/1970년, 2001년, 2008/2009년 미국 및 세계공황이 있었고, 2020년 새로운 공황이 발발했다). 이 표에서 보다시피 200년의 자본주의 역사에서 7~11년 주기로 반복되는 공황의 역사를 확인할 수 있다. 특히 제2차 세계대전 종전 이후에는 국가의 경제 개입이 제도화되어 경기순환이 변용됐음에도 불구하고 공황과 경기순환의 법칙이 어김없이 관철되고 있다.[89]

**[표6] 1825년 이전 영국의 공황들과 공황 간의 시간 간격**

| 공황 발생 연도 | 1640 | 1667 | 1672 | 1695 | 1708 | 1720 | 1745 | 1763 | 1772 | 1778 | 1783 | 1793 |
|---|---|---|---|---|---|---|---|---|---|---|---|---|
| | 1797 | 1799 | 1810 | 1815 | 1819 | | | | | | | |
| 시간 간격 (년) | | 27 | 5 | 23 | 13 | 12 | 25 | 18 | 9 | 6 | 5 | 10 |
| | 4 | 2 | 11 | 4 | 4 | | | | | | | |

출처: 林直道, 『恐慌・不況の経済学』, 新日本出版社, 2000, 56쪽. (국역: 하야시 나오미치, 『경제는 왜 위기에 빠지는가』, 그린비, 2011, 56쪽.)

**[표7] 주요 국가별 세계공황 발생 연도와 공황 간의 시간 간격**

| 영국 | 미국 | 독일 | 프랑스 | 일본 | 연도 | 간격(년) |
|---|---|---|---|---|---|---|
| 1825 | | | | | 1825 | |
| 1836 | 1837 | | | | 1836 | 11 |
| 1847 | 1847 | 1847 | 1847 | | 1847 | 11 |
| 1857 | 1857 | 1857 | 1857 | | 1857 | 10 |
| 1866 | 1865 | 1866 | 1867 | | 1866 | 9 |
| 1878 | 1873 | 1873 | 1873 | | 1873 | 7 |
| 1882 | 1882 | 1883 | 1882 | | 1882 | 9 |
| 1890 | 1893 | 1890 | 1891 | 1890 | 1890 | 8 |
| 1900 | 1903 | 1900 | 1900 | 1900 | 1900 | 10 |
| 1907 | 1907 | 1907 | 1907 | 1907 | 1907 | 7 |

---

89  국가독점자본주의하에서의 공황과 경기순환의 변용 문제는 이 글의 대상이 아니다. 여기서는 19세기의 전형적인 공황과 경기순환을 대상으로 마르크스의 공황론을 살펴보는 것에 한정한다.

|  |  |  |  |  | (1913) |  |
|---|---|---|---|---|---|---|
|  | (제1차 세계대전) |  |  |  |  |  |
| 1920 | 1920 | – | – | 1920 | 1920 |  |
| 1929 | 1929 | 1929 | 1930 | 1929 | 1929 | 9 |
| 1937 | 1937 | – | 1937 | – | 1937 | 8 |
|  | (제2차 세계대전) |  |  |  |  |  |
| – | 1948 | – | – | – | 1948 | 11 |
| 1957 | 1957 | 1957 | 1957 | 1957 | 1957 | 9 |
|  | (베트남 전쟁 확대로 중단) |  |  |  | (1967) |  |
| 1974 | 1974 | 1974 | 1974 | 1974 | 1974 |  |
| 1980 | 1980 | 1980 | 1980 | 1981 | 1980 | 6 |
| 1990 | 1990 | 1990 | 1990 | 1990 | 1990 | 10 |

출처: 林直道, 같은 책, 56쪽. (국역: 하야시 나오미치, 같은 책, 55쪽.)

## 2. 경기순환과 네 개 국면

평균 10년인 하나의 산업순환은 [그림5]처럼 네 개의 국면, 즉 공황–불황–경기회복(중간 수준의 활황)–호황–공황으로 구성된다. 공황은 하나의 순환의 출발점이자 종점을 이룬다. 공황과 불황은 실질 GDP가 감소하는 국면, 즉 실질 GDP 성장률이 (–)인 국면이다. 공황은 자본파괴와 가치감소가 급속하게 진행되는 국면, 불황은 더 완만하게 진행되는 국면이다. 저점에서 경제는 (+)성장으로 돌아서서 경기회복 국면이 전개된다. 경기회복이라는 의미는 이전 경기순환의 고점을 회복한다는 말이다. 즉 저점으로부터 이전 순환의 고점까지가 경기회복 국면이다. 이전 순환의 고점을 돌파하면, 경제는 이제 호황국면으로 진입한다. 호황국면은 막바지에 '과도한 긴장과 과잉투기의 시기'(MEW 25, 543/『자본론』III(하), 651)를 지나 공황으로 급전한다. 통상의 경기순환을 보면, 새로운 호황의 고점은 이전 순환의 호황 고점보다 실질 GDP가 더 높고, 또 새로운 공황의 저점도 이전 순환의 공황 저점보다 실질 GDP가 더 높다. 따라서 하나의 순환에서 실질 GDP는 평균적으로 성장하고 이런 순환이 반복적으로 전개되기 때문에, 자본주의 경제는 주기적 공황에도 불구하고 중장기적으로는 성장하게 된다.

**[그림5] 경기순환과 국면들**

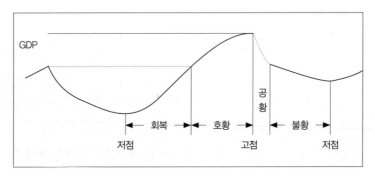

* Y축은 실질 GDP, X축은 시간을 나타냄.
  출처: 長島誠一, 『経済と社会』, 桜井書店, 2004, 104쪽.

자본주의적 생산이 이렇게 공황순환을 반복하는 것은 자본주의 생산 자체에 공황을 야기하는 내재적 원인이 존재하기 때문이며, 또한 순환 국면이 반복적으로 교대되는 것은 각 국면이 다음 국면으로 전환되는 내적 논리가 작용하기 때문이다. 공황순환이 반복되고 순환 내에서의 국면 교대가 반복되는 핵심적 요인은 공황을 통한 공황의 청산 기능(이른바 자본주의의 자율적 회복기구)에 있다. 호황 국면에서 발전하는 불균형과 과잉생산 및 과잉자본은 공황으로 폭발하는데, 공황은 누적된 모순들의 폭발일 뿐 아니라 동시에 모순들의 일시적 해결 형태이기도 하다. "공황은 언제나 현존하는 모순들의 일시적인 폭력적 해결, 교란된 균형을 순간적으로 회복하는 폭력적인 분출일 뿐이다."(MEW 25, 259/『자본론』III(상), 299) 공황은 한편에서 상품가격 하락, 주가 폭락, 기업 도산, 자본 유휴화 등 여러 형태의 자본 파괴와 감가를 통해, 그리고 다른 한편에서 대량해고와 임금삭감 등을 통해 과잉생산물과 과잉자본을 청산하고 재생산의 불균형을 정정함으로써 이윤율의 조건을 회복하고 자본축적을 재개할 수 있도록 한다. 처음에는 갱신투자가, 그다음에는 신규 확대투자가 스스로 수요를 확대하면서 생산과 고용, 그리고 수요의 상호작용하에서 경기회복과 호황을 가져오고, 호황기의 과도한 투자와 투기는 다시 불균형과 과잉생산 및 과잉자본을 불가피하게 한다. 그러면 새로운 공황이 폭발하게 된다.

경기순환 국면은 위에서 본 실질 GDP(또는 공업생산지수, 서비스산업지수) 외에도 물가지수나 주가지수, 이자율, 이윤율, 실업률 등 여러 경제지표를 통해 진단할 수 있고, 또 경기순환이 법칙적이기에 국면의 변화도 일반적으로 예측할 수 있다.(물론 경기순환은 매 순환이 역사적으로 특수한 내용을 갖는 것이고, 많은 요소가 그 구체적인 전개에 영향을 미치므로 국면의 전환 시점을 정확하게 예측하기는 거

의 불가능하다.) 이 중에서 주가지수는 순환국면에 앞서 변동하는
경기 선행지표로서의 성격을 갖고 있고, 반면 실업률은 순환국면
에 뒤늦게 변동하는 경기 후행지표로서의 성격을 띤다. 순환국면
에 따른 이들 지표의 변동은 [표8]처럼 요약할 수 있다.

**[표8] 경기순환 국면에 따른 경제지표들**

|  | 실질GDP | 물가지수 | 주가지수 | 이자율 | 이윤율 | 실업률 |
|---|---|---|---|---|---|---|
| 공황 | 마이너스 성장 | 급락 | 급락 | 최고, 이후 하락 | 급락 | 상승 |
| 불황 | 마이너스 성장 | 하락 | 최저, 이후 반등 | 최저 | 하락 | 상승 심화 |
| 경기 회복 | 중위의 성장 | 안정 | 등귀 | 중위 | 안정 | 최고, 이후 하락 |
| 호황 | 고성장 | 등귀 | 최고 | 등귀 | 최고 | 최저 |

## 3. 과잉생산과 공황론의 방법

공황의 주요 현상들로는 주식시장 폭락, 신용경색과 기업 도산,
상품판매 불능, 가격 폭락, 과잉생산, 과잉자본, 마이너스 성장, 대
량해고, 임금삭감, 공장 유휴화, 이윤율 하락 등을 거론할 수 있
다. 이 중에서 핵심적인 현상은 과잉생산( 및 과잉생산을 가져온 과
잉투자와 과잉자본)이다. 상품이 판매되지 않고 가격이 폭락하는 것
은 상품의 과잉생산 때문이고, 너무 많은 자본이 상품생산에 투하
됐기 때문이다. 이윤율 하락과 주식시장 폭락도, 또 신용경색과 기

업 도산도 과잉생산 때문이며, 대량해고와 공장 유휴화도 마찬가지다. 따라서 공황의 원인을 규명함에 있어 무엇보다 주기적으로 과잉생산을 야기하는 원인이 무엇인가를 밝혀야 한다. 그런데 공황을 가져오는 과잉생산은 호황국면에 형성되는 것이기에 공황의 해명은 그에 선행하는 호황을 분석하지 않으면 안 된다. 과잉생산과 과잉자본은 없던 것이 공황국면에서 갑자기 생긴 것이 아니라 호황 과정에서 형성된 것이 공황으로 폭발하는 것이기 때문이다.

공황의 문제를 이렇게 과잉생산의 형성과 폭발이라는 경기순환과 주기적 공황의 차원에서 고찰하면, 이 분석 수준은 『자본』의 추상 수준을 넘어가는 것이다. 공황의 기초이론은 물론 『자본』에 토대를 두고 구성되어야 하지만, 이념적 평균이라는 추상 수준에서 전개된 『자본』의 세계에서는 주기적인 과잉생산은 추상될 수밖에 없어 과잉생산은 잠재적 형태로 발전될 뿐이고 현재화될 수 없다. 물론 『자본』의 곳곳에서, 특히 제3권 제3편 이윤율의 경향적 저하법칙 중 제15장(법칙의 내적 모순들의 전개)에서 마르크스는 과잉생산과 과잉자본 등 공황의 문제들을 거론하고 있지만, 그것은 후에 분석할 문제들을 필요한 한에서 선취해 언급하는 것이지, 『자본』에서 경기순환과 현실공황을 전개하는 것은 아니다. 공황과 경기순환은 『자본』의 서술 대상이 아니기 때문이다. 과잉생산의 명시적 분석은 『자본』의 수준을 넘어 『자본』 이후 남겨진 마르크스의 정치경제학 비판 플랜의 후속 과제들(제1부 자본 제2편 자본들의 경쟁 이하의 부·편)을 이행하는 속에서 이루어진다.[90] 이 때문에 현실에서는 자본주의적 생산이 단선적인 성장이 아니라 경기순환이라는 축적의 리듬을 타고 과잉생산의 형성과 폭발이라는 불균형 속에서 전개되지만, 그럼에도 『자본』에서는 이 과정이 추상되어 있다. 『자본』 제1권 제7편의 자본의 축적 과정이나 제2권 제3편의 확대재생산 표식에서 자본의 축적과 함께 자본주의 생산이 공황과 마이너스 성장 없이 계속 확장되는 과정으로 나타나고, 그 위에서 축적의 법칙이나 재생산의 법칙이 분석되는 것도 이러한 이유 때문이다.

말하자면 『자본』에서의 분석은 경기순환이라는 자본주의 생산의 현실적 과정을 추상해서 그 평균적 경로를 관념적으로 포착한 것이다. 그러한 추상 수준에서는 '수요=공급' 또는 '생산=소비'라는 균형, 즉 '가치=가격'이라는 가치법칙을 추상적으로 전제하며, 현실의 경기순환에서 전개되는 가치로부터 가격의 순환적 괴리[불균형(=과잉생산)의 누적과 심화]와 공황으로의 폭발을 통한 불균형의 조정(과잉생산의 청산) 등의 과정은 나타날 수 없다. 따라서 『자본』의 법칙들은 경기순환을 설명하는 것이 아니라 경기순환을 통해 관철되는 자본주의 생산의 경향적 법칙들을 나타낼 뿐이다. [보론3]

---

90  따라서 제3권 제3편 제15장의 과잉생산과 공황에 대한 서술들은 현실경쟁론 등을 매개로 해석해야 하는 것이지, 이윤율의 경향적 저하법칙으로부터 직접 과잉생산공황을 설명하는 것으로 이해해서는 안 된다.

에서 보게 되는 이윤율저하설(네오마르크스주의 공황론)처럼 이러한 『자본』의 방법론을 이해하지 못하고 자본주의의 과잉생산을 부정하는 것, 그리고 균형을 전제한 이 법칙들로부터 직접 공황과 경기순환을 설명하는 것은 당연히 오류일 수밖에 없다. 공황과 경기순환을 설명하기 위해서는 『자본』을 넘어 '현실경쟁'이라는 더 구체적인 분석으로 나아가 '이념적 평균'에서 전제한 균형과는 달리 실제로 경기순환의 각 국면에서 어떻게 불균형과 과잉생산이 누적적으로 전개되고, 그 불균형이 공황을 통해 폭력적으로 정정되는가를 규명하지 않으면 안 된다. 이로부터 비로소 '가치=가격'이라는 균형(가치법칙)은 경기순환을 따라 끊임없이 가격이 가치로 수렴, 조정되는 것이 아니라 경기순환에 따른 불균형의 누적과 주기적 공황을 통한 폭력적인 조정을 거치면서 경향적으로 실현되는 것임을 이해할 수 있다.[91]

---

91  마르크스의 공황론의 방법과 『자본』에서의 공황론의 전개 및 그 한계에 대한 자세한 논의는 김성구, 「마르크스의 공황론 방법과 주기적 과잉생산공황론」, 김성구, 『마르크스의 정치경제학 비판과 공황론』, 나름북스, 2018; 김성구 편, 『공황론 입문』, 돌베개, 1983(그중에서 岡稔, 「공황이론의 문제점」 및 古川正紀, 「산업순환과 가치법칙」) 참조. [오래전에 간행된 『공황론 입문』에 대해서는 편집교열 오류에 대한 정정과 해명이 필요하다. 필자가 당시 이 책 원고를 넘기고 독일 유학을 간 탓에 출판사 교열 원고를 볼 수가 없었는데, 유감스럽게도 출판사 편집부에서 인명과 용어 또는 개념, 표현 방식을 자의적으로 변경했다. 물론 제5공화국 군사정권하의 검열을 고려한 것이기는 하지만, 책을 망칠 정도로 곳곳에 오류가 심각했다. 가장 큰 문제로는, 마르크스란 인명을 정치경제학자로 바꿔 썼고(정치경제학자는 무수하게 많고 마르크스는 오히려 이 정치경제학을 비판하고자 했는데도), 엥겔스는 정치경제학자의 동료라는 식으로 썼으며, 레닌 대신 러시아의 활동가라 명했다(러시아 활동가 또한 무수히 많다). 또 모순을 문제점으로 바꿔 놓기도 했고, 가치와 가격의 등치관계를 나타내는 '가치=가격'이라는 표현을 '가치 즉 가격'이라는 알 수 없는 표현으로 바꿔 놓았다. 필자로서는 개정판을 낼 생각

## 4. 공황의 원인

　　그러면 이제 공황을 가져오는 과잉생산의 원인은 무엇이고, 호황 과정에서 어떻게 과잉생산과 과잉자본이 누적적으로 형성되고 공황으로 폭발하는지 그 과정을 살펴보도록 한다. 이것은 곧 『자본』의 수준을 넘어 공황론을 전개하는 것이며, 『자본』에서는 나타나지 않았던 과잉생산이 현실경쟁을 매개로 어떻게 현재화되는가 하는 문제를 해명하는 것이다.

　　자본주의 생산양식의 모든 모순의 근저에는 생산의 사회적 성격과 사적 자본가적 영유 형태(취득 형태) 간의 모순이라는 기본모순이 자리 잡고 있는 것처럼, 자본주의 공황도 근본적으로는 이 모순에 기인한다. 공황의 근본 원인이 자본주의의 기본모순에 있다는 것은 곧 기본모순의 지양 없이는 공황 극복이 불가능하다는 것을 말해 준다. 케인스주의를 비롯해 자본주의 질서 내에서 공황을 극복할 수 있는 것처럼 주장하는 잡다한 논자들을 생각한다면, 이처럼 공황론에 있어 기본모순의 의의를 이해하고 자본주의하에서 공황 극복은 불가능하다고 인식하는 것이 얼마나 중요한지, 두말할 필요도 없다. 그러나 공황과 관련해 이 모순은 너무 추상적이며, 자본주의의 모든 문제를 단순히 이 모순으로 돌리는 것은 분

---

으로 지금까지 두고 봤지만, 이제 개정판을 포기한 마당에 그 책 독자들을 위해 지금이라도 이렇게 몇 가지 정정사항을 밝히고 싶다.]

석이라 할 수 없다. 당장 공황의 원인이 자본주의의 기본모순이라고 말한다면, 이 모순에도 불구하고 호황은 있지 않은가, 호황은 도대체 어떻게 가능한가 하는 반문이 제기될 수밖에 없다. 따라서 이 모순은 공황과 관련해 더 구체적인 모순으로 나타나지 않으면 안 된다. 공황과 관련해 기본모순의 더욱 발전된 형태, 즉 주요모순은 자본주의 생산의 무정부성과, 부르주아지와 프롤레타리아트의 대립이라는 두 가지 모순이다.[92] 이 두 개의 모순으로까지 구체화된 모순을 보면, 이제 이 모순들과 공황과의 직접적 관련이 윤곽을 드러낸다. 전자는 자본주의 생산의 무정부성에 따른 생산부문 간 불균형을 불가피하게 하고, 후자는 생산과 소비의 모순 및 불균형을 가져오는 것이어서 이 모순들로부터 구체적으로 공황을 야기하는 불균형과 과잉생산을 설명할 수 있게 된다. 이렇게 공황의 원인은 주요모순에서 비롯되는 생산부문 간 불균형과, 생산과 소비의 모순에 있다.

그런데 이 모순들에도 불구하고 『자본』에서는 이 모순들이 실제로 부문들 간의 불균형이나 생산과 소비의 불균형으로 나타나지 않고, 따라서 현실공황의 분석으로 나아갈 수 없다. 그것은 앞의 절에서 말한 바처럼 『자본』이 '자본주의의 이념적 평균'이라는 추상 수준에서 서술되기 때문이다. 『자본』에서 사회적 총자본의 재생산

---

92  공황과 관련한 이와 같은 정식화는 엥겔스의 『반듀링론』(Anti–Dühring, MEW 20, 248–) 참조.

을 다루는 제2권 제3편의 재생산표식을 보면, 여기서도 표식의 균형이 전제되어 있다. 단순재생산이든 확대재생산이든, 생산수단을 생산하는 제I부문의 생산물 가치(생산수단의 공급)는 제I부문과 제II부문 자본가들의 생산수단 수요와 일치하며, 소비재를 생산하는 제II부문의 생산물 가치(소비재 공급)는 양 부문 노동자들과 자본가들의 소비재 수요와 일치한다. 자본주의의 무정부적 생산에서 이러한 균형이 달성될 수 있는 것은 가치로부터 가격의 끊임없는 불균형과 동시에 가치로의 가격의 끊임없는 수렴이 전제되기 때문이다. 즉 자본주의적 재생산은 우연으로라도 그 균형을 달성할 수 없는 끊임없는 불균형 속에서 진행되지만, 가격기구를 통해 수요와 공급의 불균형이 끊임없이 조정된다고 상정하는 것이다. 물론 자본주의의 현실적 재생산이 그렇게 끊임없이 균형으로 조정되는 것이 아니라 불균형의 누적과 공황의 폭발이라는 과정에서 진행되지만, '이념적 평균'이라는 『자본』의 추상 수준에서는 그런 과정이 추상되고 가치법칙과 가격기구가 균형화 기구처럼 작동하는 것으로 나타날 수밖에 없다. 이렇게 보면, 『자본』의 수준에서 파악하는 공황의 원인인 생산부문 간 불균형과, 생산과 소비의 모순은 여전히 직접적으로 과잉생산공황을 설명할 수 없는 추상적 원인으로 남아 있다. 이제 『자본』의 수준을 넘어 경기순환의 분석 수준으로 나아가 자본들 간의 현실경쟁 속에서 어떻게 생산부문 간 불균형과, 생산과 소비의 모순이 실제로 과잉생산을 가져오는지 살펴봐야 한다.

## 5. 과잉생산의 현실화 메커니즘[93]

마르크스의 공황론은 생산부문 간의 균형 파괴(특히 제I부문과 제II부문의 불균형) 및 생산과 소비의 괴리로부터 주기적 공황을 설명한다. 즉 과잉생산공황은 소비재 수요와 소비재 생산부문의 불균형, 소비재 생산부문과 생산수단 생산부문의 불균형(두 개의 불균형은 물론 연관되어 있다)으로부터 발생한다(또한 생산수단 생산부문 내의 불균형도 있다). 공황에서 문제가 되는 불균형은 일상적인 불균형이 아니라 호황 과정에서 누적, 심화되는 불균형과 과잉생산이고, 이것이 공황으로 폭발하는 것이다. 일상적 불균형이 곧 공황인 것은 아니다. 그런데 자본주의하에서는 수요와 공급의 불균형을 조정하는 가격기구가 작동한다. 따라서 가격기구가 일상적으로 작용해 시장의 불균형을 정정해 주는데, 어떻게 과잉생산이 누적되어 공황으로 폭발할 수 있는가 하는 질문이 제기된다. 『자본』에서는 이러한 방식의 가격기구 작동을 통해 자본주의의 균형이 달성되고 있는 것처럼 되어 있지만, 그것은 '이념적 평균'의 추상 수준 때문이며, 여기서의 문제는 이 추상 수준을 넘어 자본들 간의 현실적인 경쟁을 통해 가격기구가 실제로 어떻게 작동하는가를 살펴보는 것이다. 이 질문에 대한 답변에서 중요한 열쇠는 고정자

---

93   이 절의 내용은 주로 하야시 나오미치, 『경제는 왜 위기에 빠지는가』, 앞의 책, 제2장을 참조했지만, 필자의 관점에서 추가로 보충하고 필자의 다른 글로부터 약간 발췌도 했다.

본의 특별한 성격, 그리고 호황기에 집중되는 고정자본 투자에 있다. 산업순환의 변동을 가져오는 가장 중요한 요소는 투자수요의 변동인데, 그중 고정자본 투자는 특별한 성격을 지니고 있다. 그 이유는 기계설비 등 고정자본은 투자할 때는 일거에 투입해 설치하고, 장기간의 내구연한 동안 고정자본으로 계속 기능하면서 조금씩 자신의 가치를 새로운 생산물에 이전시키며, 완전히 마모되면 새로운 기계설비로 일거에 갱신되기 때문이다(그동안 적립된 감가상각기금이 갱신투자에 사용된다). 마르크스는 당대 고정자본의 생애순환을 대략 10년으로 평가하면서 이것이 주기적 공황의 하나의 물질적 토대라고 파악했다.(MEW 24, 185~186/『자본론』II, 217)

　고정자본 투자의 이러한 특성 때문에 고정자본 투자는 생산의 변동에 비해 더 커다란 변동을 나타낸다. 만약 고정자본 투자가 무수히 많은 자본가 사이에서 상이한 방식으로 일어난다면(어떤 자본가들은 갱신투자, 확대투자를 하고, 다른 자본가들은 반대로 투자 없이 감가상각과 이윤 적립만 한다면), 그 변동성은 상호 상쇄되어 사회 전체적으로 커다란 불균형으로 발전하지 않을 수 있다. 그러나 호황기처럼 대부분 자본가가 확대투자로 나아가 전 사회적으로 고정자본 투자가 대대적으로 이뤄지는 경우에는 문제가 달라진다. 이로부터 발생하는 전 사회적 수급 불균형의 메커니즘을 살펴보기 위해서는 먼저 고정자본 투자에서의 수요와 공급의 비대칭성을 살펴봐야 한다. 고정자본 투자는 고정자본에 대한 '수요의 일시적인 대량성'을 유발하지만, 그다음 고정자본이 설치, 가동되면서 그 사용연한 동안 계속 생산물을 공급하는 '공급의 장기적 일방성'이 작용한다. 따라서 호황기에 고정자본 투자가 집중되면 고정자본 수요가 대규모로 발생하고, 공급은 이를 따르지 못해 초과수요가 발생한다(즉 수요의 일시적 대량성이 공급의 장기적 일방성보다 우세해서 사회 전체적으로 초과수요가 발생한다). 이것이 바로 호황기의 붐을 가져오는 요인이다. 그러나 일단 투자가 일어난 후에는 투자수요가 감퇴하고, 반면에 가동하기 시작한 고정자본은 일방적으로 생산물을 계속 공급하게 되어 이번에는 초과공급 상태로 전환되고, 이는 과잉생산공황으로 발전한다(다시 말해 이제는 공급의 장기적 일방성이 수요의 일시적 대량성보다 우세해져서 사회 전체적으로 초과수요로부터 초과공급으로 전환되고, 이로부터 과잉생산공황이 발생한다).

그러나 고정자본 투자에 특유한 수요와 공급의 비대칭성, 즉 '공급의 장기적 일방성'과 '수요의 일시적 대량성'은 호황기에 형성되는 제I부문의 과잉생산을 설명하는 데 충분하지 않다. 왜냐하면 이 효과는 장기적으로 작용하는 것이어서 호황 말기와 공황 시에 갑작스럽게 표출하는 과잉생산 문제를 해명하는 데는 한계가 있기 때문이다. 설비 건설이 완료, 설치되어 설비가 가동되면서 나타나는 일방적 공급의 문제는 과잉생산의 해명에서 부차적으로만 타당하다. 문제는 호황기에 초과수요에 의해 은폐되어 과잉생산하게 된 생산수단이 시장에 쏟아져 나오기 시작하면서 나타나는 갑작스러운 공급과잉이며, 이 문제를 살펴보기 위해서는 둘째로, 고정자본 공급의 비탄력성이라는 또 다른 특성, 즉 고정자본의 상대적으로 긴 건설기간과 그 공급의 시간적 지체를 고려해야 한다. 고정자본 수요의 일시적 대량성이라는 특징 때문에 호황기에 확장투자가 집중되면 거대한 투자수요가 형성되는데, 고정자본의 공급은 상대적으로 긴 건설기간 때문에 일정한 시간 동안 그 수요를 즉각 충족시킬 수 없게 된다. 이렇게 되면 고정자본의 시장가격이 더욱 등귀하고, 이러한 가격 신호는 고정자본 생산자들로 하여금 고정자본에 대한 수요가 더 높다고 판단하도록 해서 고정자본의 투자와 생산을 더 확대시키게 된다. 그러나 이 추가적 가격 등귀는 공급 지체로 발생한 것이고, 고정자본에 대한 수요가 실제로 더 존재하는 것이 아니기 때문에, 이 경우 고정자본의 추가적 투자와 생산 확대는 곧 과잉생산을 의미한다. 그렇지만 그 생산이 완료, 공급되기까지는 시장에서는 공급부족과 초과수요가 지배한다. 또 추가적인 생산확대는 고용과 소득, 소비를 증대시켜 이번에는 소비재 생산부문의 추가적 투자를 유발하며, 이는 다시 고정자본에 대한 수요와 투자를 증대시킨다. 그러면 고정자본 공급의 지체 때문에 더 한층의 초과수요가 발생하고, 고정자본 생산은 더욱 확대되어 과잉생산이 누적되어 간다. 이러한 과정이 다름 아닌 호황을 가져오지만, 외관상 초과수요가 지배하는 이 호황 아래에서는 잠재적으로 과잉생산이 진행되고, 일정한 시간이 지난 후에 고정자본이 차례로 시장에 공급되자마자 과잉생산은 일거에 현재화된다. 그렇게 되면 과잉생산공황으로 폭발하지 않을 수 없다. 이렇게 가격기구는 수급의 불균형을 정정하는 게 아니라, 오히려 불균형과

과잉생산을 심화시키는 작용을 한다. 이렇게 심화된 불균형과 과
잉생산을 폭력적으로 조정해 새로운 균형을 만드는 기구가 다름
아닌 주기적 공황인 것이다.

　나아가 셋째로, 자본주의하에서는 호황기의 이와 같은 과잉생
산 발생 메커니즘을 보완, 강화하는 또 다른 계기들이 존재하는
데, 무엇보다 상업자본의 매개와 투기, 신용기관과 주식거래소 등
을 들 수 있다. 상업자본의 매개에 따라 생산과 소비의 연결이 점
점 더 길어지게 되고(그러면 생산자와 수요자 간의 거래가 직접 이루어
지지 않게 되므로, 수요와 공급에 관한 정보가 왜곡될 수밖에 없다), 더
욱이 호황 과정에서 전 사회적 수준의 초과수요가 형성되면 초과
이윤을 기대한 상업자본의 추가적인 생산재 주문수요와 매점매석
이 발생해 생산재 생산부문의 과잉투자 및 과잉생산의 누적 메커
니즘을 강화시키게 된다. "상업자본의 운동은 그 자립화에도 불구
하고 유통영역 내에서의 산업자본의 운동일 뿐이다. 그러나 이 자
립화 때문에 상업자본은 일정한 범위에서 재생산과정의 한계들로
부터 독립해서 운동하고, 그래서 이 재생산과정을 심지어 그 한계
들을 넘어서까지 추동한다. 내적인 의존성과 외적인 자립성은 내
적 연관이 공황을 통해 폭력적으로 회복되는 지점까지 상업자본
을 몰아간다."(MEW 25, 316/『자본론』III(상), 368) 그 결과 과잉생산
공황은 산업자본의 위기만이 아니라, 상업자본의 위기를 포괄하
게 된다. "그래서 … 공황은 직접적 소비와 관계있는 소매업이 아
니라 도매업과, 사회 전체의 화폐자본을 도매업에 사용하도록 하

는 은행 분야에서 먼저 나타나고 폭발한다."(MEW 25, 316/『자본론』 III(상), 369) 그뿐만 아니라 호황기의 과잉투자와 과잉생산의 누적은 자본주의 신용제도의 역할과 매개를 상정하지 않으면 가능하지 않다. "은행제도에 의해 자본의 분배는 하나의 특수한 업무, 사회적 기능으로서 사적 자본가와 고리대금업자의 손에서 벗어나게 된다. 그러나 은행과 신용은 그럼으로써 동시에 자본주의적 생산을 그 자신의 한계들을 넘어 추동하는 가장 강력한 수단이 되며, 공황과 사기의 가장 유효한 매개물의 하나가 된다."(MEW 25, 620-621/『자본론』III(하), 747) 호황기에 설비투자 자본이 회수되기도 전에 과잉투자가 계속될 수 있는 것은 은행에 의한 신용공여가 가능하기 때문이다. 한편 은행은 사회적 초과수요의 존재와 높은 이윤 전망으로 인해, 그리고 점점 높아지는 이자율 조건에서 신용공여를 확장하게 된다. 호황기에는 은행을 통한 신용공여 외에도 전 사회적인 초과수요와 높은 이윤 전망으로 채권시장과 주식시장을 통한 직접적 자금조달도 용이해지며, 주식시장은 과도하게 팽창해 대버블이 형성된다. 이들 기관이 존재하지 않는다면, 과잉투자도, 호황도 가능하지 않고, 따라서 공황을 통한 모순의 폭발도 있을 수 없다. 이런 점에서 은행신용과 채권 및 주식시장은 과잉생산의 누적을 지탱해 주는 결정적 요인들이며, 또 이 때문에 자본주의 신용제도와 채권 및 주식시장은 불가피하게 과잉생산공황에 휩쓸려 들어가게 되고, 모든 과잉생산공황은 신용공황과 화폐공황, 그

리고 주식시장 붕괴를 동반하지 않을 수 없게 된다.[94]

### [보론1] 주기적 공황과 가치법칙

이상의 설명으로부터 산업순환을 따라 가치법칙이 구체적으로 어떻게 작동하는지도 살펴볼 수 있다. 가치법칙은 가격이 가치에 조응해 변동한다는 것이고, 통상적인 이해에 따르면 가치로부터 가격의 괴리를 가격기구의 작용을 통해 조정해 가치법칙이 관철된다고 알려져 있다. 그러나 위에서 본 바처럼 경기순환 과정에서 가격기구는 이렇게 가치와 가격의 괴리를 조정하는 균형화 기구로서 작용하지 않고, 오히려 가치와 가격의 괴리, 불균형을 심화해 공황으로의 폭발을 불가피하게 하는 불균형화 기구로서 작용한다. 공황이야말로 이 불균형을 조정하는 진정한 균형화 기구인 것이다. 즉 공황을 통해 불균형과 과잉생산을 일거에 폭력적으로 청산하고 가치와 가격의 조응관계를 새롭게 회복함으로써 가치법칙이 관철하게 된다. 말하자면 '가치=가격'이라는 가치법칙은 경기순환 과정을 추상하고 하나의 경기순환의 평균적 관계를 관념적으로 포착한 것이다. 실제로 가치법칙은 경기순환을 따라 다음처럼 관철한다. 호황국면에서는 초과수요의 존재로 인해 가격은 가치로부터 상방으로 누적적으

---

94  이상으로부터 과잉생산공황은 소비재 생산부문이 아닌 생산재 생산부문에서, 소매업이 아닌 도매업에서, 그리고 생산부문보다 금융부문에서 먼저 발발한다는 것을 이해할 수 있다.

로 괴리하고, 공황과 불황국면에서는 반대로 과잉생산으로 인해 가격이 가치로부터 하방으로 누적적으로 괴리하며, 과잉생산이 해소된 경기회복 국면에서 비로소 가격은 가치에 조응하게 된다. 호황국면이란 외관상 초과수요의 현상하에서 과잉생산이 잠재적으로 형성되고 누적되는 과정이며, 이렇게 호황국면에서 형성되고 누적되는 과잉생산과 불균형이 공황을 통해 폭력적으로 표출하는 것이다. 요컨대 가치법칙은 경기순환을 따라 주기적으로 형성, 누적되는 수요와 공급의 불균형과, 그에 따른 가치와 가격의 순환적 괴리를 공황을 통해 폭력적으로 조정하면서 경향적으로 관철되는 '이념적 평균'의 법칙이다. 네오마르크스주의 공황론(이윤율저하설)은 마르크스의 공황론 방법에 대한 완전한 무지 때문에 가치법칙과 경기순환에 관한 이와 같은 관계를 이해하지 못하고, 『자본』에서 상정한 추상적인 가치법칙이 현실경쟁에서 그대로 작용하는 것으로 파악하며 공황론을 전개한다. [표9]와 [그림6]에서 경기순환과 가치법칙의 관철에 관한 그 이해방식의 차이를 보도록 하자.

**[표9] 경기순환과 가치법칙 관철에 대한 이해방식의 차이**

|  | 가치법칙에 대한 이해 | 공황·불황 | 경기회복(활황) | 호황 |
|---|---|---|---|---|
| 과소 소비론 | 관철 불가, 언제나 수요<공급, 가격<가치(또는 생산가격) | 수요<공급, 가격<가치(또는 생산가격) | ? | ? |

| | | | | |
|---|---|---|---|---|
| 이윤율 저하설 | 가격기구를 통한 균형화 방식으로 관철, 언제나 수요=공급, 가격=가치(또는 생산가격), 단, 공황과 불황국면에서 균형 파괴 | 수요<공급, 가격<가치(또는 생산가격) | 수요=공급, 가격=가치(또는 생산가격) | 수요=공급, 가격=가치(또는 생산가격) |
| 과잉 생산 공황론 | 가격기구에 의한 불균형화와 공황을 통해 경향적으로 관철, 수요=공급, 가격=가치(또는 생산가격)이라는 가치법칙은 이념적 평균의 추상 | 수요<공급, 가격<가치(또는 생산가격) | 수요=공급, 가격=가치(또는 생산가격) | 수요>공급, 가격>가치(또는 생산가격) |

**[그림6] 경기순환과 가치법칙의 관철방식**

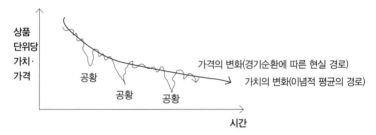

이윤율저하설
(여기서 가격기구는 균형화 기구, 공황은 가치법칙의 파괴기구다.)

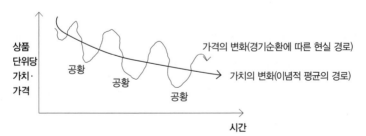

주기적 과잉생산공황론
(여기서 가격기구는 불균형화 기구, 공황은 가치법칙의 진정한 관철기구다.)

## [보론2] 과소소비론과 과잉생산공황론은 어떻게 다른가

네오마르크스주의의 이윤율저하설을 주장하는 논자들은 과소소비론과 과잉생산공황론의 차이를 이해하지 못하고, 뭉뚱그려 과잉생산공황론을 과소소비론이라고 비판한다. 양자는 전혀 다른 이론이다. 마르크스주의 정통파 내에서도 과소소비론을 비판하면서도 종종 마르크스의 과잉생산공황론을 과소소비론적으로 해석하는 혼란과 편향이 존재했다. 양자의 차이를 이해하는 것은 중요한 문제다. 과소소비론은 자본주의하에서 상품가치와 잉여가치의 실현을 원리적으로 불가능하다고 파악하기 때문에 [표9]에서 본 바처럼 마르크스의 가치론과 가치법칙을 부정하는 것이다. 즉 마르크스의 이론 전체를 폐기하는 것이다. 마르크스주의 내에서의 대표적인 과소소비론자로 알려진 룩셈부르크가 『자본』으로 현실자본주의를 분석할 수 없다고 주장한 것도 이러한 맥락에서다. 룩셈부르크처럼 마르크스의 이론 전체를 비판, 부정하면서 마르크스주의자로 자처하는 건 어불성설이다. [사실 룩셈부르크는 마르크스의 재생산표식을 비판하면서 부문 간 불균형표식(소비재 공급과잉/생산재 초과수요)을 자신의 표식으로서 제시했을 뿐인데, 자신의 결론도 잘못 이해하며 소비수요 부족에 따른 자본주의의 붕괴를 주장했다. 이에 대해서는 김성구, 「투간-바라노프스키와 룩셈부르크 표식에 대한 비판적 해설」, 김성구, 『마르크스의 정치경제학 비판과 공황론』, 앞의 책 참조.] [표10]을 통해 과소소비론과 마르크스의 공황론(주기적 과잉생산공황론) 간의 차이를 명확히 하자.

[표10] 과소소비론과 과잉생산공황론의 차이

| | 과소소비론 | 주기적 과잉생산공황론 |
|---|---|---|
| 공황의 원인 | 노동자 착취, 즉 노동자가 생산한 가치를 임금으로 다 받지 못하기 때문에 비롯되는 과소소비 | 자본주의의 기본모순에 의해 추동되는 생산과 소비의 대립적 발전과 생산부문 간 불균형 |
| 수요 구성 | 소비수요만 파악, 투자수요의 간과* | 소비수요와 투자수요를 모두 파악하고, 양자의 연관도 밝히며, 그중에서도 투자수요 중시 |
| 자본주의하 상품가치의 실현 | 과소소비로 인해 자본주의의 이념적 평균에서 상품가치 실현 불가 | 주기적 과잉생산공황에도 불구하고 산업순환의 평균적 경로(자본주의의 이념적 평균)에서 상품가치 실현은 가능 |
| 호황에 대한 관점 | 체제 내적으로는 불가. 자본주의 기조는 수요부족으로 인해 항상적 정체. 호황은 자본주의 외부의 지주계급이나 국가 등의 제3의 소비가 있을 때만 가능 | 고정자본 투자의 특수성에서 비롯되는 체제 내적 메커니즘으로 호황 설명 |
| 공황의 주기성 | 항상적 공황, 주기성 없음 | 순환적이고 주기적인 공황 |
| 자본주의관 | 정체경제가 기조 | 기본적으로 성장경제, 공황은 주기적으로만 발생 |

* 투자수요를 간과하는 이런 투박한 과소소비론 외에도 스위지P. Sweezy처럼 투자수요도 고려하는 현대의 세련된 과소소비론에서도 상품가치가 실현되지 못한다는 과소소비 명제는 변함이 없다. 투자수요에도 불구하고 그에 따른 생산 증대가 더욱 커서 언제나 수요보다 공급이 과잉이기 때문이다.

# 6. 공황 극복책

공황의 원인과 과잉생산의 현실화 메커니즘이 규명됐다면, 이제 공황을 극복할 수 있는 길도 열리게 된다. 공황의 근본 원인이 자본주의 기본모순에 있는 한, 이 기본모순의 지양을 통해서만, 즉 자본주의 생산양식의 지양을 통해서만 공황을 극복할 수 있다. 기본모순의 지양에 의해서만 생산의 무정부성과 생산과 소비의 모순이라는 공황의 원인을 제거할 수 있기 때문이다. 그런데 자본주의가 폐지되면 공황도 없다는 것은 너무도 당연하지만, 문제는 자본주의하에서 어떻게 공황에 대처할 수 있는지다. 앞의 절의 과잉생산공황의 현실화 메커니즘을 면밀하게 살펴보면, 자본주의의 전복과 공황의 최종적 지양은 아닐지라도 자본주의하에서 공황을 완화할 방안이 없는 것은 아니다. 호황 과정에서 생산부문 간 불균형과, 생산과 소비의 불균형이 심화되는 주요한 요인은 고정자본투자의 무분별한 확대에 있고, 이러한 과도한 투자 확대를 뒷받침하는 상업은행의 대출 때문이다. 따라서 호황기에 국가가 정책적으로 고정자본 투자를 조절하고 은행의 대출정책을 규제하면, 불균형과 과잉생산이 심화되는 과정을 차단할 수 있다. 그러나 경쟁의 압박하에서 이윤추구를 유일한 목적으로 삼고 있는 사적 자본의 투자와 상업은행의 대출을 국가의 경제정책이나 행정조처로 규제하는 데는 너무도 명백한 한계가 있다. 그 때문에 국가의 반反공황정책이 유효하기 위해서는 재벌과 대형 상업은행의 국유화를 통해 국가가 직접 투자정책과 대출정책에 개입하지 않으면 안 된다. 설령 재벌의 국유화가 현실적으로 가능하지 않은 조건에서도 대형 상업은행의 국유화를 이룰 수 있다면, 은행의 대출정책을 통해 재벌들의 투자 결정에 커다란 영향을 미칠 수 있기 때문에 호황기 투자 확대와 집중을 억제하는 데 상당한 효과를 기대할 수 있다. 재벌과 대형은행의 국유화 요구가 마르크스주의 좌파의 오래된 이행강령임을 생각하면, 이 프로그램으로 공황 극복의 길이 열린다는 것을 쉽게 이해할 수 있다. 아울러 공황이 발발했을 때는 과잉생산 문제가 현재화한 것이어서 유효수요 확대를 통한 공황 완화가 당면한 과제가 된다.([표11] 참조)

공황의 극복을 위한 이와 같은 국유화는 자본주의 공황과 위기의 심화에 따라 현실 자본주의 역사에서 실제로 제기된 요구였다. 자본주의 국가는 1930년대 대공황 이래 반순환정책과 함께 국가부문(국가재정과 국유기업) 확대를 통해 자본주의 위기에 대처하고자 했고, 특히 공황 시에 공적자금 투입을 통해 위기에 빠진 재벌과 대형은행을 구제하고 국유화를 실행했다. 국가재정과 국유화는 자본주의의 시장 조절과 사적 소유를 일정하게 지양하는 사회화 형태이고, 사적 자본가의 이익을 일정하게 제한하는 것이었지만, 이러한 방식 외에는 심화되는 공황과 위기에 대응할 수가 없었다. 왜냐하면 공황과 위기는 자본주의의 내재적 본질로부터 비롯되므로, 그 극복을 위해서는 자본주의의 본질적 특징을 자본주의 질서 내에서라도 일정하게 지양하지 않으면 안 되기 때문이다. 그것은 기본모순의 부분적 지양이 아닐 수 없다. 그러나 이러한 자본주의적 사회화는 국가가 재벌에 복무하는 계급적 성격을 근본적으로 벗어날 수 없어 결국에는 재벌의 독점이윤 보장을 위해 기능하게 되며, 공황과 위기를 극복하는 데 명백한 한계가 그어질 수밖에 없었다. 그뿐만 아니라 자본주의적 사회화를 통한, 공황으로부터의 재벌과 대형은행 구제는 공황 시에 파괴되어야 할 과잉자본을 구제하는 것이어서 과잉자본과 공황의 문제를 심화시키고, 결국 자본주의적 사회화가 파탄 날 수밖에 없었다.

따라서 공황 극복을 위해 요구되는 국유화, 사회화는 국가독점 자본주의 단계에서 실천되는 자본주의적 사회화를 넘어가는 것이 되어야 한다. 여기에는 무엇보다 국유화된 재벌과 대형은행이 이윤추구라는 상업적 목적이 아니라, 대중의 필요를 위해 국민경제의 재생산을 계획적으로 조절할 목적으로 운영되어야 한다는 원칙이 전제되어야 한다. 이를 위해 국가부문에 대한 대중의 실질적 통제가 확보되어야 한다. 그럴 경우에만 이 진보적 사회화는 기본모순의 부분 지양을 넘어 실질적 지양으로 나아가는 징검다리로서의 역할을 수행할 수 있다. 아울러 공적자금 투입을 통한 재벌과 대형은행의 구제 시에는 이것이 손실의 사회화로 귀결되지 않도록 사적 자본들의 손실부담으로 과잉자본을 청산할 수 있게 강제해야 한다. 진보적 사회화는 결코 관념으로부터 나오는 게 아니라, 자본주의 현실로부터 제기된다. 현실에서 전개되는 자본주의적 사회화에 맞서 그 한계와 기만을 폭로하고, 사회화의 방향과 내용을 바꿔야 한다.

**[표11] 공황의 원인과 극복 방안**

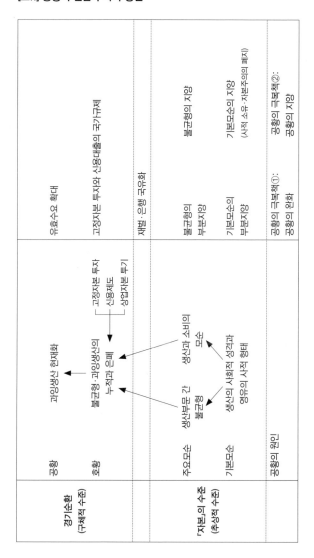

| | | 공황의 원인 | 공황의 극복책①: 공황의 완화 | 공황의 극복책②: 공황의 지양 |
|---|---|---|---|---|
| 경기순환 (구체적 수준) | 공황 | 과잉생산 현재화 | 유효수요 확대 | 고정자본 투자와 신용대출의 국가규제 |
| | 호황 | 불균형·과잉생산의 누적과 은폐 → 고정자본 투자 / 신용제도 / 상업자본 투기 | | |
| 「자본」의 수준 (추상적 수준) | 주요모순 | 생산부문 간 불균형 | 불균형의 부분지양 | 불균형의 지양 |
| | 기본모순 | 생산의 사회적 성격과 영유의 사적 형태 → 생산과 소비의 모순 | 재벌·은행 국유화 / 기본모순의 부분지양 | 기본모순의 지양 (사적 소유·자본주의의 폐지) |

549

## [보론3] 이른바 이윤율저하설의 오류

이윤율저하설은 『자본』 제3권 제3편 이윤율의 경향적 저하법칙으로 공황을 설명하는 이론이다. 다시 이 법칙을 가져와 보자. 이윤율은 다음과 같다.

이윤율(p)=잉여가치(m)/총투하자본(c+v)=(m/v)/[(c/v)+1],

m/v: 잉여가치율(착취율), c/v: 자본의 유기적 구성

요컨대 이윤율은 잉여가치율/(자본의 유기적 구성+1)인데, 자본축적에 따라 자본의 유기적 구성이 고도화되면 이윤율은 저하되지만, 반면 잉여가치율이 증대하므로 이는 이윤율저하를 상쇄하게 된다. 이윤율은 두 가지 상반되는 효과의 합으로 변동하게 될 텐데, 이윤율저하설에 따르면 잉여가치율 증대로 이윤율저하를 상쇄하는 데에는 한계가 있어 결국 이윤율은 저하하고 그 결과 공황이 발생한다고 한다. 따라서 이윤율저하설을 둘러싼 논쟁은 기술적 구성이 고도화해도 불변자본의 가치가 감가되기 때문에 정말 유기적 구성이 고도화하느냐, 또 유기적 구성이 고도화해도 잉여가치율이 증대하는데 그럼에도 이윤율이 저하하느냐 하는 두 가지 문제에 집중되어 있다. 이윤율저하를 논증하면, 그것이 공황을 야기한다는 것은 자명한 것으로 이해한다. 그러나 문제는 그런 것이 아니다. 이윤율의 경향적 저하법칙은 공황과 경기순환을 넘어 자본주의의 장기적·경향적 발전을 규제하는 법칙('이념적 평균의 법칙')이

어서 이 법칙을 논증한다고 해서 자본주의 공황을 설명하는 것이 결코 아니다. 말하자면 이윤율저하설은 공황과 관련해 엉뚱한 주장을 하는 것이며, 이윤율저하설을 둘러싼 그 많은 논쟁은 사실 공황 및 경기순환과는 아무 관련이 없다. 이러한 이론적 오류는 제3절에서 본 『자본』의 추상 수준과 공황론의 방법을 올바로 이해하지 못한 데서 비롯된다. 경기순환 국면의 구체적 현상들을 보면서 이윤율저하설을 검토하면, 공황론으로서 이 이론이 얼마나 경기순환의 구체적 전개와 동떨어진 허무맹랑한 이론임을 쉽게 이해할 수 있다.

우선 공황론이라면 공황뿐만 아니라, 공황을 한 국면으로 하는 경기순환 전체를 설명할 수 있어야 한다. 경기순환은 반복하는 것이어서 공황뿐 아니라 호황도 반복하며, 따라서 공황론은 호황과 공황의 반복을 설명해야 한다. 이윤율저하법칙으로 경기순환을 설명하기 위해서는 자본의 유기적 구성의 고도화로 이윤율이 저하한다는 것만이 아니라 이윤율이 상승해서 호황도 온다는 것, 그리고 이윤율이 주기적으로 상승했다가 저하한다는 것을 논증해야한다. 이윤율저하설은 사실 이런 문제를 검토하는 게 없다. 또 이윤율의 경향적 저하법칙으로부터는 이러한 이윤율의 주기적인 상승과 저하를 논증할 수도 없다. 파인B. Fine과 해리스L. Harris[95]를 따

---

95    B. Fine & L. Harris, Rereading Capital, The Macmillan Press. 1979. (국역: B. 파인·L. 해리스, 『현대자본주의 입문』, 한울, 1985.)

라 이윤율의 경향적 저하법칙을 '이윤율의 저하경향 및 그 상쇄 요인에 관한 법칙'이라는 식으로 특이하게 재구성하는 김수행의 경우에서도 마찬가지다. 그에 따르면, 저하경향과 상쇄경향이 상호 독립적이고, 두 경향의 합산으로 이윤율이 변동하므로 선험적으로 이윤율저하를 확인할 수 없다고 한다. 그러한 주장은 더 이상한데, 왜냐하면 이윤율 변동이 어떻게 될지 알 수 없다고 하면 주기적으로 이윤율의 상승과 저하가 반복한다는 것, 따라서 주기적으로 공황이 반복된다는 것을 더더욱 논증할 수 없기 때문이다. 사실 김수행은 이에 대한 논증은커녕 이런 문제 자체를 인식하지도 못했다. 왜냐하면 그의 공황론은 두 경향의 합산으로 이윤율이 저하하면 공황이 온다는 것을 주장할 뿐이지 반복되는 경기순환의 문제를 전혀 고찰하지 못하기 때문이다. 이는 김수행뿐 아니라 이윤율저하설을 주장하는 논자들에 공통된 이론적 한계이자 오류다.

호황기에는 이윤율이 상승해 투자가 왕성해지는데, 위의 이윤율 공식에 따르면 이윤율이 상승하기 위해서는 잉여가치율이 증대하거나 자본의 유기적 구성이 하락해야 한다. 그러나 자본축적과 함께 자본의 유기적 구성이 고도화되므로, 이는 이윤율저하 요인으로 작용할 것이다. 그러면 유기적 구성의 고도화에도 불구하고 잉여가치율 증대 효과가 더 커서 이윤율이 상승한다고 말해야 하는데, 이윤율저하설은 바로 잉여가치율 증대에도 불구하고 유기적 구성의 고도화에 따른 이윤율저하 효과가 더 커서 이윤율이 하락하고 공황이 온다고 하지 않았던가? 왜 똑같은 축적 과정이 한 번은 이윤율을 상승시켜 호황을 가져오고, 또 한 번은 이윤율을 저하시켜 공황을 가져오는지, 이에 대한 설명이 없을뿐더러 또 이런 문제를 인식한다고 하더라도 설명할 길이 없을 것이다. 또한 가격 운동에 있어서도 설명의 궁핍함은 마찬가지다. 누구나 알다시피 호황기에는 가격이 등귀한다. 가치법칙의 작동에 대한 이윤율저하설의 견해에 따르면, 가격은 가치의 주위에서 끊임없이 변동하므로 화폐의 가치가 변동 없다면 가격 상승은 가치 증가에 따른 것이라 해야 한다. 그런데 가치의 증가란 상품의 재생산에 사회적으로 필요한 노동시간의 증가를 말하는 것이어서 호황기 자본축적과 함께 생산력이 발전하고 유기적 구성이 고도화되는데 가치 증가란 가당치 않게 된다. 다시 말해 이윤율저하설은 호황의 가장 기본적 특징의 하나인 가격상승도 설명하지 못하는 것이다.

이윤율저하설에서 이와 같은 설명의 모순 또는 궁핍함은 자본주의의 경향적 발전을 나타내는 이윤율의 경향적 저하법칙으로 공황과 경기순환을 설명하려고 하는 오류에 기인한다. [그림6]에서 보다시피 호황기의 가격상승은 가치 증가에 따른 것이 아니라 생산력 발전에 따라 가치가 하락함에도 가격이 가치로부터 상방으로 괴리하기 때문이고, 가격이 이렇게 가치로부터 괴리해 상승하는 것은 호황기에 집중되는 고정자본 투자로 인해 사회적인 총수요가 총공급을 초과해 초과수요가 발생했기 때문이다. 호황기의 이윤율 상승도 가치관계에서 파악한 이윤율 상승이 아니라, 초과수요와 가격상승에 따른 시장가격 이윤율의 상승인 것이다. 이와는 반대로 공황기에 과잉생산이 현재화하면 가격이 폭락하고 시장가격 이윤율도 하락한다. 경기순환에 따른 수요와 공급의 변화와 가치로부터 가격의 순환적 괴리, 그리고 시장가격 이윤율의 순환적 변동을 이윤율저하설처럼 이윤율의 경향적 저하법칙에 따라 가치관계의 변화로 설명하는 것은 경기순환과 공황에 관계없는 엉뚱한 해석이며, 경기순환론으로서의 마르크스 공황론을 크게 곡해하는 것이다.[96]

## [보론4] 공황을 촉발한 코로나19, 공황의 원인은 아니다[97]

코로나바이러스 확산으로 인한 경제적 타격으로 세계경제는 이제 거의 확실하게 공황으로 진입하는 것으로 보인다. 2008년 금융위기와 공황으로부터 시작된 긴 경기순환이 종료되는 것이다. 이 순환의 막바지 미국 호황은 감세와 저금리 등 트럼프의 재선 전략으로 집행한 부양정책의 효과였다. 지난 금융위기의 후유증으로 취약한 경기순환 내내 실행된, 심지어 호황국면에서도 실행된 세계적인 저금리, 제로금리정책은 자본주의의 장기불황이 심화되는 현실을 반영한 것이어서 이해할 수 있다. 하지만 비교적 호황이 강

---

96  이윤율저하설에 대한 자세한 비판은 김성구, 「산업순환 및 공황론으로서 이윤율저하설의 근본적 오류」, 김성구, 『마르크스의 정치경제학 비판과 공황론』, 앞의 책 참조.

97  이 보론은 인터넷언론 〈참세상〉 2020.3.24에 실린 필자의 기고문이다.

화되던 미국은 그렇지 않다. 트럼프에 휘둘린 연준의장 파월이 황당하게도 호황기에 금리인하, 저금리 공황정책을 집행해 주식시장에 거품만 잔뜩 만들어 놓았다가 결국 공황으로 가게 되었다. 주식 거품은 막대한 기업 채무와 자사주 매입에 기반한 것이었다. 주식시장 붕괴가 시작되니 추가적인 대폭의 금리인하와 제로금리도 약발이 없다. 3월 3일 1차로 기준금리 0.5% 포인트 인하 시에 효과는 단 하루였고, 다음날 동일한 폭으로 폭락해 효과는 제로였다. 그리고 2주도 못 된 3월 15일 추가로 1% 포인트 전격적인 인하에도 미국 주식시장이 또다시 폭락했고, 세계주식시장도 급락했다. 금리만 인하하면 주식시장 폭락을 막을 수 있다는 파월과 트럼프의 생각은 모자라기 짝이 없다. 연준의 기준금리 인상 때문에 2008년 공황이 발생했다는 주장이 잘못된 것과 마찬가지다. 금리인하로 공황을 막을 수 있다면, 자본주의 역사에서 공황이란 게 없었을 것이다. 호황기에 공황정책을 집행한 결과 공황기에 금리인하 같은 전통적인 금융정책 수단은 이제 없어져 버렸다. 연준은 자산매입과 양적 완화로 공황에 대처하고자 하지만, 그것은 기본적으로 금융시장과 금융자본을 지원하기 위한 것이지 실물경제를 부양하기는 어렵다. 연준은 급기야 3월 23일 회사채까지 포함하는 무제한적 양적완화를 선언함으로써 이제 쓸 수 있는 카드를 모두 내놓은 상태다. 경기부양을 위해서는 재정확대를 도모할 수밖에 없는데, 미국 의회에서 2조 달러가 넘는 경기부양 패키지가 협의되고 있다. 금융, 재정 개입 모두 2008년 금융위기 때를 훨씬 능가

하는 조처들이다. 하지만 대규모 경기부양은 재정위기와 국가채무 위기의 심화를 감수해야 한다. 미국의 2021년 회계연도 예산안이 4조8천억 달러임을 감안하면, 2조 달러의 추가재정 부담이 얼마나 큰지 알 수 있다. 코로나 확산 전에 이미 2020년 회계연도에서 1조 달러의 재정적자가 예상되는 상황이었다.

이번 공황은 이후에 코로나 공황으로 불릴지 모른다. 공황에 코로나라는 무거운 혹이 매달린 셈이다. 트럼프든 문재인이든 또는 부르주아 정책당국자들에게는 공황과 정책실패의 책임을 전염병 탓으로 돌릴 수 있어 다행스러울지 모른다. 기본적으로 이들은 공황이 왜 발생하는지에 대해 완전히 무지하다. 그런데 불행하게도 이들은 방역대책에 실패해 책임을 피할 수 있는 처지가 아니다. 그러나 문제는 코로나가 아닌 경기순환이며, 세계경제가 호황 막바지에서 공황으로 전환될 국면에 코로나가 발생했다는 것이며, 이 때문에 공황이 불가피한 것이다. 바로 이 점이 중요하다. 사람들은 코로나 때문에 공황이 온 것으로 생각하겠지만, 코로나는 공황의 촉발 요인일 뿐이지 공황을 가져온 원인은 아니다. 1974년 공황, 1980년 공황이 오일쇼크를 계기로 일어난 것처럼 말이다. 1973년 10월 중동전쟁과 오일쇼크는 공황을 가져왔지만, 2001년 9월 9·11테러와 아프간전쟁, 2003년 이라크 전쟁에도 불구하고 2001년 3/4분기부터 미국경제는 오히려 경기회복으로, 나아가 호황으로 전환됐다. 1939년의 제2차 세계대전도 미국경제를 경기회복과 호황으로 가져갔다. 전염병도 마찬가지다. WHO가 2009년 8월부터 세계적 유행병으로 선포한 신종플루는 지난 금융위기와 공황의 한복판에서 발생했고, 2010년 8월까지 한국에서만도 80만 명이 감염됐지만(세계 통계는 집계가 불가능할 정도였다), 전염병의 대유행 속에서도 미국과 세계경제는 이번 코로나 경우와 달리 이미 2009년 7월부터 불황에서 벗어나 경기회복으로 나아갔다. 요컨대 전쟁이나 전염병은 공황을 가져올 수도, 또 아닐 수도 있다. 그것들은 공황의 촉발 요인이 될 수는 있지만, 공황의 원인은 아니다. 전쟁이나 전염병이 공황을 가져오는가 여하는 공황의 조건(잠재적으로 진행되는 과잉생산과 불균형의 누적, 대출과 기업채무의 증대, 그리고 그 위에서 전개되는 대버블 형성)이 성숙됐는가 여하에 달려 있다. 경기순환의 국면이 중요하다는 말이다. 물론 경기순환에 전염병이 붙어 있어서 코로나가 공황의 양상과 진행에 특정한 영향을 미칠 것은 두말할 필요도 없다. 통상적인 공황과 달리 이번 공황이 당장 생산축소, 소비축소, 그리고 실업증대가 동시에 진행되는 양상도 그 효과라 할 것이다(공황은 실물경제의 관점에서 보면, 보통 과잉생산→판매불능→생산축소·투자감소→실업증대→소비축소→생산·투자 추가감소→실업 추가증대→… 이런 식의 악순환으로 전개된다). 이 공황은 1930년대 대공황 이후 최악의 공황으로 기록될지 모른다.

　필자가 2018년 또는 2020년 공황을 전망했던 것은 공황의 조건이 이미 성숙했다는 판단 때문이고, 이러한 조건에서는 코로나가 아닌 다른 어떤 요인에 의해서도 결국 공황이 발발하게 될 것이기 때문이다.[98] 마르크스의 공황론은 과잉생산공황의 원인과 호황국면의 공황국면으로의 전환의 필연성을 과학적으로 규명한 것이지만, 그때그때의 공황이 구체적으로 언제 어떻게 발발하고 어떤 양상으로 전개될지를 예측할 수는 없다. 그 분석은 경기순환과 공황을 따라가면서 해야 한다. 2020년 3월 23일 시점에서 중국은 1분기에 마이너스 성장으로 떨어지는 것 같고, 한국도 마찬가지로 예상된다. 유로존과 미국도 3월부터는 마이너스 성장으로 들어서는 것 같아 아마도 2분기부터 마이너스 성장이 가시화하지 않을까 한다. 아니면 3월 생산과 소비의 감소 폭이 너무 커서 미국과 유로존도 1분기에 이미 마이너스 성장이 될지 모른다. GDP 통계는 시간이 더 지나야 확인할 수 있다. 이 공황이 지나간 후 자본주의 국가재정은 더욱 황폐해질 것이다. 위기에 빠진 자본을 회생시키느라 손실의 사회화로 막대한 적자재정을 감수하고 나면, 지난 2010~12년의 재정위기 때처럼 금융자본의 공격이 기다릴 것이다. 금융자본은 국가재정이 위기라며 국가 개입을 공격하고 긴축을 요구하면서 자신들의 채권(국채)을 안전하게 챙기고자 한다. 재정위기와 긴축정책이 강화되면, 향후 불황으로부터 자본주의 세계가 빠르게 회복하고 안정적인 성장을 도모하기는 어려울 것이다.

---

98  김성구, 「2008년 위기 이후: 자본주의 위기 및 붕괴 논쟁 평가」, 김성구 외, 『금융위기 이후의 자본주의』, 나름북스, 2017; 김성구, "자본주의 공황과 경기순환", 현장실천·사회변혁 노동자전선 강의안(2020.1.10, 이 글은 이 장의 원래 발표문임) 참조. 또한 노동자전선 정책토론회(2019.3.22)의 발표문(박하순, "미국 등 주요국 및 한국경제의 장기불황과 새로운 위기 전망")과 토론문(신재길, "다가오는 공황: 이번에는 다르다")에서도 동일한 전망이 제출됐다.

불황이 지나가도 거덜 난 국가재정 아래서 대중의 생존 위협은 계속될 수밖에 없다. [후기: 2020년 1, 2, 3분기 각국의 전분기 대비 실질 GDP 성장률은 다음과 같다. 중국(전년도 대비): -6.8%, 3.2%, 4.9%, 유로존: -3.7%, -11.8%, 12.7%, 미국(연율): -5.0%, -31.4%, 33.1%, 한국: -1.3%, -3.2%, 1.9%.]

# 제3장 국가독점자본주의(론)[99]

## 1. 사회화와 적응, 그리고 이행의 형태로서 독점과 국가독점

생산력과 생산관계의 모순 또는 생산의 사회화와 사적 자본가적 영유 형태 간의 모순은 자본주의의 근본모순이다. 근본모순의 심화와 위기로부터 이 위기에 대응하는 독점과 국가독점 같은 더욱 진전된 사회화 형태, 이행의 형태가 발전한다. 생산력이란 생산

---

99  이 글은 새로 집필한 [보론2]를 제외하면, 필자의 여러 글들을 토대로 해서 하나의 글로 다시 작성한 것이다. 더 자세한 논의는 필자의 국가독점자본주의론 관련 문헌 참조. 김성구, 「독일에서의 국가독점자본주의 논쟁」, 정운영 편, 『국가독점자본주의이론 연구』II, 돌베개, 1988; 김성구, 「독일에서의 페레스트로이카 수용 및 논쟁」, 서울사회과학연구소 편, 『논쟁 ─ 페레스트로이카의 정치경제학』, 민맥, 1990; 김성구, 「자본의 세계화와 신자유주의적 공세」, 김성구·김세균 외, 『자본의 세계화와 신자유주의』, 문화과학사, 1998; 김성구, 「사회화와 구조개혁 그리고 이행의 쟁점에 대하여」, 김성구 편, 『사회화와 이행의 경제전략』, 이후, 2000; 김성구, 「제국주의 논쟁 다시 보기 ─현대제국주의와 제국주의론의 현재적 쟁점에 대하여」, 『진보평론』, 제8호, 2001; 김성구, 「현대자본주의와 국가독점자본주의론」, 맑스코뮤날레 조직위원회 엮음, 『지구화시대 맑스의 현재성』2, 문화과학사, 2003; 김성구, 「사회화와 이행」, 김수행·신정완 편, 『자본주의 이후의 새로운 사회』, 서울대학교 출판부, 2007; 김성구 편, 『현대자본주의와 장기불황』, 그린비, 2011; 김성구 외, 『금융위기 이후의 자본주의』, 나름북스, 2017.

할 수 있는 힘, 요컨대 과학기술, 생산수단, 노동력의 총합을 지칭하는 개념이고, 생산관계란 이 생산력을 조직해 생산을 수행할 때의 인간들의 관계를 나타낸다. 자본주의하에서는 자본-임노동관계가 이 관계를 규정한다. 자본-임노동관계가 자본주의적 생산관계다. 자본주의하에서는 자본-임노동관계, 즉 임금노동자의 착취와 이윤의 사적 영유에 기반해 생산이 조직, 수행된다. 이 생산관계는 생산수단의 사적 소유와 상품교환(시장조절), 그리고 노동력의 상품화와 착취에 입각해 있다. 자본주의 생산은 기본적으로 사적 생산의 형태지만, 그 내에 이미 사회적 생산의 요소를 가지고 있다. 자본주의적 생산은 공장에서 분업과 협업을 통해 계획적으로 이뤄지며, 생산과정은 사적이고 개인적인 형태가 아닌 결합노동이라는 사회적 형태를 취한다. 그럼에도 영유의 형태는 사적·자본가적 형태고, 이 양자 간의 모순으로부터 자본주의 공황을 가져오는 모순들, 즉 생산의 무정부성, 생산과 소비의 모순이 발전한다. 사적·자본가적 소유와 영유형태에 의해 규정되어 계획적 생산은 개별 공장과 기업에 한정되고, 공장 및 기업 간의 사회적 분업은 상품교환에 의해 매개되며, 여기서는 계획적 생산의 기구가 존재하지 않아 생산의 무정부성이 지배한다. 즉 개별공장과 기업 내에서는 계획적이고 효율적인 생산이 행해지지만, 사회 전체적으로는 무계획성과 무정부성, 그리고 불균형으로 특징 지워진다. 또한 임금노동자의 착취와 계급대립으로 인해 생산과 소비 간의 대립과 모순도 발전한다.

이렇게 생산의 무정부성과 불균형, 생산과 소비의 대립은 자본주의의 근본모순으로부터 발전한 것이다. 즉 임금노동자의 착취와 이윤의 사적 영유에 기반한 생산으로부터 이 두 개의 모순이 발전하고, 이로부터 불가피하게 주기적으로 공황이 발생한다. 또한 장기적으로는 이윤율의 경향적 저하가 관철되고 자본주의의 장기적 위기도 전개되는데, 이윤율의 경향적 저하법칙 또한 자본주의의 근본모순으로부터 비롯된 것이다. 자본주의하 생산력 발전에 따라 자본주의적 생산관계와의 모순이 심화되고, 그에 따라 이윤율의 경향적 저하가 관철되고 주기적 공황들은 심화된다. 이 심화되는 위기들은 자본주의의 근본모순의 심화로부터 비롯된 것이기에, 이 위기를 극복하기 위해서는 궁극적으로 이 근본모순을 지양해야 한다. 즉 자본주의 생산관계를 지양하고 생산력의 사회화에 조응하는 새로운 생산관계로 대체되어야 한다. 생산수단의 사적 소유와 상품교환, 그리고 임금노동자의 착취가 폐지되면, 생산의 무정부성과 불균형, 그리고 생산과 소비의 모순도 지양되며, 생산력 발전이 이윤율저하로 나타나는 모순도 지양된다.

　그러나 자본주의하에서도 생산력의 사회화의 진전에 조응해, 또 위기 심화에 직면해 자본주의적 사회화 형태가 발전하고, 이 형태들을 통해 생산력과 생산관계의 모순 및 위기들을 부분적으로나마 해결하게 된다. 독점과 주식회사, 국가독점은 바로 이와 같은 자본주의적 사회화의 형태들이다. 이 형태들은 자본주의 생산관계의 기본 요소들, 즉 사적 소유와 시장적 조절에 대한 일정한 부정 형태다. 원래 사회적 소유와 계획은 사회주의 사회의 구성요소이지만, 독점과 국가독점에서의 사회화는 자본주의 질서 내에서의 제한된 사회화일 뿐이다. 즉 이 형태들은 자본주의 질서 내에서의 자기부정이며, 자본주의를 부정하는 것은 아니다. 이런 사회화 형태를 통해서만, 즉 자신의 기본 특징을 부정함으로써만 자본주의는 자신의 위기를 일정하게 극복하고 생존할 수 있다. 이는 자본주의가 이제 발전의 정점에서 노쇠한 단계에 들어섰다는 것, 자신의 생존을 유지하기 위해서는 사회화라는 미래사회의 요소에 의존하지 않으면 안 된다는 것을 말한다. 이런 의미에서 독점과 국가독점은 자본주의 위기에 대한 적응 형태이자 자본주의로부터 사회주의로의 이행 형태다.

우선 독점은 주식자본의 지배에 입각해 있고, 주식회사는 개인기업처럼 사적 자본가가 전적으로 기업을 소유, 경영하지 않는다. 주식회사는 수많은 주주의 공동 소유, 즉 사회적 소유이고, 또 그 경영은 많은 경우 소유자로부터 분리되어 전문경영자가 맡는다. 그렇지만 주식의 소유 자체는 개인적·사적 소유이며, 그 때문에 지배지분을 확보한 대주주에 의해 주식회사가 사적으로 지배된다. 이런 점에서 주식회사의 사회적 소유란 사적 소유에 입각한 불완전한 사회적 소유다. 또한 독점 조직인 카르텔과 트러스트는 동종 산업부문에서의 협정이나 병합을 통해 그 부문의 생산물 공급과 가격을 계획적으로 조절한다는 점에서 무정부적인 시장조절을 일정하게 계획적 조절로 대체하는 것이다. 콘체른의 경우에는 주식지배를 통해 특정 산업부문을 넘어 일련의 계열기업 그룹 내에서 그룹 차원의 계획을 도모한다. 그러나 자본주의 시장을 단일한 독점으로 모두 대체하는 것은 불가능하기에 이런 계획과 조절은 근본적으로 한계를 가질 수밖에 없다. 계획과 조절은 독점의 범위 내에서 가능할 뿐이다. 독점 그룹과 독점 그룹 간에는, 또 독점과 다수의 여타 비독점기업 간에는 계획이 아닌 시장경쟁이 지배한다. 따라서 독점은 무정부적 시장을 지양하지 못하고, 오히려 궁극적으로 시장의 무정부성에 의해 지배당하게 된다. 이렇게 독점과 주식회사 제도는 자본주의 생산관계의 기본 특징(사적 소유와 시장조절)을 일정하게 부정하고, 자본주의 내에서 사회적 소유와 계획적 조절이라는 미래사회 요소를 도입하는 것이다. 그 이유는 자본주의 생산의 진전과 자본주의의 근본모순의 심화에 따라 주기적 공황(소위기)이 심화되고 구조위기(대위기)가 전개됨으로써 이 위기를 극복하기 위해서는 자본주의 내에서라도 생산력의 사회화에 조응하는 생산관계의 사회화를 도입해 생산력과 생산관계의 모순을 부분적으로나마 해결하지 않으면 안 되기 때문이다. 역사적으로 보면, 자본주의의 독점화와 주식회사 제도의 일반화는 자본주의의 제1차 구조위기 시기인 1873년 이래 20여 년간 이뤄졌다. 그 결과 자본주의는 19세기 말 20세기 초에 자유경쟁 자본주의 단계로부터 독점자본주의 단계로 이행했다.

독점과 주식회사를 통한 사회화가 이렇게 불충분하고 제한적인 성격을 갖고 있기에, 독점자본주의하에서의 더 한층의 생산력 발전과 생산의 사회화는 다시 사적 자본, 특히 사적 독점자본에 의해 지배되는 생산관계와 충돌한다. 독점단계에 고유한 축적의 위기, 즉 만성적·구조적인 과잉자본의 모순과 함께 자본주의는 또다시 공황의 심화와 대위기에 부딪히게 되고, 이 위기를 극복하기 위해 더욱더 고도로 진전된 사회화 형태를 요구하게 된다. 1930년대 제2차 구조위기가 이런 모순의 표현이며, 이 위기에 대응해 국가독점에 의한 경제 개입이 전면화된다. 이는 자본주의가 독점자본주의 내에서 새로운 단계로 발전하는 것을 나타내며, 이렇게 1940년대 말에 이르면 독점자본주의가 국가독점자본주의로 성장전화하게 되었다. 국가독점은 독점과 주식회사에 비해 더욱 고도화한 사회화 형태를 보여준다. 그렇기 때문에 이 새로운 형태의 발전은 자본주의 발전의 새로운 단계, 즉 국가독점자본주의 단계를 가져온다. 우선 국가적 소유(국영기업)는 그 자체로 사적 소유와 대립되는 사회적 소유이며, 또 국가재정을 통한 국가의 계획은 사적 독점자본과는 비교할 수 없는 광범위한 영역에서 시장의 무정부적 조절을 계획적 조절로 대체한다. 이에 비해 독점과 주식회사에서 소유의 사회화는 형식적이고, 계획은 제한적이다. 이런 점에서 국가독점은 자본주의하 사회화의 진전에서 독점과 다른, 질적으로 새로운 단계를 의미한다. 그러나 국가독점 자체도 근본적으로는 독점과 마찬가지로 자본주의 질서에서의 사회화일 뿐이다. 국가독점은 그 자체로 사회주의는 아닌 것이다. 자본주의하 국가독점은 사적 시장경제를 모두 대체할 수 없고, 오히려 사적 시장경제라는 커다란 토대 위에서만 존립한다. 또한 사적 시장경제는 독과점에 의해 지배되는 경제다. 국가독점은 기본적으로 사적 시장경제와 독점자본의 지배를 보장하기 위해 기능하는 것이지, 그 지배를 철폐하는 것이 아니다. 그것은 사회주의적 소유와 계획과는 근본적으로 다르다. 그 때문에 국가소유와 계획이라는 진전된 사회화도 자본주의하에서는 시장경제의 무정부성과 공황, 그리고 장기위기를 극복할 수 없다. 1970년대 이래 현대 장기불황과 신자유주의의 위기, 특히 2008년의 금융위기는 국가독점자본주의가 케인스주의 형태든 신자유주의 형태든 자본주의의 근본모순과 위기의 심화로부터 벗어날 수 없음을 보여준다.

### [보론1] 독점과 국가독점에 대한 마르크스, 엥겔스, 레닌의 견해

마르크스는 자본주의의 독점적 단계를 경험하지 못했지만, 자본주의적 생산의 집적과 집중이 기업 내의 사회화를 넘어 역사적 경향으로서 독점화를 초래할 것이라며, 그것을 사회주의로의 이행과정에 놓았다. 마르크스는 특히 자본주의적 사회화의 이러한 진전에서 주식회사와 주식자본이 수행하는 역할에 주목해 그것의 이행적 성격을 분명히 했고, 나아가 독점이 불가피하게 국가의 경제 개입을 강제할 것이라고 전망했다.

"이것[주식회사: 인용자]은 자본주의적 생산양식 자체 내에서의 자본주의적 생산양식의 지양이며, 따라서 명백히 새로운 생산형태로의 단순한 이행점으로서 표현되는, 자기 자신을 지양하는 모순이다. … 주식회사는 일정한 분야들에서 독점을 낳고, 따라서 국가의 개입을 불러일으킨다."(Marx, Das Kapital, MEW 25, 454/마르크스, 『자본론』III(상), 제1개역판, 544쪽, 비봉출판사)

19세기 말 제1차 구조위기와 자본주의의 독점자본주의로의 이행을 모두 지켜본 엥겔스는 마르크스보다 더 분명하게 이 변화를 언급했다.

"생산력의 사회적 성격에 대한 부분적 인정이 자본가들 자신에게 강제된다. 우선 주식회사를 통해, 그 뒤에는 트러스트를 통해, 그리고는 국가를 통해 거대한 생산조직 및 교통조직의 전유."(Engels, Die Entwicklung des Sozialismus von der Utopie zur Wissenschaft, MEW 19, 228)

엥겔스는 주식회사를 통한 소유와 경영의 분리 및 트러스트와 국가 관리에 따른 자본가들의 기생계급화를 비판하고, 나아가 국가의 경제 개입에 따른 국가의 성격 변화를 국가의 본질적 성격과 관련해 다음과 같이 정식화했다.

"그렇게 트러스트가 있든 없든 결국 자본주의 사회의 공식적 대표자인 국가가 생산에 대한 지도를 떠맡아야 한다. 그러나 주식회사와 트러스트로의 전화도, 국가 소유로의 전화도 생산력의 자본주의적 성격을 지양하지는 못한다. 주식회사와 트러스트의 경우에 이것은 명백하다. 그리고 근대국가도 부르주아 사회가 노동자들뿐만 아니라 개별자본가들의 침해로부터 자본주의적 생산양식의 일반적인 외적 조건들을 유지하기 위해 만들어 낸 조직에 지나지 않는다. 근대국가는 그 형태가 어떠하든 본질적으로 자본주의적 기관이고, 자본가들의 국가이며, 관념적인 총자본가다. **근대국가가 생산력을 자신의 소유로 가져오면 올수록, 그것은 더욱더 실제적인 총자본가가 되며, 더욱더 많은 시민을 착취**하게 된다. 노동자들은 여전히 임금노동자, 프롤레타리아로 남게 된다. 자본관계는 지양되지 않고 더 정점으로 내몰린다. 그러나 그것은 정점에서 급전한다. **생산력의 국가소유**는 갈등의 해결책이 아니지만, 그러나 **해결의 형식적인 수단과 계기를 내포**하고 있다. 이 해결책은 오직 근대적 생산력의 사회적 성격을 실질적으로 인정하고, 따라서 생산수단의 사회적 성격에 생산양식, 영유양식 및 교환양식을 일치시키는 데에 있을 것이다."(MEW 19, 221ff)

레닌은 독점자본주의를 명시적으로 자본주의 발전의 새로운 단계로 파악했고, 이를 자본주의로부터 사회주의로의 이행 단계로 규정했으며, 나아가 국가독점자본주의를 "사회주의의 직접적 전 단계"라고 규정함으로써 이행론의 관점에서 국가독점자본주의론을 정식화했다. 우선 레닌은 생산의 집적이 독점자본주의와 제국주의라는 자본주의의 새로운 단계를 가져왔다는 것, 이 단계의 경제적 핵심이 다름 아닌 독점이라는 것, 그리고 독점화된 은행자본과 산업자본은 금융자본으로 융합한다는 것을 분명히 했다.

"제국주의는 자본주의 일반의 기본 속성들의 더 한층의 발전 및 직접적인 연속으로서 생겨났다. 그러나 자본주의는 매우 높은 특정한 발전단계에서, 그것의 몇몇 기본 속성이 그 자신의 대립물로 전화하기 시작했을 때, 자본주의로부터 보다 높은 경제적 사회구성체로의 이행기의 특징들이 형성되고 두드러지게 되었을 때, 비로소 자본주의적 제국주의가 되었다. 경제적인 면에서 이러한 과정의 기초는 자본주의적 독점들을 통한 자본주의적 자유경쟁의 교체다. 자유경쟁은 자본주의 및 상품생산 일반의 기본 속성이며, 독점은 자유경쟁의 직접적인 대립물이다."(LW 22, 269–270/『제국주의, 자본주의의 최고 단계』, 아고라, 2017, 143쪽)

"생산의 집적, 그로부터 성장하는 독점 그리고 은행과 산업의 융합, 이것이 금융자본의 성립사이고 금융자본 개념의 내용이다." (LW 22, 230/『제국주의, 자본주의의 최고 단계』, 76쪽)

금융자본의 지배는 불가피하게 금융자본과 국가의 융합 또는 유착으로 발전한다. 레닌에 따르면, 이 유착으로부터 독점자본주의의 국가독점자본주의로의 성장전화가 이뤄진다.

"우리는 여기서 금융자본의 시대에 사적 독점과 국가독점이 어떻게 서로 유착되어 있는가, 그리고 어떻게 전자도 후자도 실제로는 세계분할을 둘러싼 거대 독점체들 사이의 제국주의 투쟁의 사슬에서 개개의 고리를 이룰 뿐인가를 그대로 보고 있다."(LW 22, 255/『제국주의, 자본주의의 최고 단계』, 118–119쪽)

"…제국주의, 은행자본의 시대, 거대한 자본주의적 독점체의 시대, 독점자본주의의 국가독점자본주의로의 성장전화의 시대…" (Lenin, Staat und Revolution, LW 25, 423)

레닌은 독점과 금융자본, 그리고 국가독점자본주의를 낡은 자본주의가 사멸해가는 특징으로 파악해 제국주의를 자본주의의 최고이자 최후의 단계로 규정하고, 독점과 국가독점 등의 사회화 형태가 사회화의 왜곡된 형태임을 분명히 했다. 그것은 사회주의로의 이행과 함께 비로소 진정한 사회화로 전화한다.

"자본주의는 제국주의 단계에서 생산의 전면적인 사회화로 바짝 다가간다. 자본주의는 어느 정도 자본가들이 알지 못한 채, 그리고 그들의 의지에 반하여 완전한 자유경쟁으로부터 완전한 사회화로의 이행을 이루는, 일종의 새로운 사회질서로 그들을 끌고 간다."(LW 22, 209/『제국주의, 자본주의의 최고 단계』, 40쪽)

"제국주의의 역사적 위치는 바로 이것[독점자본주의: 인용자]에 의해 규정된다. 왜냐하면 자유경쟁의 토대 위에서, 그리고 바로 그 자유경쟁으로부터 생겨난 독점은 자본주의적 사회구성체로부터 보다 높은 경제적 사회구성체로의 이행을 의미하기 때문이다."(LW 22, 304/『제국주의, 자본주의의 최고 단계』, 205쪽)

"제국주의의 경제적 본질에 대해 말한 모든 것으로부터, 제국주의가 이행기 자본주의로서, 또는 보다 정확하게 말하면 사멸하는 자본주의로서 특징 지워져야 한다는 결론이 나온다."(LW 22, 307/『제국주의, 자본주의의 최고 단계』, 210쪽)

## 2. 국가독점자본주의와 국가 성격 및 기능의 변화

국가독점자본주의란 자본주의의 체제적 위기와 독점자본주의의 재생산 위기에 대항해 최대의 독점이윤과 독점자본주의의 재생산을 보장하기 위해 독점자본과 국가가 단일 메커니즘으로 결합 또는 융합한 것으로서 독점자본주의 내에서의 새로운 발전단계(소단계)를 나타낸다. 국가독점자본주의는 제1차 세계대전에서 전시 자본주의의 총력전을 수행하는 과정에서 처음 나타났고, 1930년대 대공황을 배경으로 국가 개입주의가 전면화됐으며, 제2차 세계대전 종전 후 사회주의 체제와의 냉전이라는 조건에서 체제적으로 확립됐다. 국가독점자본주의론의 본질 규정과 관련해서는 통상 여러 비판과 오해가 있고, 또 이런 논란은 일정 부분 국가독점자본주의론의 역사에서 스탈린주의적 편향으로부터 비롯된 측면도 있다. 독점으로의 국가의 종속이라는 명제, 독점이윤을 위한 독점과 국가권력의 결합 또는 융합이라는 명제가 논란의 대상이었고, 이론사에서는 양자가 서로 대립적인 것으로 논쟁하기도 했다. 그러나 국가의 본질만이 아니라 그 형태도 고찰하고 그에 따른 국가의 상대적 자율성도 고려하면, 두 개의 명제를 새롭게 파악할 수 있을 뿐 아니라 두 개 명제가 대립되는 것도 아님을 알 수 있다.

독점이윤을 위한 독점과 국가권력의 결합 또는 융합, 그리고 독점으로의 국가의 종속 의미는 다음과 같다.

① 두 개의 조직, 권력이 단일한 하나의 새로운 조직, 권력으로 통합된다는 것이 아니라 국가독점자본주의하에서는 독점이윤 조절 메커니즘에 두 개의 조직, 권력이 결합된다는 의미다.

② 국가독점자본주의하 독점이윤 조절 메커니즘은 사적 독점의

시장적 조절과 국가독점적 조절의 모순적 통합이다.

③ 국가와 독점자본 간의 인적 결합도 기본적으로는 이 메커니즘을 보완하는 간접적 결합형태다. 자본주의하에서는 정치와 경제의 분리형태 때문에 직접적 결합이란 존재할 수 없는데, 국가독점자본주의하에서는 점차 직접적 결합 형식이 발전한다. 예컨대 각종 정부위원회 구성에 독점자본의 대변자들이 참여한다. 물론 중립적 국가라는 형태, 외관하에서 노동자계급의 대변자들도 참여한다.

④ 자본가계급의 국가, 독점자본가계급의 국가라는 국가의 본질 규정은 부르주아 민주주의, 즉 시민 일반의 국가라는 형태 규정하에서 관철된다. 따라서 국가는 궁극적으로 독점자본과 독점이윤에 종속되어 있지만, 시민 일반의 국가라는 형태하에서 사적 독점에 대해 상대적 자율성을 갖는다.

⑤ 국가독점적 조절은 궁극적으로 시장조절에 복무하지만, 국가독점적 조절은 상대적으로 시장조절에 대해 자율적이다.

⑥ 이 때문에 계급투쟁의 상태와 노자 간 힘 관계의 여하에 따라 국가와 국가독점적 조절의 성격과 방향, 그리고 내용이 변화할 수 있는 상대적 공간이 존재한다. 역사적으로 국가독점자본주의는 파시즘과 뉴딜형, 케인스주의와 신자유주의 등 여러 변종이 존재한다.

자본주의 국가는 '자본가계급의 위원회'로서 총자본가계급의 계급지배를 실현하는 기관이다. 그러나 자본가계급은 자본주의 국가를 직접 장악해서 통치하지는 않는다. 따라서 자본주의 국가는 계급지배로서의 국가의 본질 규정과, 정치와 경제의 형태적 분리라는 형태 규정(부르주아 민주주의 국가)과의 통일 속에서 파악되어야 한다. 이 국가는 총자본의 계급이해의 담지자인데, [보론1]에서 본 바처럼 엥겔스는 이를 '관념적 총자본가로서의 국가'라고 표현했다. 그것의 의미는 자본주의 국가가 어떤 특정한 개별자본의 이해가 아닌 총자본의 이해를 대변하며, 그를 위해 직접 재생산과정에 개입하지 않고(즉 관념적이며) 자본주의 생산의 외적 조건을 창출하고 유지하는 한에서 개입한다. 이들 외적 조건은 자본주의 시장경제의 작동에 불가결한 조건이지만, 시장경제는 그 자체의 운동 속에서 이들 조건을 창출하지 못한다. 따라서 총자본가로서 국가가 이를 조직하는 한에서만 시장경제가 작동할 수 있다. 관념적 총자본가로서 국가는 다음 조건의 창출과 유지를 위해 개입한다.

① 법률적 정비: 헌법(생산수단의 사적소유와 시장경제의 원칙적 승인), 민법(사적소유와 계약관계 등의 법률적 재가), 형법(그 침해에 대한 형사 처벌)

② 화폐제도 정비: 중앙은행에 의한 화폐 발행 독점과 화폐량 조절

③ 계급관계의 재생산: 자본주의 형성기에 국가는 법률적 제재를 통해 무산계급을 노동자계급으로 형성했고, 자본주의의 확립 후에도 표준노동일의 제정이라든가 노동자계급의 봉기를 억압함으로써 계급관계의 재생산을 유지

④ 사회간접자본의 확립

⑤ 군사적 정비: 상비군제도

이에 반해 국가독점자본주의하의 국가는 자본주의 생산의 외적 조건의 창출 및 유지만이 아니라 독점적 재생산의 위기와 계급모순 심화, 체제 위기에 직면해 독점자본의 이해를 위해 직접적으로 재생산 과정에 개입한다. 물론 국가는 여전히 총독점자본으로서, 나아가 총자본가로서 이러한 기능을 수행하며, 특정한 개별자본 또는 특정한 독점기업의 이해를 직접 대변하지는 않는다. 엥겔스에 따르면, 국가는 이로써 관념적 총자본가로부터 실질적 총자본가, 더 구체적으로 실질적 총독점자본가로 전화했다. 즉 현대의 국가는 관념적 총자본가의 성격에 실질적 총독점자본가의 성격이 중첩됐다. 따라서 국가독점자본주의하 국가의 경제 개입도 관념적 총자본가로서의 역할, 즉 계급관계의 재생산과 화폐 조절, 그리고 사회간접자본의 확립 등을 넘어 실질적 총독점자본가로서의 역할, 즉 계획화와 성장정책, 구조조정과 산업정책, 조세정책, 통화·신용정책, 군수정책, 과학기술정책, 소득·가격정책, 사회정책(교육, 의료, 보험, 노동, 주택 등), 공황구제와 반순환정책, 외환정책 등으로 광범위하게 확대된다. 국가 경제 개입의 주요 토대는 국가재정과 국·공유기업, 그리고 중앙은행이다. 바로 국가 개입의 이 포괄적 영역과 그 기능에 대한 이론적 분석은 국가독점자본주의론 외에는 찾아볼 수 없다. 왜냐하면 여타 마르크스주의 또는 좌파 이론에는 실질적 총(독점)자본가로서의 국가 개입주의를 설명하는 이론이 부재하기 때문이다. 부르주아 경제학에서 국가 개입주의의 상징적 이론인 케인스주의도 앞에서 열거한 현대국가의 포괄적인 개입주의 정책의 제한된 부분만 설명할 수 있을 뿐이다. 공적 자금 투입과 손실의 사회화라는 금융위기 시의 인상적인 국가 개입도 케인스주의 이론에는 존재하지 않는다.

## 3. 케인스주의적 국가독점자본주의

제2차 세계대전 종전 후 역사적으로 형성된 국가독점자본주의는 케인스주의적 형태였다. 케인스주의적 국가독점자본주의는 1930년대 이윤율 위기와 대공황, 그에 따른 이른바 자유시장경제(실제는 사적 독점자본주의)의 파산 결과였다. 그것은 또한 대공황과 파시즘의 등장, 또 한 번의 세계대전, 그리고 사회주의 체제 성립을 배경으로 진행된 노자 간 계급투쟁의 결과로서 성립했다. 무엇보다 소련 사회주의의 결정적 기여에 입각한 반파시즘 연합국의 승리, 국제적 혁명과 사회주의 진영의 성립, 그리고 반파시즘 투쟁을 통해 강력한 세력으로 등장한 노동자계급의 투쟁만이 자본주의 위기에 대처하는 국가 개입에 개혁적인 성격을 강제할 수 있었다. 케인스주의적 뉴딜하에서 자본의 무제한적 이윤 추구는 제한됐고, 금융자본에 대한 통제와 노동자계급의 권리가 제도화됐다. 반면 자유시장경제의 파산과 특히 유럽에서 파국적인 전쟁을 통해 약화된 자본가계급은 체제 유지와 안정을 위해 노동자계급에 일정한 양보가 불가피했다. 물론 그 양보는 혁명적 노동자계급의 배제와 고립을 도모한 것이었다. 이로써 완전고용과 소득재분배, 그리고 사회보장을 위한 노동자계급과 독점자본가계급 간의 타협이라는 개혁적인 케인스주의적 국가독점자본주의가 확립된 것이다. 그러나 이 개혁적인 국가독점자본주의도 소련과의 냉전을 수행하기 위한 미국의 막대한 군사비 지출과 군수산업 지원에 기반한 것이어서 케인스주의의 유효수요 확장 정책은 사회보장과 군비지출을 양대 축으로 했다. 따라서 케인스주의는 이른바 군사적 케인스주의의 특성을 띨 수밖에 없었다.

국가독점자본주의의 국제적 협력 체제는 브레턴우즈 체제, 즉 IMF와 GATT에 기반한 미국 헤게모니 체제였다. IMF는 금과 미국 달러의 태환(금 1온스=35 미국 달러)을 통해 미국 달러를 세계화폐로 하는 국제적인 고정환율제도를 확립하고 무역과 자본 거래에 따른 자유로운 외환 결제를 보장함으로써(단, 단기자본 운동은 금지) 자유무역을 통화적 측면에서 뒷받침했으며, GATT는 비관세장벽의 원칙적인 금지와 관세의 점진적 인하를 통한 자유무역질서를 추구했다. 이로써 미국은 소련에 대항해 자본주의 세계를 자유무역으로 결속시키고, 무역을 통한 자본주의 세계의 성장을 도모했으며, 특별히 자국의 상품 및 자본수출 시장을 확보할 수 있었다. 자본주의 세계체제하에서 헤게모니 문제가 제기되는 근본적 이유는 세계경제가 단일한 세계시장과 단일한 세계국가로 구성되는 게 아니라, 수많은 국민국가와 국민시장으로 분할되어 존재하는 반면, 이를 총괄하는 단일한 초국가가 존재하지 않는 특정한 존립형태에서 비롯되는 모순 때문이다. 즉 자본은 그 본래의 가치증식 성격상 세계적 운동을 지향하지만, 세계경제가 단일한 세계국가로 통일되어 있지 않고 국민국가적으로 조직, 분할되어 있으므로 국민국가의 국경에 의해 자본의 가치증식 운동이 제약된다. 자본은 세계국가가 부재한 모순에서 비롯되는 가치증식의 한계, 무엇보다 상품과 자본의 국경 통관과 국민통화 간 교환(즉 국제통화)의 문제를 국제무역제도와 국제통화제도 확립이라는 제도적 형태를 통해 해결할 수밖에 없다. 그러나 국제무역제도와 국제통화제도는 근본적으로 국민국가 간 갈등과 이해관계의 대립 위에 성립하는 모순적이고 불안정한 체제이며, 실제로는 이를 조정할 수 있는 헤게모니 국가의 지배하에 성립하는 것이다. 이러한 관계는 자본주의 전체 역사 속에서 관철되며, 독점자본주의와 국가독점자본주의로의 자본주의의 단계 이행 속에서도 마찬가지다. 자본주의가 고도로 발전한다고 하더라도 세계경제의 이 모순을 해결할 수 없기 때문이다. 따라서 헤게모니 국가의 지위가 불안정해지면, 국제무역제도와 국제통화제도 전체가 불안정해지며, 헤게모니 국가의 교체와 함께 국제무역제도와 국제통화제도 자체도 변하게 된다. 역사적으로 보면, 19세기 영국 헤게모니는 파운드화를 세계통화로 하는 국제 금본위제도와 자유무역제도에 기반했고, 20세기 중반 이래의 미국 헤게모니는 미국 달러를 세계통화로 하는 IMF제도와 GATT의 자유무역주의에 기반한 것이다.

케인스주의적 국가독점자본주의 형태가 가능했고, 또 작동할 수 있었던 궁극적 토대는 제2차 세계대전을 통해 과잉자본을 청산하고 잉여가치율을 제고하는 등 이윤율 조건을 다시 개선한 데 있었다. 전자 및 핵 동력의 새로운 기술혁신과 포드주의 생산방식 또한 상대적 잉여가치 생산의 개선과, 그럼으로써 이윤율 개선에 기여했다. 케인스주의적 국가독점자본주의가 작동할 수 있었던 국내적·국제적 모든 조건은 이 평균이윤율의 개선을 전제로 했다. 노자 간 계급 타협과 사회보장 입법이 가능했던 것도, 그 아래서 독점자본의 축적이 가능했던 것도, 또 미국 헤게모니에 입각한 IMF 제도와 고정환율제도가 유지될 수 있었던 것도 궁극적으로는 이윤율 조건의 개선과 그에 입각한 고도성장 때문이었다. 1930년대 대공황으로부터 탈출하는 데 실패했던 케인스주의가 전후에 성공적인 정책으로 부각될 수 있었던 것도 이윤율 조건의 개선 덕분이었다. 물론 역으로 이윤율 조건이 개선됐다고 해서 자동으로 전후 자본주의가 안정화될 수 있는 것은 아니었다. 현대자본주의가 이미 국가 개입주의를 불가결한 존립 조건의 하나로 포괄하고 있는 이상, 상응하는 사회화된 조절체계는 전후 자본주의가 안정적으로 성장하기 위한 절대조건이 아닐 수 없었다. 따라서 케인스주의적 국가독점자본주의는 한편에서 평균이윤율 조건 개선과, 다른 한편에서 국가 개입주의라는 사회화된 조절체계의 창출 덕분에 작동될 수 있었다.

　케인스주의적 국가독점자본주의는 전후 20여 년간의 장기번영을 구가했지만, 국가독점으로까지 발전한 사회화도 여전히 자본주의적 사회화였다. 이는 자본주의에 고유한 축적의 모순, 즉 이윤율의 경향적 저하법칙을 결코 지양할 수는 없었다. 장기번영 속에 잠재화됐던 독점자본주의의 모순들도 다시 작동했다. 이윤율 조건의 악화는 일정한 이윤율 수준에서만 작동할 수 있었던 케인스주의적 계급 타협과 조절체계를 위기에 빠뜨렸다. 그뿐만 아니라 국가의 경제 개입은 시장경제의 운동 메커니즘에 작용해 시장적 조절을 왜곡했고, 시장의 경쟁적 조절과 국가의 계획적 조절의 결합은 자본주의 시장경제의 모순들을 새롭게 발전시켰다. 특히 주기적 공황 시의 국가 개입은 주기적 공황의 감가 기능을 왜곡해 과잉자본 청산을 저지했고, 과잉자본은 구조화되었으며, 인플레이션이 점차 만성화되기에 이르렀다. 이윤율의 경향적 저하로 인해 전후 자본주의의 고성장 토대가 무너졌고, 또 1950년대와 60년대 자본주의의 불균등 발전의 결과 미국에 대한 일본과 서유럽의 약진과 부분적인 추월로 인해 미국의 국제수지 적자가 심화되었다. 아울러 냉전을 유지하기 위한 대외 군사비 지출 증대와 함께 미국 달러의 해외잔고가 태환을 위한 미국의 금준비를 크게 초과함으로써 세계통화로서의 달러 위기가 초래됐다. 결국 미국은 1971년 미국 달러와 금과의 태환을 폐기함으로써 이에 기반한 IMF의 고정환율제도는 1973년 최종 붕괴하기에 이르렀고 변동환율제도로 이행했다. 국제무역 또한 마찬가지였다. 1970년대 두 번의 석유파동 및 두 번의 공황과 구조위기의 전개 속에서 자유무역을 무력화시키는 각종 비관세 장벽의 동원을 통한 보호무역주의의 창궐로 인해 GATT체제도 위기를 맞았다. 이는 곧 브레턴우즈 체제의 붕괴와 미국 헤게모니의 위기를 말하는 것이다. 케인스주의적 국가독점자본주의와 브레턴우즈 체제는 결국 이윤율의 경향적 저하법칙의 새로운 관철과 구조위기, 공황과 인플레이션의 결합, 즉 스태그플레이션의 대두, 그리고 미국 달러의 국제적 위기 속에서 역사적 수명을 다하고 말았다.

## 4. 신자유주의적 국가독점자본주의

1970년대 국가독점자본주의의 위기는 국가독점자본주의하에서 진행된 더 한층의 생산력 고도화가 국가독점이라는 자본주의 최고의 사회화 형태와 모순에 빠진 것(평균이윤율저하의 위기)을 표현하는 것이었고, 국가 개입주의도 (독점)자본주의의 모순과 위기를 극복할 수 없음을 보여주는 것이었다. 그런 점에서 이 위기 극복을 위해서는 케인스주의보다 더 급진적인 사회화 프로그램의 도입이 요구됐다. 이 프로그램을 통해 주식자본이라는 형태상의 사회적 자본이 실제로 사회화됨으로써 이윤 증식에 대한 요구를 포기하고, 그럼으로써 이윤율저하와 과잉자본의 문제가 근본적으로 해결되기 때문이다. 이를 통해 투자와 성장이 이윤율에 의존하지 않고 대중의 필요와 고용을 위해 복무하는 새로운 길이 열리게 될 것이다. 물론 신자유주의는 이 좌파적 대안에 대항했고, 1980년대 초 정치적으로 좌파에 승리했다. 과잉자본 처리와 이윤율 회복을 위해 신자유주의는 오히려 케인스주의적 국가독점자본주의하에서

도입된 사회화 형태를 역전시켜 해체하고자 했다. 그것은 국가독점자본주의하에서 노동자계급이 획득했던 역사적 성과에 대한 공격으로 나타났다. 노동유연화, 자본·금융 자유화, 탈규제와 작은 정부, 사회보장 삭감, 민영화와 사유화, 재정 및 통화 긴축, 자유화와 개방, 시장경쟁과 시장규율 강화가 신자유주의 공세의 주요 내용을 이뤘다. 이는 노동권 및 사회보장과 공공성을 위한 국가규제에 공격의 초점을 맞춘 것이었고, 이를 통해 시장경쟁과 이윤의 독재적 지배를 다시 확립하고 더 한층의 자본집중과 독점화를 도모한 것이었다.

그러나 시장경제로부터 국가의 축출 기획은 절반만 성공할 수 있었다. 현대자본주의하에서 국가의 경제 개입 철폐는 원천적으로 불가능했기 때문이다. 그것은 국가의 경제 개입이 독점자본주의의 위기적 발전에서 불가피하게 도입된 것이었음을 생각하면 자명했다. 일련의 금융위기에서 보는 바처럼 위기에 처한 독점기업과 금융기관 구제를 위해서도 국가는 불가피하게 경제 개입과 공적자금 투입에 의존하지 않을 수 없었다. 국가독점자본주의는 신자유주의로의 전환과 그 공세하에 축출된 것이 아니라 그 모습을 바꿨을 뿐이었다. 즉 국가독점자본주의는 케인스주의적 국가독점자본주의로부터 신자유주의적 국가독점자본주의로 그 변종을 바꿨다. 늦어도 1980년대 말 이래 선진자본주의 국가들에서 신자유주의로의 전환이 완료됐고, 신자유주의적 국가독점자본주의가 확립됐다. 신자유주의적 국가독점자본주의하에서 국가 개입은 케인스주의의 그것과 달리 독점자본의 이윤 증식 요구에 더욱 복무하고 노동자계급의 재생산을 위한 제도와 정책을 해체하는 방식으로 그 수단과 성격을 바꿔나갔다. 이렇게 보면 자유시장경제를 주장하는 신자유주의 대변자들의 선전·선동은 이데올로기적 기만이었고, 현실은 오히려 더 강력한 국가 개입주의하에 있었다. 이렇게 신자유주의는 그 이데올로기에 현혹되어 논쟁해서는 안 되며, 신자유주의 현실 정책의 비판을 통해서만 이데올로기의 기만성을 드러낼 수 있다. 한편에서는 탈규제와 자유화를 도모하고, 다른 한편에서는 개입주의 강화를 추구하는 신자유주의적 정책은 모순적이고 기만적이었지만, 양자 모두 독점자본과 금융자본의 이익에 복무한다는 점에서 일관됐다. 신자유주의가 국가 개입주의의 한 형태, 즉 국가독점자본주의의 한 형태라는 점을 인식해야만 신자유주의 이데올로기와 현실 간의 모순을 규명할 수 있으며, 이런 점에서 잡다한 신자유주의 비판과 달리 국가독점자본주의론의 신자유주의 비판만이 유일하게 과학적이다.

신자유주의는 현대불황과 케인스주의 위기에 대한 독점자본의 대응이었고, 또한 헤게모니 위기에 직면한 미국이 금융자본 주도로 헤게모니 강화를 기획한 프로젝트였다. 그러나 신자유주의는 위기를 극복하고 새로운 장기번영을 가져오기는커녕 신자유주의하 위기가 더욱 심화됐다. 케인스주의의 위기에 중첩해서 케인스주의 시대에는 보지 못했던 금융위기라는 새로운 위기가 파상적으로 전개됐던 것이다. 이 시기 성장률은 미국의 경우 위기의 시대인

1970년대 성장률 수준이고, 세계 전체로는 그 수준에도 미치지 못했다. 고용위기, 인플레이션과 스태그플레이션, 재정위기, IMF 통화위기(달러 위기), 무역전쟁 등 케인스주의의 위기는 신자유주의하에서 더욱 심화됐다. 특히 1980~1990년대 초반까지 미국은 이른바 쌍둥이 적자(재정적자와 국제수지 적자)의 기록적인 갱신에 시달렸고, 1990년대 중반 이후에도 국제수지 적자와 달러위기·통화위기가 지속됐다. 1995년 WTO 출범에도 불구하고 무역전쟁도 격화됐다. 1970년대 중반 이래 유럽자본주의의 장기침체가 지속됐고, 1990년 버블 붕괴 이후 일본도 30년 가까이 지속되고 있는 장기불황에 빠졌으며, 1987년 세계 금융충격, 1997년 동아시아 외환위기, 2000년 미국 닷컴경제 붕괴, 2008년 세계금융위기 등 외환금융위기가 잇달아 일어났다. 1979년 미국 연준의 살인적인 고금리 정책이 신자유주의로의 전환의 기점이었음을 상기하면, 오늘날 선진 주요 국가들의 기준금리가 초저금리 상태로 떨어진 것은 현대 장기불황의 심각성을 보여주는 상징적인 현상이 아닐 수 없다. 달러와 국제통화의 지속되는 위기, 중국의 부상에 따른 세계무역에서 미국의 지위 약화 등 미국 헤게모니의 위기도 심화됐다. 경제통화동맹까지 건설하면서 미국에 헤게모니 도전을 시도했던 유럽은 미국에 대비한 장기불황 심화와 정치통합 실패로 좌초했고, 일본 또한 30년 장기불황으로 무너지면서 신자유주의 시대에 이들 국가에 대한 미국의 헤게모니 지위가 다시 강화됐지만, 이제는 중국자본주의의 강력한 도전에 직면해 있다.

신자유주의로의 전환으로 자본주의 위기가 극복되지 못하고 장기불황이 심화된 것은, 단적으로 말해 과잉자본 청산과 이를 통한 이윤율 조건 개선이라는 자본주의적 위기 극복 방식이 점점 더 유효하지 않음을 말해 준다. 신자유주의적 국가 개입은 이 문제와 관련해 모순적인 방식으로 작용했다. 우선 신자유주의 국가 개입은 케인스주의와 마찬가지로 공황으로부터의 독점자본과 과잉자본 구제를 주요 목적으로 한 만큼 공적자금 투입으로 과잉자본의 파괴와 감가가 저지되고 과잉자본이 청산될 수 없었다. 반면 신자유주의 국가 개입은 사회화 형태의 해체를 통해 직접적으로 독점자본의 수익성을 제고하고 높은 이윤율을 가능하게 함으로써, 또 공공부문의 민영화·사유화를 통해 독점자본의 새로운 이윤 영역을 제공함으로써 과잉자본의 배출구를 창출하고, 과잉자본의 압력을 완화할 수 있었다. 그러나 그 효과도 결국에는 부메랑으로 돌아와 높은 이윤 축적을 통해 과잉자본의 추가적 형성에 기여함으로써 과잉자본 문제가 결국 해결될 수 없었다. 요컨대 독점자본의 높은 이윤율은 이윤율의 경향적 저하를 상쇄하고 거대한 과잉자본을 투자 확대로 흡수할 수 있는 정도는 아니었다. 상대적 과잉자본의 유휴화라는 조건에서만 독점자본의 고이윤이 실현되는 상황이었다. 결국 투자처를 찾지 못하는 과잉자본의 누적은 신자유주의하 금융부문 자유화와 결합해, 또 국제적인 변동환율제도의 지배하에서 투기적인 금융자본으로 전화했고, 금융자본의 자립화와 투기자본의 지배는 역으로 실물자본의 축적을 추가로 제약하며 실물경제의 성장 둔화를 강화했다. 그러나 금융자본의 이자 및 배당이윤과 투기이득의 궁극적인 토대가 실물경제의 이윤이라는 점에서 실물경제의 저성장과 위기를 배경으로 하는 금융자본의 비대화와 국제적 팽창이 불안정할 수밖에 없었고, 이는 일련의 외환위기와 금융위기로 표출됐다. 이것이 다름 아닌 신자유주의적 국가독점자본주의하에서 위기가 전개되는 메커니즘을 나타낸다. 이렇게 신자유주의하에서 저투자와 저성장, 고실업, 과잉자본 누적과 금융부문 팽창, 금융자본의 초국화와 투기화, 파상적인 국제금융위기 간에는 필연적인 연관관계가 존재했다.

자본주의 역사에서 구조위기는 근본적으로 생산력의 고도화·사회화와 자본주의적 생산관계의 모순이 이윤율의 경향적 저하로 표출됨으로써 발생했고, 그 때문에 구조위기는 자본주의 질서 내에서지만 자본주의의 본질적 특성들을 지양하는 사회화 형태의 도입을 통해서만 극복될 수 있었다. 이런 점에서 볼 때, 케인스주의하에서 도입된 국가독점이라는 사회화 형태를 어떻게든 제한하고 해체하고자 했던 신자유주의가 케인스주의의 위기를 극복하고 새로운 장기번영을 가져올 리 만무했던 것이다. 여기에 신자유주의적 국가독점자본주의하에서 위기가 심화되는 근본적 요인이 있다. 결국 신자유주의적 국가독점자본주의 위기는 사회화와 자본주의의 이행에 관련된 문제임을 이해할 수 있다. 오늘날 사회화의 현실적 전망이 어렵다 하더라도 현대자본주의의 지속되는 위기는 사회화와 이행을 피할 수 없는 길로 지시하고 있다. 국가독점 형태

와 국가독점자본주의는 바로 이 이행의 역사에 위치한다. 현대자
본주의하에서 반독점 사회화를 전략적 과제로 제기하는 것은 이
와 같은 국가독점자본주의의 성숙을 토대로 하며, 나아가 국가독
점자본주의 내에서 국가독점의 상대적 자율성과 그에 따른 정책
변종의 다양성으로 인해 경제 정책을 진보적 방향으로 통제할 공
간이 존재하기 때문이다. 그러나 국가독점의 상대적 자율성과 다
양한 변종에도 불구하고 국가독점자본주의하에서 국가 권력은 독
점자본가의 권력이며, 국가독점은 독점(이윤)에 궁극적으로 종속되
어 있으므로, 반독점 사회화는 이러한 국가권력 분쇄와 새로운 유
형의 국가로의 전화 속에서 비로소 국가독점자본주의의 틀을 넘
어갈 것이다. 따라서 국가독점자본주의하에서 반독점 사회화 투
쟁은 사회화와 공공부문의 방어·확장과 이에 대한 민주적 통제를
위한 투쟁 속에서 민주적인 구조개혁을 강제해 내고, 나아가 그러
한 개혁투쟁이 국가독점자본주의를 넘어가는 투쟁으로 전화해 나
갈 것을 목표로 한다.[100]

---

100  국가독점자본주의론이라 해도 그 내에서 다양한 이론이 있다. 이론사적으로 보면, 대
    체로 (1) 전반적 위기론에 입각한 입장(전반적 위기=체제적 위기에 대한 대응체제, 즉 토
    대에 대한 상부구조의 반작용으로서 국가독점자본주의), (2) 새로운 생산관계로서의 국가
    독점자본주의론(경제구조·토대에서의 변화로서 국가독점자본주의), (3) 독점자본주의 모
    순들로부터 국가독점자본주의를 전개하는 이론, (4) 이윤율의 경향적 저하법칙에 입
    각한 국가독점자본주의론으로 분류할 수 있다. 국가독점자본주의론의 논쟁과 역사에
    대해서는 특별히 정운영 편, 『국가독점자본주의이론 연구』, 앞의 책; 屋嘉宗彦, 「國家
    独占資本主義論争小史」, 北原勇·鶴田満彦·本間要一朗 編, 『現代資本主義』, 有斐閣,
    2001; 鶴田満彦·長島誠一 編, 『マルクス経済学と現代資本主義』, 桜井書店, 2015(鶴田
    満彦, 建部正義, 小松善雄의 글)를 참조하라. 이들 문헌에서 보다시피 논쟁의 경과 속에

## [보론2] 레닌의 『제국주의』: 이론적 문제들

레닌의 『자본주의 최고의 단계로서 제국주의』(이하에서 『제국주의』로 칭함)는 '통속적인 개요'라는 부제에서 보는 바처럼 대학생도 어렵지 않게 읽을 수 있는 대중적인 저작이다. 따라서 정치한 이론적 저작이라기보다는 팸플릿 같은 소책자라 할 수 있다. 하지만 레닌이 이 저작을 저술하기 위해 작성한 엄청난 노트들을 보면, 그렇게 평가하기 어려울 만큼 이 책의 이론적 무게감을 느끼지 않을

---

서 국가독점자본주의론은 점차 이 대립되는 이론들을 종합해감으로써 발전해 왔다. 이 글에서 전개한 국가독점자본주의론도 필자 나름대로 이론사를 종합한 것이다. 여기서도 네 가지 요인이 다 거론되는데, 문제는 이들 요인을 어떻게 이론적으로 종합하는가 하는 것이다. 필자의 고유한 기여는 바로 이 점에 있다. 자본주의 분석의 3층이론 체계(北原勇, 아래 [보론기] 참조)에서 보면 국가독점자본주의를 가져오는 이 요인들은 서로 대립되는 것이 아니라 자본주의의 발전 단계에 따른 상이한 층위의 요인들이다. 그래서 종합도 3층이론 체계 위에서 행해져야 한다.[오히려 기타하라 이사무北原勇는 이렇게 일관되게 중층적인 요인들로 국가독점자본주의론을 전개하지는 않는다. 대부분 일본 마르크스주의 경제학자들처럼 그에 있어서도 자본주의의 단계이행과 관련해 이윤율의 저하경향은 언급되지 않는다.] (2)와 (4)는 자본주의 일반 수준에서 전개되는 개념이고(생산력과 생산관계의 모순이 이윤율의 경향적 저하법칙으로 나타나므로, 이 두 개념은 사실상 동일한 문제를 표현하는 것이다), (1)과 (3)은 자본주의의 독점단계와 관련된 개념이다. 따라서 국가독점자본주의는 독점자본주의 단계에서 자본주의 일반의 모순들과 독점자본주의의 모순들이 중첩해서 작용함으로써 성립하게 된 것이다. 자유경쟁자본주의 단계에서 자본주의 일반의 모순들, 즉 생산력과 생산관계의 모순과 이윤율의 저하경향은 독점자본주의 단계로의 이행을 가져왔고, 독점자본주의 단계에서 이 모순들의 작동은 독점자본이 야기하는 모순들과 함께 중층적으로 작용해 독점자본주의로부터 국가독점자본주의로의 성장전화를 가져왔다. 나아가 국가독점자본주의하에서는 이윤율의 저하경향, 독점의 모순들, 그리고 국가독점자본주의가 야기한 모순들이라는 세 개 층에서의 요인들이 국가독점자본주의의 케인스주의 형태로부터 신자유주의 형태로의 전환을 가져온 것이다. 이렇게 자본주의 발전이 고도화됨에 따라 단계이행을 가져오는 모순들도 중층적으로 복잡하게 작용하게 된다.

수 없다.[101] 무엇보다 독점자본주의라는 자본주의 발전단계와 역사적 규정에 대한 이론적 토대를 제공했다는 점에서 마르크스주의 이론사의 새로운 시대를 연 저작이 아닐 수 없다. 20세기 초 자본주의의 새로운 변화를 분석하고 평가하기 위해 방대한 부르주아 문헌을 검토한 위에서, 그리고 마르크스의 『자본』에 입각해서(또한 힐퍼딩의 『금융자본』을 주요하게 참조해서) 레닌은 이 역사적 변화를 '제국주의'로 총괄하고, 제국주의를 자본주의 발전에서 자유경쟁 단계를 대체하는 새로운 단계, 자본주의 최고의 단계이자 최후의 단계로 규정했다. 이 저작은 기본적으로 경제적, 이론적 분석에 한정하고자 했지만, 제국주의의 경제적 토대와 정치적 반동 및 국제적 기회주의(카우츠키 조류)의 불가피한 관계를 폭로하고, 제국주의와 기회주의 경향들에 대한 투쟁과 사회주의 혁명의 불가피성을 논증한다는 정치적 목적 또한 주요한 것이었다.[102]

---

101  W. I. Lenin, Hefte zum Imperialismus, LW 39 참조. 이 노트들은 "레닌 저작집" 판으로 800쪽이 넘는 분량이며, 148권의 책(독일어 106권, 프랑스어 23권, 영어 17권, 러시아 번역본 2권)과 49개 주기적 간행물로부터의 232개 논문(독일어 206개, 프랑스어 13개, 영어 13개)에서 발췌한 내용들, 그리고 그에 대한 레닌의 평가와 분석이 담겨 있다. 또한 『제국주의』에 대한 상세한 구성 계획들(pp. 96~97, 179~180, 185~186, 219~233)도 볼 수 있다.(LW 39, VIII~IX)

102  1917년 러시아어로 간행된 『제국주의』 초판의 제목은 "Империализмъ, какъ новѣйшій этапъ капитализма(자본주의의 새로운 단계로서 제국주의)"였고, 독어판(1921)도 "자본주의의 최근의 단계(jüngste Etappe)로서 제국주의"였다. 1929년 이후 오늘날의 제목인 "자본주의 최고의 단계(höchstes Stadium)로서 제국주의"가 되었다고 한다. 그래서 노동자연대의 일부 논자들이 그러는 것처럼 오역이라는 주장이 있는 건데(『진보평론』 제82호, 2019, '제국주의' 좌담 참조), 오역의 문제는 아니다. 왜냐하면 러시아어판이 오늘날의 저서명인 "자본주의 최고의 단계(вы́сшая ста́дия)로서 제국주

『제국주의』의 경제적 분석과 관련한 주요 내용은 주지하다시피 다음 인용문에 요약되어 있다.

　　"제국주의는 자본주의 일반의 기본 속성들의 더 한층의 발전 및 직접적인 연속으로서 생겨났다. 그러나 자본주의는 매우 높은 특정한 발전단계에서, 그것의 몇몇 기본속성이 그 자신의 대립물로 전화하기 시작했을 때, 자본주의로부터 보다 높은 경제적 사회구성체로의 이행기의 특징들이 형성되고 두드러지게 되었을 때, 비로소 자본주의적 제국주의가 되었

─────────────────────────

의"로 변경됐기 때문이다. 『레닌 저작집』(LW) 제4판 독어·러시아어 편집자에 따르면, 현행 『제국주의』는 레닌의 원고에 따른 것이라고 한다(출판사 경영진의 멘셰비키에 의해 카우츠키에 대한 비판이 삭제, 완화되는 등 레닌의 원고가 임의로 수정, 훼손됐다는 점에서 러시아어 1917년 판은 문제가 많았다). 문제는 레닌 사후에 책 제목이 '자본주의 최고의 단계'로 변경된 것이 스탈린주의 시대의 개막(1928년)과 맞물려서 사멸하는 자본주의 성격을 부각시키기 위한 것이 아닌가 하는 논란에 있다. 마치 원래 레닌에 있어서는 독점자본주의가 최고·최후의 단계가 아닌데도 그렇게 했다는 식의 비판이다. 그러나 노트들 중에는 "자본주의 최고의 단계로서 제국주의"라는 제목이 붙은 저작 구성 계획(LW 39, 219)이 있고, 또한 『제국주의』 원고 탈고 직후(『제국주의』 출간 전)에 쓴 레닌의 다른 글들에서도 『제국주의』에서와 같은 내용으로서, 제국주의가 경제적으로 독점자본주의이며 '자본주의 최고의 발전단계'라고 개념 정의가 되어 있다("마르크스주의의 희화와 '제국주의적 경제주의'에 대하여", LW 23, 34–35; "제국주의와 사회주의의 분열", LW 23, 102–103). 또한 1920년에 작성한, 『제국주의』에 대한 프랑스어판과 독어판 서문에서도 레닌은 제국주의를 '자본주의 최고의 역사단계'라 쓰고 있다(LW 22, 198) 이처럼 저서명을 둘러싼 논란의 여지는 없다. 레닌은 『제국주의』 원고와 함께 출판사 편집자 포크로브스키(M. N. Pokrowski)에게 보낸 1916년 7월 2일 자 편지에서 책 제목과 관련해 현재의 저서명이 적절하지 않다면, 제국주의라는 단어를 좋아하지 않는다면, "현대자본주의의 근본적 특수성"이라는 제목으로 할 것을 요구하고, 다만 '통속적인 개요'라는 부제가 꼭 필요하다고 당부한다(LW 35, 202–203) 요컨대 레닌의 생각으로도 저서명 변경 문제는 이론적으로 중요한 게 아니었다.

다. 경제적인 면에서 이러한 과정의 기초는 자본주의적 독점들을 통한 자본주의적 자유경쟁의 교체이다. 자유경쟁은 자본주의 및 상품생산 일반의 기본 속성이며, 독점은 자유경쟁의 직접적인 대립물이다. … 그러나 동시에 독점들은 자유경쟁(이로부터 독점들이 생겨났는데)을 제거하지 않고, 자유경쟁의 위에 그리고 자유경쟁 옆에 존재하며, 그럼으로써 일련의 특별히 현저하고 격렬한 모순들, 마찰, 갈등들을 만들어낸다. 독점은 자본주의로부터 보다 높은 체제로의 이행을 나타낸다. 제국주의에 대한 가능한 한 짧은 정의가 요구된다면, 제국주의는 자본주의의 독점단계라고 말해야 할 것이다. … 그러나 너무나 짧은 정의들은 … 불충분하다. 그래서 … 다음 다섯 가지 기본 특질을 포함하는, 그러한 제국주의 정의를 주어야 한다. (1) 경제생활에서 결정적인 역할을 하는 독점을 창출할 정도로 그렇게 높은 발전단계에 도달한 생산과 자본의 집적, (2) 은행자본과 산업자본의 융합, 그리고 이 '금융자본'의 토대 위에서 금융과두제의 형성, (3) 상품수출과 구별되는 자본수출이 특별히 중요한 의미를 획득한다, (4) 세계를 자신들 사이에 분할하는 국제적인 독점적 자본가연합체들이 형성된다, (5) 자본주의 열강들 간 지구의 영토적 분할이 완료되었다. 요약하자면 제국주의란 독점과 금융자본의 지배가 형성되고, 자본수출이 중요한 의미를 획득하였으며, 국제 트러스트들에 의한 세계분할이 시작되었고, 자본주의 열강들에 의한 지구의 전체 영토의 분할이 완료된, 그러한 발전단계의 자본주의다. 만약 (이 정의에서 한정되고 있는) 순전히 경제적인 기본적 개념들뿐만 아니라 … 자본주의 일반과 관련한 이 단계 자본주의의 역사적 위치라든가, 또는 노동운동 내부의 두 개의 기본 경향과 제국주의 사이의 관계도 또한 주목한다면, 우리는 뒤에서 제국주의를 어떻게 다르게 정의할 수 있고 또 정의해야 하는지 보게 될 것이다."(LW 22, 269-271/『제국주의, 자본주의의 최고 단계』, 아고라, 2017, 143-145쪽)

뒤에서 보게 된다는 정의는 자본주의의 기생성 및 부패(제8장)와 함께 마지막 장(제10장)의 다음을 말한다.[103]

"제국주의의 경제적 본질에 대해 말한 모든 것으로부터, 제국주의가 이행기 자본주의로서, 또는 보다 정확하게 말하면 사멸하는 자본주의로서 특징지워져야 한다는 결론이 나온다."(LW 22, 307/『제국주의, 자본주의의 최고 단계』, 210쪽)

레닌은 프랑스어와 독어판 『제국주의』 서문에서 이 저서의 목적

---

103  그래서 제국주의에 대한 레닌의 총괄적인 정의는 다음과 같다. "제국주의는 (1) 독점자본주의, (2) 기생적 또는 부패하는 자본주의, (3) 사멸하는 자본주의다."("제국주의와 사회주의의 분열", LW 23, 102. 『제국주의 노트들』에서는 (3)에서 이행기 자본주의 또는 사멸하는 자본주의로 쓰고 있다. Hefte zum Imperialismus, LW 39, 230)

이 20세기 초 세계자본주의의 전체상을 보여주는 것임을 분명히 밝혔지만,[104] 『제국주의』는 그 분석을 위한 독점단계 자본주의의 일반적 요소들도 이론적으로 포괄함으로써 『제국주의』에는 당대 자본주의의 특별한 현상들에 대한 분석과 독점자본주의의 일반적·이론적 요소들이 체계적 설명 없이 혼재하게 되었다. 같은 이유로 인해, 또 대중적 저작이라는 이 책의 성격상 『제국주의』에서는 독점자본주의의 일반적 이론이 충분하게 전개될 수도 없었다. 『제국주의』 출간 이후 100여 년이 지난 오늘날, 레닌의 제국주의의 5개 특질(또는 표지)과 제국주의의 역사적 규정이 현대자본주의 분석에 얼마나 유효할까를 검토할 때는 무엇보다 이 점에 유의할 필요가 있다. 오늘날의 변화된 자본주의에 비춰 『제국주의』의 어떤 특질이나 규정은 맞고 다른 특질이나 규정은 안 맞는가 하는 문제가 아니라, 어떤 특질이나 규정이 독점자본주의의 일반적 요소이고 당대의 특수한 규정이나 특질은 어느 것인지 이론적 접근이 요구된다. 또한 현대자본주의의 변화된 모습들, 현상들은 독점자본주의 일반이론의 토대에서 어떻게 분석할 수 있는지를 검토해야 한다. 이러한 관점 없이 『제국주의』를 평가할 경우에는 자본주의의 새로운 변화를 앞세워 이런저런 것은 타당하지 않다고 『제국주의』의 한계나 지적하

---

104  "… 왜냐하면 여전히 이 책의 주요 목적은 논란의 여지가 없는 모든 국가의 총괄적인 부르주아 통계자료들과 부르주아 학자들의 증언에 의거하여 20세기 초 제1차 제국주의 세계전쟁의 전야에 자본주의 세계경제의 **전체상**을 그 국제적 상호관계들 속에서 보여주는 것이므로."(LW 22, 193/『제국주의, 자본주의의 최고 단계』, 10쪽)

고, 이 새로운 현상들을 어떤 이론으로, 어떻게 이론적으로 분석·설명할 것인가 하는 중요한 문제가 무책임하게 방기된다.

이런 문제들은 특히 1960년대 이래 일본 마르크스주의 문헌에서 집중적으로 논의되어 왔다. 마쓰다 토시오增田壽男에 따르면, 『제국주의』 논쟁은 두 개의 쟁점을 둘러싸고 전개됐다.[105] 하나는 『자본』과 『제국주의』의 이론적 관계이며, 이와 관련해 독점시장·독점가격·독점이윤론, 독점자본주의하 축적과 위기 등의 이론적 발전이 이뤄졌고, 금융자본의 개념, 자본수출을 둘러싼 논쟁 등이 있었다. 다른 하나는 『제국주의』와 제2차 세계대전 이후 세계경제의 현실 간 이론적 관계라는 문제이며, 이에 대해 4개의 입장, 즉 전반적 위기론, 국가독점자본주의의 세계체제, 레닌의 단계와 병행하는 새로운 단계, 우노 학파의 3단계론이 대립, 논쟁했다. 마쓰다 토시오는 국가독점자본주의의 세계체제로 이 관계를 설명한다. 즉 『제국주의』의 국내체제로서 독점과 경쟁의 모순, 세계체제로서 제국주의 국가 간 대립과 제국주의-식민지·종속국의 관계가 제2차 세계대전 후 크게 변화했다는 것, 따라서 『제국주의』의 단순한 연장선에서 전후자본주의 분석을 할 수는 없다는 것이다. 그 변화의 주요 내용은 주지하다시피 다음과 같다. 제국주의의 결과로 사회주의 혁명이 일어났고, 식민지체제가 붕괴했고, 국가독점자본주의

---

105 增田壽男, 「レーニン『帝國主義論』の意義と限界」, 北原勇·鶴田満彦·本間要一朗 編, 『現代資本主義』, 앞의 책, 394-395쪽.

성립과 냉전체제가 새로운 문제로 부상했으며, 국가독점자본주의
와 냉전체제하에서의 장기번영 후 1970년대 이래 IMF체제 붕괴와
현대불황 등 자본주의의 새로운 위기가 시작됐고, (신자유주의로의
전환과 함께) 나아가 1991년 소련 사회주의가 붕괴, 냉전체제가 해
체됐다.

　일본에서의 『제국주의』 논쟁이 하나의 중요한 이론적 발전이기
는 하지만, 충분한 것은 아니다. 필자로서는 한편에서 국가독점자
본주의론과, 다른 한편에서 『제국주의』에 대한 일종의 이론적 재
구성(독점자본주의의 일반적 요소들과 특수·구체적 현상들의 분리와 재
구성)을 통해 마쓰다 토시오가 언급한 『제국주의』와 관련한 두 개
의 쟁점에 대해 이론적 해결을 도모할 수 있을 것으로 기대한다.
우선 20세기 중반 이래 현대자본주의의 변화된 주요한 현상들은
대체로 자본주의의 국가독점자본주의로의 발전과 관련된 것으로
서 당연히 『제국주의』의 독점자본주의론만으로는 이 역사적 변화
를 분석할 수 없다. 본문 제3절과 제4절에서 본 바처럼 오늘날의
변화된 자본주의는 국가독점자본주의의 국내체제·국제체제로서
분석해야 한다. 하지만 그렇다고 해서 『제국주의』를 비판, 폐기하
는 문제는 아니다. 왜냐하면 국가독점자본주의론은 『제국주의』와
독점자본주의론에 기반해 발전된 이론이기 때문이다. 이러한 문제
는 20세기 초 자본주의가 독점자본주의 단계에 들어섰을 때 『자
본』의 이론적 유효성에 의문이 제기됐던 것과 같은 맥락이다. 레
닌은 자본주의의 새로운 변화를 근거로 『자본』을 문제 삼는 논자

들과 달리 자본주의 일반 이론인 『자본』에 기반해서 독점자본주의의 단계이론을 발전시킴으로써 『자본』을 변호하고 역사적 변화를 이론적으로 분석할 수 있었다. 국가독점자본주의도 독점자본주의에서의 새로운 단계인 만큼 독점자본주의 단계의 일반이론으로서 『제국주의』는 여전히 유효하다. 따라서 국가독점자본주의로까지 발전한 현대자본주의 분석을 위해서는 기타하라 이사무의 주장처럼 3층 이론체계, 즉 '자본주의 일반이론(『자본』)-독점자본주의 이론-국가독점자본주의 이론'의 체계가 필요하다.[106]

그런데 자본주의 일반의 이론으로서 『자본』과는 달리 『제국주의』는 독점자본주의 단계의 일반이론으로서는 일정한 한계가 있다. 앞서 본 바와 같이 레닌의 이 저작의 팸플릿적 성격을 감안해야 하지만, 한편에서는 일반이론으로서는 부족한 부분과 공백들

---

106  北原勇, 「『資本論』体系と現代資本主義分析の方法」, 北原勇·鶴田満彦·本間要一朗 編, 『現代資本主義』, 앞의 책. 3층 이론체계는 기본적으로 『자본』에 입각해서 현대자본주의를 어떻게 분석해야 하는가의 문제를 보여준다. 독점자본주의론과 국가독점자본주의론의 매개가 필요하다는 것이다. 『자본』은 흔히들 오해하는 것처럼 19세기 자본주의를 대상으로 한 경쟁자본주의 단계의 이론이 아니라, 기타하라 이사무도 지적하다시피 자유경쟁을 전제한 자본주의 일반의 이론이다.(北原勇, 같은 글. 8쪽) '자본주의적 생산양식의 내적 편성'과 '자본주의적 생산의 내재적 법칙들'을 그 완전한 모습에서 해명하기 위해서는 자본 간 경쟁의 제한 없는 발현, 즉 자유경쟁을 상정하지 않으면 안 되기 때문이다. 그래서 『자본』은 그 자체로 19세기 자유경쟁 자본주의를 분석할 수 있었을 뿐 아니라, 그 이후의 자본주의 전체 역사를 분석하기 위한 이론적 토대가 된다. 레닌주의를 비판하는 논자들은 『제국주의』가 『자본』으로부터의 이탈이고 마르크스 이론을 훼손한 것이라고 주장하지만, 사실은 레닌과 『제국주의』 덕분으로 자본주의 일반이론으로서의 『자본』의 생명력이 유지된 것이다. 레닌의 이론적 기여가 없었다면, 『자본』은 부당하게도 19세기 자본주의의 이론으로 평가받고 이제는 맞지 않는 낡은 유물처럼 취급됐을 것이다.

이 있고, 다른 한편에서는 일반이론적 요소들과 20세기 초 당대의 독점자본주의 현상들이 섞여 있어 체계적인 이론 구성을 갖추고 있지는 않다. 5개 제국주의의 특질 중 처음 4개의 특질은 대체로 일반이론적 요소라 할 수 있고(이들 요소는 독점→금융자본→자본수출→독점과 금융자본에 의한 세계의 경제적 분할이라는 내적 논리로 연관되어 있다), 따라서 오늘날의 자본주의도 독점자본주의인 한, 이 특질들은 여전히 오늘날의 자본주의를 특징짓는 요소들이다. 반면 마지막 특질인 자본주의 열강들에 의한 영토 분할과 식민지 지배는 필연적으로 이 연관관계의 선상에 있는 일반이론적 요소라기보다는 당대 제국주의의 특수한 역사적 형태라고 생각한다. 사실 『제국주의』의 현재성과 관련하여 주로 이 특질에 대해 크게 논란이 됐던 것도 이런 문제에 기인했을 것이다.

일반이론적 요소로서 부족한 측면이란 이런 것이다. 예컨대 독점이론에서는 독점가격·독점이윤론이 결여되어 있고, 독점가격·독점이윤이 『자본』의 생산가격·평균이윤과 어떤 관련이 있는지도 설명되지 않았으며, 독점자본주의하 축적법칙의 변용 문제도 엄밀하게 다룬 게 없다. 또한 과잉자본과 자본수출의 관련도 이론적으로 해명하지 않았고(독점자본에 고유한 과잉자본과 경제침체 문제는 축적법칙과 공황법칙의 독점적 수정과 관련된 문제다), 독점하 상품수출로부터 자본수출로의 중심 이동에 앞서 자본의 세계적 운동 형태들에 대한 분석도(이는 자본주의 일반의 이론에 속하는 것이지만), 그것이 독점하에서 어떻게 변화했는지도 설명이 없다.

열강의 영토분할, 배타주의와 보호주의, 식민지 지배와 군사적 재분할 경쟁 등 제국주의의 마지막 특질은 독점자본주의로부터 발전하는 일반적인 요소라기보다는 당대의 특수한 제국주의적 경쟁 형태다. 경제적 운동법칙과 달리 국제정치와 국제관계는 국가 간의 힘관계와 국민국가 내의 정치관계 및 계급관계에 의해 결정되므로 일반이론적으로 도식화될 수 없기 때문이다. 또한 독점자본에 기반한 제국주의의 반동성은 불가피한 경향으로 승인할 수 있어도, 마찬가지 이유에서 그것이 꼭 파시즘과 군사주의, 그리고 식민지 지배로 이어지는 것은 아니다. 여기에는 계급관계와 정치투쟁, 그리고 국제관계 등이 매개되기 때문에 단선적인 관계가 성립하지는 않는다. 예컨대 국가독점자본주의의 반동성에도 불구하고 국가독점자본주의가 꼭 파시즘 형태를 필연화하는 것은 아니다. 파시즘 형 외에도 국가독점자본주의는 뉴딜형(=케인스주의형), 신자유주의형 등 부르주아 민주주의 형태로도 존재한다. 따라서 이 특질을 20세기 초 자본주의의 특수한 현상으로서 독점자본주의의 일반이론적 요소들로부터 분리하면, 제2차 세계대전 종전 후 식민지체제 붕괴, 미국 헤게모니와 IMF·GATT의 자유무역체제 등 역사적 변화는 독점자본주의의 일반이론으로서 『제국주의』를 훼손하는 것이 아니고, 국가독점자본주의의 국제체제로서 분석할 수 있다.

『제국주의』를 비판하는 근거가 되는 자본주의의 여러 변화된 역사 현상들은 이처럼 국가독점자본주의론의 매개와 함께, 그리고 『제국주의』의 일반이론적 요소들과 특수 역사적인 현상들의 분리와 재구성(내적 논리로 연관된 5개의 일반이론적 요소로 구성되는 게 아니라 4개의 연관된 일반이론적 요소 위에 1개의 특수 역사적 형태가 있는 구성)을 통해서 일관되게 이론적으로 분석할 수 있게 된다. 나아가 독점자본주의론의 발전을 통해 『자본』과 『제국주의』의 이론적 관련을 명확히 함으로써, 다시 말해 『자본』의 규정, 범주들이 제국주의 단계에서 어떻게 수정되어 관철되는지를 규명함으로써 『제국주의』의 일반이론으로서의 부족하거나 결여된 부분이 해소될 수 있을 것이다.[107]

이상 5개의 특질로 정의된 제국주의는 독점자본주의로서의 제국주의를 말한다. 앞에서 본 바처럼 제국주의의 총괄적 정의에는 두 개의 규정이 더 있다. 즉 기생적 또는 부패하는 자본주의, 이행기 자본주의 또는 사멸하는 자본주의가 그것인데, 이 규정들을 둘러싼 논란은 독점자본주의로서의 제국주의 규정보다 더 심각했다. 특히 소련 사회주의 붕괴 이후에는 국가독점자본주의론 내부에서조차 독점자본주의 규정은 인정하면서도 어떻게든 부패하는 기생적 자본주의와 사멸하는 이행기 자본주의 규정을 독점자본주의 규정과 분리해 폐기하려는, 좋게 말하면 그럼으로써 『제국주의』

---

107 앞서 언급한 바처럼 이것은 이미 국가독점자본주의 이론가들에 의해 상당한 정도로 수행됐다. 이에 대한 개관과 관련 문헌에 대해서는 高須賀義博 編, 『独占資本主義論の展望』, 東洋経済新報社, 1978; 北原勇·鶴田満彦·本間要一朗 編, 『現代資本主義』, 앞의 책 참조.

의 현재성을 주장하려는 논자들이 다수 나타나기에 이르렀다.[108] 레닌은 독점하에서의 침체 경향, 유가증권과 금리생활자 증가, 자본수출을 매개로 하는 금리생활자 국가와 식민지 지배 등을 거론하면서 독점자본주의의 기생성과 부패를 비판했는데, 독점자본주의의 이런 성격은 오늘날 신자유주의와 장기불황하에서 레닌의 시대와 비교할 수 없게 강화된 상태다. 대중적으로 친숙하게 회자되고 있는 헤지펀드와 '카지노 자본주의'라는 현실, 재벌과 국가의 유착과 부패, 신자유주의하에서 장기화하는 성장둔화, 만성적인 과잉자본을 상징하는 '좀비 자본주의' 등을 직시한다면, 제국주의의 이 규정 폐기 여하가 쟁점이 될 수는 없다고 생각한다. 그리고 이행기 자본주의 또는 사멸하는 자본주의는 유물론적 역사관에서 파악한 제국주의의 역사적 위치를 말한다. 독점자본주의는 자본주의로부터 사회주의로 가는 '사회화와 이행'의 형태이며, 독점자본주의와 사회주의 사이에는 자본주의의 다른 단계가 존재하지 않는다(국가독점자본주의는 독점자본주의 단계 내에서의 또 다른 단계, 즉 소단계일 뿐이다). 사회구성체 이행의 장기에 걸친 과정을 부정하는 것은 역사에 대한 몰이해이며, 신자유주의 반동의 시대에 이행의 전망을 상실한 논자들의 단기적 안목일 뿐이다.[109] 독점자본주

---

108 독일에서의 관련 논쟁은 김성구, 「제국주의 논쟁 다시 보기 −현대 제국주의와 제국주의론의 현재적 쟁점에 대하여」, 앞의 글 참조.

109 마쓰다 토시오도 이러한 의미에서 소련 사회주의 붕괴와 독점자본주의의 길어지는 생존 기간에도 불구하고 사멸하는 자본주의 규정은 부정할 수 없으며, 부패하는 기생

의, 부패하는 기생적 자본주의, 사멸하는 이행기 자본주의, 이 3개의 제국주의 규정은 불가분의 관계에 있으며, 레닌의 시대에도, 오늘날의 시대에도 유효한 일반적인 규정이다.

독점자본주의 단계의 자본주의를 제국주의로 규정한 레닌의 정의에 대해서는 독점자본주의가 아니라 자본주의 자체가 제국주의라는 비판도 제기된다.[110] 레닌도 이 문제를 『제국주의』에서 이미 지적했다. "식민 정책과 제국주의는 자본주의의 최근 단계 이전에도 존재했고, 심지어는 자본주의 이전에도 존재했다. 노예제에 근거한 로마는 제국주의적으로 식민 정책을 행하였다. 그러나 경제적 사회구성체들 간의 근본적 차이를 망각하거나 뒤편으로 밀어놓고 제국주의에 대해서 '일반적으로' 고찰하는 것은 불가피하게 '대로마제국과 대영제국'의 비교 같은 공허한 진부함이나 허풍이 되고 만다. 자본주의의 **이전** 단계들의 자본주의적 식민정책조차도 금융자본의 식민정책과 본질적으로 구별된다."(LW 22, 264/『제국주의,

---

적 자본주의라는 규정도 폐기하기는커녕 오늘날의 금융자본주의를 비판하는 매우 중요한 규정이라고 강조한다. 增田壽男, 「レーニン『帝國主義論』の意義と限界」, 앞의 글, 404-406쪽.

110  이른바 자유무역 제국주의라는 주장도 이런 맥락에서 파악할 수 있다. 모리 겐조毛利健三에 따르면 원래 자유무역 제국주의는 1950년대 경제사가들에 의해 처음 제기된 이래 논쟁이 전개됐다. 모리 겐조는 19세기 중반까지의 영국 자유무역주의하의 제국주의(영국 자유무역주의의 제국주의적 속성)를 자유무역 제국주의의 제1유형, 19세기 말~20세기 초(19세기 제4반기~제1차 세계대전)의 고전적 제국주의를 자유무역 제국주의의 제2유형(후발 제국주의 경쟁국들의 보호주의에 포위된 속에서의 영국 제국주의의 자유무역적 속성)이라고 한다. 毛利健三, 『自由貿易帝國主義』, 東京大学出版会, 1978.

자본주의의 최고 단계』, 134~135쪽) 자본주의는 그 형성 단계, 즉 중상주의 시대부터 오늘날까지 언제나 세계시장을 전제하고 제국주의적으로 저개발 지역과 이민족을 약탈하지만, 자본주의 발전 단계에 따라 제국주의의 성격이 변화한다는 것, 제국주의의 주도적 자본의 변화, 그 성격을 파악하는 것이 중요하며, 바로 이 역사적 변화를 파악하기 위해 자본주의 발전단계를 상정하는 것이다. 레닌은 자유경쟁 단계의 경쟁적인 산업자본의 지배체제로부터 독점자본과 금융자본에 의한 국내적·국제적 지배체제로 변모한 자본주의 역사를 제국주의 단계로 규정한 것이며, 제국주의의 이 경제적 내용, 즉 독점자본주의를 파악하는 것이 이 시대의 경제법칙을 분석하기 위한 핵심을 이룬다. 그렇지 않고 자본주의가 언제나 제국주의라는 식으로 이해하고 그 역사적 변화, 차이를 포착하지 못하면, 자본주의의 특정한 단계에서의 특정한 운동법칙을 간과하게 된다. 그뿐만 아니라 독점자본주의로의 변화는 레닌에 따르면, 자본주의로부터 사회주의로의 역사적 이행과 관련된다. 자본주의 역사는 언제나 제국주의라는 인식하에 독점자본주의라는 이 역사적 변화를 간과하고 상대화하면, 이행기의 사멸하는 자본주의라는 독점자본주의의 역사적 위치도 파악할 수 없게 된다.

# 후기

　나는 뜻하지 않게 지난 8월 말과 9월 초 사이에 쿤Rick Kuhn 교수와의 메일 교환을 통해 바우어O. Bauer와 그로스만의 재생산표식에 대한 의견을 나눌 기회가 있었다. [재생산표식은 『자본』 제2권 제3편에서 다루는 대상이다. 마르크스는 재생산표식에서 상품생산물을 가치 측면에서 불변자본, 가변자본, 잉여가치의 세 부분으로 나누고, 사용가치 측면에서는 사회적 생산을 생산수단 생산부문과 소비수단 생산부문의 두 부문으로 분할하여 생산수단과 소비수단의 각 구성부분이 년년의 생산물로부터 어떻게 가치측면에서도, 사용가치 측면에서도 보전되고, 나아가 확대재생산이 이뤄지는가를 규명했다. 마르크스의 재생산표식을 기반으로 해서 19세기 말 이래 1930년대까지 마르크스주의자들 사이에서는 자본주의가 조화롭게 발전할 수 있는지, 아니면 자본주의의 붕괴가 불가피한지 이른바 재생산표식 논쟁이 전개됐다. 레닌, 투간-바라노프스키M. I. Tugan-Baranovski, 룩셈부르크, 바우어, 그로스만, 부하린 등이 논쟁의 주요한 인물들이었다.] 쿤 교수는 호주 국립대학교Australian National University의 마르크스주의 정치경제학자로서 그로스만 연구에서 세계 최고의 전공자로 평가받는 인물이다. 이 책(『자본 제1권 길라잡이』 326쪽, 개정증보판 500쪽)에서도 그로스만과 함께 그를 언급한 바 있다. 메일 교환의 계기는 『마르크스주의 연구』 기고 논문의 심사였는데, 익명으로 진행된 공식 심사 절차가 모두 종료된 이후에 쿤 교수가 자신의 논문에 대한 내 심사평에 대해 『마르크스주의 연구』에 답변을 보내오면서 나와의 토론을 이어갈 수 있도록 내 인적 사항과 메일 주소를 요청했던 것이다. 그로스만 표식은 바우어 표식에 입각한 것인데, 바우어가 자신의 표식에서 자본주의의 양대 부문, 즉 소비수단 부문과 생산수단 부문의 균형에 근거해서 룩셈부르크의 붕괴론을 비판하고 자본주의의 조화로운 발전 가능성을 주장한 반면, 그로스만은 단순히 바우어의 표식을 연장해서 제35년도에 자본주의가 붕괴한다는 정반대의 결론을 끌어냈다. 바우어의 표식이 균형을 취할 수 있었던 것은 양 부문의 불균형을 소비수단 부문으로부터 생산수단 부문으로의 자본이동을 통해 정정했기 때문인데, 조금 어려운 이야기지만 재생산표식의 가치 관계만이 아니라 사용가치 측면도 고찰하면, 자본이동을 통한 표식의 균형은 달성할 수 없는 것이고, 바우어의 표식은 사실 불균형 표식이었던 것이다. 따라서 이 표식이 균형이라는 전제 위에서 끌어낸 바우어의 결론도, 또 정반대의 결론을 끌어낸 그로스만의 결론도 모두 오류일 수밖에 없다(자세한 내용은 김성구, 「바우어-그로스만 표식의 혼란과 오류」, 김성구, 『마르크스의 정치경제학 비판과 공황론』, 나름북스, 2018 참조).

바우어의 논문 이래 100년이 넘은 지금도 영미권 마르크스주의 논자들은 바우어-그로스만 표식의 오류를 인식하지 못하고, 그것을 여전히 균형표식으로 이해하는 실정이다. 이런 이론 상황에서 그로스만 전공자와 이 문제를 직접 토론할 수 있게 된 것은 귀중한 기회가 아닐 수 없었다(그밖에 『자본』에서의 마르크스의 방법론 및 붕괴론과 공황론의 관련에 대한 그로스만의 이해방식도 토론의 주제였다). 메일 교환에서 쿤 교수는 바우어 표식이 불균형 표식이라는 내 비판이 옳다고 인정했고, 다만 그렇더라도 그 비판을 그로스만 표식에도 적용하는 것에 대해서는 동의할 수 없다는 입장이었다. 바우어 표식과 그로스만 표식은 동일한 표식이기 때문에 동일한 표식에 대한 쿤 교수의 이러한 모순된 입장은 전혀 납득할 수 없는 것이다. 여하튼 이번 메일 교환으로 바우어-그로스만 표식의 오류가 영미권 마르크스주의 내에서도 인식될 수 있는 계기가 되어서 나로서는 나름대로 커다란 이론적 기여라고 생각한다. 앞의 책의 서문에서 바우어-그로스만의 표식을 비판한 내 논문을 영역해 발표했으면 영미권 마르크스주의 100년사에 빛날 논문이 되었을 것이라고 한 민망한(?) 자화자찬이 빈말이 아니었음을 말해주는 것이다. 영미권 문헌만 따라가며 균형표식을 운운하는 한국 논자들의 바우어-그로스만 오독도 이번 기회에 교정될 수 있으면 좋겠다. 영미권에서는 쿤 교수가 나와의 메일 교환을 사적인 일로 처리하고 바우어-그로스만의 오류를 그대로 묻어둘 수도 있겠지만, 한국에서는 내 논문이 마르크스주의 저널에 정식으로 발표된 것이어서 그 오류를 묻어두고 회피할 수 있는 상황이 아니다. 물론 단순히 바우어-그로스만 오독의 교정 문제만은 아니다. 윤소영처럼 그로스만의 이론을 자신의 이론체계의 주축으로 삼은 논자에 있어서는 이는 오독의 교정만이 아니라 그 이론 전체의 파산이 걸린 문제가 된다. 오류투성이인 그로스만의 붕괴론을 따라 2008년 금융위기 시에 자본주의의 종말을 주장하던 윤소영의 경우 자본주의가 아니라 자신의 이론이 이미 종말을 맞이한 상태다. 사회진보연대처럼 누구 눈에도 파산한 이런 이론을 아직도 신줏단지처럼 끌어안고 따라가는 것은 결코 사회운동이 아니라 사이비 사교집단의 행태와 다를 바 없다.(2020년 12월 15일)

# 마르크스의 『자본』 길라잡이

2021년 1월 11일 초판 1쇄 발행
2025년 3월 14일 개정증보판 1쇄 발행

지은이    김성구
편집      조정민 최인희
디자인    이경란
인쇄      도담프린팅
종이      페이퍼프라이스

펴낸곳    나름북스
등록      2010.3.16. 제2014-000024호
주소      서울시 마포구 월드컵북로5길 54-5
전화      (02)6083-8395
팩스      (02)323-8395
이메일    narumbooks@gmail.com
홈페이지  www.narumbooks.com
페이스북  www.facebook.com/narumbooks7

ⓒ 김성구, 2025

ISBN  979-11-86036-84-6 (93320)
값 27,000원